教育部国际司区域和国别研究培育基地
上海外国语大学欧盟研究中心
欧盟及其成员国研究丛书
总主编 曹德明

欧盟及其成员国对非洲关系研究

A STUDY ON EU AND ITS MEMBER
STATES' RELATIONS WITH AFRICA

曹德明 戴启秀 本册主编

上海外语教育出版社
SHANGHAI FOREIGN LANGUAGE EDUCATION PRESS

图书在版编目（CIP）数据

欧盟及其成员国对非洲关系研究/曹德明，戴启秀主编.
—上海：上海外语教育出版社，2015（2017重印）
（欧盟及其成员国研究丛书）
ISBN 978-7-5446-4010-7

Ⅰ.①欧… Ⅱ.①曹…②戴… Ⅲ.①欧洲国家联盟－国际关系－研究－非洲
Ⅳ.①D850.2 ②D841

中国版本图书馆CIP数据核字（2015）第150099号

出版发行：**上海外语教育出版社**
（上海外国语大学内）　邮编：200083
电　　话：021-65425300（总机）
电子邮箱：bookinfo@sflep.com.cn
网　　址：http://www.sflep.com.cn　http://www.sflep.com
责任编辑：蔡一鸣

印　　刷：江苏凤凰数码印务有限公司
开　　本：700×1000　1/16　印张28　字数402千字
版　　次：2015年9月第1版　2017年11月第2次印刷

书　　号：ISBN 978-7-5446-4010-7 / D・0007
定　　价：68.00元

本版图书如有印装质量问题，可向本社调换

"欧盟及其成员国研究丛书"
编委会

编委会主任：

曹德明

编委会副主任：

伍贻康　　戴炳然　　戴启秀　　孙信伟

编委会成员（按姓氏笔画为序）：

王志强　　汪宁　　汪波
肖云上　　陆经生　　徐亦行

本书编委会成员（按姓氏笔画为序）：

王志强　　王岩　　王奕瑶　　王璐　　古雯鋆　　卢佳琦　　叶丽文
刘佳程　　孙信伟　　孙艳　　李云飞　　李戈　　杨淑岚　　忻华
张苗　　张敏芬　　张维琪　　张黎　　陆辛耘　　陈壮鹰　　陈梅月
林玲　　胡凯　　钮松　　徐亦行　　曹德明　　傅菡钰　　蔡佳颖
戴启秀　　[法]多米尼克·马亚尔　　[马拉维]夸叶拉·坎宝娃

目 录

绪　论（曹德明）……………………………………………………Ⅰ

第一章　欧洲与非洲历史关系…………………………………… 1

　　第一节　欧非历史与现状及欧洲非洲学研究　（曹德明）……… 1

　　第二节　欧洲在非洲殖民体系的形成及扩张　（[马拉维]夸叶拉·坎宝娃，王璐译）………………………………………… 10

　　第三节　欧非历史关系对当今非洲文化及宗教的影响　（钮松）………………………………………………………… 18

　　第四节　欧非历史关系对欧盟非洲及中东政策的影响　（钮松）………………………………………………………… 34

　　第五节　欧洲与地中海的历史渊源及认同的建构　（刘佳程）………………………………………………………… 51

　　第六节　欧盟内部制约跨地中海合作的因素　（刘佳程）…… 70

第二章　葡萄牙对非洲关系……………………………………… 92

　　第一节　《托德西利亚斯条约》与葡萄牙在非洲的势力　（张维琪）………………………………………………………… 92

　　第二节　葡萄牙在安哥拉殖民时期的同化政策　（张敏芬）…101

　　第三节　葡萄牙对安哥拉的文化政策　（徐亦行）……………110

　　第四节　葡萄牙去殖民化前后对非洲语言政策　（古雯鋆）………………………………………………………… 116

i

第五节　葡萄牙语在非洲的传播及其影响力　（张黎）……126

第六节　葡萄牙语非洲文学的非洲性及民族性　（傅菡钰）
……………………………………………………………135

第七节　公立葡萄牙语学校在非洲的设立及发展　（卢佳琦）
……………………………………………………………147

第三章　西班牙、意大利、荷兰、比利时对非洲关系……154

第一节　西班牙早期殖民及殖民帝国的形成　（王岩，陈梅月）
……………………………………………………………154

第二节　西班牙对非洲政策演变及去殖民化前后政策比较
（李戈）……………………………………………163

第三节　利比亚危机中的意大利战略及其历史渊源　（陆辛耘）
……………………………………………………………183

第四节　荷兰与南非关系历史、变局和走向　（王奕瑶）……198

第五节　欧盟中型成员国对欧盟非洲政策的影响机制研究：
以比利时为例　（忻华）…………………………216

第四章　英国对非洲关系…………………………………235

第一节　政治文化视角下英国殖民帝国在非洲的形成
（孙信伟）…………………………………………235

第二节　英国殖民统治对加纳教育体系的影响　（孙信伟）
……………………………………………………………248

第三节　英国对北非的殖民统治及其历史影响　（林玲）…255

第四节　殖民与后殖民时期英国与英属西非、南非各国之间
的关系　（孙艳）…………………………………266

第五节　英国对（东）非洲文化影响力及启示　（蔡佳颖）
……………………………………………………………280

第五章 法国对非洲关系 286

第一节 法国殖民帝国的形成与历史沿革 （李云飞）...... 286

第二节 后殖民时代法国对非政策的变迁 （李云飞）...... 293

第三节 文化、政治视角下的法非关系探析 （曹德明）...... 300

第四节 历史视角下法国在非洲的军事存在(1960年—2012年)
（[法] 多米尼克·马亚尔，叶丽文译）...... 310

第五节 法语国家国际组织建立发展的两大推动力量
（叶丽文）...... 323

第六节 塞内加尔的伊斯兰教导师：权力与制衡 （杨淑岚）
...... 332

第七节 法国殖民地艺术及其艺术文化政策——以摩洛哥殖民地绘画为例 （张苗）...... 343

第六章 瑞士及德国对非洲关系 354

第一节 瑞士与非洲关系：宗教、文化、经济与政治
（陈壮鹰）...... 354

第二节 德国在非洲殖民扩张的历史沿革(近代至第一次世界大战) （胡凯）...... 381

第三节 俾斯麦殖民政策的转变与德属非洲殖民地 （胡凯）
...... 394

第四节 德国与非洲合作的机制保障及优先领域 （王志强）
...... 406

第五节 德国当代非洲政策解读 （戴启秀）...... 419

绪 论

2013年是上海外国语大学(以下简称"上外")"十二五"规划进入中期实施阶段的一年,也是上外对接国家战略、服务社会、促进教育对外开放、推进区域和国别问题研究向纵深发展的关键一年。学校在2011年底所申报的三个教育部国际司区域与国别研究基地——欧盟研究中心、俄罗斯研究中心和英国研究中心——获准立项后,为我校欧洲研究提供了重要的机会和研究平台。

今天的上外拥有多学科、多语种、多文化优势,承接中西文化交流和培养跨文化沟通人才的历史使命。上外素有研究欧盟成员国的基础,研究工作语言包括英语、法语、德语、西班牙语、意大利语、希腊语、荷兰语、葡萄牙语、瑞典语、匈牙利语等十种,研究成果直接进入国际化交流与沟通,出版了大量的经典译著和语言与文化、语言与文学的研究专著。20世纪90年代以来,随着欧洲一体化进程的深入,上外的欧盟成员国国别研究与欧盟层面的研究互相促进,取得了长足的发展。同时,上外积极开展与欧盟成员国高等院校和机构的合作与交流,为研究欧盟及其成员国提供了载体与平台。

随着克罗地亚于2013年7月正式加入,欧盟成员国发展到今天28国,它们分别是:法国、德国、意大利、荷兰、比利时、卢森堡、英国、丹麦、爱尔兰、希腊、葡萄牙、西班牙、奥地利、瑞

典、芬兰、马耳他、塞浦路斯、波兰、匈牙利、捷克、斯洛伐克、斯洛文尼亚、爱沙尼亚、拉脱维亚、立陶宛、保加利亚、罗马尼亚、克罗地亚。欧盟成为当今世界上经济实力强、一体化程度最高的超国家联合体。

  文化欧洲构成了欧洲经济、政治联盟的第二特征。在促进欧洲经济和政治一体化的过程中,欧盟也高度重视成员国的文化和语言多样性。在2004年5月1日十个中东欧国家加入欧盟之前,欧盟共有丹麦语、德语、英语、芬兰语、法语、希腊语、意大利语、荷兰语、葡萄牙语、瑞典语和西班牙语11种官方语和工作语言。除丹麦语和芬兰语以外,上海外国语大学拥有其中九种语言专业。在中东欧十个国家加入欧盟后,又带来了九种新的官方语言。2007年1月1日罗马尼亚和保加利亚的入盟又给欧盟带来了两种新语言。至此,目前欧盟正式认可的官方语言增加至23种。目前我校将开设匈牙利语,根据国际需要,还将逐步开设欧洲其他语种。

  上外注重加强对欧盟和欧盟成员国的文化研究,在传承语言教学、文学教学的基础上,促进文化教学,培养学生跨文化交际能力,以适应21世纪对高端外语人才的要求。上外推出的"欧盟及其成员国研究丛书"是国内外欧盟及其成员国研究学者互动研究的成果,借助这一学术平台,一方面展现学者们对欧盟及其成员国文化和文化软实力的研究成果;另一方面将科研成果直接转化为课堂教学内容,构建上外文化导向型外语教学模式。在此期间,上外推出了《文化视角下的欧盟研究》、《文化视角下的欧盟成员国研究:德国》、《文化视角下的欧盟成员国研究:法国》、《文化视角下的欧盟成员国五国研究:西班牙、葡萄牙、意大利、希腊、荷兰》。

  作为"欧盟及其成员国研究丛书"第五本,《欧盟及其成员国对非洲关系研究》一书以专题研究为主,通过梳理欧盟及其成员国对非洲关系,厘清欧盟主要成员国对非洲关系建构的特色。本研究的特色在于:首先,由于欧盟成员国非洲学研究理论、研究方法各有特点和差异,此项研究成果能拓展和丰富中国的非洲学研究。其次,以对象国母语为研究工具,能有效处理好第一手信息和资料来源的引证问题,旨在改变以往区域和国别研究过度依赖英语文献开展对非英语国家的区域和国别研究的现象。第三，以往的研究多为中国与非洲的关系，本研究以第三方的眼光（中国视角）看欧盟主要成员国与非洲的关系并解读这一关系对中非关系产生的影响。在此基础上完成的《欧盟及其成员国对非洲关系研究》一书由六个章节组成：欧洲与非洲历史关系；葡萄牙对非洲关系；西班牙、意大利、荷兰、比利时对非洲关系；英国对非洲关系；法国对非洲关系；瑞士及德国对非洲关系。

本书的章节安排是基于欧洲国家与非洲的历史关系。历史上西方殖民国家先后发现非洲。15世纪葡萄牙、西班牙伴随新航线的开辟，开始了殖民扩张和殖民掠夺。随后荷兰、英国、法国、比利时、意大利、德国等先后在非洲建立殖民地，它们对非洲的殖民长达几个世纪。第二次世界大战后，非洲迎来了非殖民化的进程。1990年，葡萄牙在非洲最后一块殖民地——西南非洲的纳米比亚宣告独立，标志着欧洲在非洲殖民统治的历史终结。进入21世纪，非洲各地发生的冲突和危机成为重新开展非洲区域和国别研究的主要理由。从历史和文化视角看，英国、法国、德国、意大利、西班牙、葡萄牙、荷兰和比利时等欧盟主要国家都与非洲有着历史文化渊源，并至今影响欧盟及其成员国政治与外交走向。

第一章 欧洲与非洲历史关系

14世纪地理大发现揭开了欧洲各国开拓殖民地的序幕。19世纪奥斯曼帝国的瓦解以及资本主义所促进的工业发展，使得欧洲各国变本加厉地将非洲转变成原料供应和产品倾销的场所。英国、法国、西班牙、葡萄牙、意大利、比利时、德国各自都在非洲大陆上建立过殖民地。长达几个世纪的殖民使得欧洲与非洲在历史、语言、宗教、文化上产生了紧密的联系。战后，民族独立运动的胜利使得欧非关系展现出了一种后殖民主义的色彩。本章第一节首先梳理了欧洲殖民扩张及欧非历史关系的沿革。随后，介绍了欧洲对非洲研究的现状及研究方法与知识工具，并建议中国的非洲学研究应向深度拓展。第二节从欧洲为什么对非洲感兴趣、欧

洲为什么殖民非洲两个问题出发,对早期非洲殖民体系的形成进行了探讨。在这方面,基督教的兴起、欧洲文化探险将欧洲人带往了非洲。在对非洲殖民方面,欧洲各国有着不同的方式。资本主义发展对原料和市场的需求、欧洲内部的力量斗争以及工业化所带来的问题又促使欧洲殖民非洲。最后作者详尽地比较了欧洲各国对于非洲殖民方式的异同点。第三节以欧洲与伊斯兰非洲以及撒哈拉以南非洲的宗教和文化交流为主线,阐述了北非伊斯兰国家较少受基督教与伊斯兰教冲突的影响,但潜在冲突仍难以避免,而基督教则成为撒哈拉以南非洲文化的重要组成,且非洲甚至开始向欧洲逆向传教。第四节以欧洲与非洲不同区域历史关系为主线,阐述了这种历史关系对欧盟中东政策以及非洲政策的影响。通过案例考察后发现,欧盟在该地区的政策具有强烈的政治与经济挂钩的色彩,而撒哈拉以南非洲相较于北非对此有较多抵触情绪。第五、六节以地中海作为欧非关系的研究视角。地中海的位置非常特殊,处于欧、亚、非三大陆之间。古罗马、古希腊在地中海沿岸的统治、8世纪伊斯兰教的传播以及欧洲国家的殖民历史致使北部非洲似乎脱离了非洲大陆,与中东和欧洲在民族、宗教、文化、语言上更为紧密地联系在了一起,这也导致了需要从地中海的视角出发来研究欧洲与北非的关系。其中,第五节分析了欧盟进行跨地中海合作的动因,以建构主义与社会学对于认同形成过程的相关理论为视角,分析地中海认同建构的可能性及其与欧洲认同之间的关系。第六节主要从欧盟内部寻找制约"欧地伙伴关系"发展的因素。以地中海联盟从萨科齐的构想直至最终建立的整个过程为基础,结合欧盟沿岸与非沿岸国家历史与地缘,分析地中海在欧盟各成员国外交政策中的地位。以认同建构作为视角,分析欧盟内部分歧对于"欧地伙伴关系"的制约作用及其对于地中海认同建构所产生的影响。

第二章 葡萄牙对非洲关系

葡萄牙在西方近代历史上有着举足轻重的地位,因为正是它开创了一个航海的时代,其海外领土一度遍布亚洲、非洲、大洋洲和南美洲,成为第一个真正意义上的全球帝国。15世纪葡萄牙人到达非洲后,从政治、经济、文化、教育等方面对非洲展开了其殖民统治进程。本章以葡萄牙对非洲关系为研究对象,通过对比分析,依次从殖民历史、对非政策(同化政策、语言政策、文化政策等)以及文学与教育方面,透视了葡萄牙在非洲的殖民进程与现今葡萄牙与非洲国家的友好合作关系。本章第一节从《托德西利亚斯条约》和《阿尔卡索瓦斯条约》入手,阐述了葡萄牙对非洲的殖民历史,及其对西班牙、葡萄牙在现今全球乃至非洲势力划分的重大影响。第二节分析了殖民时期葡萄牙在安哥拉同化政策的历史背景、实施与结果。值得注意的是,在四百多年的殖民统治中,葡萄牙在政治、文化教育等方面对安哥拉采取强制同化政策,而正是他们培养的安哥拉"同化人"率先领导了广大民众反对殖民统治,争取安哥拉国家和民族独立。第三节以安哥拉与葡萄牙的历史渊源为出发点,分析了安哥拉独立后葡萄牙对其的文化政策与现今两国的独特的文化交流合作关系。第四节以同化政策中的语言政策为对比对象,研究葡萄牙在殖民时期前后对非洲的语言政策的转变,即从殖民期间压制当地语言、强制同化葡萄牙语在当地的发展,到殖民时期后葡萄牙通过政府机构推广与国际互动合作来推动葡语发展,提出了葡语如何提高其竞争力和影响力的思考。第五节以葡萄牙在非洲的五个殖民国家和地区(安哥拉、莫桑比克、几内亚比绍、佛得角、圣多美和普林西比)的语言现状为例,阐述了葡萄牙语在非洲的传播及其在非洲殖民地国家的长达五百多年的社会影响。第六节侧重殖民时期后的非洲文学,文体上从传统诗歌发展到后期受欧洲文学影响应运而生的小说,传统非洲文学的独立发展虽然因入侵者而受到阻碍,但同时这又为其现代文学提供了独特的社会历史背景和语言基础。第七节阐述了为满足葡萄牙侨民在非洲的教育需求而开设非洲公立葡萄牙语学校,介绍了其现行管理机构与发展历程。葡萄牙语公立学校更承担起葡萄牙语的推广与传播的重任,由制定语言规划等措施来推进其国家战略,促进了葡萄牙政府与非洲以葡萄牙语为官方语言的国家的通力合作。

第三章 西班牙、意大利、荷兰、比利时对非洲关系

从15世纪开始,西班牙对非洲开始了长达五个多世纪的殖民统治历史。西班牙与非洲、意大利与利比亚、荷兰与南非、比利时与非洲的千丝万缕的历史渊源以及现今的对非洲关系,都成为了欧洲和非洲关系的研究热点。本章以西班牙、意大利、荷兰、比利时对非洲关系为论述对象,分别从这四国对非洲的殖民历史入手,分析四国在非洲殖民帝国的形成、殖民时期前后政策的演变、战略、变局走向与影响机制,从而有助于我们厘清当今的欧盟成员国与非洲社会的关系问题。本章第一节以史实为依据,阐述了西班牙早期殖民帝国的形成过程,分析了西班牙对非洲进行殖民统治的历史背景,以及由此造成的现今西班牙与非洲仍有争议地区的历史成因。第二节从政治、经济、社会文化等方面对西班牙对非政策的演变及去殖民化前后的政策进行阐述性分析比较,在历史文化的视角下,展现全球政治经济环境的变化在西班牙对非洲(尤指西班牙对非洲原殖民地国家)政策上以及西非双边关系发展进程上所产生的重要影响。第三节从2011年利比亚危机背景入手,简要介绍了利比亚概况、各势力集团在利比亚问题中的态度以及意大利对此的策略,从历史、外交、经济以及地理等方面着重分析了意大利在利比亚危机中所采取的战略,并对"后卡扎菲时代"利比亚与意大利两国关系进行展望。第四节从历史、社会和文化的角度重点对比介绍了荷兰与南非关系的历史概况和进入21世纪之后的戏剧性变化,就两国双边关系发生转折的根本原因进行了深入分析。第五节以比利时为例,研究中型成员国对欧盟—非洲政策的影响机制,揭示了欧盟中型成员国影响欧盟对外决策的特点,具有典型意义。

第四章 英国对非洲关系

英国在近两个世纪里一直霸占着世界第一强国的位置,曾主宰着比它本土大140多倍的领地。早在16世纪中叶,英国随着经济力量和海上力量的强大,就走上了殖民扩张和殖民掠夺的道路。从那时起,英国就开始对非洲实行殖民扩张。19世纪中叶,英国大规模向非洲进军,曾经霸占了20多块殖民地,遍布东非、西非、北非和南部非洲。本章重点论述英国对非洲关系,从政治文化以及殖民历史等角度探讨英国在非洲各个地区(包括西非和南非、北非和东非地区)的政策变迁、社会文化影响力和一些历史遗留问题的起因,以及未来英国与非洲关系的展望。本章第一节首先从非洲地理人文概况、英国宗教文化入侵开始,概述了英国在非洲殖民扩张长达三百年的历史渊源,并分析了英国在非洲殖民地的政治文化策略的缘由和影响,指出英国人的种族主义态度和观念是其建立非洲殖民地的思想根源,导致非洲社会和政治机构的毁灭,截断了非洲民众对自己文化的传承,抹杀了非洲应有的独特发展道路。第二节从历史政治、文化教育等方面客观分析了英国殖民地教育对于加纳教育体系在独立前后的影响,即一方面奴化和制约了加纳传统教育发展,另一方面奠定了当地现代教育体系不断改革和进步的基础,促进了加纳教育层次的提高。第三节着重考察英国在北非殖民统治时期,埃及与苏丹社会经历的巨大变局及其历史影响,一方面埃及军队组织与民族独立运动的紧密结合为此后埃及军人政权的确立与发展奠定了政治基础;而另一方面,英国在苏丹实行的南北分治的殖民统治直接加深了南北苏丹的差异和矛盾,直至当今南北苏丹的宗教对立、种族矛盾与文化冲突仍旧成为英国在苏丹殖民统治的主要历史遗留问题。第四节分别以非洲的四个国家(塞拉利昂、尼日利亚、加纳和利比里亚)为例,依次对英国在西非各区域政策展开了历时性考察和对比研究,并深入理解其政策背后的利益考量,而西非国家对于英国重返非洲则持谨慎态度,坚持批判其相关政策中的殖民思维色彩。第五节通过概述英国对东非政策的历史渊源,分析了英国"道德政府"的成因与英国对非洲政策的演变,勾勒出英国软实力外交依托的基础和手段在英非交流中的客观效果。

第五章 法国对非洲关系

历史上法国曾经是仅次于英国的第二大殖民帝国，在非洲这片广袤的大陆上建立过众多的殖民地。1763年法国在七年战争中的失败导致了法兰西第一殖民帝国的崩溃，法国损失了几乎所有北美和印度的海外殖民地。如此惨痛的战争结果从某种程度上刺激了法兰西第二殖民帝国的建立，同样加速了法国对于非洲的殖民统治。在鼎盛时期，法国在非洲的殖民地囊括了今天北非、西非、中非、东非共26个国家。在民族解放运动获得全球性的胜利成果后，法国依然试图通过建立法兰西联邦、法兰西共同体以及法语国家国际组织来维护法国同这些前非洲殖民地之间的政治、经济乃至语言文化的联系。本章着重探讨法国的对非关系，分别从殖民时期、二战后及当代三个时间阶段分析法国对非的军事、文化政策。本章第一节回顾了自16世纪以来法国殖民历史的沿革，并着重分析了法国开拓非洲殖民地的时代背景、政治动机和具体方式，生动地勾勒出一幅法国殖民非洲的图景。第二节回顾了后殖民时期法国同前非洲殖民地关系的发展历程与政策的变迁。第三节从法国的历史文化出发，结合法国维护世界大国地位的外交基本方针，揭示了非洲对于法国外交的重大战略意义。第四节从历史的视角出发，回顾了法国自1960年后在非洲的军事存在，将战后法国对非洲的军事干预划分为三个阶段，并分析总结了法国不断调整非洲军事干预政策的动因。第五节从语言和文化的角度，探讨了法语国家国际组织的成立背后的两大主要推动力量。第六节旨在通过政治事件揭示塞内加尔的伊斯兰宗教导师的世俗权力；从文化上考察了伊斯兰教传入后与本土文化的融合，并且突出了社会因素在政治运动中起到的作用。第七节以1912年至1956年法国殖民地时期为背景，以摩洛哥在殖民地时期的绘画艺术为例，研究法国的殖民地艺术文化政策和实践，通过分析摩洛哥传统艺术与法国殖民地艺术之间的关系和相互影响、柏柏尔文化的特殊地位等，探究法国的殖民地艺术文化政策的实质。

第六章　瑞士及德国对非洲关系

由于统一较晚以及典型的大陆国家特点,德国在西方资本主义国家殖民扩张活动的最后一刻才加入争夺殖民地的行列。直到1883年德国才开始逐渐将纳米比亚、多哥、喀麦隆、坦桑尼亚、卢旺达等地纳入帝国的保护之下,并一跃成为仅次于英国和法国的世界第三大殖民帝国。在寻求"太阳下位置"的过程中,德国甚至不惜与英国、法国交恶。作为当今欧盟最大的成员国之一,德国对非政策非常具有研究价值。本章以瑞士及德国的对非关系作为研究对象,从殖民历史的角度出发考察德国一战前后对非政策的变迁,并对当代瑞士与德国对非政策进行全方位的解读。本章第一节以瑞士这个德语国家作为研究的对象,深入探讨瑞士与非洲的关系。通过对瑞非在宗教、文化、经济、政治领域的交往这四个方面的梳理,分析了瑞士与非洲地区交往的历史、现状以及表象背后潜藏的政治、经济利益及目的,并剖析其中值得中非关系借鉴和深思的原因。第二节从德国殖民历史沿革的角度出发,从早期殖民准备、19世纪80年代起在非洲殖民地的实际取得、德意志帝国在其非洲殖民地的经营活动以及第一次世界大战后德国非洲殖民地的丧失等四个方面考察了近现代德国在非洲的殖民历史。通过对史实的梳理,分析了现当代德国非洲政策的历史根源。第三节回顾了19世纪80年代德国在非洲殖民的历史,以1884年至1885年间德国殖民政策的骤然转变为研究对象,以当时内政、外交等诸多因素作为研究变量,分析了德国在"闪电战"式攫取大片非洲殖民地后重拾以往保守殖民政策的原因。第四节在回顾了20世纪80年代以来德国对非政策的沿革及特点的基础上分析了德国在新世纪出台新非洲政策的时代背景及动因,并进而从国家、欧盟和国际三个层面阐述了德国实施非洲政策的机制,及新政策引导下德国与非洲合作的优先领域。第五节从德国对非政策较为分散的现状出发,分析了2011年德国政府通过立体式政策制定方式所形成的超越各层面的国家对非政策方案、在非洲的目标体系定位和共同行动领域。价值取向和利益追求成为德国当代对非政策的核心,也是对非政策的框架原则。但如何协调价值和利益之间

的关系,是德国对非政策的主要目标冲突,并影响德国对非合作的领域选项。

  本书是教育部国际司区域和国别研究培育基地上海外国语大学欧盟研究中心丛书之一,也是我校"十二五"重大科研项目的成果,其出版凝聚了中外学者的精诚合作与支持。在此,对各位作者提供的论文和协作表示感谢!同时也特别感谢上外科研处为本项目研究提供的资助!最后,感谢庄智象社长和上海外语教育出版社的鼎力惠助,使本书得以与读者见面。

上海外国语大学校长
曹德明
2015年8月

第一章 欧洲与非洲历史关系

第一节
欧非历史与现状及欧洲非洲学研究

曹德明[*]

一、欧洲的殖民扩张及欧非历史关系沿革

欧洲,特别是西欧地区在经历了漫长的"黑暗时代"后,突然聚积起一种优势。在随后的时间里,欧洲社会经历的急剧变革释放出了巨大的能量。这种能量向外部世界的释放突出地表现为欧洲向外部的殖民扩张,这标志着近代殖民主义的开始。15世纪,葡萄牙、西班牙首先开始殖民扩张与殖民掠夺。此后,荷兰、英国、法国、比利时、意大利、德国先后都建立起了自己的殖民地。非洲大陆是欧洲殖民者最早入侵的一片土地。欧洲的殖民扩张伴随新航路的开辟而开始。从15世纪开始,特别是在西班牙、葡萄牙和英国这些南欧和西欧国家,资本主义开始萌芽。通过地

---

[*] 上海外国语大学校长,法语系教授,欧盟研究中心主任。

理大发现以及海外冒险,这些国家的足迹遍及了非洲、美洲和亚洲。荷兰也在随后的贸易中雄霸一时,它们对非洲的殖民长达几个世纪。

虽然西方列强于15世纪就开始入侵非洲,但由于特殊的自然环境和可怕的疾病,直至18世纪初非洲内陆对西方国家来说依然是神秘的。随着非洲奴隶贸易的结束和工业革命的开始,具有专业知识的旅行家进入非洲内陆进行探险、地理勘查及有关历史文化方面的研究。欧洲的奴隶贸易是从非洲开始的。15世纪葡萄牙人在非洲西海岸探险的时候,便开始在非洲捕获黑人卖作奴隶。16世纪可以说是葡萄牙人独霸非洲的时期,自16世纪初葡萄牙人便将黑奴运往美洲大陆。1513年,西班牙国王准许奴隶贩子把黑奴运往美洲西属殖民地。英国于1563年也开始参与奴隶贸易,英国奴隶贩子霍金斯[①]从非洲运送了300名奴隶到美洲。17世纪开始,英国与法国成为贩卖奴隶的主要国家。16世纪到19世纪中期,是欧洲殖民者对非洲大陆的初步蚕食阶段,先有西班牙对西北非沿岸、葡萄牙对南部非洲大陆两侧以及马达加斯加岛进行侵占;后有英国和法国占领几内亚湾的黄金海岸,以及北非沿岸与埃及。但都没有深入非洲的腹地,其原因是:"这些奴隶在沿海港口便可获得,因而也就没有进入内地的任何必要。"[②]黑奴贸易从15世纪开始至1870年废除,期间大约有两千万非洲人沦为了奴隶。[③]到了19世纪最后20年,欧洲殖民者对非洲大陆的入侵达到高潮。1884年的柏林会议标志着非洲大陆完全从属于欧洲,西班牙、葡萄牙、英国、法国、比利时、意大利和德国都参与了瓜分非洲大陆的狂潮。柏林会议确认了这些国家对非洲领地的正式占领现状。到了20世纪初,90%以上的非洲土地被欧洲国家占领,只有埃塞俄比亚、利比里亚处于独立状态。如果说,早期由于特殊自然环境和可怕的疾病,致使欧洲人

---

① 其后代安德烈·霍金斯于2006年到非洲国家冈比亚,身绑铁链跪在25000余名当地人面前为祖先的罪行道歉谢罪。新华网2006年6月24日转载《泰晤士报》2006年6月22日报道。
② [美] 斯塔夫里阿诺斯:《全球通史:从史前史到21世纪》,北京:北京大学出版社,2005年,第591页。
③ Jean Gabriel Cappot, Ed. *L'Algérie française*. Armyot et Brestel, 1856.

没有进入非洲内陆,那么废奴运动则直接促进了欧洲对非洲大陆的探险和开发。

第二次世界大战后,非洲迎来了去殖民化的进程。欧洲在非洲的殖民体系开始瓦解,首先是德国和意大利的殖民地脱离两国控制,而后是英国和法国的殖民地不断受到削弱。"仅次于英国的是法国。法国殖民势力范围主要在北非、西非和印度支那以及马达加斯加和太平洋、印度洋的许多岛屿。"① 以法国为例,非洲历来是法国传统的势力范围,特别是在西非和北非,法国的政治、经济、文化影响尤为突出。如:对法国而言,阿尔及利亚有着其特殊的重要性和复杂性。一百多年来,阿尔及利亚一直被法国视为本国的延伸,是法国本土南部的屏障,是法国控制北非、地中海以至整个法属非洲的重要基地,其战略地位十分重要。② 包括阿尔及利亚在内,法国的殖民地总面积相当于本土的21倍,主要集中在非洲。20世纪50年代末期,戴高乐推进了"去殖民化"进程。从建立联邦式的"法兰西共同体"③到"海外法兰西"④各殖民地民族实现自治,再到完全独立,经历了一个渐进的过程。到1962年,除吉布提外,法国的非洲殖民地已经全部独立,实现了戴高乐领导下的去殖民化进程。⑤ 20世纪60年代非洲国家独立后,法国在非洲法语国家实施了去殖民化政策。这一政策意味着法国非洲政策的重大转变。二战后,在新的历史条件下,针对美苏操纵的东西方对峙格局,戴高乐制定了系统的且顾及法国自身利益的对外政策。戴高乐执政后,推进了"去殖民化"进程。在20世纪60年代到70年代,绝大部分非洲国家已经脱离欧洲国家的控制,并成立了独立的政权或国家。1990年,葡萄牙在非洲最后一块殖民地——西南非洲的纳米比亚也宣告独立,这标志着欧洲在非洲殖民统治的历史性终结。

---

① 陈乐民,周弘:《欧洲文明扩张史》,上海:东方出版中心,1999年,第239页。
② Maurice Besson, Ed. *Histoire des colonies françaises*. Boivin et Cie., 1931.
③ Georges Hardy, Ed. *Géographie de la France extérieure*. Larose, 1932.
④ Henri Grimal. *La Décolonisation: 1919-1963*. Librairie Armand Michel, 1965.
⑤ 参见:曹德明:从历史文化视角看法国与非洲的特殊关系,《国际观察》,2010年第1期,第29-34页。

二、欧洲与非洲关系的发展

随着"去殖民化"进程的推进,欧洲与非洲关系进入了一个新的时代。欧盟及其成员国对非政策的变化是对于全球政治经济环境变化所做的调整和反映。在后殖民时代,欧共体、欧盟为了协调及整合内部成员国之间的不同利益,提出了对外援助的"三项"原则(les Trois Principes),即协调原则(Coordination)、互补原则(Complémentarité)和一致原则(Cohérence),以对外援国和受援国之间的新关系继续延续前宗主国和殖民地之间的各种历史关系。[1] 欧盟与非洲的关系也受到欧盟内部和外部诸多因素的影响。内部影响主要是一部分欧盟国家基于历史原因与非洲国家和地区保持政治、经济和文化联系;另一部分国家在非洲政策和发展合作方面则还是新手。外部影响主要是非洲的移民对欧盟及其成员国内政的影响。长期以来,欧盟成员国中的多数非法移民来自地中海南岸的北非地区,而移民问题已威胁到法国和西班牙等国的社会稳定。从欧盟成员国国内情况看,难民问题也是一个不容忽视的因素。非洲国家政局的不稳定、社会动荡和经济衰退都会促使越来越多的非洲难民涌向欧洲大陆。移民在欧洲却是不争的社会现实,而尤为关键的是,除了英国以外,大部分欧盟国家的移民都来自伊斯兰教国家,某些国家的穆斯林甚至集中于某个特定的来源地。例如,德国最大移民群体来自土耳其,法国的移民最多来自马格里布地区[2]。欧洲与伊斯兰文明的碰撞带来的是穆斯林移民的欧洲化还是欧洲社会的伊斯兰化,这是欧洲人关心的一个问题。在欧洲社会中,伊斯兰教强烈的集体意识和对于伊斯兰教法的坚持容易引发欧洲民众的恐慌。社会和经济发展的两极分化也导致穆斯林底层阶级的出现,移民的种族宗教文化特征和社会经济生存现状特征相互叠加,导致穆斯林移民在融入和适应以基督教文化为传统的欧洲主流社

---

[1] 参见:曹德明:从历史文化视角看法国与非洲的特殊关系,《国际观察》,2010年第1期,第29–34页。

[2] Henri Forneron, E. *Histoire générale des émigrés*. Plon, Nourrit, Paris, 1884.

会的过程中陷入多重困境，他们的存在一定程度上引发了接受国社会的争辩和疑虑，并形成相互对峙的两个极端。

从政治角度看，2002年成立的非洲联盟是非洲政治发展的一个重要里程碑。西非国家经济共同体、南部非洲发展共同体和东非共同体等非洲地区性组织的建立进一步推进了非洲地区的融合。近年来，欧盟与非洲的合作已远远超过发展援助的范畴。2007年欧非首脑会议在里斯本举行，双方共同提出的联合战略为欧非关系发展提供了新的基础。价值观、利益观和目标定位构成了欧盟对非政策的框架。特别是2009年《里斯本条约》签署和生效后，随着欧盟对外行动署的建立，欧盟对外政策的各个部分得到有效整合，欧盟对非洲政策也进入新的阶段。从经济角度看，欧盟和非洲国家之间的经贸合作，可追溯到殖民时代。进入新世纪以来，非洲加大了同中国、美国、印度和巴西等国的经贸往来，欧非经贸关系面临新的调整。2002年，欧盟与非洲国家正式启动签署《经济合作伙伴协定》的谈判。2007年11月，欧盟与东非共同体签署《经济合作伙伴协定》框架协议，然而，由于双方对关税、原产地、农业补贴等问题争议太大，正式协定未能签署。

2008年6月，欧盟分别与加纳、科特迪瓦签署了临时《经济合作伙伴协定》。2010年3月，西非经济共同体与欧盟举行谈判。虽然取得了一定的进展，但2011年由于欧盟市场准入等问题，谈判又一次搁浅。2012年3月27日，东非共同体与欧盟有关《经济合作伙伴协定》的谈判进入最后一轮。在双方签署协定的最后期限来临之际，一些国家还在为是否加入协定而犹豫不决。而中部非洲只有喀麦隆与欧盟签署了临时性协定。在南部非洲，博茨瓦纳、莱索托和斯威士兰已同欧盟签署临时性协定，除赞比亚和马拉维拒绝签署外，其他国家都还在考虑之中。[1]

当然，对非洲而言，与欧盟签署《经济合作伙伴协定》框架协议是否会损害东非共同体的未来发展并威胁到地区贸易和一体化的进程，目

---

[1] 苑基荣，吴乐珺：非洲纠结与欧盟签署经济伙伴协定，《人民日报》，2013-03-27国际版。

前还是未知之数。另外,新兴市场国家不断加大对非洲大陆的投资,也提升了非洲国家与欧盟谈判的信心和筹码,增加了欧盟的谈判难度。对欧盟而言,非洲是一个充满机遇且拥有巨大发展潜力的大陆。一方面,通过与非洲国家的合作可以实现欧盟及其成员国的利益。另一方面,随着中国进入非洲的速度加快,欧盟及其主要成员国与中国在非洲的利益、价值、观念方面产生冲突,特别是中国近几年在非洲能源领域不断扩大投资也引起西方的不安和担忧,欧洲人和美国人几乎不能理解,中国能如此之快地进入他们的传统势力范围。中国与非洲的合作以及中国与欧洲老牌殖民国家在此处产生的利益摩擦,也是促使欧盟不断调整对非洲政策的外部因素。就中欧关系而言,非洲问题将成为双方以多边议题带动双边关系的新领域。

三、欧洲的非洲学研究简要评述

欧洲与非洲关系的历史演变进程是世界近代史的重要组成部分。由于欧洲与非洲特有的历史关系,自欧洲殖民者准备在非洲建立殖民统治之时及开始殖民统治之后,探险家、传教士以及殖民官员就已经开展了大量的研究活动,这些活动是非洲研究的起源。与殖民时期不同,现当代非洲研究出现的背景是1945年以后非洲去殖民化的加剧和冷战的兴起。随着越来越多非洲国家的独立和非洲民族主义的觉醒,许多北美与欧洲的学者开始对非洲的历史、政治、文化、文学以及宗教产生兴趣。与前殖民时代和殖民时代不同,这些北美和欧洲的学者开始对非洲社会和历史感兴趣,并开始进行相关研究。

虽然欧洲对非洲的研究已有悠久的历史,但为了适应冷战后新的国际环境,欧洲1991年成立了"非洲与欧洲跨学科研究小组"(AEGIS)。欧洲的高校和研究机构遍布12个国家,涵盖23个非洲研究中心或非洲研究院。这12个国家分别是比利时、丹麦、法国、德国、意大利、荷兰、挪威、葡萄牙、西班牙、瑞典、瑞士和英国。如下表所示,23个欧洲非洲研究机构分布在这些国家中。

《欧洲部分非洲研究院或非洲研究中心一览表》[①]：

1. 比利时天主教鲁汶大学非洲人类学研究院（Belgium — Instituutvoor Antropologie in Afrika, Katholieke Universiteit Leuven）；
2. 丹麦哥本哈根大学非洲研究中心（Denmark — Center for Afrikastudier, øbenhavns Universitet）；
3. 法国波尔多政治学院黑非洲研究中心（隶属孟德斯鸠—波尔多第四大学）（France — Centre d'Étuded'Afrique noire, IEP de Bordeaux, Université Montesquieu–Bordeaux IV）
4. 法国巴黎高等社会科学院非洲研究中心（France — Centre d'Études Africaines, EHESS, Paris）
5. 法国巴黎非洲世界研究中心（France — Centre d'Études des mondes africains, Paris）
6. 德国拜罗伊特大学非洲研究中心（Germany — Institutfür Afrika-Studien, Universität Bayreuth）
7. 德国汉堡非洲研究学院（Germany — GIGA Institutfür Afrika-studien, Hamburg）
8. 德国莱比锡大学非洲学研究院（Germany — Institutfür Afrikanistik, Universität Leipzig）
9. 德国美因茨大学非洲人类学研究学院（Institutfür Ethnologie und Afrikastudien, Universität Mainz）
10. 意大利博洛尼亚大学非洲研究中心（Italy — Centro Dipartimentale di Studisu Africa, Università di Bologna）
11. 意大利拿波里东方大学非洲研究所（Italy — Dipartimento di Studisu Africa, Università di Napoli L'Orientale）
12. 荷兰莱顿大学非洲研究中心（Netherlands — Afrika-Studiecentrum, Leiden）
13. 挪威特隆赫姆大学非洲研究中心（Norway — Afrikastudier, Universitet, Trondheim）

---

① 转引自：台乐怡（Ian Taylor）2010年5月23日至6月13日在浙江师范大学非洲研究院开设的"非洲国际关系系列讲座"。机构名称由上海外国语大学欧盟研究中心翻译。

14. 葡萄牙里斯本非洲研究中心（Portugal — Centro de Estudos Africanos, Lisboa）
15. 葡萄牙波尔图大学非洲研究中心（Portugal — Centro de Estudos, Africanos Universidade de Porto）
16. 西班牙巴塞罗那非洲研究中心（Spain — Centre d'Estudis Africans, Barcelona）
17. 西班牙马德里自由大学非洲研究中心（Spain — Grupo de Estudios Africanos, Universidad Autónoma de Madrid）
18. 瑞典乌普萨拉斯堪的纳维亚非洲研究学院（Sweden — Nordiska Afrikainstitutet, Uppsala）
19. 瑞士巴塞尔非洲研究中心（Switzerland — Zentrumfür Afrikastudien Basel）
20. 英国伯明翰大学西非研究中心（UK — Centre of West African Studies, University of Birmingham）
21. 英国爱丁堡大学非洲研究中心（UK — Centre of African Studies, University of Edinburgh）
22. 英国伦敦大学非洲研究中心（UK — Centre of African Studies, University of London）
23. 英国牛津大学非洲研究中心（UK — African Studies Centre, University of Oxford）

从时间维度看，欧洲对非洲的研究可分为三个阶段：一、早期研究（殖民时期至20世纪50年代）；二、中期研究（去殖民化时期）；三、现当代研究。传统的研究成果主要集中在人类学、社会人类学、历史学及地理学领域；中期研究出现了去殖民化的特点，主要涉及政治学、历史与人类学、文化人类学，从社会、历史视角审视欧盟与非洲的关系；现当代研究主要集中在政治、经济、外交领域以及与非洲的互动双边关系上。

早期研究：早期研究集中在欧洲殖民者在非洲建立殖民统治之时和开始殖民统治之后。如探险家、传教士以及殖民官员开展的大量的人类学研究活动。这一时期以异质文化为研究对象的人类学、民俗学成果多见于一些属于非洲人类学经典的民族志著作中。但许多研究成果被作为有效理解和控制非洲"土著"的一种工具或手段。

中期研究：中期研究的现代意义具有去殖民化特征，其背景是1945年以后，非洲去殖民化的加剧和20世纪60年代非洲独立运动的兴起促进了欧洲对非洲历史和殖民主义史的再次研究和反思。研究的视角和对象也比早期丰富，涉及非洲的历史、政治、文化、文学以及宗教等领域。与早期功能性研究相比，中期研究更趋向学术性和客观性。

现当代研究：20世纪后期，特别是2001年"9·11"事件和随后兴起的反恐战争，又使非洲地区研究备受重视。美国、欧盟、日本与中国等大国或组织在非洲的竞争越来越激烈，利益冲突也日益明显。研究从区域和次区域到具体非洲国家的研究都在广度的基础上向深度拓展。与美国从地缘政治和战略角度研究非洲不同的是，欧盟及其成员国国内的大学和研究机构以现有的资源和研究潜力为基础，对非洲和非洲各国在人文、社会科学和文化方面加强了综合性、跨领域、跨学科的研究。"非洲与欧洲跨学科研究小组"（AEGIS）现每两年在欧洲组织一次非洲学大会。2005年伦敦大学亚非学院在英国伦敦举办首届会议；2007年在荷兰莱顿非洲研究中心举办了第二次会议；2009年在德国莱比锡非洲学研究院举办了第三次会议；第四次会议于2011年在瑞典乌普萨拉的斯堪的纳维亚非洲研究学院举办。

四、结　语

欧盟及其成员国各非洲研究机构在早期、中期、现当代这三个阶段的研究理论、研究方法都各有特点和差异。这些机构在厘清欧盟及其成员国对非洲各个时期的研究成果之后，结合非洲视角、欧盟对非洲视角、中国看欧盟看非洲的视角，将内外视角进行结合，厘清正式且具有整体性的非洲图景。一百多年来，欧洲人类学对非洲的研究虽然存在种种不足，但他们田野调查的学术传统以及由此派生出来的各种研究方法与知识工具值得我们重视，并促使中国的非洲学研究向深度拓展。

第二节
欧洲在非洲殖民体系的形成及扩张

[马拉维] 夸叶拉·坎宝娃
(Kwayera Kambauwa)*
王 璐**译

早在15、16世纪,当欧洲国家开始探索继而统治全世界剩下的边边角角之时,欧洲就开始了殖民进程——由于他们能掌控海路并且发现了美洲新大陆。西班牙人和葡萄牙人一起参与开启美洲殖民扩张,英国人、法国人和荷兰人紧随其后。之后欧洲人从西南亚入手进行贸易和传教,从而殖民化了亚洲。葡萄牙人最先到达美洲,西班牙人和荷兰人立马跟上,隔了好久之后英国人和法国人也跟着来到美洲。第二波欧洲殖民于19世纪开始,在工业革命引发迅速增长的人口压力下,在发现新兴市场和欧洲的移民们结束了流连失所生活的刺激下,在"文明化蛮夷民族"的野心驱使下,欧洲发动了新一轮的殖民扩张。就是在这段时间,欧洲开发并很快占领了非洲。本节将概述非洲被殖民和导致混乱的原因,以及非洲最大殖民者即大英帝国、法国和葡萄牙使用的特殊法律系统,从而浅析欧洲在非洲早期殖民系统的形成和扩张。

---

* 上海外国语大学国际关系专业2012级硕士研究生。
** 上海外国语大学欧盟研究中心项目组成员。

第一章　欧洲与非洲历史关系

一、欧洲各国在非洲殖民体系的形成原因

欧洲对于非洲产生兴趣有诸多原因，其中一条是19世纪基督教的复兴。传教士开始重视工薪阶层，目的是将精神救赎传教给普通民众，而传教士们在成功之后便不再限于欧洲，而是将目光投向了非洲大陆。传教士虽不是"欧洲帝国主义"的直接传道者，但的确是他们带领着欧洲的"吸血鬼们"将非洲挖掘得"更深更彻底"。在传道基督教的同时，传教士们也把西方教育理念和根深蒂固的一夫一妻制带到了非洲。然而，非洲的战火也不时威胁着传教士们的安全，由此他们向欧洲政府寻求庇护。

将欧洲人带到非洲的另一个原因是期间的探险文化。几个世纪以来，欧洲探险家们一直在非洲大地上游觅以期发现新事物。这些探险家中有许多著名的人物，如大卫·利文斯顿(David Livingstone，穿越非洲大陆的中部和南部)、理查德·弗朗西斯·伯顿(Richard Francis Burton，探索非洲的几大湖)、亨利·莫顿·斯坦利(Henry Morgan Stanley，探索刚果河区域)。1788至1877年间，探险家们发现了很多新事物。回到欧洲后，他们把在非洲的所见所闻描绘得有声有色，更重要的是，这些记述带有很大的主观和夸大成分——话说回来，他们毕竟是第一批穿越非洲大地的探险家们，没有人敢贸然指出他们的错误。而最终这些故事却引发了欧洲人对于非洲的浓厚兴趣，由此极大地刺激了贸易增长。

让我们回到为什么欧洲要殖民非洲的问题上，答案不尽相同。主要有三个原因，分别是经济、政治和社会原因。第一是经济原因，由于资本主义工业化急需稳定的原材料来源，同时急求有保障的市场和有利润的投资环境，这就促使欧洲人抢占和最终称霸非洲。欧洲生产的商品供大于求，多出来的商品堆积在货架上而工薪阶层却买不起。比起减少工业生产量、商品减价或者给工薪阶层加工资，工厂主和银行家更愿意去寻找新兴市场。他们向政府施压并建议将视线转向非洲，这样一来，欧洲的工厂就能从非洲攫取大量的原材料，同时为他们的大批量商品打开新的市场。以英国为例，这样能保住其"经济巨头"的国际地位，而自由贸易对于保持大英帝国经济水平的领先地位发挥了显著作用。包括法国想方

设法开拓殖民地在内的一系列事件,都促使了英国扩大和增加自己的殖民地盘。为了保住自己的地位,英国不得不持续寻找新的殖民地与建立贸易垄断。简而言之,英国建立殖民地是经济衰退与其地位受威胁所导致的直接后果。

第二,欧洲在非洲大地上扩张殖民的政治原因是欧洲内部的力量斗争和竞争。英国、法国、德国、比利时、意大利、葡萄牙和西班牙在欧洲权力政治中互相厮杀,而展示雄厚国家实力的一条捷径就是占领全世界的领土。欧洲国家认为占领殖民地传达了一个信息,即荣耀与地位。俄国彼得三世(Karl Peter)的征途把坦噶尼喀湖当作其独裁领土来守卫;大英帝国塞西尔·约翰·罗得斯(Cecil John Rhodes)为他的国王献上了一块巨大的中非版图;亨利·莫顿·史丹利的非洲探险则为比利时国王利奥波德(King Leopold)征服刚果扫清了障碍①。布伦斯威格(Brunschwig)相信法国对于占领殖民地没有什么迫切的理由,但是与英国和德国不同,法国并没有从非洲殖民地上得到巨额利益。因此,他认为法国最关心的还是其威望,法国想要成为世界瞩目的权力"大玩家",由此有了拥有殖民地的需求②。占领殖民地除了使欧洲国家成为权利巨头后极大满足了心理虚荣之外,还提供了大量的人力以备战时之需。例如,报告显示在一战期间,近百万名非洲士兵为协约国一方厮杀献身③。而在荣誉感和提供战时人力之外,非洲殖民化还平衡了几大权力。柏林会议(1884年至1885年)和俄罗斯—土耳其战争(1877年至1878年)之后,欧洲国家意识到在欧洲内部每个国家实力均等,没有一个国家比其他强大更多。④这就意味着如果要脱离欧洲其他国家而单独地进行扩张,必定要有很多硬仗要打。

---

① Khapoya, V. *The African Experience: An Introduction.* London: Longman Publishing, 2012, p.101.

② Brunschwig, H. *Politique et l'Economie dans l'Empire Français de l'Afrique Noire*, 1970, p.406.

③ Khapoya, V. *The African Experience: An Introduction.* London: Longman Publishing, 2012, p.104.

④ Touval, S. Treaties, Borders and the Partition of Africa. *The Journal of African History*, 1966, p.280.

第三，欧洲工业化之后产生了很多社会问题：失业、贫穷、无家可归和乡村地区的社会置换等等。这些社会问题的产生是因为新的资本主义工业不可能吸纳所有人。一个解决办法就是建立殖民地，把这种"多余人口"输出去。这样就在阿尔及利亚、南非、纳米比亚、安哥拉和津巴布韦有了定居者式的殖民地。此外，禁止奴隶交易也有了新的诉求。英国率先在1807年通过了禁止奴隶买卖的法规，在1833年英国政府又通过了"解放令"，意味着奴隶制在英国领土上全面被禁。很多欧洲国家都如此照做，但是奴隶交易在阿拉伯人和非洲酋长中还是持续进行，其他反对奴隶制的方法都以失败告终。因此欧洲人通过军事干预阻止了奴隶交易。

在1880年早期，非洲只有一小部分区域是实施欧洲法律的。这块地方包括海岸线和沿主要河流的小内陆（例如尼日尔和刚果），仅限于定居者殖民地内——北至阿尔及利亚和摩洛哥之间；西到弗里敦的保护国和金色海岸；南达巴苏陀兰的保护领地。但在1880年后期和一战之初，欧洲国家相互竞争着争夺非洲领土，史称"瓜分非洲"。这段时间见证了在军事影响力和经济掌控层面上的转变，即从"非正式控制"的帝国主义到"直接统治"下新帝国主义的转变。而对于埃及和刚果的占领和攫取则是在瓜分非洲这条险路上的第一大步。

为了解决争端，1884年奥托·冯·俾斯麦（Otto von Bismarck）召开了柏林会议（1884年至1885年）来缓和各方关系。欧洲各地的外交家们聚在一起讨论该如何瓜分非洲，通过谴责奴隶交易、阻止特定地区的酒类和武器销售来造成人文关怀的假象。更重要的是，柏林会议说服了一些国家放弃寻找新殖民地，还同意了将刚果河沿岸区域作为中立区域，由比利时的利奥波德二世统治。这片土地被称为"刚果自由邦"，在这里人们可以自由进行贸易和海上交通。另外，任何一个权力集团占领任何一块非洲土地都不需要和其他权力集团打招呼，只需要用强权有效占领即可[①]。然而这些竞争者们在大行方便之余忽视了原则，在一些情况下几乎

---

① Iweriebor, E. E. The Colonization of Africa. Africana Age. http://www.nypl.org/africanaage/colonizaton-of-africa.html.

差点爆发战争。例如1898年发生在英国和法国之间的法绍达事件,双方争夺尼罗河上段的法绍达要塞(现为苏丹东部)[1]。现代非洲的大部分政治边界是柏林会议后三十年间慢慢出现的[2]。而早在柏林会议之前,现今的非洲边界基本上不存在。到1914年,非洲已经彻底被这些与会者瓜分为50个非自然的而由人为分界的州。

二、欧洲各国对非洲殖民的不同方式

在"瓜分非洲"后期,英国、法国和葡萄牙已经占领了最大数量的殖民地。正如Khapoya所写的,这些国家个个有自己的目的、策略和管理系统[3]。以下便是以法国为首来制定不同规定的描述:法国人鄙视非洲人和非洲文化,他们的目标是让非洲人"文明化",让非洲人说法语。这就被称为"同化政策",意为假如非洲人放弃自己的文化而认同法国的文化,他们就能和法国白种人通婚。如此非洲人就被同化而加入了法国人集体。这项措施体现了法国人认为在体现"法国特性"层面上,文化比种族更重要。

法国有一套"直接统治"的管理系统,即统治者只效忠于法国,不用考虑到传统的繁文缛节而分别直接命令长官,如指定官员上任、通过法律、批准任何殖民地联盟的措施方法等。这种"直接下令"在其帝国内部并没有统一施行。在一些由更多强大统治者管理的地区中,例如在上伏塔地区的莫西人有铁腕的酋长、喀麦隆北部的穆斯林埃米尔统治者也非常强大,法国人不得不在政治上让步,由这些传统的统治者继续管理。在

---

[1] Spencer-Churchill, Lt. W. The Fashoda Incident. *The North American Review*, 1898, pp.737-739.

[2] Griffiths, I. The Scramble for Africa: Inherited Political Boundaries. *The Geographical Journal*, 1986, p.205.

[3] Brunschwig, H. *Politique et l'Economie dans l'Empire Français de l'Afrique Noire*, 1970, p.410.

20世纪末期,法国人终于把自己的帝国结构联邦化,共有两个联邦,各由一位总督统管。建立在达喀尔(塞内加尔首都)的法属西非由八个殖民地组成,官方称为"领土",囊括了达荷美共和国(现为贝宁)、毛里塔尼亚、法属苏丹(现为马里)、塞内加尔、几内亚、象牙海岸、上沃尔特(现为布基纳法索)和尼日尔。每块领土都有一个集会,由统治者统一管理;每块领土还被更细地分为几个"圈",由各个管理者分管。法属赤道非洲有四块领域,分别为加蓬、刚果(现为刚果民主共和国)、沙里乌班吉(现为中非共和国)和乍得。两块联邦施行相同政策,从而成为地区,而"圈"成了行政区。1946年后,非洲人能够参加法国的政治活动,但只能在三个层面:一是在他们自己的国家,比如塞内加尔;二是在他们的联邦地区,如法属西非等;三是在大都市的法国政治系统内①。这项中央集权条款的结果就是法国人不理会现有的种族分层去统治非洲人。这并不是说法属非洲不存在种族冲突,只是在以前的法属殖民地不太明显。

英国人对于非洲人的评价也不高,他们以把非洲人转化成英国式绅士和淑女为"己任"。虽然他们对这些"被提升的"非洲人感染了英国人的风度感到满意,但却不像法国人那样对待非洲人"相对"平等。学校、娱乐场所、医院等机构场所中还是存在着形形色色的种族阶级。城市中的非洲人被隔离在被称为"非洲人的地方"的住宅区里,那里挤满了破旧的屋子。而那些已经适应了英国人方式的非洲人也不能完全被英国本土人所接受。一个非洲人可以学习英国文化,但是他们的祖先永远不会变成英国人。由此可见,英国人对于"英国属性"的概念是基于血统和文化,二者缺一不可②。

就在法国人认为在法属殖民地的非洲居民最终会成为法国公民之时,英国人却认为非洲政府最终将由非洲人按照英国人的方式去自治。他们采用"非直接统治"策略,首先认同当地领导者(例如国王或者酋长

---

① Khapoya, V. *The African Experience: An Introduction.* London: Longman Publishing, 2012, pp.108-109.
② 同上, pp.117-119.

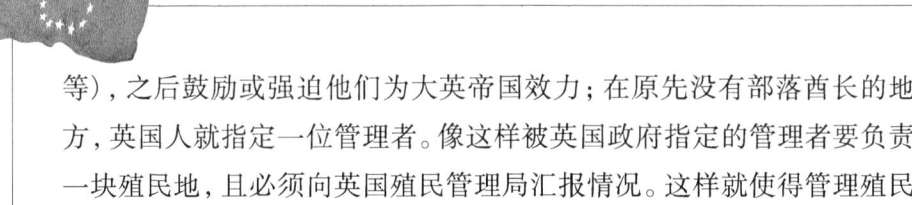

等),之后鼓励或强迫他们为大英帝国效力;在原先没有部落酋长的地方,英国人就指定一位管理者。像这样被英国政府指定的管理者要负责一块殖民地,且必须向英国殖民管理局汇报情况。这样就使得管理殖民地的开销大大降低,同时这也加强了各地区独立的种族文化和整体政治观念的提升①。

葡萄牙同样是敌对非洲人的种族主义者,同样也在非洲有着"文明化非洲的使命"。然而葡萄牙人结合了法国和英国的做法,其中包含了血统和文化。关于葡萄牙人社会政策的一个特殊点是,容忍和鼓励不同种族通婚,特指葡萄牙男子和非洲女子通婚。这项政策导致类似金字塔的社会结构产生:在金字塔尖是纯种的葡萄牙人,享受着葡萄牙人的各种优待和权利;在金字塔中间的则是混种人群,只享有为数不多的几项权利;而在金字塔底部的却是纯种非洲人,被压迫而承受着各种无情的剥削②。辨别非洲人是否被文明化的一个方法是,看他们是否掌握葡萄牙语、葡萄牙文化,并摈弃自己的非洲传统习俗。葡萄牙人展望的是一个全新社会,在那里被同化的非洲人崇"葡"媚外。葡萄牙人执行"直接统治"管理比法国人更加严苛,这是因为葡萄牙人无意让非洲人自治。葡萄牙人宣称他们在安格拉、莫桑比克、几内亚、佛得角群岛、圣多美港口的领土为"海外的葡萄牙王国",这些殖民地也因此成了在地理上远离葡萄牙的政治属地。

三、结　语

在新帝国主义的巅峰时期,欧洲将地球上五分之一的领土纳入了自

---

① Papstein, R. "From Ethnicity to Tribalism: The Upper Zambezi Region of Zambia." In Leroy Vail, ed., *The Creation of Tribalism in Southern Africa*. Berkeley: University of California Press, 1991, pp.373-374.

② Khapoya, V. *The African Experience: An Introduction*. London: Longman Publishing, 2012, pp.120-122.

己的殖民范围，其中便包含了非洲大地的大部分领土。然而就在殖民时代末期的第二次世界大战爆发之时，非洲人民为自己的自由而战斗。他们组织了自己的独立行动、政治团体和工会，而欧洲势力因为战争已经土崩瓦解，无力承受再一次战争的打击。因此欧洲决定在20世纪50年代"非殖民地化"开始之后，放弃统治他们在非洲的诸多殖民地。

第三节

欧非历史关系对当今非洲文化及宗教的影响

钮 松[*]

西方世界延续迄今的主导性时代发端于欧洲国家新航路的开辟以及随之而来的数百年的军事、政治和贸易活动,而这具有历史意义的标志性事件——新航路的开辟,则与非洲(尤其是北非)有着密切的关联。1492年,阿拉伯穆斯林政权在西班牙的最后一个据点陷落,伊斯兰对西班牙数百年的统治终结;而同一年,哥伦布在西班牙国王的资助下,利用北非阿拉伯人和柏柏尔人通过西班牙传入欧洲的先进航海技术,开始探索并征服世界。1492年不仅意味着伊斯兰世界衰落的开始,也意味着所有非欧洲基督教世界(包括撒哈拉以南非洲、当时土著的美洲大陆)衰落的开始。海量的欧洲技术与古希腊古罗马哲学通过"翻译运动"途经北非被引入阿拉伯帝国,此后,这些欧洲异教时代的著作糅合着阿拉伯帝国的先进技术和思想重新传入欧洲,为皈依基督教的欧洲在宗教改革之后呼之欲出的"文艺复兴"提供了及时的、绝佳的素材。由于阿拉伯帝国的征服,非洲逐渐形成了两种文明形态,即北非和东非的伊斯兰—阿拉伯文明和撒哈拉以南非洲的狭义的非洲文明。欧非历史关系对于这两种非洲的文明形态产生了不可估量的影响。

---

[*] 上海外国语大学中东研究所副研究员,上海高校智库复旦大学宗教与中国国家安全研究中心兼职研究员,博士。

一、欧洲与伊斯兰非洲早期互动中的宗教与科技

从阿拉伯阿拔斯王朝的"翻译运动"一直延续到15世纪欧洲海外活动的扩张这段时期内,伊斯兰世界在技术上一直保持着领先的地位。伊斯兰世界的衰落和欧洲的崛起都不是偶然的事件,面对技术和科学的态度在其中起到了关键性的作用,而这实际上与宗教的态度有着密切的关联。正如叙利亚学者艾哈迈德·哈桑与英国学者唐纳德·希尔合著的《伊斯兰技术简史》开宗明义地指出,"本书自始至终要彰显的是伊斯兰技术在农业、工业、战争以及日常生活的各个方面所取得的成果。如果我们分析伊斯兰教义,就可以发现,有充分证据表明,伊斯兰教是上述成果的推动力。"[①]尤其是在当今对伊斯兰世界充满政治偏见和宗教误解的时代,让学者和读者了解伊斯兰世界曾经的辉煌绝非止步于人文,各种涉及自然科学领域的技术进步也是伊斯兰文明的重要组成部分,这一点着实必要。

1. 伊斯兰世界8至15世纪技术进步中的欧洲源头与伊斯兰教推进

在阿拉伯帝国肇始于阿拉伯半岛的扩张进程中,浸染于古希腊古罗马技术文明的北非地中海南岸逐渐演变为伊斯兰—阿拉伯世界的西部,即马格里布地区。这些异教文明的技术成果被阿拉伯帝国自然接收。虽然先知穆罕默德于7世纪开启了阿拉伯民族的伊斯兰时代,但其文明的成熟仍亟待时日,技术的消化与进步也受制于大的历史背景,因此,"确切地说,伊斯兰科学的真正开始,是在伊斯兰教出现大约两百年以后的9世纪。造成这段时间间隔的原因很明显。伊斯兰最初的两个世纪,人们的思想理念和主要精力集中于建立新的伊斯兰国家政权。"[②]一言以蔽之,即国家政权对于技术进步有着影响作用,而这种作用也是双向的,只有"政

---

① 艾哈迈德·优素福·哈桑,唐纳德·希尔,《伊斯兰技术简史》,北京:科学出版社,2010年,第6–7页。
② 同上,第15页。

治安定和经济繁荣是科学技术发展的根本,发展如果出现停止,至少有一部分原因是国家的政治解体和经济生活恶化。"①处于经济繁荣、政治稳定时代的国家政权对于技术发展有着关键性的推进作用,这一点在霍布斯与玻意耳关于真空问题的博弈上有着经典的例证。反对真空存在的霍布斯在与通过实验证明真空存在的玻意耳的论战中失败,但这并非意味着玻意耳实验手段的无懈可击,"王政复辟"后的英国政治和社会着迷于"实验验证"的科学偏好,真空问题也不再是一个可以坐而论道的自证。玻意耳而非霍布斯恰好符合了当时英国的政治偏向,霍布斯与玻意耳的对峙实则反映了政治与科学的关系。②

阿拉伯帝国阿拔斯王朝到8、9世纪之交的哈里发马蒙时,其治下的帝国政治安定、经济繁荣,这为其开始进入一个重视技术及创新的历史时代奠定了坚实基础。由于阿拉伯帝国源于先知穆罕默德的"乌玛"社团,政教合一的政治体制注定了伊斯兰教对帝国政治的绝对影响力,伊斯兰教既是宗教,也是政治。政治对于技术进步的影响,在阿拉伯帝国可以被理解为伊斯兰教与技术进步的关系,"伊斯兰的宗教是穆斯林们推进阿拉伯文明最鼎盛时期科学复兴的主要动因","伊斯兰国家达到最鼎盛的时候,伊斯兰教是穆斯林们掀起科学革命背后的主要动因"。③9世纪的"翻译运动"主要瞄准希腊的科学与哲学著作,绝非希腊文学和历史著作,有确切数据表明,阿拉伯科技译作数量占译作总量的65%左右。④大量生活在阿拉伯帝国的不同民族在伊斯兰教的旗帜下加快融合,来自不同民族的译者将希腊文和其他文字的技术著作译成阿拉伯文。如果说《古兰经》促成了规范阿拉伯语的形成,那么科技翻译以及技术革新过

---

① 艾哈迈德·优素福·哈桑,唐纳德·希尔,《伊斯兰技术简史》,北京:科学出版社,2010年,第239页。
② Shapin, S. & Schaffer, S. *Leviathan and Air-Pump, Hobbes, Boyle, and the Experimental Life*. Princeton: Princeton University Press, 1985.
③ 艾哈迈德·优素福·哈桑,唐纳德·希尔,《伊斯兰技术简史》,北京:科学出版社,2010年,第39页。
④ Sorokin, P. & Merton, R. The course of Arabian intellectual development, 700-1300 A.D.: a study in method. *ISIS*, 1935(22).

程则更加丰富了阿拉伯语的成熟；前者消弭了阿拉伯人精神的蒙昧，而后者促使阿拉伯人摆脱了对自然世界的蒙昧。阿拉伯帝国的技术进步表现在诸多领域，如机械工程、土木工程、军事技术、船舶与航海术、化学技术、纺织品、纸和皮革、农业和食品技术、采矿和冶金、工程师与工匠等。这一切领先于当时世界的技术水平与当时伊斯兰教的宽容和教义有着密切联系。

虽然伊斯兰教在四大正统哈里发末期便产生了日后逊尼派和什叶派的分野，但16世纪之前，各自并未有较大的宗派分立。一个实力不断上升的阿拉伯帝国秉承伊斯兰教的宽容精神，不仅容忍帝国境内犹太教徒和基督教徒等"有经人"保持原有信仰，而且对于来自中世纪欧洲残存的异教的古希腊文明中的技术与哲学部分也毫无排斥，这种伊斯兰教早期的宽容性跨越一神教与多神教，显示了"封印宗教"的最大自信。伊斯兰世界的各种领袖不遗余力地通过制度化的方式促进外来技术的吸收并与本土技术融合，除设立巴格达"智慧馆"以外，各种科研机构、清真寺附属学校、天文台、医院、图书馆得到建立，其从业人员得到政权的保护并享有优厚待遇；不仅如此，哈里发组织各种"研究、实验和发明"活动，其中组织"科学使团"进行自然测定或军事研究也是常态。伊斯兰教鼓励技术与科学在当代也是一个热门话题，早在1976年，法国医科学院便举行了名为"《古兰经》中有关生理学和胚胎学的论述"的研讨会，此类伊斯兰教与当代科学的会议和文献层出不穷。然而这只是用现代科学所取得的成就去解释伊斯兰教的经典，绝非宗教的经文直接解释了现代科学的发展。不容否认的是，回到8至15世纪的伊斯兰世界，那时的人们无法从《古兰经》中展望出今日科学与技术的先进程度，但一定能从《古兰经》中的字字句句阅读出真主对于技术探究的鼓励，这才是历史的真实。《古兰经》中提及猎取飞禽走兽的"枪"、努哈奉启示"造船"、真主降下的"浮渣"，即"为制造首饰和器皿而融化的金属"、公平称重的"秤"、保护身体的"铠甲"等[①]，这些都反映了当时社会的船舶技术、军事技术、

---

① 参见马坚译，《古兰经》，北京：中国社会科学出版社，2003年。

化学技术和机械制造的水平以及神的期许。《古兰经》降世时间决定了它不可能细致描述今日技术的先进，但其鼓励发展技术的思想实则延续迄今，此后的伊斯兰宗派主义往往通过特定时期神的语言来曲解神的本意，这是后话。

2. 伊斯兰教超然于伊斯兰世界内部，跨越欧非的政治边界

无论是欧洲技术因"翻译运动"而传入伊斯兰世界，还是此后伊斯兰世界的技术连同其保存的欧洲技术传入欧洲，交通的通畅至关重要。政治的隔阂往往阻截交流，而宗教这一跨国的存在形式却能在一定程度上有效化解。

历经四大正统哈里发治后的阿拉伯帝国于公元661年正式进入伍麦叶王朝时代。伍麦叶王朝开疆辟土，至750年其末代哈里发马尔万二世结束对整个阿拉伯帝国的统治时，其疆土辐射中亚、西亚、北非和西班牙等地，更为关键的是，伊斯兰教在将这些地区纽结在一起的过程中发挥了不可替代的作用。阿拔斯王朝于750年事实上开始了对阿拉伯帝国的统治，伍麦叶王室几被屠杀殆尽，末代哈里发直系子孙阿卜杜—拉赫曼一世逃亡北非并最终进入一海之隔的西班牙。拉赫曼一世于756年在科尔多瓦以伍麦叶王朝的名义继续开展统治（史称后伍麦叶王朝），但他并未就任涵盖政教领袖的"哈里发"一职，而仅任只有地方政治领袖意味的"科尔多瓦埃米尔"，即原属马格里布总督节制下的西班牙省督，或称伍麦叶王朝的西班牙地方最高长官，这实际上反映了拉赫曼一世对于政治现实的妥协。失去了阿拉伯帝国都城和大部分疆土的伍麦叶王朝后裔只愿暂时屈就埃米尔一职，但其心目中的王朝疆土也不言自明。直到929年，拉赫曼三世正式改任伍麦叶王朝的"哈里发"，即从伍麦叶王朝的西班牙地方行政长官荣升为整个王朝的最高政教领袖，这一地位与750年前的伍麦叶王朝哈里发相当，但也反映了其对反攻收复亚非失土可能性的清晰认知。

伍麦叶科尔多瓦政权重建的第二年，即757年开始，拉赫曼一世禁止聚礼日为巴格达的哈里发祈祷，即实际上否认了阿拔斯王朝的合法性，因此从757年至科尔多瓦政权瓦解的1031年期间，阿拉伯帝国实际

上存在两个并行的王朝,即阿拔斯王朝和伍麦叶王朝(757至929年间虚化)。929年至1031年间,阿拉伯帝国主要存在两个并行的中央政权,即阿拔斯王朝巴格达政权和伍麦叶王朝的科尔多瓦政权。巴格达政权实际统治了除西班牙以外的阿拉伯帝国几乎所有地区(其间有北非伊德里斯王朝和之后什叶派法蒂玛王朝的自立,巴格达和科尔多瓦均不承认其合法性),而科尔多瓦政权仅统治了阿拉伯帝国的西班牙地区(虽曾短暂统治摩洛哥),后者越来越处于一种本土化趋势之中,双方分踞直布罗陀海峡两岸。"尽管西班牙的伍麦叶王朝不承认巴格达阿拔斯王朝的哈里发,但西班牙和东方之间的正常交流并未断绝。"[1]这得益于贯穿阿拉伯帝国不同领土之间的伊斯兰宗教纽带,对于伊斯兰西班牙地区和伊斯兰亚非地区而言,彼此互为对方之"想象的疆土",但在宗教上却是实际的疆土,因为皆为"真主国度",穆斯林学者跨地区的流动并不受物理边界的制约。

正是这种宗教维度政权的存在,欧洲的技术在830年至930年间通过阿拔斯王朝主导的"翻译运动",由西班牙为主渠道输入阿拉伯帝国核心地区,科尔多瓦政权、巴格达政权和北非的什叶派实际统治者在技术转移上形成默契,许多非伊斯兰的技术开始传入西亚北非。欧洲技术与伊斯兰技术逐渐融合,这些革新的技术于12世纪开始传入欧洲。

3. 伊斯兰宗派主义、欧洲宗教改革与16世纪以来的技术兴衰

由于西班牙处于伊斯兰世界的欧洲最前沿,因此阿拉伯帝国对于中世纪的欧洲有着反向传递技术知识的动力。中世纪欧洲的专制和禁锢与天主教政治化的教权所导致的腐败有着密切的联系,对于古希腊古罗马多神异教的强烈排斥注定了欧洲先哲们的技术知识也受到连坐。天主教在很大程度上缺乏与时俱进的技术、科学心态和教法解释。

欧洲宗教与技术进步之间的矛盾如何克服?从12世纪开始,"从西班

---

[1] 艾哈迈德·优素福·哈桑,唐纳德·希尔,《伊斯兰技术简史》,北京:科学出版社,2010年,第7页。

牙传来了亚里士多德及其阿拉伯评注者的哲学和自然科学以将在13世纪改变欧洲思想的形式出现",并带给欧洲"献身科学的精神"、"理性的思维习惯和爱好实验的性情",换言之,科学、理性与实验等成为历史学家查尔斯·哈斯金斯(Charles Haskins)所说的"12世纪文艺复兴"的核心精神。①这实则影响了数百年来所认为的源于13世纪末的那场"文艺复兴",两者构成了一幅完整的文艺复兴图卷。文艺复兴的矛头暗指天主教会,最初颂扬科学与技术,然后追随先哲的文学与历史,这一切却又不得不包裹着神学的外衣。然而这场以"文艺"为名的托古改制站在了一个高的历史起点上,古希腊罗马先哲们的技术探索与文史著作之中凸现的是被天主教会所扼杀的人性,这种回归的人性与来自阿拉伯帝国先进的技术相结合,与许多欧洲君王和社会精英的志趣相结合,面对天主教会对于哥白尼等人的科学精神的残酷镇压,最终于16世纪催发了马丁·路德和加尔文等人的振臂一呼,宗教改革随之而来。正是得益于充满科学精神之信徒的殉道和推进,基督新教秉承了12世纪以来的文艺复兴中的人性和科学的精髓,极大激发了之后欧洲工场手工业的发展,并最终催化了以科学和技术为核心的产业革命和工业革命。值得一提的是,欧美以油气能源为核心的技术革命也得益于阿拉伯帝国早期对于石油资源的一定规模的开采、提炼和军事应用的历史经验,而绝非西方的技术革命催生了有关石油的新知识,人类迄今仍生活在油气时代之中。

与欧洲的技术进步相反的是,伊斯兰世界从16世纪开始不断衰落。1492年是欧洲与伊斯兰世界命运逆转的分水岭,伍麦叶王朝崩溃以后分裂为若干伊斯兰小国的西班牙不断受到基督教"收复失地"运动的冲击。1月2日,格拉纳达最后一位伊斯兰苏丹投降标志着伊斯兰对西班牙的统治彻底结束;8月3日,哥伦布在西班牙国王的资助下开始探索世界的航海活动,新航路的开辟得益于穆斯林为西班牙留下的航海术、地理知识和来自东方的指南针。欧洲基于先进交通和军事技术的全球扩张在很大程

---

① Haskins, C. *The Renaissance of the Twelfth Century*. Cambridge: Harvard University Press, 1955.

度上也充满了基督新教的"选民"情怀。与欧洲所不同的是,阿拉伯帝国不断遭遇中亚蛮族的入侵,不仅带来了政治的混乱,还导致"对伊拉克和阿拉伯半岛所建立的灌溉系统的破坏和农业的荒芜";但更加严重的威胁实则来自伊斯兰的内部,"16世纪以后所产生的宗派的勃兴,也是科学停滞、进步枯竭的一部分主要原因","如果有创造出科学技术需要的充分的经济繁荣,伊斯兰各国的宗教狂热主义就不能取得对科学的胜利","1580年,由泰基尔丁在君士坦丁堡建造的伊斯兰最后的天文台遭到破坏这一事实,显示了宗派对科学的胜利。"[①]天文台的设立,曾是9至10世纪阿拉伯"翻译运动"中浓墨重彩的手笔。伊斯兰教虽然在7世纪分裂为逊尼、什叶两派,但在很长时间里却无宗派的分裂。随着阿拉伯人从征服者逐渐变为被征服者,阿拉伯帝国曾经的辉煌不再,各种趋于保守的深陷于枯燥教法的伊斯兰宗派雏形终于在16世纪发展起来。伊斯兰宗派的僵化性相对于阿拉伯帝国时期的包容性,有如天主教会的保守性相较于罗马帝国皈依基督宗教初年时的宽容性;欧洲宗教改革发生之时,恰逢伊斯兰宗派兴起,双方背道而驰,这也包含了对科学与技术的态度。

直至20世纪,伊斯兰世界反科学与技术的宗派主义行径仍屡见不鲜。进入21世纪,整个伊斯兰世界都表现出对于科技的支持态度,而许多激进保守的伊斯兰宗派也出于特殊目的而与现代科技相结合,"天然资源"与"人力资源"是科学与技术进步必不可少的两个经济要素,但"不论贫富,所有伊斯兰国家将来的发展,需要以地域为基础的经济协作和统一"[②],如何实现伊斯兰世界建立在技术密集型基础上的国家繁荣、政治稳定和内部协作,关系到伊斯兰文明板块在转型时代的国际体系中的命运,伊斯兰版的宗教改革和启蒙运动值得期待。

---

① 艾哈迈德·优素福·哈桑,唐纳德·希尔,《伊斯兰技术简史》,北京:科学出版社,2010年,第239页。
② 同上,第241页。

二、欧非历史关系对伊斯兰非洲的文化与宗教影响

欧洲的崛起得益于与伊斯兰非洲之间的长期互动,尤其是先进航海术的输入。伊斯兰非洲与阿拉伯半岛有着很大的不同,两者实际上存在着一种被征服者与征服者的矛盾关系。因此,虽然奥斯曼土耳其帝国与欧洲爆发了多次战争,其中宗教冲突也十分明显,但这对伊斯兰非洲的影响并不突出。伊斯兰非洲,尤其是北非,尽管宗教上属于伊斯兰,但却浸淫在地中海欧洲古希腊古罗马文明、基督教文明与伊斯兰文明里。基督教与伊斯兰教关系整体上相对平稳,伊斯兰非洲的穆斯林移居欧洲的比例远远高于伊斯兰世界其他部分。但近年来,宗教全球复兴对伊斯兰非洲内部的伊斯兰教与基督教关系也产生了深远的影响。

1. 发轫于欧洲的威斯特伐利亚体系中的宗教合法性问题

北非是最早被纳入欧洲威斯特伐利亚国际体系的地区,随着北非国家的纷纷独立以及宗教的全球复兴,威斯特伐利亚的"宗教放逐"越来越受到挑战,长期和谐的欧洲与伊斯兰非洲关系也受到了国际体系转型期宗教因素的猛烈冲击。国际体系转型是国际关系研究中的重要议题。当前国际体系依旧是1648年《威斯特伐利亚和约》所确立的国际体系的延续。冷战结束后,一方面,该体系所确立的主权国家基本单元地位进一步受到挑战,超国家行为体、次国家行为体参与国际关系的领域和深度都有着前所未有的提升;另一方面,该体系所确立的"去宗教化"及其异化"去神学化",正遭遇宗教全球复兴的挑战,信徒、宗教团体、宗教国际组织等越发在国际关系中发挥重要影响力。当前国际关系中的宗教复兴引起国际社会的普遍忧虑,如伊斯兰极端势力的暴力活动、基督教右翼对美国外交的影响、犹太教极端主义对于巴以和平进程的破坏等。当前国际体系转型中的"超越威斯特伐利亚",从民族国家与主权的超越来看,主要处理人的问题;但从宗教复兴来看,实则是国际体系根本性漏洞在当代国际关系中的总爆发,其阶段性修正实则在该体系确立之初便开始得到局部修正。

宗教在现代国际体系中的合法性问题仍未得到彻底解决，许多跨国宗教议题缺乏相关国际制度，如全球穆斯林朝觐问题，伊斯兰合作组织、伊斯兰国家与非伊斯兰国家之间便缺乏制度对接；正义与发展党、真主党和穆兄会等长期被国际社会视作和平的威胁，如今却通过和平方式走向掌权；对于宗教恐怖主义的暴力打击往往导致其加倍以暴力回应，基地组织等宗教恐怖组织有反对现行西方主导的国际体系的内在逻辑。

威斯特伐利亚体系最早作为欧洲地区体系而存在，这是其空间背景；其时间背景是基督教宗教改革浪潮席卷欧洲；其目的是新教国君主力图摆脱罗马教权在宗教与政治上的掌控。出于这一目的，作为手段的民族国家及其主权便诞生了，其深层宗教意味在于，民族国家是信奉基督教的欧洲各民族成立的国家，而主权来自上帝赋予，只是无需教皇这一中介。威斯特伐利亚体系向非西方世界的扩张，首先带有空间上的不适应性，这与这些地区的非基督教背景有着天然联系；其次带有时间上的不适应性，世界面临全球治理时代的诸多新考验；再次，多元文明国家因身处"历史中"与"后历史时代"的差异而对民族国家和主权的认知完全不同。

国际体系转型必须在国际体系的制度设计中，最大限度囊括多元文明、宗教和政治行为体的利益与诉求。国际体系对于所有宗教要在一视同仁的基础上促进其在合法身份下改革，威斯特伐利亚体系不只属于基督教世界。国际体系的目的应是维护人类共同利益和协调各行为体间的利益纠纷，不能忽略非西方国家、不被承认的国家、非基督教群体的利益。在面对实现该目标的新工具上，如人权、民主、国际组织、非政府组织、跨国公司、跨国宗教运动等，一方面不能因霸权主义和强权政治对其绑架而否定以上工具当前的进步性和最大普世性；另一方面也不能因霸权主义和强权政治的存在而用静止眼光过度强化民族与主权认同。

2. 伊斯兰非洲内部的宗教冲突不断

从1492年开始直至20世纪初，欧洲（以及日后的美国）逐步与中东伊斯兰地区在力量对比上处于优势地位，除了继承奥斯曼帝国衣钵的土耳

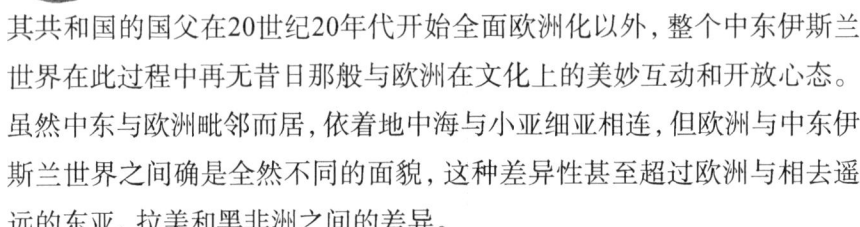

其共和国的国父在20世纪20年代开始全面欧洲化以外,整个中东伊斯兰世界在此过程中再无昔日那般与欧洲在文化上的美妙互动和开放心态。虽然中东与欧洲毗邻而居,依着地中海与小亚细亚相连,但欧洲与中东伊斯兰世界之间确是全然不同的面貌,这种差异性甚至超过欧洲与相去遥远的东亚、拉美和黑非洲之间的差异。

欧洲与伊斯兰非洲之间最大的冲突来自于历史与现实中的宗教冲突。十字军东征的血腥历史以及欧洲殖民主义与基督教传教士的复杂关系使得伊斯兰国家对于基督教存在不同的排斥,即使是世俗温和的伊斯兰国家对于基督教也存在着不可回避的限制,利比亚便是典型例子。

卡扎菲统治下的利比亚是一个具有伊斯兰教背景的世俗阿拉伯国家,尤其是1969年"九一革命"卡扎菲夺取政权以后,其世俗化不断推进,卡扎菲推行阿拉伯民族主义,向往阿拉伯统一;在政治上效法纳赛尔的阿拉伯社会主义。在利比亚,伊斯兰教与政权实现了分离,伊斯兰教仅仅退守个人信仰领域,其政治影响力极其有限。随着埃以媾和以及随后纳赛尔的去世,阿拉伯民族主义和阿拉伯社会主义都遭遇重大挫折,面对伊斯兰世界日益崛起的伊斯兰原教旨主义的压力,利比亚领导人也开始更多地为自己包装上伊斯兰的外衣,正如著名伊斯兰教史教授埃斯波西托所言:"卡扎菲对伊斯兰教的诉求受其个人虔诚及其国家的社会政治现实所影响。"[1]尽管如此,卡扎菲仍然拒绝严格的伊斯兰教法,他"解释古兰经以证明其观点的合法性,并且制造出不被伊斯兰原教旨主义者接受的激进伊斯兰"。[2]利比亚穆斯林人口约占全国人口的96.5%,基督徒只占3%,"在整个中东,穆斯林放弃伊斯兰转向耶稣基督,为了他们的信仰面临着骚扰、逮捕,甚至死亡","一个利比亚基督徒被系在篮球架上并被

---

[1] Esposito, J. *The Islamic Threat: Myth or Reality?*. Oxford: Oxford University Press, 1999, p.80.

[2] Atkins, S. *Encyclopedia of Modern Worldwide Extremists and Extremist Groups*. Bloomington: Greenwood Publishing Group, 2004, p.257.

警察反复击打。"①因此，无论是利比亚占人口绝大多数的穆斯林群体还是卡扎菲的官方伊斯兰，都不能接受穆斯林的改教及基督教团体在穆斯林中间的传教活动。需要明确的是，卡扎菲并不反对基督教团体在利比亚向非穆斯林的传教活动，"甚至基督教传教士团体传播基督教的活动也受到欢迎，因为至少他们是祈祷的宗教"，"卡扎菲坚申他并不愿将基督徒转变成穆斯林"。②尽管卡扎菲对于基督教团体的传教活动有所鼓励，但传教士进入利比亚还是会受到严格的审查，如"许多年前，前线事工会（Frontiers）派出一些人到利比亚，他们因散发《路加福音》而被逮捕并关到肮脏的监狱里达八年"，"利比亚被认为是一个封闭的国家，因为他们不给传教士签证"。③

而转型时期的埃及则在两教关系上出现了更为严重的冲突。埃及被阿拉伯人征服前，其原住民是科普特人。随着埃及的阿拉伯化与伊斯兰化，保持基督教信仰的科普特人成为埃及的少数群体。尽管存在着历史上的冲突，但奥斯曼帝国仍保持了最大的宽容态度。"伊斯兰教承认基督教徒和犹太教徒的权利，视其为受保护民，即顺民（dhimmis），称其为'有经人'，建立了一整套尊重和承认其信念及法律的价值观体系。但基督教徒越来越倾向于将这种做法视为一种历史悠久的镇压模式，认为'受保护民'的地位限制了自己的选择，使他们必须服从于宗教组织，在奥斯曼帝国时期主要是通过'米勒特制度'④逐渐制度化

---

① Caner, E. & Pruitt, H. *The Costly Call: Modern Day Stories of Muslims Who Found Jesus*. Grand Rapids: Kregel Publications, 2005, p.155.
② Simons, G. *Libya: The Struggle for Survive*. New York: St. Martin's Press, 1996, p.247.
③ US Center for World Mission. *Vision for the Nations*. Pasadena: William Carey Library, 1995, p.75.
④ 米勒特制度（Millet system）是奥斯曼帝国对境内非穆斯林的宗教社团施行的内部自治制度。"米勒特"一词意为"宗教"、"民族"。米勒特制度规定，犹太教和基督教教会在遵守帝国行政法规、效忠苏丹和不触犯伊斯兰教的前提下，可享有独立行使宗教权利，主持和管理其教务活动。后亚美尼亚人的格列高利教派和犹太教会也被承认为米勒特，享有与希腊证交会同等权利。19世纪奥斯曼帝国境内的一些大的宗教团体均被承认为米勒特，各个米勒特都受到西方某一国家教会的支持，从而成为列强干涉奥斯曼帝国内政、扩大势力范围的工具。1922年凯末尔革命胜利后，米勒特制度被废除。——译者注。

的。"① 近年来,尤其是中东剧变之后,埃及宗教冲突日盛,"埃及政府正在采取一种更加温和的方式处理与教会的纠纷,而教会为了实现更高的诉求,又对政府施加最大压力,因为教会了解微妙的国际形势和日益增加的国内问题。当埃及的科普特人使自己孤立于国家对正义和民主更大范围的呼吁,只专注于自己的宗派需求,期望趁机更多地利用国家时,此类问题便会变得更加严重。"②

三、欧非历史关系对撒哈拉以南非洲文化和宗教的影响

长期以来,欧洲与北非关系较为密切,这与环地中海的地理位置有关。在新航路开辟之前,欧洲人较少涉足非洲腹地,因而双方的历史交往深度与广度远远不及欧洲与北非关系。欧洲在征服撒哈拉以南非洲的时候,虽然往往伴随着暴政与屠杀,但基督教以及欧洲文化的传播却没有遭遇到较大阻力。不仅如此,随着当前欧洲世俗化的不断加深,全球范围内基督教不再是传统上所认为的白人宗教,非洲甚至向欧洲逆向传教。

1. 基督教在撒哈拉以南非洲顺利传播并与非洲本土文化并存

欧洲殖民主义在撒哈拉以南非洲的征服过程中,宗教势力发挥了重要作用。与传统罗马天主教的宗教战争不同,宗教改革后的新教则更多扮演了相对中性的角色。宗教改革最大的特点是人直接面对神,它与文艺复兴有着密切联系,对于启蒙思想也有着巨大的推进作用。长期以来,欧洲列强虽有世界霸权,但没有在殖民地国家分享民主的强烈意愿,专制与暴政反而是其惯用的伎俩。新教在非洲的传播事实上有利于缓解欧洲殖民主义带来的诸多问题。

---

① 巴其纳姆·沙尔卡维:"全球治理时代的埃及教俗关系",《阿拉伯世界研究》,2013年第3期。
② 同上。

工业文明时代的欧洲列强无论是在制度文明还是在技术文明上都远胜于撒哈拉以南非洲，而新教在黑非洲的形象往往带有现代化的形象。欧洲长期的黑奴贸易、殖民掠夺造成非洲人口锐减，青壮年劳动力大量丧失，原有的社会结构不断遭到破坏。欧洲的殖民教育带来了英语、法语的普及，非洲本土语言不断受到挑战。新教带有强烈的使命感，由于受到伊斯兰教的奥斯曼帝国的阻隔，新航路开辟以后，非洲内陆便成为欧洲列强的首选，传教运动将此地视为传播福音的重点。

作为一个宗教改革后的一神教，其在与非洲本土原始宗教之间的竞争上处于优势地位。首先，这种优势来自新教与原始宗教之间的层级差异。按照西方宗教学理论，宗教发展包含几个阶段，一神教属于高级宗教，而原始宗教和多神教处于宗教发展的前期阶段，它们并非在同一层次上，因此彼此之间产生冲突的几率远低于一神教内部的冲突。这也恰好说明了为何北非原住民在阿拉伯人到来之后很快由原始宗教转向伊斯兰，但信仰基督教的科普特人除外；尽管欧洲与北非有着悠久的交往史，但罗马帝国在皈依基督教之后，却引发了两教之间的战争，而北非也没有被基督教化。其次，这种优势来自宗教改革与欧洲的世俗化。虽然新教的传播与欧洲的殖民扩张紧密结合，但这毕竟不同于历史上的十字军东征，新教带有其宽容性，对于非洲本土宗教并未有强制行为，埃塞俄比亚则是较早皈依基督教的典型。而伊斯兰教在其扩张时期，也试图向非洲内陆扩张，其中宗教与文化的冲突明显。虽然同为一神教，但与历经成功的宗教改革以及走上世俗化道路的欧洲国家不同，伊斯兰教对于低级宗教的态度迥异，带有明显的反偶像崇拜意味。先知穆罕默德在伊斯兰教传播时期所提出的反偶像崇拜主要是针对麦加城内的拜物教活动而言，拜物教徒在当时是伊斯兰教传播的最大障碍，因此穆斯林大军进入麦加之后，首先的任务便是摧毁各种各样的偶像，确立"万物非主，唯有真主"的一神教思想，而对于同源的犹太教徒和基督徒持相对宽容的态度。正因如此，黑非洲较好地保留了基督教和本土宗教以及两种文化。即便当前黑非洲出现了本土文化复兴的浪潮，但并不影响基督教文化的存在，两者共同构成了当今的非洲文化。

2. 非洲基督教甚至向欧洲逆向传教

从"地理欧洲"到"宗教欧洲",再到"文明文化欧洲",欧洲从非宗教化转而宗教化,进而实现了去宗教化。以君主国、民族国家为起点的欧洲走向了世俗化,今日欧洲国家主要是有基督教传统的世俗国家。这种去宗教化的"文明文化欧洲"实际上契合了威尔弗雷德·坎特韦尔·史密斯(Wilfred Cantwell Smith)所提出的"宗教的终结"理论。"宗教"一词并非从来就有,无论是基督教还是伊斯兰教,其发源本身并非宗教,而是一种思想与信仰的体系,耶稣基督和伊斯兰本身都不是宗教,耶稣基督是上帝派到人间的先知与救世主,伊斯兰本身意味着"和平"与"顺从"。可见,神圣的恩典与经典赐予人类之后蒙上帝的眷顾,这种体系才发展为宗教,并随着与社会生活的结合而趋于神圣化和仪式化。正因为"宗教"一词带给人们的种种误解,史密斯在对"宗教"的起源与发展进行梳理与分析之后提出要放弃"宗教"的概念,转而将其放在"积累的传统"与"个人的信仰"之下进行考察。①今日欧洲就在去宗教化的同时传承了基督教留给欧洲的文化传统,这种文化传统在"后历史"的欧洲得到飞跃和升华,基督教信仰退回个人生活领域,而教会以及宗教非政府组织的政治参与在世俗国家的法律框架内进行。

四、结　语

正因为欧洲的世俗化不断推进以及穆斯林移民的不断增长,欧洲出现了所谓的伊斯兰化倾向。欧洲成为基督教传教士的新目标。与过去的历史所不同的是,当今基督教不再被视为白人的宗教,它呈现出多种肤色,如韩国传教士数量位居世界第二,非洲传教士也活动频繁。由于与欧洲之间的历史联系,非洲传教士的重点往往是欧洲。在欧洲世俗化越来

---

① 具体参见Smith, W. *The Meaning and End of Religion*. Minneapolis: Fortress Press, 1991.

越明显,且穆斯林移民越发在欧洲国家成为问题时,"现在,在更多非洲基督教领袖眼中,欧洲笼罩在黑暗之下。现在非洲人(他们中很多是西方宣教的第二代、第三代果实),正在越来越多地移民到欧洲。他们有各种职业,但核心是他们把自己看作在新'黑暗大陆'上神的国度的使者。他们建立神学上保守、严谨地以《圣经》为基础的教会。"[①]

---

① 祝剑:"'欧洲伊斯兰化带来反向宣教':非洲传教士如何面对文明的冲突",《基督时报》,2012-06-19。

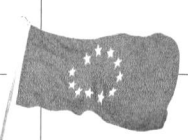

第四节
欧非历史关系对欧盟非洲及中东政策的影响

钮 松[*]

一、欧非历史关系对欧盟中东政策的影响

伊斯兰非洲国家主要分布在北非和东非地区,北非主要由马格里布国家[①]和埃及组成,东非阿拉伯国家包括苏丹、吉布提、索马里、科摩罗等国。整体而言,北非国家在欧盟的伊斯兰非洲关注中占据核心位置。尽管埃及大部分领土在北非,但欧盟更多将其与西亚阿拉伯事务联系在一起。马格里布在阿拉伯语中的意思为"西方",即为阿拉伯世界的西方部分。

由于远离伊斯兰文明的核心地带——西亚的阿拉伯半岛,马格里布在某种程度上意味着伊斯兰文明的边缘地带。而与此同时,由于该区域毗邻欧洲大陆,是欧洲的柔软腹部,因此历史上处于中东伊斯兰地区与欧洲交往的最前沿。一战后,马格里布吸引了英国、法国、意大利等国在此苦心经营;二战期间,除了欧洲和亚洲两大主战场之外,北非战场也发挥了巨大作用,盟军阿拉曼战役的胜利将德意法西斯军队从北非驱逐出去,欧亚法西斯会师的通道被切断,盟军得以将精力与资源集中于欧洲战场;战后,马格里布国家纷纷获得独立,但在经济与文化上仍保持着与

---

[*] 上海外国语大学中东研究所副研究员,上海高校智库复旦大学宗教与中国国家安全研究中心兼职研究员,博士。
[①] 马格里布国家一般指摩洛哥、突尼斯、阿尔及利亚、利比亚和毛里塔尼亚等五国,不被国际社会广泛承认的西撒哈拉也属于该区域。

欧洲的实际联系,西班牙甚至由于历史原因在此区域拥有飞地。阿拉伯国家里要求加入欧盟的呼声也只出现在马格里布,如摩洛哥王国,而这并非偶然事件。欧盟将马格里布视为除塞浦路斯和土耳其之外的外部治理中最优先考虑的中东板块。

1. 欧盟伊斯兰非洲政策的样板:摩洛哥

北非的马格里布国家与欧洲诸国同处地中海沿岸,其军事、经济和文化交流历史源远流长,马格里布国家一直处于中东与欧洲交往的最前沿。与马什里克和海湾的中东各国不同,马格里布国家的伊斯兰传统及其阿拉伯化均相对薄弱,与伊斯兰教的发祥地阿拉伯半岛相比,这里在阿拉伯世界显得趋于边缘化。摩洛哥便是典型的马格里布国家,地处非洲大陆西北端,与西班牙隔直布罗陀海峡相对,而西班牙、西西里岛和土耳其成为中东伊斯兰世界与欧洲沟通的最早的三个渠道。正是从摩洛哥,"阿拉伯伍麦叶王朝被阿拔斯王朝取代之后,其末代哈里发后裔逃往一海之隔的西班牙,在那里建立了伊斯兰教的后伍麦叶王朝。西班牙开始了长达700余年的穆斯林统治,直至1492年最后一批穆斯林被驱逐。恢复基督教统治的西班牙君王继承了阿拉伯穆斯林留下的先进航海技术,1500年前后开辟新航路的尝试正式开始,西班牙与葡萄牙一起开始成为世界近代史上首屈一指的最早世界强国。西班牙还继承了阿拉伯帝国留下的更重要的遗产,那便是挥之不去的阿拉伯人和柏柏尔人留给伊比利亚人的印记。"[①]成立于1660年的阿拉维王朝自1956年从法国和西班牙独立之后走上了一条不断自我革新的发展道路,摩洛哥在加强与法国尤其是与西班牙的特殊关系的同时,也积极参与欧盟及其前身欧共体的种种协定,摩洛哥的经济发展和君主立宪制下的民主化发展都取得了显著的进步,这既离不开历史的积淀,即殖民主义的双重性客观上带给摩洛哥的现代政治理念与制度,也归因于摩洛哥王国政府在经济与政治的良好互动中抓住时机积极主动地进行政治改革的意愿。

---

① 钮松:"马德里爆炸案判决:欧洲文明搜寻平衡点",《新京报》,2007-11-04。

欧盟将摩洛哥作为其盟外治理政策的样板，是源于多重考虑：由于马格里布尤其是摩洛哥对于欧洲的心理与事实的接近性，北非非法移民进入欧洲的渠道便主要是利比亚和摩洛哥。摩洛哥与欧盟之间存在着良好的合作与互动，这对于欧盟以摩洛哥为其在马格里布国家的民主样板更具有深远意义。鉴于摩洛哥已在民主化的道路上取得了巨大进展，具有良好的民主基础，欧盟一方面继续深化与摩洛哥在各种协定及框架下的经贸与政治合作，力促摩洛哥对于民主和人权的更好保障；另一方面积极寻求西撒哈拉问题的和平解决，从而消除问题可能导致的摩洛哥甚至该区域的不稳定状态，促使摩洛哥真正维护西撒哈拉人民的人权与民主。可以说，以摩洛哥为代表的许多马格里布国家是最符合欧盟在排除了入盟前景之后实施民主治理的中东国家。欧盟与摩洛哥之间的经贸交流及政治合作通过以下若干渠道展开。

首先，欧盟与摩洛哥签署了新的联系国协定，以构建双方在政治和经济领域的合作框架。欧摩之间早在1976年便签署了《合作协定》，双方在多领域展开了切实的合作。面对新的形势，双方于1996年2月26日签署了《欧盟—摩洛哥联系协定》以取代《合作协定》，该协定于2000年3月1日生效。《联系协定》开宗明义地讲道："认识到各方重视《联合国宪章》的原则，尤其是奉行人权和政治、经济的自由，这些构成了联系的十足的基础"，也"认识到摩洛哥和它的人民在朝着实现摩洛哥经济与世界经济的完全一体化和参与民主国家共同体的目标上所取得的巨大进步"①。该协定主要涉及"政治对话"和经济贸易合作方面，经济贸易包括工业产品和农渔产品等商品的自由流通、在对方领土设立公司、贸易赔付方式、资本流动、竞争及其他经济条款。关于经济合作，欧摩双方确定的合作方式包括"双方之间涉及宏观经济政策所有方面的常规经济对话；信息沟通与交换；建议、使用专家服务及培训；合资企业；对技术、

---

① Euro-Mediterranean Agreement: establishing an association between the European Communities and their member states, of the one part, and the Kingdom of Morocco, of the other part. *Official Journal of the European Communities*, 2000 (L70/2).

行政及监管事宜的援助等";合作领域涉及地区合作、教育培训、科技合作、环境、工业合作、促进和保护投资、标准化与合格评估合作、财政服务、农业和渔业、运输、电信和信息技术、能源、关税事务合作、数据合作、打击洗钱及吸贩毒等。①在政治对话方面,旨在"建立伙伴间持久坚固的联系,这将促进地中海地区的繁荣、稳定和安全,且将营造文化间理解与宽容的氛围";政治对话涉及的主要方面包括"对有关共同利益的国际问题的相互理解和常规合作"、"考虑对方的立场和利益"、"促进巩固地中海地区尤其是马格里布的和平与稳定"及"帮助制定联合倡议"等。②欧共体与摩洛哥分别在1977年、1982年、1988年和1991年在1976年《合作协定》的框架上签订了4个"财政议定书",从1976年签署《合作协定》到1996年签署《联系协定》的20年间,欧共体通过4个议定书向摩洛哥援助了11亿欧元;随后,欧盟在新的"巴塞罗那进程"的起点上与摩洛哥展开合作,欧盟与摩洛哥的具体经贸合作通过"欧盟援助地中海发展计划"(MEDA)来开展,在该计划第一阶段(1995~1999年),欧盟承诺提供6亿5900万欧元,平均每年1亿3200万欧元,该计划第二阶段(2000~2006年),欧盟承诺提供9亿5000万欧元,平均每年1亿3600万欧元,从1995年至2006年欧盟总共承诺提供16亿零900万欧元,平均每年1亿3600万欧元。③"欧盟援助地中海发展计划"涉及基础设施、经济机制、文化教育、农业、水资源、环境、卫生健康、司法与警察、移民、人权和市民社会等领域,欧盟实施这项计划的"总的假设"是"假如参与到援助计划的不同阶段且'欧盟援助地中海发展计划'的诸受益部门酌情评价它们的结果的话,'欧盟援助地中海发展计划'将更成功",但"事实上,评价该计划对该国转型道路的总体影响仍显太早"④。除了"欧盟援助地中海发

---

① Euro-Mediterranean Agreement: establishing an association between the European Communities and their member states, of the one part, and the Kingdom of Morocco, of the other part. *Official Journal of the European Communities*, 2000 (L70/2).

② 同上。

③ Natorski, M. The Medaprogramme in Morocco 12 years on: results, experiences and trends. *Documentos CIDOB*, 2008, p.11.

④ 同上。

展计划",欧盟还支持摩洛哥等中东国家进行区域经济合作。欧盟的"巴塞罗那进程"期望在2010年建立"欧盟—地中海自由贸易区"(EMFTA),而摩洛哥、突尼斯、埃及和约旦4国于2001年5月发起并于2004年2月签署了《自由贸易协定》,又称《阿加迪尔协定》。欧盟视"《阿加迪尔协定》为迈向设想建立的欧盟—地中海自由贸易区的关键性步伐",该协定将会惠及这4个国家的1亿人口,欧盟也从财政与技术两方面支持阿迪加尔进程,欧盟于2003年就制定了"帮助联系协定签署国家在它们内部及与欧盟之间发展自由贸易"计划,这个400万欧元的计划同时也作为"欧盟援助地中海发展计划"的一部分来展开。[①]

其次,欧盟在邻邦政策下与摩洛哥签署《行动计划》以深化双边合作。欧盟在面临新一轮扩大的前提下,需要深化并超越与摩洛哥的联系国关系,加深双边的政治关系并促使摩洛哥经济融入欧洲市场,以确保摩洛哥的"优先地位"。具体说来,欧盟的目标包括:"为摩洛哥在内部市场提供股份并为其积极参与欧盟政策和计划的关键领域提供可能","通过深入的政治对话,进一步拓宽政治合作的领域","经济立法,相互开放经济,持续消除贸易壁垒","持续的财政支持","加深贸易与经济联系","开展欧摩之间关于签证问题的建设性对话"和"加强行政机关间参与机制化的专题小组委员会的直接合作"等。[②]《行动计划》主要涵盖"政治对话与改革"、"经济社会改革与发展"和"贸易、市场及规制改革"三大方面:在"政治对话与改革"方面,该计划强调了民主与法治建设,打击腐败,保障人权及基本自由;在"经济社会改革与发展"方面,该计划强调提升宏观经济指标,建立有竞争的市场经济,农业部门实施改革等;在"贸易、市场及规制改革"方面,该计划强调了商品自由流通,按照国际和欧盟标准调整关税立法,资本流动,人员尤其是工人的流动,消费者保护,知识与工业产权保护等等。在邻邦政策下,欧盟通过"欧盟邻

---

① EC. Commissioner Patten Attends Signature of Agadir Agreement, http://trade.ec.europa.eu/doclib/docs/2006/march/tradoc_127729.pdf. February 24, 2004.

② EU/Morocco Action Plan, http://ec.europa.eu/world/enp/pdf/action_plans/morocco_enp_ap_final_en.pdf.

邦政策工具"(ENPI)将在2007至2013年捐助摩洛哥119亿欧元；欧盟还通过"国家指示方案"(NIP)将在2007至2010年分配给摩洛哥6亿5400万欧元以支持其正在开展的经济改革。①欧盟发表了《欧盟邻邦政策工具：摩洛哥战略文件(2007～2013年)》，该文件将摩洛哥描述为"欧盟的享有特权的伙伴"，并认为"摩洛哥正追求民主化和巩固法治的进程，并且它被认为是该地区最为先进的"②。该文件侧重表述欧盟与摩洛哥的优先合作领域和目标，包括社会政策发展、经济现代化、机制支持、善治和人权以及环境保护等5个方面：社会政策方面，针对摩洛哥"严重的社会赤字"，帮助其实现联合国"千年发展目标"(MDGs)和"国家人类发展倡议"(NHDI)的目标；经济现代化方面，欧盟旨在协助摩洛哥巩固宏观经济框架和国内投资，且将在合适的时机开启"贸易需求评估"(TNA)以决定和贸易相关的援助；机制支持方面，欧盟通过促进摩洛哥在诸多经济领域采用国际和欧盟标准以促进经济竞争力；善治和人权方面，欧盟的计划涉及摩洛哥司法系统改革，认为其"对于巩固法治与民主化以及经济社会发展具有重要性"，除此之外，还要加强安全和内务合作，并在《邻邦行动计划》和《欧盟毒品行动计划(2005～2008年)》框架下处理毒品问题；环境保护方面，2005年的"欧盟—地中海峰会"提出"批准一个在2020年消除地中海污染的可行时间表"，因而消除摩洛哥的荒漠化、保护绿洲和水资源等显得尤为重要，欧盟给予摩洛哥"更具体问题"的帮助处理。该《战略文件》的"附件四：经济分析"专门分析了摩洛哥宏观经济的发展、贸易自由化和经济开放、商业环境、公共机制和公共财政管理、社会发展和贫困以及其他部门的发展等。正是在欧盟与摩洛哥紧密的框架下，双方寻求一种紧密的经济关系，这种关系是一种"多于联系，少于入盟"的状态。欧盟是摩洛哥第一大贸易伙伴，占其贸易额的60%，2007年，欧盟对摩洛哥的商品出口额达120亿欧元，从摩洛哥的商品进口

---

① EC. Bilateral Trade Relation: Morocco. http://ec.europa.eu/trade/issues/bilateral/countries/morocco/index_en.htm.
② EC. European Neighborhood and Partnership Instrument: Morocco Strategy Paper 2007-2013, http://ec.europa.eu/world/enp/pdf/country/enpi_csp_morocco_en.pdf.

额达78亿欧元；2005年，欧盟对摩洛哥的服务业出口额达13亿欧元，从摩洛哥的服务业进口额达30亿欧元，欧盟当年对摩洛哥的"外国直接投资"（FDI）达40亿欧元。①

第三，欧盟与摩洛哥的联系国协定中涉及的大量具体事项里，移民问题尤为突出。由于西班牙在马格里布最北部有一个邻近摩洛哥却远离西班牙本土的岛屿梅利利亚（Melilla），该岛的特殊地理位置使其成为非洲非法移民进入欧盟的捷径，西班牙所受冲击最大。截至2007年，西班牙共吸收了300多万来自罗马尼亚、摩洛哥和南美的移民，该国4400万居民中超过11%的人是外国出生的，这是欧洲最高的比例，民意测验显示，高达42%的西班牙人认为移民对国家有帮助。②尽管西班牙对于移民的正面看法高于欧盟其他国家，但在其经济低迷之时，西班牙和许多欧盟国家一样，开始紧缩其移民政策，重点打击非法移民，并在提供补偿的前提下号召合法移民自愿离开。欧盟与摩洛哥关于移民问题的协商除了2000年9月开始且仍在进行的关于重新接纳协议的谈判以外，主要在"欧非移民和发展会议"上展开。其中，第一届会议于2006年7月在拉巴特举行，第二届会议于2008年11月25日在法国巴黎举行。在第二届会议上，"欧盟敦促其非洲伙伴在避免和减少非法移民并履行重新接纳的义务上采取负责的政策，这是全球移民政策的唯一方面，它也致力于建立合法移民的更好组织以及促进母国利益中移民与发展之间的关系"③。在2007年5月3日撒哈拉以南非洲国家非法移民通过摩洛哥冲击梅利利亚推倒隔离墙进入西班牙之后，欧盟委员会副主席弗拉蒂尼称应西班牙政府的请求，欧盟将派出专家帮助摩洛哥加强边境控制并对其提供相应经费援助。尽管摩洛哥支持打击非法移民进入欧盟，但不支持欧盟对移民的遣返政策，"摩

---

① EC. Bilateral Trade Relation: Morocco. http://ec.europa.eu/trade/issues/bilateral/countries/morocco/index_en.htm.

② Matlack, C. How Spain thrives on immigration: the open-door policy under Prime Minister José Luis Zapatero is driving a Spanish economic and social revival. *Business Week*, May 9, 2007.

③ EC. Euro-African Conference in Paris on Migration and Development: the Commission Asks Its Partners to Deliver Commitments. 2008 (IP/08/1763).

洛哥信奉人权原则，不仅保护它的海外国民，而且也保护在试图融入西方社会时遭遇歧视和困境的非洲人"①。

尽管摩洛哥身兼欧盟的地中海伙伴、邻邦国家和中东伙伴等多重身份，且自1987年开始便多次申请加入欧盟，但多因其非欧洲国家身份而遭到拒绝。尽管欧盟没有将摩洛哥纳入扩大发展的对象，但将摩洛哥放在中东地区较为优先考虑的地位。摩洛哥积极参与欧盟的各项政策，欧盟的中东政策在摩洛哥得到了较好实施。摩洛哥的政治自由化发展、非政府组织的完善、反对政治迫害、维护少数族裔利益和在西撒哈拉问题上的新发展是内外因素的合力的结果，尤其是欧盟长期以来的努力和耐心更是功不可没。欧盟视摩洛哥为伊斯兰非洲乃至大中东地区的样板国家，因而其治理理念在摩洛哥得到较好体现，这将对中东政治和欧盟政治都起到不可低估的影响作用。

2. 欧盟的利比亚政策反映了其在消除国家恐怖主义方面的努力

利比亚是中东地区马格里布区域最东端的国家，东西与马格里布的阿尔及利亚和突尼斯、马什里克的埃及以及苏丹等阿拉伯国家接壤，南部与黑非洲的尼日尔、乍得接壤，北部濒临地中海，与欧洲国家隔海相望。该国历史上长期被奥斯曼土耳其帝国和意大利统治，二战期间被英法占领直至战后被联合国管辖，1951年独立并成立联合王国。自1969年卡扎菲推翻伊德里斯王朝就任利比亚领导人以来，由于其长期受纳赛尔主义影响而采取激进的反美主义内外政策，又由于其与国际恐怖主义的联系，致使其长期游离于国际体系之外，饱受联合国的制裁。正因为如此，欧盟自20世纪70年代的联系国政策到90年代的邻邦政策以及其他受惠地中海沿岸国家的政策均没有惠及利比亚，对利比亚而言，这有其主观上拒绝的因素，也有欧盟为响应国际社会的制裁而有意为之的因素。虽然利比亚是石油大国，但由于其封闭的国家政策和所遭受的制裁，经济发展长期没有达到应有水平，外资与先进技术的匮乏导致石油工业

---

① Racelma, K. Morocco opposed European immigration initiatives. *Afrik*, July 22, 2008.

等工业体系不完整,这又限制了石油工业的进一步发展。自身经济的封闭与外部的经济制裁反而更加强化了利比亚的权威政治,权威政治与反美主义相互作用中彼此强化,正因为如此,将权威领袖与普通民众捆绑在一起的传统经济制裁适得其反,以美国为首的国家试图用"聪明制裁"①(Smart Sanctions)来破解谜团,然而往往无果而终。随着2003年以美国为首的"志愿者联盟"多国部队发动伊拉克战争推翻萨达姆政权,与伊朗和朝鲜加大研制核武器以图与美对抗不同,利比亚以此为契机宣布彻底放弃对大规模杀伤性武器的研制并积极改善对美关系,联合国于2003年解除对利比亚的制裁,美国于2004年与利比亚建立新外交关系并于2006年全面复交。正是在这种契机之下,欧盟开始探索与利比亚的联系,毕竟利比亚作为欧盟较为重要的马格里布邻邦的战略地位及其丰富的石油产量不可小觑,利比亚的重返国际社会对于整个中东地区的安全与稳定有着积极的作用。

欧盟的利比亚政策主要由两个部分组成:一是促进利比亚的政治民主化进程;二是促进利比亚走向理性决策,进一步与国际恐怖主义脱钩,以切实保护世界人民的人权尤其是生命权。虽然欧盟迄今仍未与利比亚达成条约性的关系协定,但欧盟仍在不懈努力,仍旧从经贸和民生领域着手,力图将利比亚纳入其欧盟—地中海伙伴关系以及邻邦政策中来加强合作,集中在移民和艾滋病领域与利比亚开展有效合作,并试图与利比亚签订框架协议,建立一种条约化的双边关系,与此同时,欧盟国家与利比亚之间的油气开采与贸易合作逐步深化。

首先,欧盟在利比亚符合条件的情况下积极邀请其加入欧盟—地中海合作以及其邻邦政策(ENP),尽管利比亚步伐缓慢,但仍从中受惠。欧

---

① 美国总统布什2001年上任后提出针对伊拉克的"聪明制裁",而1999年开始联合国也委托瑞士、德国和瑞典等国开展对"聪明制裁"的研究,最终于2003年由瑞典乌普萨拉大学瓦伦斯廷教授领导的团队提交了最终研究报告,此种制裁旨在将统治集团和个人与普通民众区别开来,制裁范围不包括普通民众所需求的食物、医疗等产品,这有别于传统经济制裁,主要是为了减少人道主义灾难,以期消除对象国普通民众对国际社会制裁的仇恨态度。但实际效果并不明显,伊拉克萨达姆政权就明确拒绝这种制裁。

盟1999年第一次主动邀请利比亚参与"巴塞罗那进程",即"欧洲—地中海伙伴关系"(EMP),并在当年第三届"欧洲—地中海国家外长会议"给予利比亚观察员身份,宣称利比亚在满足两个条件之后便可获得完全的成员国身份:联合国安理会取消对其制裁以及利比亚完全接受巴塞罗那法规。2003年,随着卡扎菲政策的转变,联合国取消了对利比亚的制裁,欧盟随即于2004年第二次主动邀请利比亚参加"巴塞罗那进程"以成为完全成员国,但利比亚迟迟没有响应,这主要是基于利比亚自身的政治原因。《巴塞罗那宣言》中规定候选国要"在它们的政治体系中发展法治与民主,同时认识到各国在此框架内选择并自由发展其自身的政治的、社会文化的、经济的和司法的体系的权力"[1]。由于"西方理解的这些原则(与其他的经济概念紧密联系,诸如自由市场、资本主义和私有财产等)与民众国的直接民主的概念非常不同","接受'巴塞罗那进程'前提和欧盟的共同体法规因而与利比亚的内部政治结构相冲突"[2],利比亚对"巴塞罗那进程"抱有迟疑态度,不仅如此,利比亚还坚决反对"巴塞罗那进程"的新发展"地中海联盟"。由于利比亚仅是"巴塞罗那进程"的观察员国而未能签署联系国协定,从而未能获得《欧盟—地中海合作计划》(MEDA)的经济援助。虽然欧盟未能促使利比亚完全加入"巴塞罗那进程",但却成功地将利比亚纳入其邻邦政策之中。欧盟在邻邦政策中与利比亚开展了在移民问题上的合作,它出于人道主义特例原因在"巴塞罗那进程"中与利比亚在艾滋病控制领域的合作在邻邦政策下得到了更进一步的发展。

其次,欧盟在移民与艾滋病控制两个领域已与利比亚展开了良好的合作,这是对欧盟"巴塞罗那进程"与邻邦政策在利比亚的具体化措施。移民问题是欧盟较为关注的问题之一,欧盟期待的是合法的移民而非非法的移民,非法移民将会给欧洲国家带来巨大的威胁。欧洲国家早在

---

[1] Barcelona Declaration, 1995.
[2] Szabó, K. Libya and the EU: Working Papers (7/06). Budapest: Center for EU Enlargement Studies, Central European University, 2006.

2003年便开始与利比亚协商处理移民问题，随着当年卡扎菲外交政策的巨变，意大利与利比亚签署了双边的共同打击自利比亚前往意大利的非法移民的合作协定。欧盟自2004年开始密切关注北非的移民问题。欧盟于2004年解除了自1986年起对利比亚的禁运，因为利比亚的地位对于欧盟而言非常重要，"利比亚已成为通过海路进入欧洲的关键过境点，每年有大约8万移民进入意大利的南部岛屿，比马耳他的程度低。大部分从利比西海岸与突尼斯的边界上离开，一部分从突尼斯离开"①。欧盟与利比亚关于移民问题的合作在两个计划下展开：一个是2004年出台的《埃涅阿斯方案》，即《在移民及庇护领域对第三世界国家的财政与技术支援方案》；另一个是2007年开始的《在移民及庇护发展方面与第三世界国家专题合作方案：2007~2010年》，后者是对前者的取代。欧盟在2004至2006年的干预重点是马格里布联系国和利比亚，欧盟认为："就利比亚而言，共同体介入来打击非法移民的任何内容将在具体技术考察团得出结果的基础上得到确定"，"鉴于缺少庇护和移民保护的政策，埃涅阿斯可以通过财政措施鼓励利比亚加入1951年《日内瓦公约》并支持各种组织开展工作以保护移民"②。2006年11月，"欧盟—非洲移民与发展部长级会议"在利比亚的黎波里举行，欧盟意识到："马格里布国家，包括利比亚，也已成为来自撒哈拉以南非洲移民的一个重要的过境地区，且有时就是其目的地"，利比亚等国"缺少尊重人权的移民政策和政治庇护体系的缺陷成为需要考虑的严重关切"③。欧盟也在其《在移民及庇护发展方面与第三世界国家专题合作方案：2007~2010年》中指出："关

---

① Hamood, S. EU-Libya cooperation on migration: a raw deal for refugees and migrants? *Journal of Refugee Studies*, 2008, p.1.
② EC. Reference Document for Financial and Technical Assistance to Third Countries in the Area of Migration and Asylum AENEAS Programme 2004-2006, http://ec.europa.eu/europeaid/where/worldwide/migration-asylum/documents/themes-migration-annexe2_en.pdf.
③ EC. Strategy Paper for the Thematic Programme of Cooperation with Third Countries in the Area of Migration and Asylum 2007-2010, http://ec.europa.eu/europeaid/where/worldwide/migration-asylum/documents/stragtegy_paper_multi_annual_indicative_programme_2007_2010_en.pdf.

于利比亚,基于欧盟与该国关系的进展,在双方达成一致的措施以及提升对难民和移民保护及其权利的努力基础上,继续开展特别合作"①。欧盟与利比亚之间的移民问题合作分为三个阶段:第一阶段侧重管控于尼日尔的边界;第二阶段侧重帮助移民的自愿返回;第三阶段将在2009年早些时候开始。鉴于利比亚于2004年10月参与邻邦政策,欧盟与利比亚在艾滋病领域开展的医疗和技术合作开始于2004年11月,这项合作通过"快速反应机制"(RRM)在《欧盟班加西艾滋病行动计划》下进行,并得到了欧盟委员会、欧盟成员国以及私人捐赠者的积极配合。该计划旨在给予"利比亚国家和地方的政府和卫生部门以政策建议"、增强"班加西儿童医院(BCH)的能力建设"和"为利比亚社会中病人与家庭的重新聚合提供帮助"等。②欧盟在此计划的预备阶段(2004~2005年)提供了10万欧元的资助,在第一阶段(2005~2006年)提供了约100万欧元,在第二阶段(2006年)提供了100万欧元,第三阶段(2006~2007年)提供了50万欧元。③不仅如此,欧盟还建立了"班加西传染病与免疫学中心"(BCIDI)以帮助达到国际标准。以上措施的目的在于"帮助利比亚采取适当措施以避免类似的悲剧再次发生",欧盟委员会在2007年12月决定再拨200万欧元以支持该计划的继续开展。④

第三,欧盟试图与利比亚达成框架协议,谈判目前仍在进展之中。欧盟与利比亚之间关系的接触和改善开始于2004年,鉴于双方只在具体领域存在着合作,欧盟与利比亚都希望更进一步发展双边的条约关系。

---

① EC. Strategy Paper for the Thematic Programme of Cooperation with Third Countries in the Area of Migration and Asylum 2007-2010, http://ec.europa.eu/europeaid/where/worldwide/migration-asylum/documents/stragtegy_paper_multi_annual_indicative_programme_2007_2010_en.pdf.
② European Commission. Programme of Measures to Support the Benghazi AIDS Action Plan in Libya under the EC Rapid Reaction Mechanism for € 1Million, http://ec.europa.eu/external_relations/cfsp/cpcm/rrm/docs/2005/libya.pdf.July 5. 2005.
③ EC. External Cooperation Programmes: Libya, http://ec.europa.eu/europeaid/where/neighbourhood/country-cooperation/libya/libya_en.htm.
④ Libya: provides further assistance to HIV-AIDS victims in Banghazi. *Europa Press Releases*, 2007 (IP/07/1937).

2008年2月27日，欧盟委员会建议欧洲理事会授权其代表欧盟与利比亚政府协商达成框架协议，欧盟委员会对外关系及邻邦政策专员贝妮塔·费雷罗-瓦尔德纳（Benita Ferrero-Waldner）认为："这是一个历史性的决定，利比亚是地中海地区和非洲的一个重要成员（player），且迄今与欧盟没有框架关系"，"我坚信这项协议将在利比亚与欧盟之间建立牢固持久的关系"；欧盟委员会贸易专员彼得·曼德尔森（Peter Mandelson）指出："一个雄心勃勃的自由贸易协议将深化欧盟与利比亚在贸易与经济问题上的合作，并将进一步强化我们的关系。伴随着我们对利比亚加入世界贸易组织的努力得到支持，这些协商代表着利比亚重新融入世界贸易体系的至关重要的第一推力"[①]。2008年7月24日，欧盟委员会正式获得授权以开展与利比亚的协商谈判。欧盟与利比亚的谈判将涉及"外交政策与安全问题上的政治对话与协商"、"尽可能深入与广泛的自由贸易区"以及"共同关注的关键领域的合作"，"达成协议的根本原则应该是尊重人权与民主，不扩散大规模杀伤性武器和遵守市场经济的原则"[②]。2008年11月13日，欧盟与利比亚关于框架协议的第一次谈判在布鲁塞尔举行，双方都对未来的双边关系走向充满期待。利比亚首席代表、利比亚欧洲事务秘书阿布杜拉提·埃洛贝蒂（Abdulati Elobeiti）的话比较有实用主义的意味，他指出利比亚将"对与欧盟的有效伙伴关系毫无疑义地做出贡献，这种贡献程度几乎等同于利比亚从欧盟的受益"[③]。尽管欧盟与利比亚之间最终框架协议的达成仍在协商谈判的过程之中，但不难看出欧盟对于全面深化与利比亚在经济与政治领域的对话合作充满热情，在欧盟看来，对于其至关重要的中东马格里布区域，只有利比亚一国是其中东民主治理的巨大缺口。

第四，欧盟国家加强与利比亚的石油开采合作，这对于石油大国利

---

① Libya: Commission proposes negotiating mandate for a framework agreement. *Europa Press Releases*, 2008 (IP/08/308).
② EU-Libya: negotiations on future framework agreement start. *Europa press releases*, 2008 (IP/08/1687).
③ Libya, EU launch landmark negotiations. *The Tripoli Post*, 2008, p.226.

比亚恢复经济发展而言具有重要意义。据美国能源部能源信息司数据显示，利比亚石油储量居非洲首位，2007年1月其被证实的石油储量为4150亿桶，而只有25%的石油被石油公司开采。利比亚2007年天然气储量证实为52.7万亿立方英尺，利比亚的碳氢化合物出口占石油与天然气出口和收益额的95%以上，而油气出口收益占该国国内生产总值的一半以上。[①]不难看出，丰富的油气资源是利比亚的经济支柱，但由于遭遇长期的经济制裁和技术禁运，利比亚出口额多年来相对较低，而且石油工业发展水平滞后。自从2003年联合国和欧盟解除对利比亚的制裁之后，利比亚的石油产业发展迅速，欧盟国家石油公司加大对利比亚的石油工业投资。2004年，意大利总理贝卢斯科尼、英国首相布莱尔、德国总理施罗德和法国总统希拉克等领导人相继访问利比亚，这不仅为欧洲国家与利比亚关系的发展开辟了新局面，也为欧洲与利比亚的双边石油合作与贸易奠定了新的基础。目前参与利比亚石油产业的欧洲公司主要是意大利的国家能源控股公司(ENI)、德国的温特斯豪油气公司(Wintershall)、法国的达道尔公司(Total)、奥地利油气公司(OMV)、西班牙的雷普索尔公司(Repsol)和希腊的海伦尼克石油公司(Hellenic)等，其中的法、意、奥三国公司在利比亚的油气业务是利比亚主要的石油国际出口收益的来源。利比亚在欧洲等国的石油销售通过石油产品零售商泰姆公司(Tamoil)来完成，2006年，利比亚对欧石油出口额增长，意大利每天49万5000桶，德国每天25万3000桶，西班牙每天11万3000桶，法国每天8万7000桶，分别占利比亚当年石油出口总额的38%、19%、8%和6%。2004年之前，西班牙天然气运输公司(Enagas)是利比亚天然气的唯一客户，利比亚对欧天然气出口在2004年以后持续增长，出口渠道是意大利ENI公司与利比亚国家石油公司之间的"利比亚西部天然气工程"(WLGP)和长370英里、宽32英寸、耗资66亿美元的水下天然气管道

---

① US Energy Information Administration. Country Analysis Briefs: Libya, http://www.eia.doe.gov/emeu/cabs/Libya/pdf.pdf.

"绿流"(Greenstream)。[1] 目前,利比亚的对欧石油出口主要受自身石油提炼设施落后以及欧盟严格的环保标准的限制。油气开采和贸易的扩大为利比亚的经济发展创造了物质条件,但是中东的石油贸易的进展往往并不会促进当地社会的变化以及民主化进程,油气资源的丰富往往导致社会经济的畸形发展并强化权威统治,"石油是一个关键因素:它已为统治者提供了巨大的收益,但既不会给人民带来政治改革也不会带来繁荣"[2]。

二、欧非历史关系对欧盟非洲政策的影响

由于历史关系的存在以及冷战后非洲地位的相对下降,欧盟将整个非洲大陆视为其"后院",目的是在非洲事务上占据主导权。某些非洲国家一时间失去了苏联阵营的经济援助与贸易往来,不得不转向西方。进入21世纪,随着中国经济实体的提升,中国政府开始珍视改革开放之前中非关系的历史遗产,中国开始大力投资非洲,这引起了欧洲的警觉。欧盟加紧在非洲推行价值观外交,并希望将非洲纳入其经济轨道,阻止中国在非洲力量的上升。而中国通过创立"中阿合作论坛"以及"中非合作论坛",与非洲国家建立制度性联系,通过国际论坛的形式大力发展中非关系,其中中国的"不干涉内政"原则最令欧盟担忧,被认为会破坏其在非洲的民主治理。

欧盟50余年来的发展历程首先便是遵循规范(norm)和传播规范的过程,将规范在欧洲普及化并进一步期待在全球实现普世化,因为"欧洲的建设方式和它看待世界的方式之间存在一种强烈的位似(homothetic)关系。这是一个显著且基本的起点。""规范性强权不仅是制定规范的力量,它还是一个试图将它的标准转化成适宜那些接受它们

---

[1] US Energy Information Administration. Country Analysis Briefs: Libya, http://www.eia.doe.gov/emeu/cabs/Libya/pdf.pdf.

[2] Noreng, Ø. The predicament of the Gulf rentier state, in Heradstveit, D. & Hveem, H. eds., *Oil in the Gulf: Obstacles to Democracy and Development*. London: Ashgate, 2004, p.10.

的国家(规范接受者)的国际规制。"①欧盟的规范性强权角色现实来源于两个方面:首先,欧盟力图重塑国际关系的特性,从价值与原则的视野看待世界,并将这些价值和原则作为规范的组成部分,这体现了其价值共同体的属性;其次,欧盟缺乏超强的军事实力进而缺乏强制性的硬力量,从而不能在其参与或建立的多边或双边机制里发挥巨大的作用。

欧盟的发展历程其次还表明了其非暴力和经济合作的基础和起点,而在此基础上形成一种经济化的政治,这些便构成欧盟的民事强权。民事强权与军事强权相区别,民事强权深植于"从理论上证明,将贸易政策视为最重要的对外政策要素乃建立在具有合理性的托克维尔式的观念之上"②。虽然欧盟近年也加强了自身军事力量的建设,但这并不意味着其作为"贸易国家"的转型。欧盟自20世纪70年代便开始了其多边主义和新地区主义的实践,冷战后更是加大了力度,在进一步加大将中东欧国家吸收入盟的同时,还加强了与非加太国家尤其是邻邦国家的双边和多边经济联系。

欧盟认为,欧非关系发展有着两大动力:社会动力与环境动力。就社会动力而言,欧盟认为许多非洲国家有着巨大的经济增长,但收入的较不公平分配对经济发展产生了负面影响。创造就业机会是对减贫和社会发展的主要挑战因素之一,个人福利则依赖于健康和卫生条件,而艾滋病对于很多非洲国家政府而言是沉重的负担。就环境动力而言,气候变化将对水资源、生物多样性和人类健康产生影响,这关系到粮食安全和荒漠化,尤其是荒漠化影响到半个非洲大陆。这些都是欧盟非洲政策亟待解决的问题。在此基础上,欧盟的非洲政策有三大原则:第一,平等,这建立在对制度的相互认同与尊重以及对共同利益的界定之上;第二,伙伴关系,巩固诸如建立在政治与经济合作基础上的纽带;第三,主导权,国

---

① Laïdi, Z. European preferences and their reception, in Laïdi, Z. eds, *EU Foreign Policy in a Globalized World: Normative Power and Social Preferences*. London: Routledge, 2008, p.4.

② Telò, M. *Europe: A Civilian Power? European Union, Global Governance, World Order*. London: Palgrave, 2006, p.199.

家自主而非外界强制的战略与发展政策。欧盟期待促进非洲在三个层次上的治理,即国家、地区与大陆。①即便如此,欧盟仍对那些侵害少数族群权益、政治专制的非洲国家政府不断施压,甚至采取经济制裁手段来迫使其回到欧盟设定的轨道上来,这在苏丹达尔富尔问题上尤为明显。

三、结　语

欧盟的非洲政策带有强烈的政治与经济挂钩的色彩。欧盟希望把非洲经济发展完全纳入其轨道,并与其价值观外交密切结合,但往往事与愿违。欧盟与非加太国家推行的新阶段《经济伙伴协议》并未获得广泛推崇,而传统的《科托努协定》亦被世界贸易组织否定,欧非关系遭受许多不定因素的挑战,"欧洲希望非洲从欧洲的价值观出发,巩固传统的欧非关系;但非洲现在的视野比以往开阔了,对外交往更加全方位。欧洲试图'拴住'非洲的想法显然是脱离现实的。"②不仅如此,非洲国家在欧洲压力下实施的多党制并未能带来真正意义上的民主政治,政党往往被特定的民族、宗教等固化因素所劫持。即便如此,在许多非洲国家与英法有特殊关系的前提下,如何解读"非洲梦"至关重要。西方认为"'新兴国家经济优先'和'不附加先决条件的援助'有'新殖民主义'之嫌,而美欧等国的'政治先行'和以'接受民主化与自由市场原则'为条件的援助,才是真正造福非洲人民。"③欧盟如何正视中国在非洲的存在是其未来非洲政策中的重要组成部分。

---

① EU Strategy for Africa, http://europa.eu/legislation_summaries/development/african_caribbean_pacific_states/r12540_en.htm.
② 杨小舟:"非洲拒绝当欧盟'经济伙伴'",《东方早报》,2007-12-11。
③ "'非洲梦'在哪里",《周末画报》,2013-05-18。

第五节
欧洲与地中海的历史渊源及认同的建构

刘佳程[*]

一、地中海与欧洲的历史渊源及其对于欧盟的重要性

1. 地缘因素

地中海位于欧、亚、非三大洲交汇之处,面积约250万平方公里,是世界上最大的内海。地中海沿岸共分布21个国家,它西经直布罗陀海峡通向大西洋,东北以达达尼尔海峡、马尔马拉海和博斯普鲁斯海峡连接黑海,东南经苏伊士运河出红海,可达印度洋,具有非常重要的战略地位。根据海权主义的观点,从公元前1800年至14世纪,地中海一直都是海权争夺的焦点。直至15世纪美洲新大陆的发现使得大西洋成为了殖民主义贸易和欧洲列强争霸的新舞台,地中海的重要性才渐渐地丧失。从地缘上来看,中东北非国家与欧洲东部在大陆上相连,又与欧洲南部隔海相望,其对于欧盟的重要性不言而喻。地中海南岸与东岸国家历史上曾经几乎都是欧洲殖民主义大国的殖民地。在马格里布地区,阿尔及利亚、突尼斯曾为法国的殖民地,利比亚曾是意大利殖民地,摩洛哥长期处于法国和西班牙的共管之下;在马什雷克地区,埃及自19世纪末就一直受到英国的控制,巴勒斯坦1920年开始沦为英国的保护地区,叙利亚与黎巴嫩18世纪开始沦为法国的保护地。欧洲在这一地区的殖民历史,从葡萄牙1415年侵占西非的休达(Ceuta)开始算起到1962年阿尔及利亚从法国

---

[*] 上海外国语大学欧盟研究中心项目组成员。

独立，总共长达547年。冷战初期，美国和北约的主要着眼点在于苏联通过中东欧发动的攻击；冷战后，美国和北约的战略中心移向地中海。①20世纪90年代开始，美国通过中东和平进程与海湾战争，积极扩大其在西亚北非这个与欧盟地缘临近地区的影响力。地中海被美国认为最为重要且处于美国所有主要战略交叉点的位置上。美国在地中海地区持续的军事存在是其实施全球战略的一个重要方面。②而欧盟则希望通过与地中海国家的合作将整个地中海地区纳入一个由欧盟主导的经济、政治和安全体系之中，并以此来遏制美国在这一地区的战略扩张，巩固欧洲在这一传统势力范围的影响力。

2. 政治因素

英国首相丘吉尔曾经将地中海比作是欧洲"柔软的腹部"（Soft Underbelly），没有地中海的安全，欧洲的安全就无从谈起。冷战时期，苏联试图对欧洲南翼进行战略包抄，南地中海国家成为了苏联的战略重点。冷战结束后，苏联对于南地中海的战略威胁虽然解除了，但欧洲国家并未感到南翼的安全，这主要体现在宗教和移民两个方面。20世纪90年代"海湾战争"的爆发以及阿尔及利亚伊斯兰教党派在政坛的迅速崛起，使得原来被美苏冷战争夺所掩盖的民族、宗教、边界领土等地区矛盾逐渐显现。带有反西方色彩的伊斯兰原教旨主义的复兴很可能会导致一种"多米诺骨牌"现象，使得整个中东、北非地区国家都伊斯兰化，从而威胁欧洲的安全。在移民方面，西欧国家是南地中海国家传统的移民目的地和劳务市场，根据《地中海年鉴》2008年和2010年的不完全统计，截至2007年，欧盟27个成员国中来自10个地中海伙伴国的外国人数占到外

---

① [美]霍华德·威亚尔达：《全球化时代的欧洲政治》，陈玉刚、陈晓翌、左克文等译，北京：北京大学出版社，2010年，第286页。
② Sami Makki. "La Stratégie Américaine en Méditerranée", *Confluences Méditerranée*, 2002/1 N°40, p.126.

国人总数的19.1%,其中法国的这项数据为51.7%,德国为28.3%。①随着20世纪80年代欧洲经济增长的放缓,这些国家内部出现了呼吁限制移民的声音,而非法移民问题的日趋严重又进一步激化了这一矛盾。以上两个问题存在一定程度的交织,移民问题处理得不好可能会反过来引发南地中海国家伊斯兰原教旨主义的抬头;而伊斯兰原教旨主义的兴起,会使得移民所带来的恐怖主义和暴力活动的潜在可能增加。因此,解决这两个问题的关键在于欧盟与地中海国家的相互合作。

3. 经济因素

作为世界第一大经济体的欧盟同样也是世界第二大能源消耗体,而欧盟区域内的能源如石油、天然气的储量均难以满足自身发展的需求。据统计,欧盟目前对石油和天然气等进口能源的依赖度为50%,预计到2020年将上升为70%。②而南地中海国家拥有丰富的油气资源,截至2010年南地中海国家已探明的石油储量高达85亿吨(660亿桶),天然气探明储量为8.5万亿立方米。③然而,中东北非作为欧盟主要的油气能源供应地区却充斥着宗教矛盾与地区冲突,直接威胁到欧盟的能源安全。地中海由于地理、气候的特点还是一个巨大且稳定的太阳能供应源。欧盟近几年来一直期望可以通过跨地中海机制开展沿岸国家的太阳能合作。此外,经济全球化的迅速发展致使大国间竞争中的经济因素明显增加。南地中海地区原是欧洲国家的传统市场,欧盟在南地中海地区具有不少现实和潜在的经济利益。近年来,南地中海国家经济增长明显加快,大多数国家的经济增长率保持在5%左右。据一些经济学家的测算,地中海地区每增

---

① *Mediterranean Yearbook 2008*, Barcelona: IEMed, 2008, p.386 & *Mediterranean Yearbook 2010*, Barcelona: IEMed, 2010, p.376. 这10个地中海伙伴国分别为:阿尔及利亚、摩洛哥、突尼斯、埃及、叙利亚、约旦、黎巴嫩、巴勒斯坦、以色列和土耳其。
② 陈沫:"地中海联盟的由来与前景",《西亚非洲》,2008年第10期,第49页。
③ BP Statistical review of world energy full report 2011, http://www.bp.com/assets/bp_internet/globalbp/globalbp_uk_english/reports_and_publications/statistical_energy_review_2011/STAGING/local_assets/pdf/statistical_review_of_world_energy_full_report_2011.pdf.

加100万欧元的GDP，就能为欧盟创造15万欧元的出口量。[①]将近两个世纪以来的工业革命造成了地中海南北在经济发展上极为不对称，而今天的欧洲国家需要地中海南岸的新兴市场与稳定的能源供应，南岸国家也需要欧洲国家的技术与资金支持来发展经济、创造就业。地中海两岸需要构建一种相互依赖的合作关系，从而最终达到共同繁荣的目的。

4. 文化因素

除了政治、经济因素以外，另一个促使欧盟发展同南地中海国家关系的重要动力来自于文化。这里的文化可以分为两个层面：地中海文化与殖民文化。地中海文化体现在欧洲与地中海从未间断的历史联系之中。从古希腊、古罗马时代开始，地中海沿岸的领土一直就是生存在这一地区各民族争夺的焦点。地中海的过去是希腊与波斯、罗马与迦太基，而今天则是欧洲文明、伊斯兰文明与希伯来文明。地中海一度曾是罗马帝国的内海，罗马人将地中海称为"我们的海"（Mare Nostrum）[②]。随着地理大发现以及奥斯曼的崛起，欧洲列强开始将注意力放在美洲大陆和亚太地区，开展跨洋的全球殖民。而后，随着资本主义从萌芽到工业化的发展以及19世纪初奥斯曼帝国的衰落，欧洲列强又重新将眼光放回到了地中海沿岸。殖民主义开始在地中海沿岸落地生根，这种由殖民主义造就的文化联结尤其体现在法国与其前殖民地的共同语言之中。殖民的历史与文化进一步将地缘上毗邻的欧洲国家与南地中海国家联系在一起。在宗教上，虽然地中海孕育了三种不同的宗教，即犹太教、基督教和伊斯兰教，但奠定这三种宗教的一神论基础却是相同的。在萨缪尔·亨廷顿（Samuel Huntington）"文明冲突论"的阴影下，今天的欧洲国家希望通过跨地中海合作将这种共同的文化繁衍生息，逐渐将自己公平、自由、博

---

① Bichara Khader. "De l'Union Méditerranéen de Nicolas Sarkozy au Processus de Barcelone: L'Union pour la Méditerranée", *L'Union pour la Méditerranée: Pourquoi? Comment?*, 2008, p.38.

② [英]迈克尔·格兰特：《罗马史》，王乃新、郝际陶译，上海：上海人民出版社，2008年，第121页。

爱、民主的精神向南地中海国家传播,弥合由于宗教偏执和民族认同所造成的分歧,建立一种真正地以多元文化为基础的地中海精神,实现欧洲与阿拉伯世界的共同复兴。

二、欧共体/欧盟地中海政策的沿革

二战后,随着美国和苏联在实力上的崛起,英、法等欧洲资本主义列强沦为二流国家。随着波涛一般的民族解放和民族独立思想席卷整个第三世界,地中海沿岸的一些殖民地国家也开始走上了反抗殖民统治的道路。欧洲作为一个"殖民者"的形象在地中海沿岸地区越来越不受到欢迎。1956年爆发的苏伊士运河危机与1964年阿尔及利亚的独立,致使欧洲渐渐开始失去在地中海区域的影响力。"石油危机"以后,西欧国家相继爆发了经济危机,这使得能源安全成为欧洲安全的重要议题之一。随着人口老龄化以及低出生率导致的劳动力匮乏问题越来越严重,地中海南岸国家作为能源与劳动力的供应市场又一次成为了欧洲关注的重点。此外,美苏两国的争霸又加紧了对亚非拉地区的扩张和全球霸权的争夺。这些因素都促使欧共体重新开始考虑并处理与第三世界的关系,尤其是与欧洲在地缘上、历史上、文化上存在紧密联系的南地中海国家的关系,在这样的背景下欧共体重新提出了地中海政策。

欧洲国家与地中海国家的关系可谓是"一衣带水",而上升至共同体层面的欧地关系发展,则是从20世纪60年代开始的经贸合作。此时由于欧共体自身发展深化的程度以及成员规模的限制,当时希腊、西班牙和葡萄牙也属于欧共体地中海政策涵盖的范围之内。在冷战的背景下,欧洲经济共同体首先于1962年和1963年分别同希腊和土耳其签订了联系协定(Association Agreement)。此后,欧洲经济共同体于1970年和1972年分别同马耳他以及塞浦路斯两个岛国签订了类似的协定。在摩洛哥与突尼斯两国的关系上,欧洲经济共同体在1969年与两国签订了有限度的联系协定。此外,欧洲经济共同体分别于1964年与以色列、1965年与黎巴嫩、

1971年与西班牙、1972年与埃及和葡萄牙签订了相对缺乏战略重要性的贸易协定（Commercial Agreement）。至1972年欧洲经济共同体已经与11个地中海沿岸国家签订了相关协定，具体参见表1。

表1 欧共体与地中海国家早期签署的协定[1]

年份	国家	协议类型
1962	希腊	联系协定
1963	土耳其	联系协定
1964	以色列	贸易协定
1965	黎巴嫩	贸易协定
1969	摩洛哥	贸易协定
	突尼斯	贸易协定
1970	马耳他	联系协定
1971	西班牙	贸易协定
1972	塞浦路斯	联系协定
	埃及	贸易协定
	葡萄牙	贸易协定

这些协定不仅在贸易上给予上述国家的优惠待遇有所差别，其中与希腊和土耳其的协定还赋予了其成为欧洲经济共同体成员的愿景。这种情况使得这一时期的欧地关系呈现出一种缺乏制度规范的特点。为了使欧洲的地中海政策更为系统，欧共体于1972年的巴黎峰会上提出了"全面地中海政策"（Global Mediterranean Policy，简称GMP）。[2]这一政策允许地中海国家的工业产品（除一些纺织品外）自由地进入欧洲统一市场，降低了一部分农业产品的关税，并承诺从共同体的预算中向地中海国家提供低息贷款以落实金融援助协议。此后，西班牙、葡萄牙、希腊、马

---

[1] Sven Biscop. *Euro-Mediterranean Security: A Search for Partnership*. London: Ashgate, 2003, pp.25-26.

[2] Federica Bicchi. "Euro-Mediterranean relations in historical perspective", edited by Hedwig Giusto, *The Euro-Mediterranean dialogue: prospects for an area of prosperity and security*. Rome: FondazioneItalianieuropei, 2010, p.16.

耳他等国的入盟使得欧地关系越来越呈现出一种南北关系的特点。1970年欧洲建立了具有政府间主义色彩的政治合作机制——"欧洲政治合作"(European Political Cooperation,简称EPC)。随着欧洲国家间的政治、安全合作不断取得进展,欧洲国家开始试图将政治对话扩展到地中海国家。

冷战结束后,世界与欧洲大陆的政治结构发生了重大的变化。东欧剧变与苏联解体从某种意义上说,使得欧洲的东部以及地中海沿岸又一次成为了权力的真空地带,从而改变了欧共体的发展方向。德国的统一从内部加强了欧共体向东发展的态势。1993年欧共体决定更名为欧洲联盟,并且为东扩做好了积极的准备。欧洲除了将重心转向中东欧及波罗的海地区以外,同时也将地中海纳入了欧洲安全考虑的范围之内,积极开展与地中海沿岸国家的关系。这些因素推动欧共体/欧盟的地中海政策又迈上了一个新的台阶。

1990年欧洲委员会主席雅克·德洛尔(Jacques Delors)这样表述随后十年欧共体在北非地区的利益:"我们必须使北非成为我们关心的一个地区,首先是因为在贸易、文化和历史上的联系,其次是因为我们无法忽视这些人口急剧增长的北非国家所面临的迫在眉睫的发展需求,以及北非国家给我们共享的海洋所带来的环境压力,还有其带来并成为不稳定主要根源的、一触即发的社会和宗教对立。"[①]1990年12月欧共体通过了"新地中海政策"(Renovated Mediterranean Policy,简称RMP)承诺援助地中海地区的非欧共体成员国,加强与这些国家的经济联系,鼓励这些国家进行经济改革和结构调整,支持双方在开发能源、打击毒品、走私和有关移民问题上的合作。

在1994年6月举行的欧洲理事会科夫(Corfu)会议上,欧盟把与南地中海国家的关系列入了共同外交与安全政策的范围之中,并授权欧盟委员会与欧盟理事会评估"欧盟在地中海地区的全面政策和在中短期内强

---

① Clive Archer. *The European Union: Structure and Process*. London: Continuum, 2000, Third Edition, p.223.

化这一政策的可行性议案以及召开由欧盟和南地中海伙伴国共同参加会议的可行性。"[①]1994年12月的欧洲理事会埃森(Essen)会议通过了支持建立"欧盟—地中海伙伴关系"(Euro-Mediterranean Partnership,简称EMP)的建议案,为"巴塞罗那进程"的启动铺平了道路。1995年11月第一届欧盟—地中海外长会议在西班牙的巴塞罗那召开,来自27个国家的外长通过了《巴塞罗那宣言》(Declaration of Barcelona),决定致力于建立一种更为密切的"全面伙伴关系",加强欧盟地中海国家在区域、次区域、多边和双边范围内的合作,共谋地中海地区的和平、稳定与繁荣。至此,欧盟的地中海政策进入了一个深入发展的时期。

不得不承认,"巴塞罗那进程"的总体目标并没有实现,所取得的成果也十分有限。自1995年以来,"巴塞罗那进程"既没有给这一地区带来和平,也没有带来稳定与繁荣,反而被指责不仅没有使得诸如马格里布地区国家从中获益,而且使得该地区的局势更加严峻。从经济方面来看,地中海南岸国家的农业产品依然被排除在贸易自由化的进程之外,而其新生的工业又必须面对欧盟国家产品的竞争。除了在贸易问题上南地中海国家对欧盟进行了指责以外,在移民政策上欧盟对于南岸国家移民进入欧洲领土的诸多限制也遭到了批评。"巴塞罗那进程"建立以来,南北两岸发展水平上的差距没有本质上的缩小,地中海南岸的国家仍旧饱受无法吸引外资之苦,计划于2010年建成的地中海自由贸易区也显得遥遥无期。但不能否认,"巴塞罗那进程"也取得了一些实际的成果:自1994年开始欧盟与一系列地中海国家签订了联系协定,具体详见表2;在政治与安全领域方面,2003年那不勒斯外长会议上通过举行"欧盟—地中海议会大会"(Euro-Mediterranean Parliamentary Assembly),确立新的政治磋商机制。

[①] 严双伍、陈婕、李德俊:"试析'欧盟—地中海伙伴关系'战略",《国际论坛》,2005年第6期,第21页。

表2 欧盟地中海联系协定的签署情况[1]

国家	磋商起始	磋商结束	协议签署	协议生效
突尼斯	1994年12月	1995年6月	1995年7月	1997年12月
以色列	1993年12月	1995年9月	1995年11月	2000年6月
摩洛哥	1993年12月	1995年11月	1996年2月	2000年3月
巴勒斯坦(PA)	1996年5月	1996年12月	1997年2月	1997年7月
约旦	1995年7月	1997年4月	1997年11月	2002年5月
埃及	1995年3月	1999年6月	2001年6月	2004年6月
阿尔及利亚	1997年6月	2001年12月	2002年4月	2005年9月
黎巴嫩	1995年11月	2001年1月	2002年6月	2006年4月
叙利亚	1998年3月	2008年12月	未签署	未生效

从目前地中海的现实来看，欧盟与南地中海沿岸国家间的跨区域合作历经20个年头，但其取得的成果却十分有限。重要的原因之一便是，目前参与地中海合作的国家之间没有形成一种广泛的地中海认同，此外还存在一些制约"欧地伙伴关系"发展的因素。而制约"欧地伙伴关系"发展的因素，事实上也反映了当前地中海在认同内在建构与外在建构进程中面临的困境。

三、地中海的历史与认同的建构

目前国内外学术界都认为"认同"对于区域合作具有促进作用。从欧洲认同对于欧洲一体化的经验来看，随着区域合作的发展与深化必然会对区域认同进行"呼唤"，而区域认同的建构将能够弥补区域合作"功能性动力"的不足，进而促进区域合作的进一步深化。在目前跨地中海合作停滞不前的状况下，那就非常有必要探讨是否能够在跨地中海合作中建立起一种"地中海认同"(Mediterranean Identity)，并以此作为推进"欧地

---

[1] *Mediterranean Yearbook 2008*, Barcelona: IEMed, 2008, p.389.

伙伴关系"乃至跨地中海合作深化发展的动力。下文将围绕以下几个问题展开：(1)是否有必要建构一种地中海认同？(2)地中海认同是否能够建构？(3)地中海认同是否会和欧洲认同产生冲突，甚至相互解构？

1. 地中海认同是否有必要建构？

关于地中海认同是否有必要建构，笔者认为这个问题的答案既是肯定的也是显而易见的。从有关认同对于区域合作作用的研究来看，无论是国内学者还是国外学者都已经达成了比较广泛的共识。从区域合作建立的角度来看，区域认同对于区域一体化至关重要，对特定区域的认同和归属感是进行区域整合的重要前提。[①]从区域合作深化发展的角度来看，地区一体化若想深入、持久地发展，总是无法绕开建立地区认同的步骤。[②]地中海认同应该是地中海国家对于自己地中海身份的一种认同与归属感，对于地中海区域的合作同样有着至关重要的作用，是地中海跨区域合作的必要"配备"。埃德加·莫兰(Edgar Morin)作为一位享誉世界的思想家，曾经于1998年在 Confluences Méditerranée 期刊上发表过一篇名为《反思地中海并将思维地中海化》(Penser la Méditerranée et Méditerraniser la pensée)[③]的文章，呼吁欧洲政治家应该以地中海的视角看待欧洲的未来。2002年他又在地中海欧洲研究所(European Institute for Mediterranean)的刊物上发表过一篇名为《地中海神话的破除与再造》(Démythifier et Remythifier la Méditerranée)[④]的文章。埃德加·莫兰在《地中海神话的破除与再造》一文中发表了这样的观点：之所以要再造地中海的神话，就是要让地中海表现出一种能够"促进相互友好"并且

---

① 简军波：《认同与东亚整合》，载何佩群、俞沂暄，《国际关系与认同政治》，北京：时事出版社，2006年，第80页。
② 何佩群、俞沂暄：《国际关系与认同政治》，北京：时事出版社，2006年，序言第4页。
③ Edgar Morin. "Penser la Méditerranée et Méditerranéiser la pensée", Confluences Méditerranée, n°28 Hiver 1998-1999, pp.33-47.
④ 该文中文译版全文收录于中国社科院马胜利、邝杨主编的《欧洲认同研究》一书中。

能够让人从中"找到欢乐的源泉"的母性。[①]而要想让地中海产生母性，我们"就要削弱国界的作用，努力实现谅解与协和，树立起共同的认同感。"[②]的确，今天地中海两岸的毗邻不仅仅是地理与历史的、经济与生态的，更是人性与文化的。[③]地中海国家的共同命运不是从历史中来，而是未来向地中海国家强加了共同命运。若跨地中海的合作想要深入，那么地中海认同的建构便是一个必不可少的过程。

2. 地中海认同是否能够建构？

地中海从古至今一直是一个伴随着冲突的地方，欧洲人与阿拉伯人在这里上演了无数次的血腥残杀。今天地中海依然充斥着恐怖主义的威胁、基督教与伊斯兰教的对立、犹太人与穆斯林的仇视。基于这样的历史与现实，在地中海地区建构一种认同有可能吗？谈及地中海认同的建构问题，首先就要从本质主义的角度去考察地中海流域是否具有一些作为认同建构基础的原生性因素。欧洲认同之所以能够建构，很大程度上就是由于宗教、历史、文化等原生性要素的存在，这些要素构成了一种"集体记忆"，也构成了欧洲国家相互间的同一性。那么将地中海地区视为一个区域，将地中海地区的合作视为一种区域合作，除了地理的性质以外，是否还存在其他原生性的要素？

有学者认为，"从公元前五千纪至公元前一世纪，在地中海域逐步形成同长江—黄河文化圈、印度河—恒河文化圈相呼应的环地中海文化圈。这个文化圈的中心首先是在地中海东部的西亚和埃及，而后西移雅典，再至罗马。经过希腊文化和罗马帝国近八百年的地中海域文化间的

[①] [法]埃德加·莫兰："地中海神话的破除与再造"，《欧洲认同研究》，北京：社会科学文献出版社，2008年，第37-38页。

[②] 同上，第38页。

[③] Jean-Robert Henry. "Europe's Mediterranean Policy under the Hardship of Identity-Oriented and Nationalist Trends", *Mediterranean Yearbook 2010*. Barcelona: IEMed, 2010, p.162.

交融和碰撞，最终形成了地中海文化圈。"①但他又认为，随着日耳曼人的入侵以及穆斯林的西进，法兰克王朝与倭马亚哈里发王朝的建立，使得"地中海文化圈"被后继的"阿拉伯文化圈"以及"基督教文化圈"所取代；另有学者认为，地中海文化圈在西方失去对于东方的经济依赖后淡出了历史舞台。②的确，在倭马亚哈里发王朝之后建立的阿拔斯王朝将首都从大马士革迁往巴格达，穆斯林帝国已不再是地中海帝国。③同样，查理曼帝国的中心位于北方地区，而整个欧洲都朝着这个新的中心而发生转向。在经历了5至8世纪这一保留着地中海统一性的阶段之后，这种统一性的破裂取代了地中海世界的中心。④比利时史学家亨利·皮朗在其《穆罕默德与查理曼》(Mohammed and Charlemagne)一书中这么写道："伊斯兰教迅猛扩展的后果就是东方最终地与西方分裂，以及地中海统一性的终结"，且地中海"不再具有以往那种连接东西方商业贸易和思想文化的通衢大道的功用"。⑤

1095年开始至1291年将近两百年的时间里，在罗马教皇的号召下，欧洲对伊斯兰世界发动了九次十字军东征。东征不仅将矛头对准伊斯兰世界展开"收复失地"的战争，并且第四次十字军东征的矛头直指拜占庭帝国。1208年奥斯曼帝国以"圣战"的名义越过小亚细亚半岛南侧作为天然屏障的陶鲁斯山(Taurus)向拜占庭发动了进攻。而此后的三百年间，奥斯曼帝国不断向西扩张接连吞并了整个巴尔干半岛、埃及与北非地区，建立了一个环绕地中海北岸、东岸与南岸的庞大帝国。⑥可以说，在伊斯兰教兴盛之后直至地理大发现，对于领土的你争我夺成

---

① 陈村富："地中海文化圈概念的界定与其意义"，《中国社会科学》，2007年第1期，第57页。
② 谌中和："地中海文化圈与西方文明独特性的根源——兼与陈村富教授商榷"，《湖南师范大学社会科学学报》，2010年第4期，第128–131页。
③ [英]约翰·朱利叶斯·诺维奇：《地中海史》，殷压平等译，上海：东方出版中心，2011年，第92页。
④ [比]亨利·皮朗：《穆罕默德与查理曼》，王晋新译，上海：上海三联书店，2011年，第240页。
⑤ 同上，第302页。
⑥ 哈安全：《中东史600—2000》，天津：天津人民出版社，2010年，第328–333页。

了地中海舞台经久不衰的经典剧目。从宗教起源上看,基督教与伊斯兰教的起源是相同的希伯来犹太教;从文化构成上看,两希文化不仅是欧洲文明的源头,同样也是伊斯兰文明的重要来源之一。中世纪阿拉伯文化实际上由希腊化的近东文化和波斯文化两股支流汇合而成,它是新月沃地古代闪族文化逻辑发展的延续,也是东地中海(西亚部分)文化统一性的集中表现。阿拉伯文化是在自身基础上吸收古希腊、罗马、波斯、印度等异族文化兼容并蓄发展起来的,其中希腊、罗马文化对其影响最大。古希腊哲学思想对于阿拉伯文化具有特殊的重要性,如亚里士多德的著作影响了伊斯兰教哲学与神学的全部观念,甚至影响了一大批具有创造性的穆斯林思想家,阿拉伯伊斯兰哲学实际上就是继承了古希腊哲学并加以发展的哲学。[1]阿拉伯文化博采众长的特性使得它的载体一接触地中海蔚蓝的海水,就染上了浓重的地中海色彩,并随着伊斯兰教的兴起成为了地中海文化的一部分。

公元830年,阿拔斯王朝在巴格达创建了综合学术机构"智慧馆"(house of wisdom),进行了长达百年的"翻译运动",将许多古希腊、罗马、波斯、印度的古籍译为阿拉伯文。9世纪末10世纪初,许多世界优秀文化古籍差不多都有了阿拉伯文的译本。后来这些世界优秀文化古籍的原作大都失传,而阿拉伯文的译本却被保存了下来。许多古希腊哲学典籍,从阿拉伯文转译成拉丁文后传入欧洲,使欧洲人重新读到了亚里士多德的著作,接触到了真正的古希腊哲学,他们在从古希腊哲学中吸收营养的基础上,接受了阿拉伯人的自由思想,从而为18世纪唯物主义的产生奠定了基础。[2]如果没有这些阿拉伯文的古籍作为养料,那么处在"黑夜中"的欧洲就不可能走上被恩格斯称为"人类从未经历过的最伟大的、进步的变革"的文艺复兴运动道路。在文化上,如果没有阿拉伯文化的影响,中世纪的欧洲将不可想象。阿拉伯文化从西班牙和西西里岛经

---

[1] 钱学文:"灿烂的中世纪阿拉伯文化——《阿拉伯文化与西欧文艺复兴》解读",《武汉大学学报(人文科学版)》,2006年第5期,第663页。
[2] 同上,第664页。

法国和英国传至德国,推动了欧洲文化的发展。在这一文化交流的背景下,地中海不再是东西文化的阻隔,而是一个活跃的空间,作为媒介,连接着伊斯兰文化通向欧洲之路。①

奥斯曼帝国的崛起阻碍了欧洲经地中海和陆地通往亚洲的贸易通道,促使欧洲国家向大西洋进行探索,并且造就了欧洲对于美洲的殖民。经由阿拉伯译著重新获得古希腊"人本主义"的文艺复兴从文化上推动了欧洲16世纪至17世纪的宗教改革。宗教改革中所提倡的上帝面前"人人平等"的思想又进一步激发了启蒙运动与理性主义。启蒙运动的分权、民主、"天赋人权"的思想又为资本主义解放和发展铺平了道路。由资本主义发展所催生的工业革命使得欧洲在科技上得以实现飞跃,这又使得经济上空前发展的资本主义国家变本加厉地通过殖民扩张获得原材料供应地与商品的倾销市场。随着奥斯曼帝国的衰落,欧洲列强又重新把目光投回地中海,从而开始了对地中海东岸、南岸国家超过百年的殖民统治。这种由阿拉伯文化与奥斯曼帝国崛起共同而间接催生下的殖民主义,起初看似背离地中海朝向大西洋发展,但最终却又重新回到了地中海。一切就如同"地圆说"一样,即使朝一个相反的方向航行,最终也会回到原点。随着地中海沿岸地区逐渐沦为英、法等国的殖民地,地中海的贸易与文化的联系又一次达到了巅峰,欧洲语言广泛地通用于殖民地与宗主国之间。的确如皮朗所说,地中海的统一性被破裂所取代,地中海在贸易上的繁荣也随着地中海的关闭而衰落。但地中海的历史并没有就此终结,地中海文化的交流并没有被割断,只不过有时候以另一种被称为"对立"或"冲突"的形式继续存在并发展着。皮朗所言的"终结"仅仅只是地中海一元时代的暂时终结,随之而来的是地中海的二元(基督教/伊斯兰教)时代。地中海文化圈也没有淡出历史舞台,同样以一种"二元对立"的形式存在着。

---

① [德]米歇尔·格勒尔:《欧洲起源、欧洲特征、欧洲理念》,戴启秀译,载曹德明主编,《文化视角下的欧盟研究》,上海:上海外语教育出版社,2009年,第70页。

埃德加·莫兰认为:"欧洲统一认同的难以解决的悖论:正是文化多样性的分裂和冲突成了欧洲统一的建设性因素……我们欧洲的认同和共同点是从分裂和冲突而来的。"[①]如果将句中的"欧洲"换成"地中海",这句话不仅依然在逻辑上、历史上成立,而且还充分地说明了地中海的认同同样应该从分裂和冲突中建构。埃德加·莫兰在《反思欧洲中》提到:"我们今天应该以自己的方式,在不同的历史条件下反思过去,去理解那些在分裂和冲突中存在的共同之处,在历史中看来是次要的方面找出对我们有重要性的东西。"[②]"分裂"与"冲突"构成了欧洲人与阿拉伯人共同的"集体记忆",而我们所要做的正是反思这种"集体记忆"并去寻找其中存在的被埃德加·莫兰称为"共同之处"的东西。这种"共同之处"便是今天地中海两岸建构地中海认同的"原材料"。

3. 地中海认同是否会和欧洲认同产生冲突? 甚至相互解构?

"他者"这个概念在认同的建构中,有着特殊且重要的作用。今天的欧盟虽然反复强调一种多元文化的统一,但实际上在一些欧盟政治精英的眼中,伊斯兰文化依然难以纳入到欧盟文化之中。这很大程度上是因为欧盟在建构"欧洲认同"的时候已经将阿拉伯国家视为"他者"。毫不夸张地说,地中海南北互为"他者"的历史可以说是源远流长。在历史上,欧洲将穆斯林世界视为"东方",将自己视为"西方",这种东西的对立事实上就是以"他性"与"同一性"在界定"自我"与"他者"的边界。亨利·皮朗的另一大学术主张也证明了这种事实,他是第一位对伊斯兰教在西方文明形成中的作用进行全面、系统考察的历史学家。他认为,穆斯林对于西地中海的控制使得西方社会首次出现了由地中海向北方地区转移的现象,其所伴随的墨洛温王朝的垮台和加洛林王朝的兴起揭开了西方中世纪的序幕,新的西方文明得以诞生。爱德华·W·萨义德曾在

[①] [法]埃德加·莫兰:《反思欧洲》,北京:生活·读书·新知三联书店,2005年,第101–102页。
[②] 同上,第102页。

《东方学》中写道:"像西方一样,东方这一观念有着自身的历史以及思维、意向和词汇传统,正是这一历史与传统,使其能够与西方相对峙而存在,并且为西方而存在。"①这种语义上的"东方"不仅成就了西方的存在,也成就了西方的"优越性"与欧洲中心主义。同样,从穆斯林世界来看,阿盟的建立也有一定的阿拉伯认同的存在,欧洲便是这种阿拉伯认同"他性"的来源。但根据认同的建构性原理,建构一种地中海认同是可行的。那么这种跨越"东"与"西"的认同一旦建构起来,是否会破坏原有"东"、"西"各自的认同呢?

穆斯林在欧洲认同建构的外在进程中起到了重要的"他者"作用,而地中海认同的建构是否会使得"他者"内化,导致欧洲认同的解构呢?笔者认为这种矛盾的产生,主要是由于将地中海认同与欧洲认同置于同一认同层次造成的。因此,就有必要建立一种新层次的认同。地中海认同是另一层次的认同,与欧洲认同和阿拉伯认同等区域认同不处在同一层次,属于"次区域认同"或者"跨区域认同"。在这一层次的地中海认同中,穆斯林与欧洲人具有同一性与共同命运。简而言之,在欧洲认同与阿拉伯认同各自建构的时候,欧洲人与穆斯林互为外在建构的"他者"。而在建立地中海认同时,欧洲人与穆斯林则体现出同一性。将欧洲认同(阿拉伯认同)与地中海认同置于两个层次,能够解决这种矛盾。法国社会学家多米尼克·什纳贝尔(Dominique Schnapper)在其著名的评论文集《社会学的理解》(*La Compréhension Sociologique*)中曾经提出这样的观点:"现代社会不是由相互层叠、边界清晰的群体构成,而是由同时具有多角色、多参照标准的个体组成。根据社会条件和历史情境,他们根据自身个体或集体的以往经历来选择参照和身份认同的不同形式……现代社会建立在人们的流动之上,建立在他们忠诚或背叛的多元性之上,建立在他们身份的多元性之上"。②乔基姆·希尔德(Joachim Schild)也同

---

① [美]爱德华·W·萨义德:《东方学》,王宇根译,北京:生活·读书·新知三联书店,1999年,第6—7页。
② [法]阿尔弗雷德·格罗塞:《身份认同的困境》,王鲲译,北京:社会科学文献出版社,2010年,序言第3页。

样指出,与多层次治理体系相对应的认同是多元认同,因为在可预测的将来,没有任何层次会消失或者被其他层次取代。个人应该能够根据环境的变化和不同的政治问题,在他们不同的认同涉及的框架之间进行转换。①乔基姆·希尔德提出的这种分层式的多元认同模型被托马斯·里斯(Thomas Risse)称为"多层蛋糕模型",而后者又提出了一种更为合理的"大理石模型"。"大理石模型"在承认认同多元性和认同背景依赖假定的基础之上,进一步提出,(欧洲的、民族国家的和地区的)认同并不是泾渭分明的,而是相互融合的,其间没有清晰的边界,好像大理石的颜色相互混合在一起。这些认同的关系是网状或交融的,而不是清楚地分层。②

换而言之,多元认同不会使得欧洲各民族的认同与欧洲认同发生相互解构的作用,次区域地中海认同的建构也同样不会对民族认同与欧洲认同形成解构作用,只是增加了一个新的认同层次。多层次体系下的区域认同不仅不会相互排斥,而且有可能使得区域间认同的矛盾得以解决。例如,一个奥尔良出生的法国人可以同时把自己看做是奥尔良人、法国人、欧洲人、地中海人以及地球人。那么,多元多层的认同应该使得德国人这么认为:"我们是德国人,我们也是欧洲人。与我们同为欧洲人的法国人,有时候也将自己视为地中海人。在今天这个全球化迅速发展、各国高度相互依存的时代,由于地缘的毗邻以及地区和平与经济发展的需要,我们德国人从某种意义上来说也是'地中海人'。"同样,沙特人也该这么认为:"我们是沙特阿拉伯人,我们也是穆斯林。与我们同为阿拉伯穆斯林的叙利亚人,有时候也将自己视为地中海人。在今天这个全球化迅速发展、各国高度相互依存的时代,由于地缘的毗邻以及地区和平与经济发展的需要,我们沙特人从某种意义上来说也是'地中海人'。"

---

① Joachim Schild. "National v. European Identities? French and Germans in the European Multi-Level System", *Journal of Common Market Studies*, 2001, Vol.39, issue 2, pp.335-336.

② Thomas Risse. "Regionalism and Collective Identities: The European Experience", http://www.iue.it/Personal/Risse. 转引自:李明明《超越与同一:欧盟的集体认同研究》,上海:上海人民出版社,2009年,第228页。

这种地中海认同的外延可以扩展至伊朗、爱尔兰与毛里塔尼亚,但不能无限扩展。其他地区依然需要发展自己的区域认同与次区域认同。

由于缺乏次区域认同的概念,乔纳森·默瑟尔(Jonassen Mercer)得出了这样的结论:欧盟内部的相互认同必然导致它们对外排斥的加强,这无助于整个国际体系无政府状态的改变。依据其观点,有学者推断了这样一种可能:随着区域化的发展和深入,未来的国际体系可能会按照区域来进行划分,区域认同将代替民族国家认同产生新的"包容"与"排斥"作用。①建立在区域认同基础之上的"排斥"作用很有可能会导致亨廷顿所描述的"文明冲突";而建立在区域认同基础之上的"包容"如果仅仅存在于区域内部,那么区域和区域之间的冲突便无法避免了。笔者认为,次区域认同是这种区域和区域之间"包容"形成的关键。地中海认同之所以能够建构,不仅是因为在地中海这个"盛产"多样性的区域里有着丰富的历史与文化因素作为认同建构的材料,还因为属于次区域认同的地中海认同不会与欧洲认同形成相互解构作用,并为文明间相互共存提供了可能。

四、结　语

区域认同与区域合作并不存在"鸡与蛋"的悖论,从欧洲认同对于欧洲一体化的影响来看,两者的作用是相辅相成的,两者各自的发展过程并不是相互分离而是相互联系的。区域合作的发展与深化必然会对区域认同进行"呼唤",而区域认同的建构将能够解决区域合作"功能性动力"不足的问题,进而促进区域合作的进一步深化。从目前地中海的现实来看,欧盟与南地中海沿岸国家间的跨区域合作历经20个年头,但其取得的成果却十分有限。重要的原因之一是,目前参与地中海合作的国家

---

① 李明明:《超越与同一:欧盟的集体认同研究》,上海:上海人民出版社,2009年,第369页。

之间没有形成一种广泛的地中海认同,此外还存在一些制约"欧地伙伴关系"发展的因素,而这种制约因素事实上也反映了当前地中海认同内在建构与外在建构进程中遇到的困境。

第六节
欧盟内部制约跨地中海合作的因素

刘佳程*

一、地中海联盟从构想到建立

1. 地中海联盟建立的过程

地中海联盟的构想最早可以追溯到20世纪20年代,那个时代伟大的埃及文豪塔哈·侯赛因(Taha Husayn)[①]就已经提出了这个构想。在他的思想中,地中海(Mutawassitiya)不仅是奥斯曼帝国废墟中无数身份的图解之一,更是环绕地中海的一个文明。[②]而在地中海地区建立一个类似共同体的想法早在2005年就有学者公开提出。2005年正值"巴塞罗那进程"建立十周年之际,同年11月在巴塞罗那召开的"欧盟—地中海峰会"遭到了许多南地中海国家领导人的抵制。峰会的失败加之十年来所取得的有限成果使得地中海合作显得有些前景黯淡。在这种情况下,希腊前财政部长、地中海国家联系与分析中心(Centre d'Analyse et de Liasion des Acteurs de la Méditerranée)主任帕纳吉奥蒂斯·鲁门诺蒂斯(Panagiotis Roumenotis)与法国前领土整治与区域开发司司长让-路易·圭古(Jean-Luis Guigou)共同在法国《世界报》(*Le Monde*)上发表了

---

* 上海外国语大学欧盟研究中心项目组成员。

① 塔哈·侯赛因(Taha Husayn, 1889–1973),埃及作家,埃及文学史上现代派运动的代表人物。

② Eran Lerman. "La difficile quête d'une identité différente: Israël, le projet géopolitique méditerranéen et la dangereuse abolition des institutions existantes", *Outre-Terre*, 2009/3 n°23, p.163.

一篇文章，呼吁建立一个"地中海世界共同体"（Communauté du Monde Méditerranéen）。[1]此后，在地中海地区建立共同体乃至联盟的想法成为了地中海地区学术界的一个论题，直至2007年作为法国总统候选人的尼古拉·萨科齐（Nicolas Sarkozy）在其竞选过程中又一次提出了建立"地中海联盟"（Union Méditerranéenne，简称UM）的构想。

地中海联盟（UM）的构想从其提出到以"巴塞罗那进程：地中海联盟"（Union pour la Méditerranée）的形式最终建立，期间经历了约一年多的时间，其建立过程可谓"一波三折"。地中海联盟的构想最早是在2007年2月7日由法国总统候选人萨科齐在一次竞选活动的演讲中明确提出的。在土伦（Toulon）的这次演讲中，萨科齐谈到"欧洲及法国对于地中海的漠视，也正是对于历史的漠视，同样也是对于两者未来的漠视。"[2]但在这次的讲话中萨科齐明确地表示了其指的地中海联盟与欧盟只是建立一种"密切合作的关系"，并将"终有一日与欧盟发展一些共有的机构"。[3]这样的措辞实际上表达了萨科齐试图将地中海联盟建立在欧盟框架之外的想法。对于地中海联盟的任务，萨科齐将其归纳为三个支柱：第一支柱为制定一项有选择性的移民政策；第二支柱为应对生态挑战；第三支柱为推进一项有效的共同发展政策。但这次讲话在如何建立这个联盟的问题上是模糊的，只是提出了一些雄心壮志的目标，用一些豪言壮语描绘在其领导之下的法国外交，完全是出于迎合选民的需要且带有十分浓重的选举造势意味。时隔八个月之后，2007年10月23日，在摩洛哥第一大海港城市丹吉尔（Tanger），萨科齐以总统身份出访时的讲话中又一次论述了其地中海联盟的构想。这一次萨科齐明确地勾勒出了其构想中地中海联盟的边界，并指出该联盟将不会与欧盟和非盟构成竞争，只是

---

[1] Panagiotis Roumenotis et Jean-Louis Guigou. "Un appel pour une communauté du monde méditerranéen", *Le Monde*, le 6 décembre 2005.
[2] Nicolas Sarkozy. Le discour de Toulon, http://sites.univ-provence.fr/veronis/Discours2007/transcript.php?n=Sarkozy&p=2007-02-07，访问日期2012年4月20日。
[3] 同上。

作为两者之间的纽带。①此外,该联盟不会取代现存的欧盟—地中海之间的倡议和进程,但有责任为其注入一种新的动力。②2007年12月20日,在经过法国、西班牙与意大利的商讨之后,三国以共同发表《罗马呼吁》(*L'Appel de Rome*)的形式正式确定建立一个更名的地中海联盟(L'Union pour la Méditerranée, 简称UpM)。《罗马呼吁》事实上接受了西班牙和意大利的意见,将这个更名的联盟作为现有地中海合作与对话进程的补充,并保证了此联盟的建立将不会影响克罗地亚与土耳其正在与欧盟进行的入盟谈判,也不会影响欧盟与其他包括西巴尔干国家在内的所签订的稳定与联系进程。此后,地中海联盟也不再仅仅是法国一个国家的构想了,而是成为了法国、西班牙和意大利三国的共同倡议。2008年3月13日至14日欧盟理事会在布鲁塞尔召开的会议中商讨了地中海联盟建立的问题,会议最终将这个新组织更名为:"巴塞罗那进程:地中海联盟"。此次会议通过了地中海联盟的成员应该包括所有欧盟成员国以及所有地中海沿岸国家的原则。欧洲理事会还要求欧盟委员会就地中海联盟制作一份报告,并以此作为2008年7月13日巴黎峰会讨论的基础。从萨科齐构想的地中海联盟到"巴塞罗那进程:地中海联盟"的演变使得这个方案重新回到了"欧盟的怀抱"。③至此,地中海联盟从萨科齐构想中的24个成员国扩容到了包含27个欧盟国成员国、10个阿拉伯国家、以色列、5个东地中海国家、亚得里亚海国家的总共43个成员国的庞大组织。2008年7月

---

① Allocution publique de Nicolas Sarkozy le soir du résultat du second tour de l'élection présidentielle, Paris, 6 mai 2007, 转引自Eduard Soler i Lecha, "Madrid: Action indirecte ou baisse de régime", *Outre-Terre*, 2009/3n°23, p.374.

② Nicolas Sarkozy. Le discours de Tanger, http://www.ambafrance-uk.org/Discours-du-President-Sarkozy-sur.html, 访问日期2012年4月22日。

③ Claire Demesmay. "L'Allemagne face à l'Europe de Nicolas Sarkozy", *Politique étrangère*, 2008/2 Été, p.383.

13日,在巴黎峰会上,欧盟27个成员国与部分地中海沿岸国家①以及毛里塔尼亚等43国通过了共同联合声明(Joint Declaration of the Paris Summit for the Mediterranean),启动了旨在深化地中海北岸与南岸国家之间合作的"巴塞罗那进程:地中海联盟"②(Le Processus de Barcelone: L'Union Pour La Méditerranée)。

2. 地中海联盟中法国的利益

欧盟虽然是迄今为止世界上一体化程度最高的地区,同样也是解决区域稳定与平衡发展最成功的组织,但不可否认,其内部依然存在许多利益分歧,其对外政策常常表现为成员国或成员国集团之间权力博弈的结果。③ "欧地伙伴关系"之所以没有达到人们所共同期望的结果,其中重要的一点原因正是欧盟内部成员之间的分歧。这一点同样在地中海联盟建立的过程中体现得淋漓尽致。地中海联盟从萨科齐构想的方案到最终的"巴塞罗那进程:地中海联盟",其演变过程中充满着欧盟成员国之间的博弈与妥协,法国之所以最终放弃最初的构想而接受这种折中方案,是出于避免欧盟中其他国家反对,以致这个联盟最终无法建立的考虑。

---

① 包括摩洛哥、阿尔及利亚、突尼斯、埃及、以色列、约旦、黎巴嫩、叙利亚、巴勒斯坦民族权力机构、阿尔巴尼亚、克罗地亚、波斯尼亚与黑塞哥维那、黑山以及摩纳哥。利比亚由于卡扎菲反对建立此联盟没有加入,只以观察员身份派代表参加了会议。
② 此组织最初定名为"巴塞罗那进程:地中海联盟",而后由2008年11月在马赛召开的地中海外长会议发表的最终声明建议简称为"地中海联盟"。
③ 唐虹、顾怡:"试析欧盟地中海政策的局限性",《欧洲研究》,2011年第5期,第65页。

图1 萨科齐构想中地中海联盟(UM)方案的边界范围①

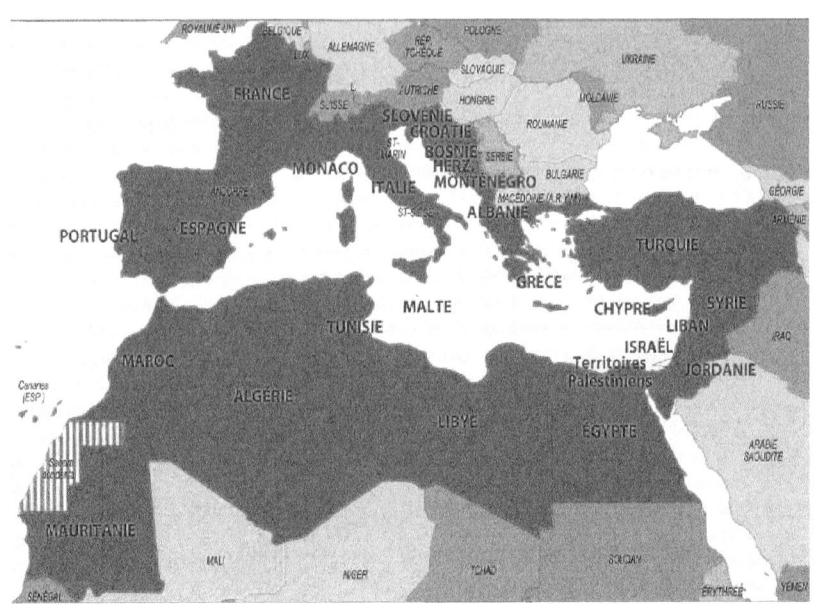

萨科齐的构想自提出以来就一直遭到来自各方的反对与质疑,主要集中在三个问题上:1.萨科齐构想中的地中海联盟不包括德国在内的其他非地中海沿岸的欧盟成员国(除葡萄牙外),见图1;2.萨科齐构想的地中海联盟将以一种独立于欧盟的形式存在,区别于"巴塞罗那进程",仅仅通过伙伴关系宪章联结两者,见图2;3.土耳其在地中海联盟中的参与将成为土耳其加入欧盟的一种替代方案。实际上,萨科齐构想的地中海联盟潜在地反映出法国的国家利益。历史上法国曾在地中海南岸有着一百三十多年的殖民历史,整个北非地区除了埃及、利比亚以及摩洛哥部分地区以外几乎全是法国的殖民地。遭到其他国家反对的以上三点无疑都是法国自身利益与政治诉求的体现。一方面,将欧盟排除在外,法国可以在地中海的合作中处于领导地位,增强法国在地中海地区的存在与

---

① 资料来源:Renaud Muselier et Jean-Claude Guibal. "Comment construire l'Union Méditerranée?", Enregistré à la Présidence de l'Assemblée Nationale le 5 décembre 2007. http://www.assemblee-nationale.fr/13/rap-info/i0449.asp,访问日期2012年5月6日。

影响力，并能提升法国对于欧盟的重要性；另一方面，"以一换一"的形式也可以满足法国长久以来阻止土耳其加入欧盟的愿望。

图2 萨科齐构想中地中海联盟(UM)与欧盟的关系①

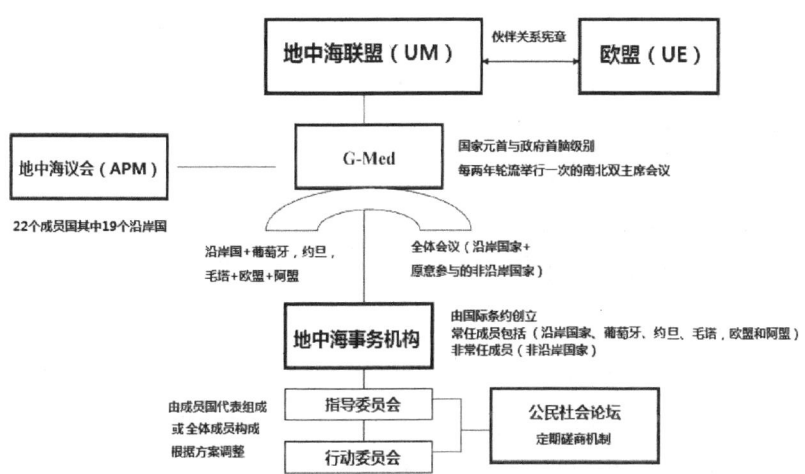

在欧盟内部，对于萨科齐地中海联盟构想方案的质疑与反对主要来自两类成员国阵营：一类是以西班牙为代表的地中海沿岸欧盟成员国；另一类则是以德国为代表的非地中海沿岸欧盟成员国。而讽刺的是，前者是法国地中海政策的"坚定"盟友西班牙，后者则是作为欧盟"发动机"之一的德国。

---

① 资料来源：Renaud Muselier et Jean-Claude Guibal. "Comment construire l'Union Méditerranée?", Enregistré à la Présidence de l'Assemblée Nationale le 5 décembre 2007.作者译制。http://www.assemblee-nationale.fr/13/rap-info/i0449.asp，访问日期2012年5月6日。

二、沿岸欧盟国家对萨科齐方案的挑战

1. 西班牙的迟疑

西班牙与法国一样,在地中海地区有着悠久的殖民历史与人文联系,尤其是在北非的马格里布地区。1904年与1911年的两次《摩洛哥协定》确立了西班牙对摩洛哥的保护国地位,而后于1912年法西两国签订的《马德里条约》使得摩洛哥北部成为了西班牙的殖民地。虽然摩洛哥于1956年独立,其后两年逐渐收回了西班牙控制的地区,但直至今日西班牙依然以英占直布罗陀为由,继续占据着摩洛哥的休达(Ceuta)和梅利利亚(Melilla)两个港口城市,这深刻地反映出西班牙想要在该地区继续存在并发挥重要影响的意图。在发展与地中海国家关系的问题上,西班牙一直都扮演着积极角色。可以说,地中海是西班牙外交政策的优先方针之一,同样也是西班牙欧盟政策的支柱之一。[①]早在1992年,西班牙就在欧盟理事会里斯本会议上推动通过了"欧盟—马格里布伙伴关系"的倡议。1995年启动的"巴塞罗那进程"不仅是在西班牙任欧盟轮值主席国时推动建立的,更是以西班牙加泰罗尼亚的首府"巴塞罗那"命名,该进程对于西班牙的重要性可见一斑。2001年的"9·11"事件曾经一度给欧盟与地中海的合作蒙上了阴影,在举步维艰之时,西班牙又通过2002年4月在瓦伦西亚举行的"欧盟地中海会议",重新启动了这一伙伴关系。也正是在这一年,西班牙推动建立了地中海议会(L'Assemblée parlementaire de Méditerranée),力图实现"欧地伙伴关系"的机制化发展,并建立了欧盟—地中海投资与伙伴关系设施(FEMIP)为该地区合作提供资金支持。2004年何塞·路易斯·萨帕特罗(José Louis Zapatero)政府上台后,更加不遗余力地希望通过利用"巴塞罗那进程"建立十周年纪念这一契机达成一项共同的集体性文件,再次给这个进程注入活力。由此可见,西班牙

---

① Eduard Soler i Lecha. "Madrid: Action indirecte ou baisse de régime", *Outre-Terre*, 2009/3n°23, p.371.

的外交政策已经将其自身定义为了"欧地伙伴关系"的推动力量。[①]但事与愿违,2005年的巴塞罗那峰会并没有达到令人满意的结果,更为出人意料的是,许多南地中海国家的领导人拒绝出席此次会议。

无论是地中海世界共同体还是地中海联盟,这两个概念的提出都是建立在一系列不可争辩的事实的前提之上,即"巴塞罗那进程"并没有取得令人满意的成果。自1995年以来,"巴塞罗那进程"既没有给这一地区带来和平,也没有带来稳定与繁荣。其不仅没能成功缩小地中海两岸的发展差距,没能抵御中东战争的负面影响与国际恐怖主义的蔓延,也没能使南地中海国家摆脱长期的民主赤字。因此,在整个地中海合作发展停滞不前的情况下,就非常有必要建立一种新的合作形式。帕纳吉奥蒂斯·鲁门诺蒂斯在其发表的文章中明确提出,新的世界背景需要一个历史性的方案而不只是简单地归结为延伸"巴塞罗那进程"。[②]但自萨科齐提出地中海联盟的构想开始,西班牙的态度就不像其过去在地中海的行为所表现得那样积极,反而对萨科齐所倡议的方案产生了疑虑和不信任。这主要是基于以下几个原因:(1)萨科齐的方案处于欧盟的框架之外;(2)法国是该联盟的主导者;(3)该方案将作为土耳其入盟的替代方案。

首先,萨科齐最初构想的地中海联盟与欧盟相互独立,只是与欧盟保持一定的联系。这一点不符合西班牙长久以来将跨地中海合作置于欧盟框架下的意愿。一些欧洲学者将西班牙入盟后外交政策的优先项定义为一个三角形:顶角为欧盟,两个底角分别是拉丁美洲与地中海。这种几何形状能够解释,不论拉美政策或地中海政策有多么重要,两者都不能损害西班牙在欧盟维度上的职责。[③]因此,对于西班牙来说,地中海和拉美都应该从属于欧盟这个外交优先项,并提升西班牙在欧盟中的地位。

---

① Esther Barbé and Eduard Soleri Lecha. "What Role for Spain in the Union for the Mediterranean? Europeanising through continuity and Adaptation", *Édudeshelléniques*, 2009 Automne n°2, vol.17, p.87.

② Panagiotis Roumenotis et Jean-Louis Guigou. "Un appel pour une communauté du monde méditerranéen", *Le Monde*, le 6 décembre 2005.

③ Eduard Soler i Lecha. "Madrid: Action indirecte ou baisse de régime", *Outre-Terre*, 2009/3n°23, p.372.

一旦与地中海的合作跳出欧盟框架之外，就难以达到西班牙想要通过与地中海国家的合作提升自身在欧盟地位的目的。除此以外，多边政策独一无二的特性将能为一些问题提供解决方案，而这是传统的双边政策所不能做到的，这一点也是西班牙一直以来将地中海置于欧盟框架下的原因。其次，萨科齐在提出地中海联盟的方案之前并没有与西班牙进行磋商，使得整个其构想的地中海联盟有一种法国主导的意味，这与西班牙过去一直作为地中海地区合作主导者的身份产生了冲突。此外，萨科齐在几次公开讲话中表达了他对于"巴塞罗那进程"所取得成果的失望，并有意用其构想的地中海联盟替代"巴塞罗那进程"。事实上，西班牙不可能接受牺牲"巴塞罗那进程"的结果，不仅因为西班牙不是这个萨科齐地中海联盟的创始者，同时也因为西班牙依然重视其地中海政策的欧盟化。[1]与法国想要积极建立一个新的联盟相比，西班牙的立场则更倾向于将精力集中在加强现存的"巴塞罗那进程"的框架上，以保持其在欧盟地中海政策上的主导地位。为了打消西班牙的疑虑，在丹吉尔讲话中萨科齐明确表示其构想的地中海联盟将不仅仅属于法国，而是属于欧盟所有成员国，也不会代替现有的"巴塞罗那进程"。[2]最后，在将加入地中海联盟作为土耳其入盟的一种替代方案的问题上，西班牙也表示反对。这主要是由于自2004年马德里发生伊斯兰恐怖袭击后，西班牙一直将土耳其政府视为其在反恐问题上的盟友，西班牙政府长期以来都支持土耳其入盟。西班牙政府对于萨科齐方案的反应与西班牙致力于在欧盟框架下推进地中海政策的逻辑相符。

---

[1] Hubert Peres. "La france vue d'espagne avant la présidence de l'union européenne paradoxes et limites d'une entente 'plus cordiale que jamais'", *Revue internationale et stratégique*, 2008/1n°69, p.114.

[2] Nicolas Sarkozy. Le discours de Tanger, http://www.ambafrance-uk.org/Discours-du-President-Sarkozy-sur.html, 访问日期2012年4月22日。

2. 意大利的冷落

如果要从地缘上讨论地中海对于哪个国家最为重要,那答案无疑是意大利。意大利虽然位于地中海中央,但却没有成为东西地中海水域之间的障碍。恰恰相反,它在两者之间提供了一条联系的纽带。①意大利占了欧盟在地中海地区海岸线的将近一半,撒丁岛与西西里都曾经是地中海贸易的战略要地。历史上,意大利由于统一较晚,是一个后起的欧洲殖民主义国家,但由于地缘上毗邻的优势其很快地就投入了殖民非洲的角逐之中。1911至1912年意大利对土耳其发动了意土战争,从奥斯曼帝国手中夺取了利比亚并持续了长达39年的殖民统治。利比亚与意大利隔地中海相望,曾是罗马帝国统治下的一部分,意大利将其称为它的"第四海岸"。一些学者认为,意大利对于利比亚的殖民是对于古罗马伟大光荣的一种重温。②根据这种基于古罗马历史和殖民历史的推断,意大利参与跨地中海的合作不仅仅是利益使然,更是一种文化与历史的驱动。

而事实则刚好相反,近年来意大利的地中海政策更多地成为了一种邻国管理政策而不是一项真正的外交优先战略。③究其原因主要是进入21世纪后意大利政权长期以来主要由亲美的右翼执政联盟把持。2001年"9·11"事件发生后,美国发动的反恐战争使全世界的目光都集中到了中东地区,而地中海所处的近东地区则被置于了一个边缘化的位置。由于意大利右翼执政联盟亲美的政治立场,意大利在这一时期将其外交政策重心从地中海东移至了伊拉克和波斯湾。此外,巴以间和平进程失败所导致的"欧地伙伴关系"令人失望的进展也加速了这种转移。

学者一般将意大利在外交政策上的摇摆不定称为"钟摆外

---

① [英]迈克尔·格兰特:《罗马史》,王乃新、郝际陶译,上海:上海人民出版社,2008年,第7页。
② 郑家馨:《殖民主义史——非洲卷》,北京:北京大学出版社,2000年,第572页。
③ Roberto Aliboni. "'La politique méditerranéenne de l'Italie' De la stratégie à la routine", *Confluences Méditerranée*, 2009/1 n°68, p.173.

交"(pendulum foreign policy)。①而今天意大利的"钟摆外交"主要表现在左派主张的"欧罗巴主义"(Europeanism)和右派奉行的"大西洋主义"(Atlanticism)之间。②意大利左派倾向于深化欧洲一体化并在欧盟的多边主义框架下提升意大利的地位和作用,而右派则更倾向于通过加强意大利与美国的关系来强化跨大西洋的联盟。因此,左翼政党自然把注意力集中在与欧盟更加毗邻的地中海,右翼政党则更加注重追随美国在这一地区的关切。20世纪90年代意大利民主党执政时期,意大利虽然没有像西班牙和法国那样在欧盟有关地中海政策的制定方面发挥主导作用,但其依然选择积极参与其中。卡洛·阿泽利奥·钱皮(Carlo Azeglio Ciampi)执政时期,明确地将地中海作为意大利重要的外交优先项。其后的三届左派政府都延续了这一地中海政策。2008年上半年,处于左翼领导下的意大利将地中海地区与巴尔干地区一起归为意大利应该关注的外交优先战略。③2000年后,意大利长期由西尔维奥·贝卢斯科尼(Silvio Berlusconi)领导的右翼执政联盟主导政权,其所领导的意大利政府明显对地中海缺乏兴趣。2007年当萨科齐地中海联盟的构想受到质疑并开始寻求沿岸欧盟国家支持的时候,意大利恰好迎来了21世纪头十年左派唯一的一次执政。④时任总理的民主党主席罗马诺·普罗迪(Romano Prodi)真诚地欢迎萨科齐和萨帕特罗在罗马就地中海联盟的方案进行三国间的沟通。此时的意大利政府同西班牙政府一样,将萨科齐的倡议视为一种符合意大利利益并且有助于推动跨地中海合作的方案。但在地中海联盟与欧盟的关系上,意大利与西班牙所采取的立场一致,认为应该将这个新的联盟置于欧盟的框架之下。2008年7月巴黎峰会召开之前,意

---

① A. Panebianco, Guerrieri democratic. Le democrazie e la politica di Potenza, Bologna, Il Mulino, 1997. 转引自: Donatella Cugliandro, "Italian 'Mediterraneanness': A New Path in Italy's Foreign Policy?" *Études helléniques*, 2009 Automne n°2, vol.17, p.104.
② Donatella Cugliandro. "Italian 'Mediterraneanness': A New Path in Italy's Foreign Policy?" *Études helléniques*, 2009 Automne n°2, vol.17, p.104.
③ Roberto Aliboni. "'La politique méditerranéenne de l'Italie' De la stratégie à la routine", *Confluences Méditerranée*, 2009/1 n°68, p.179.
④ 这一时期从2006年5月9日至2008年5月8日为止。

大利左翼早早地就告别了短暂的执政期,贝卢斯科尼所在的右翼执政联盟重新夺回执政大权。而奉行"大西洋主义"的贝卢斯科尼一反普罗迪之前对于建立地中海联盟积极的态度与立场,派新任的外交部长弗朗科·弗拉蒂尼(Franco Frattini)代为出席巴黎峰会。①

三、非沿岸欧盟国家对萨科齐方案的挑战

1. 德国的反对

从地缘与历史角度来看,德国并不毗邻地中海,且其在地中海没有像法国那样的殖民利益,但德国在历史上也从不甘于蛰伏欧洲大陆。德皇威廉二世登基后便一改俾斯麦的外交政策,进行世界扩张。德国与法国及西班牙之间对于摩洛哥的争夺,曾经导致了两次"摩洛哥危机"的爆发,这两次危机同样也是导致第一次世界大战的主要原因之一。1989年11月柏林墙的倒塌以及接踵而至的"德国统一",虽然改变了德国的外交视野,地中海成为了后统一时代德国外交政策的一个议题,但地中海这个议题仍处在德国外交的次要地位,德国对外政策的优先项依然停留在中东欧国家以及美、俄等大国。

1990年德国的统一以及前苏联、东欧地区的巨变使得欧共体与东欧国家的关系发生了改变。在这种时代背景下,不仅欧盟出现了向东扩展的可能,而且欧洲可以通过向东欧、前苏国家提供"开放大门"的政策,促使这些国家朝向西欧靠拢,并以西欧的政治、经济制度作为标准进行政治和经济转轨,以符合欧洲向东推进"民主化进程"的需要。由于德国是中东欧国家近在咫尺的邻国,因此德国有着比任何一个西欧国家都更强烈的动机去推动欧盟等西方组织向东扩展。中东欧国家转型的成功与

---

① Roberto Aliboni. "'La politique méditerranéenne de l'Italie' De la stratégie à la routine", *Confluences Méditerranée*, 2009/1 n°68, p.181.

否直接影响到德国的国家利益。①在1995年的巴塞罗那会议上,德国总理科尔(Helmut Kohl)与西班牙首相冈萨雷斯(Felipe González Márquez)就"欧地伙伴关系"进行了激烈的交涉。最终德国接受了"欧地伙伴关系"的倡议,作为交换,西班牙必须对德国发起的旨在启动欧盟接纳中东欧剧变国家入盟进程的计划予以支持。②2007年欧盟吸纳了罗马尼亚和保加利亚作为成员,至此成员国扩大至27国。此时欧盟感到了过快东扩所带来的压力,并开始放缓东扩的步伐。但德国并没有调整其外交政策的导向,2007年6月德国任欧盟轮值主席国时,在欧洲理事会中推动批准了与中亚国家的"欧盟与中亚:新伙伴关系战略"(The EU and Central Asia: Strategy for a New Partnership)。德国引导欧盟对外政策朝向东部邻国发展的利益可以被视为德国在东扩政策上利益的一种延续。③这清楚地表明,即便欧盟扩大到俄罗斯的边界,德国依然希望欧盟对外政策的重心在东部而不是南部。

萨科齐构想的地中海联盟被许多德国媒体理解为"法国重新找回自德国统一与欧盟东扩以来所失去的欧洲主导地位的一种方法。"④德国人的这种想法并不是空穴来风,1989年12月欧共体委员会在斯特拉斯堡讨论同中东欧国家缔结某种联系国协定的可能性时,法国由于担心欧共体实力重心东移,因此反对这种有可能使其边缘化的东扩政策。⑤因此,在法国提出建立地中海联盟的想法后,德国理所当然会产生这样的想法。

---

① 熊炜:《统一后的德国外交政策(1990–2004)》,北京:世界知识出版社,2008年,第111页。
② Tobias Schumacher. "Explaining Foreign Policy: Germany, Poland and the United Kingdom in Times of French-inspired Euro-Mediterranean Initiatives", *Édudeshelléniques*, 2009 Automne n°2.vol 17, p.214.
③ Reuben Wong & Christopher Hill. *National and European Foreign Policies Towards Europeanization*, London: Routledge, 2011, p.48.
④ Jacques-Pierre Gougeon. "Un couple franco-allemand en quête de projets communs", *Revue internationale et stratégique*, 2010/1 n°77, p.185.
⑤ Wichard Woyke. *Deutsch-französische Beziehungen seit der Wiedervereinigung, Das Tandem fasst wieder Tritt*, Wiesbaden 2004, p.84. 转引自:熊炜:《统一后的德国外交政策(1990–2004)》,北京:世界知识出版社,2008年,第118页。

2007年12月6日德国总理安格拉·默克尔（Angel Merkel）在巴黎与萨科齐进行了非正式会晤。在谈及建立地中海联盟的问题时，默克尔直截了当地向萨科齐表示："我们虽然不与地中海相邻，但并不就此意味着我们对于地中海这个对于欧洲至关重要的地区不感兴趣，在德法的边界上不应该呈现向东或者向南的倾向。"①默克尔同样表达了对于欧盟在这个地区政策一致性的担忧，并希望地中海联盟完全纳入到现有欧盟地中海合作的框架中去，以便弥补其不足并加强有效性。②此外，德国与其他欧盟大国一样长期以来一直积极参与中东和平进程的协调工作，将中东地区以及解决中东地区冲突视为提升德国国际地位的一个平台。因此，对于一个不包括德国但却又包括了整个马格里布地区和马什雷克地区的地中海联盟，德国总理默克尔毫无疑问地会表示反对。实质上德国并不是完全反对建立地中海联盟，只是不想被排除在外。

2008年3月3日默克尔与萨科齐在汉诺威（Hannover）进行双边会晤时，最终说服了法国总统将地中海联盟置于现有的"巴塞罗那进程"框架下，并扩大到所有27个欧盟成员国，德法终于在地中海联盟的边界问题上达成一致。③这样将欧委会置于地中海联盟的中心位置，并将地中海联盟作为"巴塞罗那进程"的一种延续，德国取得了监督这个组织融资的权利。④德国之所以想要将地中海联盟置于欧盟的管理之下，除了出于对资金监管方面的考虑以外，更多地还是担忧欧盟在地中海的发展最终会影

---

① Point de presse conjoint du président de la République et d'Angela Merkel, chancelière de la République fédérale d'Allemagne, Palais de l'Elysée, le 6 décembre 2007, p.2, www.elysee.fr/documents/index.php?cat_id=3. 转引自：Jacques-Pierre Gougeon, "France-Allemagne: Vers une nouvelle rivalité?", *Revue internationale et stratégique*, 2009/2 n°74, p.84.

② Claire Demesmay. "L'Allemagne face à l'Europe de Nicolas Sarkozy", *Politique étrangère*, 2008/2 Eté, p.382.

③ Justin Vaïsse. "Nicolas Sarkozy at the Helm: What to Expect from the French Presidency of the European Union, July-December 2008", http://www.brookings.edu/research/papers/2008/06/sarkozy-vaisse#_ftn7, 访问日期2012年6月5日。

④ Jacques-Pierre Gougeon. "Un couple franco-allemand en quête de projets communs?", *Revue internationale et stratégique*, 2010/1 n°77, p.185.

响到德国在中东欧地区的利益。

欧洲在经济上乃至政治上的"统一",并不与法国的利益相抵触,只是更加符合德国的利益。因此,德、法、波之间能够很容易地形成一个推动欧盟东扩的"魏玛三角"(Weimarer Triangle)。而"地中海联盟"的建立在德国眼中则有威胁其在东欧利益的潜在可能,这就导致在地中海的政策上很难产生一个同样的三角。

2. 波兰的疑虑

从地缘与历史的角度来看,波兰与德国一样并不与地中海毗邻,且在地中海地区不存在像法国一样的殖民历史。因此,当萨科齐提出构想的地中海联盟方案的时候,波兰的一些观察家立即就表示出了疑虑,担心法国想要将欧盟转向南部并会导致一些中东欧国家在扩大后的联盟中被边缘化。①在德国的鼓励之下,新上任的波兰总理唐纳德·图斯克(Donald Tusk)在2007年11月23日发表声明称:"波兰应该通过发展同俄罗斯与乌克兰的关系参与到欧盟东部维度(Eastern Dimension)战略的设计中去"②,希望以此来平衡法国建立地中海联盟对于东欧造成的负面影响。波兰同样也认为地中海联盟的实现将对欧盟内部权力分配产生巨大影响,并威胁到波兰在欧盟东部邻国上的利益。这将意味着欧盟的共同资金将不断地从东欧地区转移出去,并导致东欧地区失去其在欧盟共同外交政策议程上的战略重要性。③

1989年以来,波兰除了完成经济、政治转轨并为融入西方、加入欧盟做准备外,波兰的外交重点一直是其周边的邻国,包括德国、乌克兰、波罗的海国家、白俄罗斯以及那些同时加入欧盟的东欧国家。随着波兰对外政策的多元化,波兰也同叙利亚、阿尔及利亚以及利比亚建立了双边

---

① Bruno Drweski. "Polonais Marginalisés?", *Outre-Terre*, 2009/3 n°23, p.383.
② Tobias Schumacher. "Explaining Foreign Policy: Germany, Poland and the United Kingdom in Times of French-inspired Euro-Mediterranean Initiatives", *Édudeshelléniques*, 2009 Automne n°2, vol. 17, p.218.
③ 同上, p.232.

关系。但由于欧盟东扩改变了欧盟的边界,波兰东部非民主邻国成为了影响其在欧盟中地位的变量。因此,波兰对于其东部邻国的关注随着东扩进程不断上升。2009年5月7日,由波兰与瑞典共同倡议的"东部伙伴关系"(Eastern Partnership)峰会在捷克的首都布拉格举行,并在会后发表了共同宣言。① 该伙伴关系成员包括欧盟以及亚美尼亚、阿塞拜疆、白俄罗斯、格鲁吉亚、摩尔多瓦和乌克兰。波兰拉拢瑞典来极力推动东部伙伴关系的目的正是要将其自身的外交议程提升至欧盟层面②,在欧盟内部平衡对外政策的导向,试图使"东部伙伴关系"与"欧地伙伴关系"以及"北部维度"(Northern Dimension)③构成"三足鼎立"的态势。这种意图的逻辑在于:东部的邻居对于欧盟越重要,波兰在欧盟中相对的影响力就越高。

从波兰的国内政治来看,存在着两种政治思维阵营的对立:一种是在冷战后产生且区别于老牌资本主义国家的"新大西洋主义"(Neo-Atlanticism);另一种则是倾向于融入欧洲、深化欧盟的"欧罗巴主义"。前者建立在一种对于俄罗斯不信任的民族主义政治倾向上,这种政治倾向要求波兰对外政策以美国为重心;而后者则更倾向于强调波兰作为欧盟和前苏联地区国家之间纽带的作用,并要求波兰与大西洋彼岸超级大国关系的松绑。④ 但无论是哪种思维占据波兰政治的主导地位,地中海无疑不是波兰外交政策的优先选项。俄罗斯提议建立的欧亚联盟使得中亚国家的重要性更为凸显,未来欧盟进一步朝向东欧国家扩大后,中亚地区将会变成另一个与欧盟相连的伊斯兰教地区。俄罗斯在这一地区影响

---

① Joint Declaration of the Prague Eastern Partnership Summit Prague, 7 May 2009, http://ec.europa.eu/europeaid/where/neighbourhood/eastern_partnership/documents/prague_summit_declaration_en.pdf.
② Reuben Wong & Christopher Hill. *National and European Foreign Policies Towards Europeanization*. London: Routledge, 2011, p.174.
③ 北部维度(Northern Dimension)是由芬兰在1999年提议建立的,其目标旨在加强欧盟同挪威、冰岛和俄罗斯之间的对话与合作。具体参见: http://eeas.europa.eu/north_dim/index_en.htm.
④ Bruno Drweski. "Polonais Marginalisés?", *Outre-Terre*, 2009/3 n°23, p.384.

力的扩展必然会影响欧盟在此处的利益。可以推断,在不远的将来,中亚国家将会逐渐成为波兰这个注重欧亚大市场的欧盟成员的又一外交优先项。

3. 英国的沉默

英国与德国、波兰虽然同样不与地中海毗邻,但英国却在地中海地区有着悠久的殖民历史。地中海是连接大西洋与印度洋的通道,是英国前往其印度殖民地最为捷径的海上航路。从英国长期以来对于直布罗陀海峡以及苏伊士运河的控制就能够看出,地中海对于英国殖民主义时期的战略利益十分重要。

冷战以来,英国更为注重与地中海国家传统的双边关系,像德国和波兰一样,时至今日英国的政治家们都不把"欧地伙伴关系"看作外交的优先议题。①英国在"欧地伙伴关系"的建设和发展过程中并没有特别积极的表现,最为瞩目的一次要数2005年对于"欧地伙伴关系"十周年纪念峰会的推动。2005年7月英国伦敦发生了一系列恐怖袭击事件,下半年由英国担任欧盟轮值主席国,出于反恐形势的需求以及西班牙的积极倡议,英国同西班牙的两位首相于当年11月28日共同主持召开了纪念"欧地伙伴关系"建立十周年的巴塞罗那峰会,并在会议最后将反恐合作写入了"欧地伙伴关系"五年计划之中。英国对于此次会议的积极态度可以说完全是出于反恐的考虑。

英国对于地中海的这种态度并不令人意外,自丘吉尔提出"三环外交"以来,"英美关系"一直就处在英国外交的特殊位置。英国在地中海地区的外交立场非常明确:欧盟的外交倡议必须支持美国在中东的政策,而不是去创造其他的替代方案。②在这点上英国同波兰有相似之处,

---

① Tobias Schumacher. "Explaining Foreign Policy: Germany, Poland and the United Kingdom in Times of French-inspired Euro-Mediterranean Initiatives", *Édudeshelléniques*, 2009 Automne n°2, vol. 17, p.228.

② Rosen Kukushev. "The Barcelona Process as seen through British Eyes between 1995 and 2005", *L'Europe en Formation*, 2010/2 n°356, p.77.

不同的是英国对于大西洋的倾向扎根在它殖民主义的历史以及与美国的"特殊关系"之中,相比波兰的"大西洋主义"显得更为"传统"。2003年布莱尔与法国总统希拉克以及德国总理施罗德在伊拉克战争上的分歧,就清楚地展现了这一事实。

二战后英国出于经济发展的考虑,于1973年选择加入欧共体,但在此后推动欧洲一体化的步伐上,英国远远不如其他欧盟成员国那么积极,并曾经两度拒绝加入欧元区。根据英国学者克利斯朵夫·库克(Christopher Coker)的观点来看:"英国将会依旧处于其西北的地缘孤立上,安全地远离欧洲东部经济的崩溃以及南部伊斯兰原教旨主义的直接威胁。在心理层面上,英国倾向继续坚持不同于欧洲大陆的历史……"[1]英国对于欧元区乃至一体化深化方面的这种保留态度很大程度上源于盛行于英国政治精英阶层中的一种"欧洲怀疑主义"思潮。这种欧洲怀疑主义在历史上有着深刻的根源,可以说是一种"光荣孤立"(Splendid Isolation)的发展或延续。在萨科齐公开宣称要建立地中海联盟之后,英国首相及外交大臣并没有公开批评地中海联盟,而是选择了加入默克尔与图斯克的阵营,以一种更为灵巧、缓和的方式来表达反对建立一个排除欧盟非沿岸成员国但又使用欧盟资金的地中海联盟方案。此外,由于美国在支持土耳其入盟问题上的态度十分坚定,因此英国长久以来也一直是土耳其入盟忠实且可靠的支持者。在法国意图用地中海联盟换取土耳其入盟资格的问题上,英国也表示了反对。

四、结　语

从上述分析来看,以德国和波兰等国为代表的非地中海沿岸欧盟成

---

[1] Christopher Coker. "Britain and the New World Order: The Special Relationship in the 1990s", *International Affairs*, vol.68, No.3, 1992, p.417. 转引自:Rosen Kukushev, "The Barcelona Process as seen through British Eyes between 1995 and 2005", *L'Europe en Formation*, 2010/2 n°356, p.75.

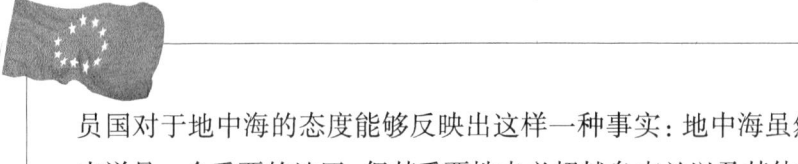

员国对于地中海的态度能够反映出这样一种事实：地中海虽然对于欧盟来说是一个重要的地区，但其重要性未必超越乌克兰以及其他东欧国家，甚至中亚地区。在德波等国的意识中，欧盟面向地中海的发展可能会对未来欧盟面向东欧及中亚的发展产生负面影响。欧盟另一部分成员国，比如北欧国家，对于地中海重要性的认识也同沿岸国家相去甚远。丹麦曾经将地中海的稳定作为国家利益写入了其国家安全白皮书；芬兰在其加入欧盟的时候，也评估自己是一个"地中海沿岸国家"。①但丹麦学者拉尔森(Henrik Larsen)形容丹麦对于北非的政策与欧盟的相比就好像是"一条自行车跑道与六车道的高速公路的差别"。②这形象地反映出地中海并非处于丹麦外交的优先位置上。同样，芬兰在1999年与2006年任欧盟轮值主席国时，曾经积极组织欧盟地中海相关会议，但其意图在于通过显示其对于地中海地区的兴趣来交换欧盟其他国家对于欧洲北部地区的兴趣。③此外，波罗的海三国自独立以来就有一种更愿意与其西方邻居在政治上、军事上和经济上加强紧密联系的倾向，这些西方邻居包括波兰和斯堪的纳维亚半岛国家。④丹麦、芬兰与波罗的海三国对于"欧地伙伴关系"的参与，其形式远大于意义。因此，在欧盟非地中海沿岸成员国(不包括葡萄牙)的思想中，欧盟的注意力与资源都不应该过分倾向地中海。即便"欧洲睦邻政策"在兼顾各方利益的考虑下，建立东部和南部两个维度，也依然难以避免在深化欧盟对外政策的时候成员国之间会出现"方向性"分歧。这一点同样表现在2009年波兰推动的"东部伙伴关系"布拉格峰会上，"南下派"国家首脑几乎集体缺席了这次会议。此外，西班牙由于寄希望通过引导欧盟外交政策的重心向南偏移以提高自身在欧盟中

---

① Bichara Khader. "De l'Union Méditerranéen de Nicolas Sarkozy au Processus de Barcelone: L'Union pour la Méditeranée", *L'Union pour la Méditerranée: Pourquoi? Comment?* 2008, p.53.
② Reuben Wong & Christopher Hill. *National and European Foreign Policies Towards Europeanization*. London: Routledge, 2011, p.102.
③ 同上，p.153.
④ [美]凯文·奥康纳：《波罗的海三国史》，王加丰等译，北京：中国大百科全书出版社，2009年，第212页。

的重要性,因此选择不接受法国将地中海联盟脱离于欧盟框架之外的提议;意大利由于国内政治在地中海重要性的认识问题上分为两派,因此其参与"欧地伙伴关系"的积极性明显受到国内政治局势的导向;英国由于自身利益的考虑更愿意追随美国而非欧盟在地中海的政策。这种欧盟内部分歧严重制约了"欧地伙伴关系"的良性发展。欧盟各成员国由于缺乏对于欧盟与地中海共同命运的清楚认识,大部分成员国在此问题上采取国家战略[1],致使难以在短期内建立一个一体化的地中海共同区域。

从认同建构的内在进程来看,德国、波兰等一些国家在地中海的利益更多地架空在欧盟层面,并不像法国与西班牙是从国家利益层面上升至欧盟层面。当然随着全球化进程的加速,德国、波兰等非地中海沿岸欧盟成员国与南地中海国家之间的相互依存同样存在。但这种依存程度无疑不及法国与西班牙等地中海沿岸国家间的相互依存程度。德国、波兰显然同欧洲东部的乌克兰、摩尔多瓦等国有着更高程度的相互依存,这也正是其推动"东部伙伴关系"的原因之一。从某种程度上来讲,德国、波兰并不是地中海的利益攸关者(stakeholder),而是一种利益分享者(shareholder)。根据亚历山大·温特的观点,利益是以身份认同为先决条件的,因为行为体在知道自己是谁之前是不可能知道自己需要什么的。[2]此外,温特还认为有些身份对于自我概念来说是根本的,另外一些则是表层的。当身份认同冲突出现的时候,前者的需求往往战胜后者。[3]德国、波兰之所以更加认为东欧、中亚是其利益所在,是因为德国与波兰事实上已经在潜意识中建立起了一种"东欧中亚认同",这一认同界定了德国与波兰在东欧中亚的利益,且使得德国、波兰的"地中海认同"成为了一种表层的认同。而这种"东欧中亚认同"与"地中海认同"处于同一

---

[1] Jean-Robert Henry. Europe's Mediterranean Policy under the Hardship of Identity-Oriented and Nationalist Trends, *Mediterranean Yearbook 2010*. Barcelona: IEMed, 2010, p.160.

[2] [美]亚历山大·温特:《国际政治的社会理论》,秦亚青译,上海:上海人民出版社,2000年,第290页。

[3] 同上,第289页。

层次,都属于"次区域认同",相互之间存在一定的解构作用。因此,越多类似于德国这样的国家加入跨地中海合作的决策中或者参与"地中海认同"的建构,无疑会导致合作的迟缓与认同的稀释,甚至是解构。跨地中海合作历时将近二十年,但"地中海认同"似乎远没有在伙伴国之间形成。笔者认为其中的原因便是许多非沿岸国家参与了这种"地中海认同"建构的过程,诸如德国、波兰对于地中海的那种"表层"认同将整个"地中海认同"进行了稀释。

从认同建构的外在进程来看,德国等国家参与"地中海认同"的建构,造成了认同形成过程中缺乏"他者"来界定"我们"的边界范围。德国与波兰应该将精力放在主导与东欧甚至中亚国家的次区域合作上,建构另一种次区域的认同。同样北欧国家与波罗的海国家也可以将精力放在与俄罗斯的合作上。但这并不会就此分化欧盟,也不会破坏共同外交与安全政策的一致性,因为"欧洲认同"并没有被解构,只是在不同次区域认同的导向下,各成员国集团对欧盟的睦邻政策进行"分工合作"而已。不仅如此,德国与东欧中亚国家间建构的"东欧中亚认同"与法国及地中海沿岸国家建构的"地中海认同"之间会形成一种互为"他者"的关系,这样既有利于这两种次区域认同的外在建构进程,也有利于欧盟同时促进东部与南部两个次区域的合作。

温特认为,如果核心地带的成员可以形成集体身份,那么就可能产生示范作用,使边缘地带模仿核心地带。①因此,德国并不是完全不能参与跨地中海合作或者参与"地中海认同"的建构,但其首要条件是:跨地中海合作必须有"核心地带"与"边缘地带"的区分,在成员资格上必须区分有决策权的"完全成员资格"与不具备决策权的"观察员资格"。如德国、波兰等非沿岸的欧盟成员国在跨地中海合作的机制中,并不需要获得一种完全的参与资格,而仅仅只由沿岸国家取得这种能够主导政策走向的资格。建立这样的机制可以达到提升有效性的目的,避免一些

---

① [美]亚历山大·温特:《国际政治的社会理论》,秦亚青译,上海:上海人民出版社,2000年,第435页。

出于考虑平衡欧盟对外政策的因素掺杂进来。从欧盟自身发展的经验来看，其本身也遵循这种规律：首先在德法之间形成一种"欧洲认同"，通过纵向地不断深化建立欧共体，再通过横向扩大的方式使东欧等边缘地带模仿核心地带逐渐加入欧盟。这也就是为什么哈贝马斯将德法称为"核心欧洲"的原因。在地中海地区，由于原有的西地中海"5+5对话机制"从未被正式化，因此跨地中海合作长期以来没有形成核心与边缘地带的区分，这种情况也正是"地中海认同"难以在合作过程中形成的原因。

第二章 葡萄牙对非洲关系

第一节
《托德西利亚斯条约》与葡萄牙在非洲的势力

张维琪[*]

葡萄牙共和国位于欧洲大陆西南边陲，西、南两面濒临大西洋，东、北两侧则是西班牙。除了欧洲本土以外，葡萄牙还有位于大西洋上的亚速尔群岛和马德拉群岛两个自治区，总面积约为9.2万平方公里。根据2011年的人口统计，葡萄牙总人口数略多于1000万。现在，葡萄牙共和国是欧洲联盟的成员国之一。根据世界货币基金组织测算，葡萄牙2012年国内生产总值约2506亿美元左右，居世界第52位。

尽管从疆土、人口角度来衡量，葡萄牙不能算是一个大国，但在西方近代历史上，葡萄牙却有着举足轻重的地位，因为正是它开创了一个航海的时代，使得欧洲人重新认识了身处的世界。在这项历史上最早的全球化活动中，葡萄牙自身也获得了

---

[*] 上海外国语大学西方语系葡萄牙语专业教师。

巨大的利益：其海外领土一度遍布亚洲、非洲、大洋洲和南美洲，成为第一个真正意义上的全球帝国。17世纪后，由于其自身的国内原因以及来自于新兴资本主义国家的竞争，称霸海上的葡萄牙帝国逐渐走向衰落，但仍旧保留了在海外的大片领土。1910年，葡萄牙摆脱帝制，成立共和国。第二次世界大战期间，葡萄牙保持中立，并在战后继续保持其在非洲和亚洲的殖民地。1974年，葡萄牙民主化运动结束了国内的独裁统治，同时结束了殖民地战争。尔后，这些殖民地陆续独立。

纵观现如今的世界，我们不禁疑问重重，为什么大部分的葡萄牙语国家都集中在非洲，而大多数的西班牙语国家则集中在美洲？究竟是什么原因造成了这样的分布情况？我们就这一系列的问题追根溯源，从葡萄牙的地理大发现之初谈起。

一、"封闭海区"理论与葡西竞争

早在1143年，葡萄牙就已是一个独立的王国，是欧洲最早确立边界的国家之一。而自1415年攻占北非城市休达①之后，葡萄牙开始了其历史上最为著名的"地理大发现"，成为航海时代的先驱。之后的几十年内，葡萄牙船只不断在非洲大陆以西航行，开发通往印度的航海路线，同时绕过穆斯林势力集中的北非，在西非陆续建立贸易据点，获取非洲重要资源，以补充其国内所需。从长远来看，在重商主义的影响下，葡萄牙致力于开发从欧洲到亚洲印度的海路航线，从事香料、丝绸等奢侈品贸易，获取巨额利润。此外，虔诚的葡萄牙人还热衷于对外传播天主教信仰，这使得宗教因素也成为葡萄牙地理大发现的一个主要的动因。继迪亚士抵达非洲大陆最南端的好望角之后，由达·伽马率领的葡萄牙船队终于在15

---

① 休达（Ceuta），位于直布罗陀海峡的北非商业、军事重镇，现为西班牙海外自治市。1415年被葡萄牙人从穆斯林手中攻占。1668年，葡萄牙与西班牙签订《里斯本条约》，将休达割让给西班牙。

世纪末抵达富饶的印度。随之而来的航行中,葡萄牙的船队相继抵达南美洲、远东和大洋洲。在不断扩大其世界影响的同时,葡萄牙为自己,也为世界留下了令人羡慕的历史文化遗产。

15世纪,葡萄牙在不断进行海外开发的同时,也面临着欧洲其他国家的竞争。因此,如何保证航行所带来的利益不被他国侵犯,对于葡萄牙统治者来说是一个尤为重要的问题。葡萄牙国内,船队可以凭借支付所获利润的一部分,获得葡萄牙航海事务倡导者——唐·恩里克王子——的批准,进行博哈多尔角①以南的航行,不断开发大西洋航行路线。除此之外,陆续登基的葡萄牙君主们也不断通过寻求梵蒂冈保护、展开积极的外交手段等方法来保护自身的利益,获得大西洋马德拉群岛以南航行和贸易的垄断与专属权。为此,葡萄牙统治者抛出封闭海区理论:根据这一理论,葡萄牙对已发现和有待发现的海域和土地拥有着航海权、贸易权和所有权。他们摆出传教、对摩尔人作战以及新土地所有者身份三个理由作为依据,向欧洲诸国证明这种垄断有理可循。15世纪初中期,梵蒂冈大量的教皇诏书在欧洲各国间公开支持葡萄牙的封闭海区理论。

另一方面,与葡萄牙同处于伊比利亚半岛的西班牙地区,直至15世纪中期还未实现统一,多个小王国并存,其中以卡斯蒂利亚、亚拉贡王国较为强盛。此外,宗教势力斗争仍在继续,穆斯林势力还在其南部占据着一席之地,与天主教势力进行着艰难的抗争。1469年,卡斯蒂利亚国王的妹妹、王位继承人伊莎贝尔公主与亚拉贡的王位继承人斐迪南王子订婚。由于伊莎贝尔违背了卡斯蒂利亚国王的意愿,该国王位继承权归于国王的女儿,也就是嫁给了葡萄牙国王唐·阿方索五世的胡安娜公主。

15世纪70年代,卡斯蒂利亚国王去世后,伊莎贝尔和胡安娜双双宣布拥有卡斯蒂利亚的继承权。葡萄牙的阿方索五世则介入到卡斯蒂利亚王位继承之争当中,再加上紧随其后的争斗,使卡斯蒂利亚人一直以来反对、否定葡萄牙的封闭海区理论达到了高潮:他们在国际上与葡萄牙进行争执,反对葡萄牙的主张;此外,卡斯蒂利亚贵族和安塔卢西亚贵族还

---

① 博哈多尔角(Cabo Bojador),位于北非撒哈拉西部的海角。

多次组织针对加那利群岛的突袭和远征。这些举措把大西洋作为葡萄牙专属的问题置于讨论之中。1474年,葡萄牙和卡斯蒂利亚的军队分别在伊比利亚半岛、非洲沿海以及加那利群岛开战。最终,唐·阿方索五世对卡斯蒂利亚王位的企图受到挫败,军事上的失败也削弱了葡萄牙的力量。另一方面,随着战争的不断进行,卡斯蒂利亚人找到了巨大的利益所在,并逐步把实施与葡萄牙竞争的海外扩张政策作为西班牙实现统一后的一面旗帜。

二、两份条约与葡西全球势力划分

唐·阿方索五世的儿子,也就是后来的葡萄牙国王唐·若昂二世,在此之后仍旧坚定地与来自于卡斯蒂利亚的竞争进行各种斗争。只不过面对葡萄牙军事力量的削弱以及王国的经济危机,又要保持葡萄牙海外扩张事务的活跃进行,唐·若昂二世不得不采取外交磋商的方式。多次外交协商之后,葡萄牙和卡斯蒂利亚之间于1479年在葡萄牙的阿尔卡索瓦斯①签订条约,缔约一方为葡萄牙的唐·阿方索五世及其子唐·若昂;另一方则是卡斯蒂利亚的伊莎贝拉一世和亚拉贡的斐迪南二世,即后来的"天主教双王"。两人的婚姻促成了两个王国的联合,并以西班牙来命名。

《阿尔卡索瓦斯条约》正式签署之前,双方先派遣大使会晤,草拟条约文本,并送呈各方君主过目。这实际上是一份先期的准备性文件,其内容主要是结束两国间的战争和卡斯蒂利亚王位继承危机,并且确定两个王室间联姻。1479年9月,正式条约签订,葡萄牙和卡斯蒂利亚之间得以实现永久和平。两国君主分别于次年批准该条约生效。相较于先前的草拟文本,条约中加入了一些新的条款,如城市、要塞和监狱的交换、相互谅解、国土归还、合作对抗海盗、放弃赔偿等。但该条约中最重要的章

---

① 阿尔卡索瓦斯(Alcáçovas),位于葡萄牙南部的阿连特茹省内。

节是致力于海外扩张的内容，涉及伊比利亚半岛的扩张问题。根据《阿尔卡索瓦斯条约》，葡萄牙放弃对加那利群岛的任何企图，并把攻占格拉纳达穆斯林王国的重任交给卡斯蒂利亚，对于虔诚的天主教徒来说，没有什么事务比将穆斯林从伊比利亚半岛最后的阵地驱除出去更荣耀的了；另一方面，除了马德拉群岛和亚速尔群岛以外，伊莎贝拉一世和斐迪南二世则承认加那利群岛以南所有土地上，葡萄牙永久拥有航行和贸易专属权。

1481年，教皇西斯都四世[①]颁布诏书，明确将加那利群岛以南非洲所发现的和有待于发现的土地授予葡萄牙，使葡萄牙航海成果带来的利益归属在欧洲范围实现合法化。

《托德西利亚斯条约》于1494年在马德里附近的托德里西亚斯签署，缔约一方是葡萄牙国王唐·若昂二世，另一方则是"天主教双王"，即卡斯蒂利亚的伊莎贝拉一世和亚拉贡的斐迪南二世。该条约将世界分成两个势力区域，一侧属于葡萄牙，另一侧则属于西班牙。《托德西利亚斯条约》的签署是葡萄牙和卡斯蒂利亚之间就已发现土地的归属问题长期磋商后形成的一个最为重要的文件，是决定葡萄牙势力在非洲扎根的一个决定性文件。

1479年缔结的《阿尔卡索瓦斯条约》，解决了加那利群岛归属、其余大西洋岛屿归属和非洲沿海贸易权的问题。条约的相关规定，实际上可以形象地理解为一条纬度线，将葡萄牙的势力范围划定在加那利群岛以南的所有地区。但是，自1492年哥伦布航船到达了美洲之后，对于美洲归属问题产生了新的争端。葡萄牙国王唐·若昂二世认为，根据《阿尔卡索瓦斯条约》，新发现的土地应该归属于葡萄牙；而出资支持此次远征的天主教双王则向教皇亚历山大六世[②]提出领土所属要求，继而开始各种外交磋商。1493年，亚历山大六世通过诏书形式对世界进行了分割，

[①] 西斯都四世（Sisto IV, 1414–1484），第212任教皇，1471至1484年在位。
[②] 亚历山大六世（Alexandre VI, 1431–1503），第214任教皇，1492至1503年在位。

以佛得角群岛以西100里格①为基点的子午线进行划分，西侧的土地归西班牙，东侧的土地归葡萄牙。但是，葡萄牙的唐·若昂二世拒不接受这样的分割。现在的世界地理知识让我们清楚地看到，佛得角以西100里格的分割经线完全将葡萄牙排除在南美洲之外。所以不少史学家都以此断言，《托德西利亚斯条约》签订之前，唐·若昂二世肯定早就知道了巴西的存在②。

葡萄牙君主建议与天主教双王进行会晤，就分割问题进行详细磋商。在托德西利亚斯举行的会议中，天主教双王最终接受将教皇亚历山大六世所划的子午分割线进一步向西侧挪动，移至佛得角群岛以西370里格之处。分割线西侧已知或有待于发现的土地归西班牙，东侧已知或有待于发现的土地归葡萄牙所有。该条约于1494年签订，并于1506年由教皇儒略二世③批准生效。至此，通过外交磋商形式，在梵蒂冈的见证下，葡萄牙和西班牙完成了全球势力的划分范围。葡萄牙不仅得以长久地保留其在非洲的势力影响，也获得了在南美洲占据土地的权力。

这样，先后的两份条约以协议方式明确开发权和土地所有权，确定了葡萄牙的封闭海区。葡萄牙早在《阿尔卡索瓦斯条约》签署之前就已经有了甚为明确的短期目标和长期目标：短期来说，葡萄牙对非洲所产出的利润已有统计，并可以预期未来；长期来说，则是通过海路前往富饶的印度。

而在仔细审视这两份条约时，我们可以清楚地看到，从《阿尔卡索瓦斯条约》到《托德西利亚斯条约》，卡斯蒂利亚的扩张节奏以及政治意图方面存在着明显的不同。另一方面，此时的卡斯蒂利亚处在即将完成统一事业的边缘，其对于大西洋上占据新领地的动机大部分源于卡斯蒂利亚人的民族自豪感；除此之外，卡斯蒂利亚人对大西洋的航行和地理认识还没有达到与葡萄牙人相当的程度。因此，在《阿尔卡索瓦斯条

---

① 里格（légua），航海时常用的长度单位，1里格相当于5公里。
② Adriano Moreira. *Tratado de Tordesilhas de 7 de Junho de 1494*. Lisboa: Instituto da Defesa Nacinal, 1994, p.11.
③ 儒略二世（Júlio II, 1443–1513），第216任教皇，1503至1513年在位。

约》签订之际,卡斯蒂利亚海外扩张政策还有待明确,使得葡萄牙获得了几乎所有想要得到的条件。而到了《托德西利亚斯条约》签订之时,形势骤然发生变化,统一的西班牙的出现、哥伦布发现新大陆等等这一系列的情况使得原先不确定的扩张政策变得清晰而明确,也让葡萄牙方面难以再现《阿尔卡索瓦斯条约》中的成功。15世纪末以后,葡萄牙和西班牙共同称霸世界的格局就此出现。

三、葡萄牙势力在非洲

上述两份条约确定并巩固了葡萄牙在非洲的贸易权和领土所有权。显然,就葡萄牙本身的国力和人力资源,很难一蹴而就地开发全球范围内大于她本土几倍甚至是几十倍的海外领土。葡萄牙必然在投入的先后顺序、侧重点和次重点以及方式方法上有着不同的选择。那么葡萄牙最初究竟是以哪些方式在非洲进行开发和统治的呢?

15世纪,在开发通往印度的航线之中,葡萄牙人陆续在大西洋发现不少岛屿,其中有些无人居住。除了用来作为航行的沿途停泊点以外,葡萄牙人还在马德拉群岛、圣多美岛等处进行农业开发,沿用欧洲的甘蔗种植园制度,进行蔗糖生产。蔗糖是当时欧洲较为昂贵的商品,葡萄牙人以此来获得可观的利润。

在非洲大陆,葡萄牙人并不深入内陆地区,因为他们在陆地上并不占优势。葡萄牙人转而在沿海建立起商栈,非洲商人则带来黄金进行贸易,换得欧洲的商品。葡萄牙人同时建起要塞,武装保证商业活动的顺利进行。据统计,15世纪末16世纪初,西非地区每年都能为葡萄牙带来大约400公斤的黄金[1]。在西非地区,葡萄牙人与当地统治者联合,其中在欧洲人看来较为成功的一个事例就是扶持了皈依天主教的刚果王国的阿方索一世,并扩大了天主教在当地的传播。随着大西洋岛屿开发以及后来

---

[1] David Arnold. *A Época dos Descobrimentos*. Lisboa: Gradiva, 1994, p.50.

巴西种植园开发的劳动力短缺,这一地区逐渐成为奴隶贸易的重要输出点。值得注意的是,过去一种普遍的观点认为,是欧洲人为获得奴隶而精心策划非洲国家之间的战争,但是根据希林顿的研究,战争更多的是当地非洲人为自身领土扩张而发动的①。另一方面,在东非地区,除了建立商栈和要塞以外,葡萄牙人则使用了不同的方法。他们更多地对沿海一些富庶的城市使用武力威胁,逼迫当地统治者屈服,甚至从当地人手中抢夺城市。

17世纪末,在葡萄牙南美洲的殖民地巴西境内发现黄金,随之而来的远征以及领土扩张造成了葡萄牙在南美所得的土地远远超出了《托德西利亚斯条约》所限定的范围。围绕着葡萄牙和西班牙在南美洲、亚洲的领土分割问题,两国在1750年签署了《马德里条约》。15世纪末订立的《托德西利亚斯条约》中,世界分割被废止,葡萄牙放弃拥有菲律宾诸岛的权利,并把南美洲的科龙尼亚德萨克拉门托②以及帕拉特河北岸的土地割让给西班牙,以此换取了乌拉圭河东岸的土地以及南里奥格兰德的地区。此后,几内亚最大的岛屿的比奥科岛和木尼河地区被西班牙占领,成为赤道几内亚地区,并实行殖民统治。20世纪70年代赤道几内亚独立之后,成为非洲唯一的西班牙语独立国家。

四、结　语

可以说,《托德西利亚斯条约》和之前的《阿尔卡索瓦斯条约》界定了葡萄牙和西班牙在全球范围内各自的活动领域,葡萄牙得以在非洲范围内拥有贸易权、领土所有权。葡萄牙在非洲的出现,深刻地改变了当地自身的发展进程。15世纪起,葡萄牙人通过武力或贸易方式,开发并占有

---

① [美]凯文·希林顿:《非洲史》,赵俊译,上海:东方出版中心,2012年,第215页。
② 科龙尼亚德萨克拉门托(Colónia de Sacramento),现乌拉圭西南城市。

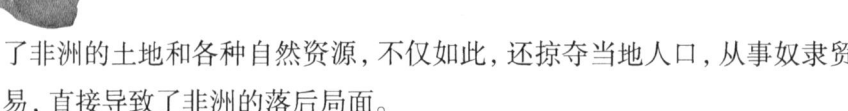

了非洲的土地和各种自然资源，不仅如此，还掠夺当地人口，从事奴隶贸易，直接导致了非洲的落后局面。

纵观两份条约签署前后的一系列情况，我们可以明确以下三个方面：首先，葡萄牙为确保其海外利益不受侵害，致力于在欧洲各国推行对己方有利的理论，寻求共识来让其占领行为合理化、合法化；其次，面对利益驱动，且在未来利益都有保障的前提下，处于竞争中的葡萄牙和西班牙两国并未诉诸武力，而是通过和平协议方式，缔结条约，约定各自的活动范围；第三，在伊比利亚半岛这两个虔诚的天主教国家中，宗教因素在地理大发现之初起到了巨大作用，即除了是地理大发现的主要动机之一外，天主教廷还成为国与国之间矛盾的仲裁者。正是这三个方面，让葡萄牙得以在非洲建立起了自己的势力，并逐步扩大发展，从中获得大量收益。

虽然葡萄牙、西班牙两国在欧洲其他新兴资本主义国家竞争下，逐步退出了世界舞台的中心，但是这两个国家共同分割世界的这一格局对当今的世界仍旧存在着极为深刻的影响，造成如今大部分的葡萄牙语国家集中在非洲、大部分的西班牙语国家集中在美洲这个事实。

第二节
葡萄牙在安哥拉殖民时期的同化政策

张敏芬[*]

同化是指一个国家或民族在与其他国家或民族的接触或交往过程中,丧失全部或部分自己国家或民族的特征,接受别的国家或民族的特征,从而变成另一个民族的历史现象。根据原因、手段、性质、过程等因素,同化可以分为自然同化和强制同化。15世纪葡萄牙人到达非洲,采用暴力和强制手段,在政治、经济、文化、生活习惯等方面强迫安哥拉人放弃自身原有的民族特征而接受葡萄牙的国家政策。这种强制同化违背安哥拉人民的意愿,是一种民族迫害的表现。

一、殖民时期葡萄牙在安哥拉同化政策产生的历史背景

葡萄牙位于伊比利亚半岛西南端的一块狭小地带,面积只有9.1万平方公里,面临的困境是地少人稀,资源匮乏,发展空间极为有限,因此葡萄牙统治者把目光伸向海洋。葡萄牙大规模的海外扩张始于1415年,当时的阿维斯王朝试图征服非洲大陆,建立葡萄牙非洲帝国。1482年,葡萄牙人迪奥戈·康[①]率领船队到达刚果河口,开始入侵安哥拉,并于1884年把安哥拉变成葡萄牙的殖民地,称之为葡属西非洲。1892年,葡萄牙占领安哥拉全境,并于1951年宣布安哥拉为葡萄牙的一个海外省。安哥拉

---

[*] 上海外国语大学西方语系葡萄牙语专业副教授。
[①] 迪奥戈·康(Diogo Cão, 1440–1486),葡萄牙探险家。

的土地、财富和强壮的黑人劳动力对葡萄牙王室具有巨大的吸引力。特别是16世纪初葡萄牙发现巴西,继而在17世纪末葡萄牙人在巴西发现黄金,并开始在巴西大规模发展蔗糖、棉花、咖啡等种植园经济,这些经济活动都需要大量的劳动力,当地的印第安人已经满足不了葡萄牙人对劳动力的需求,这使得葡萄牙政府把目光转向强壮的非洲黑人奴隶身上。因此,面对自身国土狭小、人口不足和资源匮乏的现实,葡萄牙政府决定把安哥拉和莫桑比克纳入自己的非洲版图,使它们成为葡萄牙的海外省。与英国和德国对被征服的民族采取种族隔离政策相反,葡萄牙政府为了逐渐把非洲人变成欧洲人,采取民族同化政策,力图在政治、语言、文化教育、宗教和生活习俗等方面改变非洲人。"殖民体系的一贯目的就是把非洲人变为葡萄牙人。1820年,葡萄牙政府宣布所有的海外土著人为葡萄牙公民,这虽然是理论性和乌托邦,但他们从未放弃过这一目的。基于这一目的,历届政府均有系统地实行这种葡萄牙化政策:教学采用葡萄牙语以及只有葡萄牙语为官方语言;宗教和道德规范是天主教;习俗、传统和生活方式脱离过去的非洲,和祖国葡萄牙紧密联系。"[1]在这种政策下,他们把安哥拉人划分为"文明人、同化人和土著人"。葡萄牙政府的目的是"通过逐渐改变未开化的非洲人和东帝汶人的习俗以及他们的道德观和社会价值观,把他们带入葡萄牙民族和欧洲文明"。[2]那些被葡萄牙人改变而接受葡萄牙文化的人则被称为"同化人"。根据法律,他们享有和在欧洲的葡萄牙人一样的权利,通常是非洲社会的精英。

二、殖民时期葡萄牙在安哥拉同化政策的实施

15世纪末葡萄牙人到来之前,在现今安哥拉版图上存在着多个王国

---

[1] Valentim Alexandre, Jill Dias. *Nova História da Expansão Portuguesa, Vol.X – O Império Africano de 1825 a 1890*. Lisboa: Editorial Estampa, 1998, p. 147.

[2] Marques, A. H. De Oliveira. *Nova História da Expansão Portuguesa, Vol.XI – O Império Africano de 1890 a 1930*. Lisboa: Editorial Estampa, 2001, p. 25.

和多种文化,其中最大最强盛的王国是刚果王国,另外还有恩东戈王国、马塔姆巴和卡桑热王国、隆达和乔奎王国、奥文本杜王国以及宽哈马王国。葡萄牙人到达安哥拉后,为了使安哥拉"葡萄牙化",在政治、文化教育、宗教等方面采取了一系列的同化政策,以达到从政治及经济上控制安哥拉的目的。

1. 政治

葡萄牙人于15世纪末到达安哥拉之后,首先力图在政治上控制安哥拉各王国国王。他们采取的直接措施是扶植一个忠顺的君主,试图培养一个傀儡政权以达到控制整个王国的目的。"几个世纪来,葡萄牙殖民政策是和非洲国王建立一种联盟和扶助方式。"[1] 随着葡萄牙对安哥拉的进一步军事占领,他们采取的政策是使当地国王"臣服"于里斯本政府。

由班图人建立的刚果王国位于安哥拉北部,是葡萄牙人到达安哥拉后接触的第一个王国。或许出于对欧洲先进文化的景仰,或许出于取得葡萄牙政府支持的政治目的,或许两者兼而有之,该国国王乐于接受外来白人,热衷学习葡萄牙人的生活方式,信仰他们的宗教。1491年,葡萄牙教士成功使刚果国王接受基督教洗礼,该国王还取了个基督教教名:唐·若昂一世。后来的刚果国王也都接受基督教,采用葡萄牙基督教教名作为他们的称号。若昂一世去世后,刚果的新国王取名为阿方索一世。"阿方索一世接受的完全是葡萄牙的教育,是第一个真正被葡萄牙文化同化的人,也是第一个适应葡萄牙的标准和习惯的安哥拉人"。[2] 在国王的带领下,刚果的王室贵族也普遍接受葡萄牙传播的基督教,他们接受基督教洗礼,模仿葡萄牙人的生活习惯、服饰和行为举止等。葡萄牙一直坚持使一位刚果王子接受葡萄牙文化教育,派葡萄牙人担任国王的顾问,这位顾问通常是国王的神父。因此,想要成为刚果国王,就必须先接

---

[1] Marques, A. H. De Oliveira. *Nova História da Expansão Portuguesa, Vol.X – O Império Africano de 1825 a 1890*. Lisboa: Editorial Estampa, 1998, p. 300.
[2] 刘海方:《列国志——安哥拉》,北京:社会科学文献出版社,2006年,第65页。

受葡萄牙神父的洗礼。葡萄牙政府以此方式从政治上层控制刚果王室,但是追求精神独立的刚果人一旦发现这位葡萄牙扶植的王子变成任葡萄牙政府摆布的傀儡,会立即杀掉这位葡萄牙的同化人,以使王国摆脱葡萄牙政府。

如同对待刚果王国一样,葡萄牙政府也一直试图在恩东戈王国建立葡萄牙的傀儡政权。尽管恩东戈国王对基督教毫无兴趣,但为了得到葡萄牙人的物资和支持,他们还是忠实于葡萄牙政府。在17世纪,曾经有一位恩东戈国王因为没有从葡萄牙那里得到足够的物质回报,便声称恩东戈王国为独立的国家,葡萄牙政府马上采取暴力行动,残忍地杀害了这位国王。就这样,恩东戈王国被迫完全屈服于葡萄牙政府的统治。

由姆本杜人建立的马塔姆巴和卡桑热王国位于安哥拉东部。为了巩固自己的统治地位,在葡萄牙人的说服下,马塔姆巴和卡桑热王国的统治者均接受葡萄牙的结盟和合作。和对待恩东戈王国一样,葡萄牙一旦发现王国的统治者试图削弱葡萄牙人在该王国的影响力,便马上采取暴力手段将反对者赶下台。奥文本杜王国是由22个各自独立的小王国组成的国家。奥文本杜人曾经是19世纪安哥拉最成功的商人。19世纪末20世纪初,奥文本杜人在非洲的商业竞争中甚至超过了葡萄牙人,特别是在橡胶贸易方面。为了从政治及经济上控制奥文本杜王国,葡萄牙政府对其发动了军事战争,成功征服了大多数小王国,使他们成为葡萄牙的傀儡政权。许多小王国的国王都由葡萄牙政府任命,奥文本杜君主"不过是博物馆里的活标本"。①

葡萄牙殖民时期,位于现今安哥拉境内的另一个比较重要的王国是由宽哈马人建立的宽哈马王国。葡萄牙人用他们一贯的手法对付这个王国:对于不愿臣服他们统治的国王,即采取暴力手段将其残暴地杀害。王国衰落后,19世纪末、20世纪初,葡萄牙人改变了对安哥拉殖民地的政策,重组安哥拉行政区域,制定殖民化纲领。葡萄牙在安哥拉的殖民统治

---

① 蔡尔兹:《奥文本杜人的血缘关系和特性》,第20页。转引自刘海方的《列国志——安哥拉》。

采取总督制,下设立法会议。总督和几乎所有的立法会议成员均由葡萄牙人担任,其他军事、教育、经济等部门的负责官员也都非葡萄牙人莫属。所有的总督均受中央政府的严格监督。当地政府只有在紧急情况下才有立法的权力。安哥拉的财政预算由里斯本制定,特别是公共事业和军用费用的支出,所有的税收、劳动规章和土地的赠予也都由葡萄牙政府决定。1926年萨拉查上台后,加强了对安哥拉的统治。1930年制定的《殖民法案》进一步阻碍了安哥拉在政治上的自治。"30年代和40年代,在经济上、社会上和政治上,安哥拉都朝着成为葡萄牙国家不可或缺一部分的方向发展,即把安哥拉'葡萄牙化'。"[①] 萨拉查为了扩大葡萄牙在安哥拉的影响,把安哥拉的城镇改为葡萄牙英雄的名字,把安哥拉的货币改为葡萄牙的货币。此外,他还鼓励葡萄牙穷人移民安哥拉。萨拉查政府规定,出任政府官员的人必须达到一定的教育程度,而安哥拉当地人根本没有接受教育的机会,因此,安哥拉政府官员普遍由葡萄牙人担任。1951年6月,葡萄牙议会通过一项法案,确立安哥拉为葡萄牙的"海外省"。但这丝毫没有给安哥拉当地人带来政治上的权利,安哥拉依然完全在葡萄牙政府的掌控之中。

总而言之,葡萄牙在安哥拉的政治措施就是把安哥拉变为"非洲葡萄牙",以随心所欲地索取他们需要的黄金、钻石、象牙和奴隶。

2. 文化教育

葡萄牙人到达安哥拉时,安哥拉是一个多民族的社会。安哥拉国土上居住着许多大大小小的王国。各种民族独立地生活在这块土地上,文化呈现多元化的特色。葡萄牙人到来之后,强制割裂各民族已有的文化,强迫安哥拉人接受欧洲文明。

在宗教方面,葡萄牙海外扩张的一个重要目的是宣扬基督教义,扩大基督教的影响,因此他们到达非洲后的一个重要使命就是改宗非洲人,从思想信仰上同化安哥拉人民。

[①] 刘海方:《列国志——安哥拉》,北京:社会科学文献出版社,2006年,第85页。

如前所述，葡萄牙人为了从政治上控制安哥拉，首先使安哥拉各王国的国王接受洗礼，皈依基督教，其中比较有名的是刚果王国的阿方索一世。在葡萄牙人的说服下，阿方索欢迎葡萄牙传教士来刚果王国传教，他还派他已接受过洗礼的儿子恩里克去葡萄牙学习神学。恩里克后来成为罗马天主教第一位黑人非洲主教。在国王的支持下，葡萄牙人顺利地将基督教传入刚果王国，在王国首都萨尔瓦多建立了多座教堂。恩津加统治下的马塔姆巴王国也和葡萄牙人结盟。恩津加接受基督洗礼，也允许葡萄牙传教士在王国内传教。在殖民时期，外国传教士只有在得到葡萄牙政府的批准，且隶属于葡萄牙教会组织的前提下才能被承认。他们的活动受葡萄牙宗教组织的管理，与此同时，他们还必须遵守葡萄牙的法律，放弃自己国家的法律，能正确书写葡萄牙语。虽然安哥拉的宗教信仰呈现多元化的特色，天主教仍然是安哥拉最主要的宗教，因此，今天的安哥拉人大部分是天主教徒。

在语言方面，在葡萄牙人到达之前，安哥拉是一个多语言的社会，各民族均有自己的土著语言，共计四十多种，其中大部分人使用班图语。殖民时期，葡萄牙人在安哥拉的语言政策是一方面强制推广葡萄牙语，另一方面极力压制安哥拉土著语言。

殖民时期，到安哥拉的葡萄牙人大多为男性。在葡萄牙当局的语言文化政策推广下，一部分安哥拉本地人接受了葡萄牙人的文化和生活方式，与葡萄牙人通婚。葡萄牙政府把那些通晓葡萄牙语、完全接受葡萄牙文化的人称为同化人（assimilado）。"为了成为同化人，他们必须听说和书写葡萄牙语，必须能养活自己和家庭，必须具有良好的行为并得到当局的认可，必须放弃自己民族的传统习俗"。[1] 葡萄牙人和土著人通婚养育的大多数混血人都讲葡萄牙语，认同葡萄牙文化，并且都取得了"同化人"的身份。根据规定，他们和在欧洲的葡萄牙人享有同等的政治权利，被登记为葡萄牙公民，葡萄牙语几乎就是他们的母语。

---

[1] Marques, A. H. De Oliveira. *Nova História da Expansão Portuguesa, Vol.XI – O Império Africano de 1890 a 1930*, p. 105.

为了进一步推广葡萄牙语,实现安哥拉所谓的"文明化",葡萄牙政府颁布法令,禁止在安哥拉的学校中使用土著语言进行教学。后来,葡萄牙当局还规定,安哥拉儿童在学龄前就要加强学习葡萄牙语。葡萄牙语绝不允许和被认为低等的当地语言混合在一起,当地土著语言被强制排除,因此,葡萄牙语中很少吸收安哥拉土著语。在长达400多年的殖民统治中,葡萄牙政府虽然未能成功地取缔安哥拉各土著语言,但成功地使葡萄牙语成为安哥拉的官方语言和学校的教学语言。

在教育体制方面,葡萄牙人到达之前,安哥拉土著居民受教育的程度极低,绝大多数是文盲。使安哥拉"文明化"的一个重要途径就是使安哥拉人接受教育。安哥拉的教育体系是葡萄牙按照自己的教育体系建立的,完全是葡萄牙模式在安哥拉的再造。葡萄牙政府还颁布法令,在安哥拉所有的学校取缔土著语言,授课只能使用葡萄牙语。当时担任教师的也大多数是葡萄牙人。但是,那时安哥拉的学校数量很少,其教学目的也是为殖民者的利益服务,而且黑人并没有接受教育的机会。葡萄牙当局的文化同化政策是极为缓慢和谨慎的,培养的同化人数量也很少,他们只培养一批旨在为殖民利益服务的社会精英,并非让安哥拉全民接受教育。

1890年后,葡萄牙政府进一步加强"同化政策"的宣传,重申合法区别"同化人"和"土著人",规定"同化人"属于葡萄牙人,尽管这也许只停留在理论层面,而"土著人"应该受压制、剥夺武器、缴付税收和在严格监控下强制劳动等。总之,葡萄牙按照自己的制度,通过多种非经济因素构建安哥拉社会体系,特别是在社会阶层、种族、宗教和语言方面,致使安哥拉社会出现了非常复杂的人口结构:基督徒/异教徒;白人/黑人;自由人/奴隶;同化人/土著人;当地人/葡萄牙人。这一社会形态在一定程度上加剧了种族歧视,加剧了社会各阶层之间的冲突。

三、殖民时期葡萄牙在安哥拉同化政策的结果

葡萄牙在安哥拉的殖民统治长达400多年。虽然葡萄牙政府把欧洲文明引进安哥拉,派出了一批有知识的教士使安哥拉人"文明化",在安哥拉建立了教育制度,提高了安哥拉人的知识水平,但是葡萄牙人的目的是为了传播他们的宗教和文化,从思想上控制和奴役安哥拉人,以获得他们想要的经济利益:黄金和奴隶。

同化政策的实施不仅没有解决土著人和葡萄牙人之间的矛盾,反而加剧了土著人对白人的敌对情绪,引发了种族矛盾和民族斗争。安哥拉人虽然部分接受了葡萄牙的文化,但他们也具有强烈的民族独立精神。例如有的国王宁死不屈,惨遭葡萄牙人的杀害;有的民族一旦发现自己的国王成为葡萄牙的傀儡,便会发起暴动杀害国王。在葡萄牙400多年的殖民统治期间,安哥拉人从未停止过争取自己的精神独立和民族独立的斗争。随着1822年巴西独立,特别是在1890年后,巴西和葡萄牙共和思潮传入安哥拉,多家报刊积极宣传声称支持共和事业。安哥拉人民,特别是受过教育的"同化人",他们逐渐意识到葡萄牙的统治并未解决安哥拉的贫穷落后,他们抗议缺乏财政自主权以及糟糕的经济管理制度和劳工制度等。"资产阶级发表声明反对里斯本制定的政策。1890至1892年期间,当地有钱人、资本家和律师曾密谋建立共和国,推翻殖民政府,脱离葡萄牙"①。

葡萄牙政府通过同化政策,把安哥拉人划分为"文明人、同化人和土著人"。因此,同化政策并没有提高数量上占优势的土著人的社会地位,反而把他们固定在了社会的最底层,引发了他们对葡萄牙殖民当局的怨恨和极度不满,使他们成为后来反殖民统治的主力军。大多数被称为"同化人"的安哥拉人是混血人,他们因为同化政策而受到良好的教育,在法律上取得了和葡萄牙人一样的社会地位,但事实上,"成千上万的'同化

---

① Marques, A. H. De Oliveira. *Nova História da Expansão Portuguesa, Vol.XI – O Império Africano de 1890 a 1930*, p. 280.

人'并不想申请拥有这种地位,因为(葡萄牙)强迫他们缴纳大笔税费;大多数'同化人'是'前土著人',由于种族、经济、社会偏见被视作二等公民"[1]。这些"同化人"并未从葡萄牙政府那里得到所期望的政治权利和社会地位,他们实际上依然被列为前土著人而遭受歧视。因此,他们对葡萄牙殖民者也日益不满,正是这些葡萄牙人培养的"同化人"率先带领安哥拉广大民众反对葡萄牙殖民统治,要求摆脱葡萄牙政府,争取安哥拉国家和民族独立。安哥拉反殖民统治的民族解放运动的第一代领导人大多数都是那些受过西方民主思想教育的"同化人"。

四、结　语

在对安哥拉400多年的殖民统治中,葡萄牙人打着使安哥拉"文明化"的口号,在政治、文化教育等方面采取强制同化政策,粗暴地压制和破坏安哥拉各民族传统文化。他们把会讲葡萄牙语、完全接受葡萄牙文化的安哥拉人定义为"同化人"的行为,实际上完全是为他们的政治目的和经济利益服务的。不能否认,他们把欧洲先进的思想文化和教育制度引进了安哥拉,把先进的管理理念带入了安哥拉政府高层,加速了安哥拉的政治制度建设和社会建设,客观上确实起到了改变安哥拉落后面貌的作用。此外,同化政策使一批安哥拉人接受了先进的文化教育,间接为安哥拉政府培养了一批具有民主主义自由思想的社会精英,在一定程度上促进了安哥拉民族独立运动的发展。然而,葡萄牙在安哥拉近五个世纪的殖民史也是安哥拉民族的血泪史,从未停止的杀戮、战争和奴隶贸易给安哥拉民族带来了无尽的苦难和伤痛,在一定程度上也阻碍了安哥拉国家和社会的发展。

---

[1] Hernandez, Leila Leite. *A África na Sala de Aula – Visita à História Contemporânea*, São Paulo: Selo Negro, 2005, p. 515.

第三节
葡萄牙对安哥拉的文化政策

徐亦行*

安哥拉共和国国土面积为1246700平方公里，是非洲撒哈拉沙漠以南的第二大国，曾遭葡萄牙殖民四百余年。因此，安哥拉的历史、社会、文化等方面均深受葡萄牙的影响，并持续至今。

一、葡萄牙与安哥拉的历史渊源

14世纪末至15世纪中叶，刚果王国得以成立并扩张，其领土包括了现如今的安哥拉北部。1482年，葡萄牙探险家迪奥戈·康到达刚果河口，此后葡萄牙王室应刚果国王的请求，派出传教士和技术支援，以换取非洲的象牙和其他货物。1571年，葡萄牙国王将刚果王国南部地区作为封地，赏赐给葡萄牙探险家保罗·迪亚士·诺瓦伊斯[①]。1576年，葡萄牙公然建立罗安达城，标志着安哥拉殖民地的开始。在与葡萄牙人的接触中，刚果人非常乐于接受葡萄牙的各种生活习惯和标准，截至1600年，刚果王国的首都圣萨尔瓦多已经建立了十几个教堂。刚果王国的国王一般都会接受基督教的洗礼，接受葡萄牙教育，连他们的称号也采用了葡萄牙基督教的教名；王宫贵族们也一直有意识地模仿葡萄牙王室贵胄的生活方式。因此可以说，刚果王国的上层受到了葡萄牙文化的同化，葡萄牙对

---

* 上海外国语大学西方语系葡萄牙语专业副教授。
① 保罗·迪亚士·诺瓦伊斯（Paulo Dias Novaes, 1510-1589），葡萄牙探险家。

于刚果王国的征服方式是和平的。

恩东戈王国位于刚果王国以南,其领土包括现如今的安哥拉南部。葡萄牙人在与刚果王国接触后不久就与恩东戈王国建立了联系,双方贸易往来频繁。但是恩东戈国王无意改信基督教,而且还不允许葡萄牙传教士在其王国内传教。因此,在罗安达建立后,葡萄牙人开始使用武力逐渐扩张领土,并由于奴隶交易的利害关系与恩东戈王国战争不断。其余几个包括如今安哥拉部分领土的王国,如马塔姆巴、卡桑热、隆达、乔奎、奥文本杜、宽哈马等,都在与葡萄牙的战争中失利,被葡萄牙人逐渐蚕食,也渐渐受到了葡萄牙人语言和习惯的影响。

到19世纪上半叶,由于葡萄牙强国地位的衰退,加上连年战争,安哥拉表现出了全面的衰弱,各方面的发展几乎停滞。1951年,安哥拉成为葡萄牙的一个海外省。20世纪60年代开始,安哥拉民族解放运动蓬勃开展,葡萄牙政府也因无力支付强大的军事开支而赞成其独立。1975年1月,葡萄牙与安哥拉三个民族主义组织达成了安哥拉独立的协定。

二、安哥拉独立后葡萄牙对安哥拉的文化政策

葡萄牙在非洲的前殖民地安哥拉、莫桑比克等国相继独立之后,葡萄牙一直注重与它们发展合作关系,而安哥拉作为非洲最大的葡萄牙语国家更是与葡萄牙交往最为频繁。

1976年10月,安哥拉与葡萄牙正式建立外交关系。1978年6月,葡萄牙和安哥拉在几内亚比绍签署了《葡萄牙共和国与安哥拉人民共和国一般合作协议》[①](以下简称《一般合作协议》);1979年1月11日,葡萄牙议会通过该协议;1979年1月22日,当时的葡萄牙总统特欧菲罗·卡尔

---

① 原文为ACORDO GERAL DE COOPERAÇÃO ENTRE A REPÚBLICA PORTUGUESA E A REPÚBLICA POPULAR DE ANGOLA。

瓦略·多斯·桑托斯①签署并颁布该协议。协议的第一条第一款即规定："协议双方将在各个领域，尤其是文化、科学、技术和经济领域遵循共同合作政策。"②另外，协议的第二条规定："双方建议签订文化协定，在尊重葡萄牙和安哥拉文化的前提下，加强两国人民的文化和科学交流，并在国际关系中提升葡萄牙语的地位。"③在此之后，两国又相继签订了《葡萄牙共和国政府与安哥拉人民共和国政府文化合作协议》④、《葡萄牙共和国与安哥拉人民共和国教育、教学、科学研究及人员培训领域合作协议》⑤和《葡萄牙共和国与安哥拉人民共和国社会文化和科技领域合作协议》⑥。

本着《一般合作协议》的精神，在两国均认为有必要在科学、文化和技术方面加强合作和交流的前提下，1979年12月17日，葡萄牙外交部通过《葡萄牙共和国政府与安哥拉人民共和国政府文化合作协议》，将《一般合作协议》具体化。如第一条中规定："协议双方将尽量促进：a)个人或团体的学术或信息访问，以及作家、历史学家、艺术家、教师、科学家、技术员和这些领域的其他代表性人员研讨会的参与；b)研究院与专家以个人身份参与项目的交流。"⑦而该协议第二条更是具体到如何通过各种渠道促进双方互相了解对方的文化价值观，比如："a)研讨会、交流会或其他同类会议；b)艺术、图书或其他展览；c)演出、戏剧、电影

---

① 特欧菲罗·卡尔瓦略·多斯·桑托斯（Teófilo Carvalho dos Santos, 1906–1986），葡萄牙前总统。
② 葡萄牙议会2月9日第6/79号法律第一条第一款。
③ 葡萄牙议会2月9日第6/79号法律第二条。
④ 原文为ACORDO CULTURAL ENTRE O GOVERNO DA REPÚBLICA PORTUGUESA E O GOVERNO DA REPÚBLICA POPULAR DE ANGOLA。
⑤ 原文为ACORDO DE COOPERAÇÃO NOS DOMÍNIOS DA EDUCAÇÃO, DO ENSINO, DA INVESTIGAÇÃO CIENTÍFICA E DA FORMAÇÃO DE QUADROS ENTRE A REPÚBLICA PORTUGUESA E A REPÚBLICA POPULAR DE ANGOLA。
⑥ 原文为ACORDO DE COOPERAÇÃO NOS DOMÍNIOS SÓCIO-CULTURAL, CIENTÍFICO E TECNOLÓGICO ENTRE A REPÚBLICA PORTUGUESA E A REPÚBLICA POPULAR DE ANGOLA。
⑦ 葡萄牙外交部12月28日第146/79号法令第一条。

周或电影节；d)艺术、音乐或民间团体的交流；e)电影、碟片录制或其他材料，书籍及其他出版物，教学、相关教育技术资料，科学、文化或技术类出版物的交换。"① 协议第三至第七条规定了两国官方的科学、文化或技术机构之间通过何种措施促进文化进程的发展，比如向对方国家人员颁发奖学金，在高等教育机构设置与对方国家文化研究相关的课程，通过出版物宣传对方的历史和文化价值观，推进对方国家文学艺术和科技作品的出版和联合出版等。另外，有关文化遗产的保护方面，协议第九条做出了具体的规定："双方一致认为，应该a)采取必要的措施，确保对各自国家内存在的对方国家古迹和历史、艺术文物的保护；b)对保存于专门机构的文件和其他牵涉到共同历史文化利益的资源调研及最终发布方面，接受两国资深专家进行检查；c)研究利于双方的体制，以组织和打击艺术品、文件及其他具有历史价值物品的非法交易。"②

《葡萄牙共和国与安哥拉人民共和国教育、教学、科学研究及人员培训领域合作协议》签订于1987年9月29日，1991年4月1日由葡萄牙部长委员会通过，1991年4月3日由当时的葡萄牙总统马里奥·苏亚雷斯③和总理阿尼巴尔·安东尼奥·卡瓦格·席尔瓦④共同签署颁布。协议规定了双方合作较具体的内容，包括"文献和信息的交流以及教学、科技性质的经验交流"⑤、"设备、工具及其他服务于合作项目推进的材料方面的交流"⑥、"互相提供奖学金，以方便学生、毕业生和研究人员在大学、其他的教学机构或研究机构继续学习和研究，完善自我培训。"⑦尽管协议里规定的是"互相提供奖学金"，但实际上，从协议的其他条款中可以看出，由于葡萄牙的前宗主国地位，而且其在各方面均领先于安哥拉，因此可

---

① 葡萄牙外交部12月28日第146/79号法令第二条。
② 葡萄牙外交部12月28日第146/79号法令第九条。
③ 马里奥·苏亚雷斯(Mário Soares, 1924–)，葡萄牙前总统。
④ 阿尼巴尔·安东尼奥·卡瓦格·席尔瓦(Aníbal António Cavaco Silva, 1939–)，葡萄牙前总理，现任总统。
⑤ 葡萄牙部长委员会4月1日第29/91号法令第二条c)。
⑥ 葡萄牙部长委员会4月1日第29/91号法令第二条d)。
⑦ 葡萄牙部长委员会4月1日第29/91号法令第二条g)。

以说，这是一个"一边倒"的协议，也就是说，事实上只是葡萄牙在向安哥拉提供奖学金以及其他的协助。比如，协议的第七条里明确提到："安哥拉方面每年向葡萄牙方面递交奖学金申请，并注明研究课程、专业、级别或领域"[1]；同时，我们并未找到任何有关于安哥拉向葡萄牙提供奖学金或协助的具体规定。

同样，于1992年1月9日在葡萄牙部长委员会通过、由总统马里奥·苏亚雷斯和总理阿尼巴尔·安东尼奥·卡瓦格·席尔瓦共同签署颁布的《葡萄牙共和国与安哥拉人民共和国社会文化和科技领域合作协议》也规定了各种合作的具体方式，尤其是在葡萄牙向安哥拉派遣的培训人员方面，该协议还明确指出，除了安哥拉方面向葡方人员支付报酬外，"葡萄牙方面应根据合作人员的学术专业级别，另外在葡萄牙以葡萄牙货币支付报酬"[2]。由此，我们可以看出，葡萄牙通过各种途径，极力促进安哥拉文化科技领域的发展。尤其是在报酬支付方面，由于安哥拉方面所能给予的报酬相对较低，为鼓励葡萄牙专业人员前往安哥拉，葡萄牙方面在安哥拉给予报酬的基础上再予以补贴，所以说，葡萄牙与安哥拉的合作，从很大程度上就是葡萄牙对安哥拉的援助。

从以上的各项协议，我们可以看到，葡萄牙的外交部担负着对外文化合作和交流的重任，而具体的项目实施则由其下属的卡蒙斯—合作与语言学院[3]负责。卡蒙斯—合作与语言学院的宗旨在于提议并执行对外合作政策，统筹合作项目，提议并执行葡萄牙语言文化教学和传播政策等。这一机构几易其名，最早叫做葡萄牙文化学院[4]，后来改名为葡萄牙语言文化学院[5]，再后来又改名为卡蒙斯学院[6]，如今改成卡蒙斯—合作与语言学院，由此也可看出葡萄牙政府对于合作的重视程度。

---

[1] 葡萄牙部长委员会4月1日第29/91号法令第七条第2款。
[2] 1992年3月12日的葡萄牙外交部18/92法令第十三条。
[3] 葡语名为Camões - Instituto da Cooperação e da Língua。
[4] 葡语名为Instituto de Cultura Portuguesa。
[5] 葡语名为Instituto de Cultura e Língua Portuguesa。
[6] 葡语名为Instituto Camões。

目前，葡萄牙与安哥拉的关系走稳，并趋向更加密切。葡萄牙现外交部部长保罗·波尔塔斯①曾在2013年对媒体称："为了公民和企业的生存，我们要开辟发展与合作之路"②，并认为有必要"加强双方之间独特的文化联系，那就是葡萄牙与安哥拉的关系"③。

三、结　语

综上所述，葡萄牙对于安哥拉的文化政策基本属于"一边倒"的状况，也就是说，葡萄牙从财力、物力、人力等各方面大力扶持其前殖民地安哥拉的文化建设，期冀通过这样的方式巩固其宗主国地位，从而提高其在葡语国家共同体中的地位。

---

① 保罗·波尔塔斯（Paulo Portas, 1962– ），葡萄牙现任外交部部长。
② Paulo Portas em defesa das relações com Angola que jornal de Luanda diz estarem condenadas. http://www.publico.pt/portugal/noticia/paulo-portas-em-defesa-das-relacoes-com-angola-que-jornal-de-luanda-diz-estarem-condenadas-1586009. 2013.2.27.
③ Paulo Portas em defesa das relações com Angola que jornal de Luanda diz estarem condenadas. http://www.publico.pt/portugal/noticia/paulo-portas-em-defesa-das-relacoes-com-angola-que-jornal-de-luanda-diz-estarem-condenadas-1586009. 2013.2.27.

第四节
葡萄牙去殖民化前后对非洲语言政策

古雯鎏*

从15世纪初葡萄牙首次踏上非洲大陆展开探索之旅起,这个欧洲国度就与非洲结下了难解的牵系。几个世纪过去了,世界格局更易,葡萄牙不再是称霸一方的殖民帝国,而非洲也从被割据殖民的境地走向了独立。在世界发展的浪潮中,它们都找到了各自全新的定位与发展契机,共有的语言背景成为了双方褪却历史关联后的重要交集。去殖民化作为节点在葡萄牙与非洲关系中究竟发挥了怎样的效应?本节将以语言政策为支点,尝试探寻去殖民化前后葡萄牙对非政策的转变与意义。

一、葡萄牙与非洲的历史渊源

作为近代首个拥有非洲殖民地的欧洲国家,葡萄牙与非洲有着深厚的历史渊源。15世纪初,葡萄牙的发展在内外因素的影响下,显现出了较大的矛盾性与局限性,向外发展的需求日益增强。一方面,葡萄牙先天不足的自然环境和较为匮乏的自然资源在不断增长的人口数量及贸易需求面前逐渐显得力不从心,然而受限于伊比利亚半岛狭小的沿海地区,加上强大邻国的压制,又无力向相对繁荣的西欧拓展;另一方面,结束了多年与卡斯蒂利亚人及穆斯林人的斗争之后,终于摆脱了被统治与奴役的

---

* 上海外国语大学西方语系葡萄牙语专业教师。

葡萄牙也迫切需要通过扩张领土、吸收和创造更多财富来巩固其独立自主的根基，缓解内部矛盾，稳定国内局势。[①]这些主客观现实都使得向外探索成为当时葡萄牙进一步发展的唯一出路。而彼时拥有富饶土地、黄金及奴隶资源的非洲大陆无疑是极具吸引力的去处，于是非洲成为了葡萄牙大规模海外扩张的第一站。

1415年，为了打击海盗并控制非洲黄金、象牙等商品的中转市场，葡萄牙首先攻下了北非的港口重镇休达。接着，为了建立与西非黄金生产地的直接联系，葡萄牙又进一步探索非洲西岸，先后占领了当时的佛得角群岛及圣多美群岛。尔后，在贸易利益需求的驱动下，葡萄牙又再次扩大殖民范围，陆续将触角延伸至现今的塞内加尔、加纳、塞拉利昂、刚果、安哥拉、莫桑比克等地，一度将大片非洲领土据为己有。然而从16世纪中叶起，葡萄牙在非洲的垄断地位开始遭到来自英国、法国、荷兰等其他欧洲国家的挑战，先前占据的非洲殖民地亦在此过程中逐渐流失，最终只剩下了安哥拉、莫桑比克、佛得角、圣多美和普林西比以及几内亚比绍等五个殖民地。直到20世纪非洲大陆实现独立，葡萄牙与这些非洲殖民地间维持了长达5个多世纪的联系。在此期间，伴随着殖民进程的推进，作为宗主国的葡萄牙对其非洲殖民地产生了巨大的影响，语言是其中一个极为重要的方面。

二、殖民时期葡萄牙对非洲语言政策

根据英格利斯（Inglis）对于语言政策的分类，葡萄牙在殖民过程中对非洲殖民地采用的语言政策应当属于同化语言政策。这种语言上的殖民化策略与另一殖民巨头法国十分相似，其主要特点常表现在殖民者试图同化殖民地居民，将其语言价值取向及语言意识形态植入殖民地；把

[①] 李婧堃：《列国志——葡萄牙》，北京：社会科学文献出版社，2006年，第49–51页。

本国文化的传播提高到"文明开化"使命的高度，将殖民地语言归于"原始"；压制地方语言，对其使用加以限控等①。这些特点在当时的葡萄牙对非洲殖民政策中可见一斑。

18世纪，安哥拉总督就曾下令在当地推广葡萄牙语，"由白人向黑人传授葡萄牙语"是当时的主要传播手段。②1921年，葡萄牙殖民当局颁布第77号法令，规定禁止在非洲殖民地的学校里使用当地语言，于是葡萄牙语便成为了莫桑比克等非洲殖民地学校中唯一的教学媒介语言。③60年代，葡萄牙在非洲建立起了类似本国的教育体制，要求儿童在学龄前就必须加强葡萄牙语的学习。④

此外，殖民者还将殖民地居民划分为"公民"、"同化民"和"土著民"三类，以"土著民"特指殖民地黑色人种原住民及其后代，与"公民"（即非土著民）区分开来，又以"同化民"指称土著民中经批准获得公民身份的族群。法律规定，唯有持"公民"身份的个人才能完整享受法律赋予的权利，"土著民"若希望实现身份转级，则需要满足一系列的条件，而"准确使用葡萄牙语"是其中的核心标准之一。⑤

这一系列措施勾勒出了当时葡萄牙对于非洲殖民地语言问题的态度及思路：对内输送"葡萄牙语为尊"的语言价值观念，对外限制当地本土语言的使用与传播，并就葡萄牙语在殖民地的推广加以助力，由此"内外兼控"，达到其对于殖民地语言管理的目的。

葡萄牙之所以采取这样的殖民语言政策，其背后的动机不难想见。尽管在1926年至1954年间，当局在颁布的《安哥拉及莫桑比克土著民政

---

① [以]博纳德·斯波斯基：《语言政策——社会语言学中的重要论题》，张治国译，北京：商务印书馆，2011年，第83页。
② Silva Neto, Serafim. *História da Língua Portuguesa*. Rio de Janeiro: Presença, 1988, p.517.
③ Firmino, Gregório. *A "questão linguística" na África Pós-Colonial: o caso do português e das línguas autóctones em Moçambique*. Maputo: Promédia, 2002.
④ 刘海方：《列国志——安哥拉》，北京：社会科学文献出版社，2006年，第365页。
⑤ ESTATUTO DOS INDÍGENAS PORTUGUESES DAS PROVÍNCIAS DA GUINÉ, ANGOLA E MOÇAMBIQUE（《几内亚，安哥拉及莫桑比克三省土著民章程》）。

治、民事、刑事法》①、《殖民章程》②等多部有关葡属殖民地的法律文件中都提到了其根本目的在于：承担起"教化殖民地土著人民"的历史使命，然而其作为宗主国借由对殖民地的语言管理、巩固自身在殖民地的影响力、强化殖民地位的意图依然清晰。

纵观历史的演进，语言在殖民化过程中起到的作用往往比想象中深远，对于语言使用的干预看似不尽有力，却往往包含着一种自我身份的认知、价值观念趋向及认同感。从宗主国角度而言，语言同化政策是殖民的一种手段，有利于从语言层面驯化和凝聚殖民受众，获取其认同感，同时也可借助语言的渗透性不断深化殖民统治，进而实现殖民利益的最大化。正如阿卜杜勒-阿齐兹在分析殖民时期非洲语言政策情况时所评价的那样："（相较于法国的"唯法语"语言政策）葡萄牙殖民者对于非洲本土语言的包容度可谓有过之而无不及……于是当这些殖民地最终获得独立时，除了采纳葡萄牙语作为官方及国家语言，他们别无选择。"③

三、殖民时期后葡萄牙对非洲语言政策

20世纪末，在去殖民化思想的推动下，葡萄牙位于非洲的殖民地开始陆续宣布独立。1974年至1975年间，五个国家实现了完全独立，葡萄牙与其非洲殖民地之间历时多个世纪的殖民与被殖民关系也正式宣告终结，然而双方的联系却并未因此阻断。五个前殖民地国家在独立后不约而同地选择葡萄牙语作为本国的官方语言，于是，在语言纽带的牵引下，葡萄牙与非洲国家间开始转而以全新的身份展开互动，葡萄牙对非洲的

---

① ESTATUTO POLÍTICO, SOCIAL, CRIMINAL DOS INDÍGENAS DE ANGOLA E MOÇAMBIQUE, 1926.
② ACTO COLONIAL, 1930.
③ Abdulaziz, Mohamed H. "The History of Language Policy in Africa with Reference to Language Choice in Education", *Towards a Multilingual Culture of Education*. Hamburg: UNESCO Institute for Education, 2003, p.105.

语言政策也伴随着新的世界关系和格局发生了转变。

殖民时期后的葡萄牙对非洲语言政策是该国对外语言推广的一部分，是由法律导向的国家战略的一个重要方面。《葡萄牙宪法》[①]第九条第六款就将"保障葡萄牙语的教学及持续价值化，维护葡萄牙语的使用，促进其在国际上的传播"纳入了国家的根本任务。《葡萄牙教育基本法》[②]中特设了"海外葡萄牙语教育"的相关条文[③]，明确指出：(1)国家将通过各种方式及媒介促进葡萄牙语言及文化在海外的传播；(2)鼓励在将葡萄牙语作为官方语言的国家内或面向葡国侨民群体，建立葡萄牙学校；(3)视各国具体的教育体系情况，以补充或正式课程的方式，确保在海外工作的葡萄牙公民及其子女对于葡萄牙语言及文化的学习。

在这样的政策思想引导下，葡萄牙对非洲语言政策成为了该国语言规划战略中对外语言传播政策在非洲的实践，主要体现在如下两个方面：一是政府机构推广。政府机构的语言推广是殖民时期后葡萄牙国际语言传播的一个重要手段。在非洲各国独立后一年，葡萄牙便建立了葡萄牙文化学院，旨在由国内和国际两个层面发展及传播葡萄牙语言文化。1980年至1992年，在重建同非洲葡萄牙语国家间政治、经济和文化关系的大背景下，该机构又更名为葡萄牙语言文化学院，将国家语言的推广提到更为关键的战略地位，并引入了辅助建立及维护各地葡萄牙语言文化中心、全面构建国际葡萄牙语教学网络的概念。1992年，该机构最终发展定型，成为了当代在世界范围内最为活跃的葡萄牙语言文化传播机构，即现在的卡蒙斯—合作与语言学院。作为隶属于葡萄牙外交部的官方机构，卡蒙斯—合作与语言学院肩负着协调、推动葡萄牙语言文化在海外传播和普及的重任，是当代葡萄牙对外语言推广的主要媒介。与其他一些语言推广机构有所不同，卡蒙斯—合作与语言学院通常不直接在海

---

① CONSTITUIÇÃO DA REPÚBLICA PORTUGUESA.
② LEI DE BASES DO SISTEMA EDUCATIVO.
③ 《葡萄牙教育基本法》，2005年，第二十五条。

外开办学校或语言培训课程,而是通过辅助各地的葡萄牙语教学或相关活动来实现其推介职能,如:向各类院校输送葡萄牙语教师、为葡萄牙语师生提供奖学金或研究基金、协同创设葡萄牙语中心、辅助开展各类葡萄牙语言文化活动等。在卡蒙斯—合作与语言学院的积极推动下,目前葡萄牙与所有非洲葡萄牙语国家均有一定程度的语言相关领域合作,在非洲地区初步建立起了一个葡萄牙语推广网络(见表1),各分支点围绕着共同的目标,彼此联通,发挥着不容忽视的作用。

表1 部分非洲国家与卡蒙斯—合作与语言学院合作情况表[①]

国家	城市	机构	教师人数
安哥拉	万博	阿戈斯蒂纽·内图大学	1
	罗安达	阿戈斯蒂纽·内图大学	1
	卢班戈	阿戈斯蒂纽·内图大学	1
佛得角	明德卢	文化中心	1
		高等教育学院	4
	普拉亚	教育部/高等教育学院	45
		文化中心	1
几内亚比绍	比绍	琴戈·特高等师范学校	10
		培训点/教育部/琴戈·特高等教育学校	11
莫桑比克	贝拉	教育大学	20
	利欣加	教育大学	6
	马普托	埃德华多·蒙德拉内大学	2
		教育大学	10
	楠普拉	教育大学	21
	克利马内	教育大学	10
	沙伊沙伊	教育大学	16
圣多美和普林西比	圣多美	圣多美和普林西比理工学院	6
		公众传媒总局	1

---

① 数据来源:http://www.gepe.min-edu.pt; http://www.instituto-camoes.pt/。

二是国际互动合作。推动和参与国际组织合作，利用国际化优势也是葡萄牙当代语言政策的实现形式之一。在全球化浪潮的推动下，国与国之间的往来日益密切，依赖性逐渐加强，各国都意识到要寻求自身发展的可持续性及更大空间就必须置身于全球背景之下，把握好互动联通的优势，在探索共同点的基础上，凝聚各方之力，发挥各家所长。面对新的国际发展趋势，葡萄牙也意识到运用国际环境的必要性。于是，新时期下的葡萄牙语言政策出现了全球联动的特征。

1983年，当时的葡萄牙外交部部长雅伊梅·伽马[1]提出了"建立葡萄牙语国际组织，以平等、固化各葡萄牙语国家间多边对话"的概念。1996年，这一理念在葡萄牙与巴西等多方努力下得以实践——葡萄牙语国家共同体[2]正式成立。该共同体由葡萄牙、巴西、安哥拉、几内亚比绍、莫桑比克、佛得角、圣多美和普林西比等七个国家[3]组成，总部设于葡萄牙首都里斯本，旨在深化各成员国之间的合作及友谊，实现葡萄牙语国家在社会、经济、文化等方面的共同发展，而葡萄牙语的发展与推广则成为了共同体设定的三大核心目标之一。

为了进一步强调葡萄牙语的重要性，共同体还于2005年正式增设了一个附加机构，即国际葡萄牙语协会[4]，将"促进、维护、完善和传播葡萄牙语，推动其成为文化、教育和信息的载体，成为获取科技知识的媒介及国际会议的官方语言"作为各个葡萄牙语成员国的根本奋斗目标。

从葡萄牙对非洲语言政策的角度看，葡萄牙将当代对非洲语言战略摆在了更为广阔且多元化的平台之上，将语言作为支点，借助其"共享"的特性，以无势差、平行的、主动的方式实现提升语言影响力的目的，使对于葡萄牙语的关注成为了必然。在这样一个联络架构中，葡萄牙语是最为基础且不容忽视的环节，它的存在是维系各成员国对话的关键，它

---

[1] 雅伊梅·伽马（Jaime Gama, 1947—　），葡萄牙政治家。
[2] Comunidade dos Países de Língua Portuguesa, 简称CPLP。
[3] 葡萄牙语国家共同体建立伊始，有如上所列的七个成员国。2002年，东帝汶正式取得独立后，也加入该共同体，将成员国数量提升至八个。
[4] Instituto Internacional da Língua Portuguesa.

的不断发展和完善是加强各国交流与合作的重要助力。在它的连通下，任何一个举措都可能牵动每一个成员国，变成有关联性的群体实践活动——2009年葡萄牙共同体有关在葡萄牙语国家范围内将每年5月5日定为葡萄牙语言文化日予以庆祝的决定便是很好的例子。

葡萄牙在充分认识到共同体平台巨大优势的同时，也采取了一系列的举措，借力于其互通性和影响力开展本国语言政策的实践，比如：发起有关正字改革的运动，减少各成员国间在葡萄牙语书写上的差异，推动全球葡萄牙语统一化的进程；又如：针对非洲葡萄牙语国家，创设葡萄牙广播电视非洲特别频道（RTP[①] – África），致力于使用葡萄牙语为各非洲葡萄牙语国家人民提供全天候的资讯及娱乐服务等。

四、葡萄牙对非洲语言政策的转变及思考

对比葡萄牙在去殖民化前后对非洲所采用的语言政策，我们可以发现，该国在两个截然不同的历史阶段，就葡萄牙语在非洲推广问题上的总体方向并未发生太大的变化：无论是在殖民统治时期，还是在失去对殖民地的掌控之后，葡萄牙始终没有放弃在非洲大陆传播本国语言、提升其影响力的尝试。然而，从政策本身及其实现形式来看，葡萄牙在对非语言政策问题上却是对现实情况有所认知并做出了相应调整和转变的，其转变主要体现在三个方面：

首先，自身定位的转变。从殖民时期到去殖民化之后，葡萄牙经历了由宗主国到平等国家的角色调整。这样的变化折射在语言政策层面则表现为其语言推广姿态的转变。葡萄牙不再以"高人一等"、"葡萄牙语为尊"、"开化原始"的面貌自上而下地开展葡萄牙语在非洲地区的推广，而是转以友好、亲和、互助、互重的态度重新面对前殖民地国家。

---

① RTP是Rádio e Televisão de Portugal 的缩写形式，即葡萄牙广播与电视，是该国最具影响力的媒体之一。

其次，推广形式的转变。各非洲国家独立后，葡萄牙失去了对当地语言状况强加干预的权力，于是语言政策的实践也转而寻求较为缓和的方式，通过协商、合作与沟通实现语言在非洲地区的传播。此外，与殖民时期相对单一的同化手段相比，殖民时期后的语言政策更为丰富而多样化。语言推广模式愈趋多元化，涉及教育、传媒、文化等多个方向，语言本身的统一和完善也逐渐得到重视。

第三，政策目标的转变。如果说去殖民化之前葡萄牙对非洲语言政策的主要动因来源于强化殖民管理以便满足殖民利益的话，那么新时期的语言政策或将目标定位在了巩固葡萄牙语原有地位，扩大在世界范围的影响之上。当代葡萄牙对非洲语言政策不再局限于"一方主动、一方被动"的单向语言推广，而是将其放在了葡萄牙语共同体的框架内，放在了世界的大背景下，致力于共同构建全球葡萄牙语网络，同时也把语言发展提到了葡萄牙语国家共同目标的高度。从一定程度上来说，这是把非洲国家由被动推向主动，把着眼点由区域内的语言推广转向了世界范畴。

五、结　语

总体而言，殖民时期后葡萄牙对非洲语言政策的种种转变都是为了使其更加适应与非洲葡萄牙语国家间的全新关系，也更加顺应世界背景下全球化发展的格局，为葡萄牙语在非洲乃至世界的发展打开新的局面。然而，就当前葡萄牙语言政策实践的状况来看，其在非洲的推行仍然还面临着一些挑战与问题。从非洲葡萄牙语国家层面看，葡萄牙语虽居官方语言之位，可其普及度还较低，使用率往往远达不到当地居民的一半数量；从国际层面看，葡萄牙语在非洲地区的推广正受到其他强势语言的威胁，英语和法语是其强有力的竞争对手，目前五个非洲葡萄牙语国家中就有四个参与到了"国际法语联盟"①中。如何在今后对非语言政策的制定与实施中不断强化其执行力，深化其影响力，提高其竞争力，这是葡萄牙在未来语言规划中应当思考的问题，也将会是我们持续关注及研究的课题。

---

① Organisation Internationale de la Francophonie.

第五节

葡萄牙语在非洲的传播及其影响力

张 黎[*]

葡萄牙语属于印欧语系罗曼语族,是继英语、西班牙语之后世界上使用地区最广泛的语种。在五大洲中,除了大洋洲之外,都有以葡萄牙语为官方语言或者通用语言的国家和地区,全世界有两亿人口使用这种语言,仅次于汉语、英语、西班牙语和印地语。

为什么这种原来属于伊比利亚半岛小国的语言具有如此广泛的影响力呢?其根本原因就是15、16世纪葡萄牙的地理大发现。1415年,葡萄牙人占领了北非的休达,标志着葡萄牙对外扩张的开始。在此后差不多100年的时间里,葡萄牙人不断地沿非洲西海岸航行,发现并征服了一个又一个新地标。1434年,葡萄牙人穿越了博哈多尔角。1443年,教皇宣布了葡萄牙对于在非洲海岸航行的垄断权,过往船只在上交了部分所获利润之后才能得到葡萄牙的通行许可。葡萄牙对几内亚地理和经济的探索始于15世纪四五十年代。1456年(?),葡萄牙船队发现了佛得角。1471年,葡萄牙人在几内亚湾发现了几个岛屿,其中包括圣多美和普林西比。1486年,葡萄牙人开始了对安哥拉的征服,逐渐使之成为向巴西甘蔗种植园供应黑奴最主要的市场。1497至1499年,在达·伽马的印度之旅中,葡萄牙人认识了非洲东海岸。1498年,葡萄牙人发现了通往印度的海上之路,从而打开了亚洲的大门。1500年,葡萄牙人来到了巴西,打开了美洲的大门。从16世纪初期开始,葡萄牙人陆续占领了非洲东海岸的几个战略要地,

---

[*] 上海外国语大学西方语系葡萄牙语专业副教授。

其中最主要的是莫桑比克岛,那里成了葡萄牙船队前往印度的中途停靠港。可以说,是地理上的扩张导致了语言的扩张。在葡萄牙语的扩张过程中,一方面,葡萄牙语得以稳固,并且影响甚至成为殖民地的语言;另一方面,形成了以葡萄牙语为基础的克里奥尔语。无论在非洲、亚洲还是美洲,无论是出于奴隶贸易的需要还是商品交易的需要,葡萄牙语以及以葡萄牙语为基础的克里奥尔语成了当时不同地区、不同民族、不同语言的人们交流时使用的通用语言。

一、葡萄牙语在非传播和克里奥尔语在非形成

在葡萄牙人不断地沿非洲西海岸向南航行的过程中,语言的障碍成了影响他们地理扩张的致命伤。葡萄牙人想到了抓捕和训练一些土著居民,让他们在以后的航行中充当翻译,这种做法成了葡萄牙人在新发现的土地上传播葡萄牙语的最初方式。如果说地理扩张最主要的动因是经贸方面的,那么,不可否认还存在着其他方面的动因,比如宗教和文化的传播。伴随着地理扩张的进程,基督教被传到了非洲、亚洲和美洲,与此同时,不断有葡萄牙人在新发现的土地上定居,他们成了葡萄牙语言和文化的传播者。贸易的往来以及宗教的传播,使葡萄牙语成了基督教文化的象征,成了通行于水手、商人、传教士之间,欧洲人抑或非欧洲人之间的语言。

葡萄牙语的传播,通常造成两种情况:一种是葡萄牙语成为绝对优势语言;另一种是形成以葡语为基础的克里奥尔语。前者主要是由于在某一特定的历史时期,殖民地国家葡萄牙人激增,或者葡萄牙在殖民地的教育和语言传播政策使然;后者通常出现在多语种的群体中,人们自己的母语不再起作用,异族之间通婚普遍,同时,葡萄牙人的数量远少于其他民族的人数,导致人群接触葡语的机会不多。

葡萄牙语在安哥拉的传播属于第一种情况,造成这种情况的原因主要有以下几方面:

首先,葡萄牙在安哥拉的政策。1765年,葡萄牙总督弗朗西斯科·伊诺塞尼奥·达·索萨·考提诺①颁布法令,不鼓励在学校教育中使用非洲语言。其次,在安哥拉的葡萄牙人激增。从20世纪开始,在安哥拉的葡萄牙人(包括男性和女性)增加明显。第三,人口的高度集中。19世纪60年代,葡萄牙主要通过建立大规模农庄来加强其在安哥拉内地的影响力;70年代,葡萄牙军队把大批内地人口集中在一起;1975年安哥拉独立后,内战的蔓延使大量安哥拉人从农村逃亡到大城市,特别是罗安达,大批人口聚居在贫民区。无论是上面哪一种因素,都有利于葡萄牙语在安哥拉的传播,从而使安哥拉成为除了葡萄牙和巴西之外,葡萄牙语得以最广泛传播的国家。

而葡萄牙语在佛得角、几内亚比绍以及圣多美和普林西比等葡萄牙前殖民地的传播,则出现了第二种情况,即形成以葡语为基础的克里奥尔语,并且克里奥尔语占据主导地位。追溯历史,非洲的克里奥尔语起源于从几内亚海岸至安哥拉北部的区域,是葡萄牙殖民者与沿海地区的非洲居民在始于15世纪的贸易接触尤其是黑奴贸易中产生的。黑奴被买来后,集中在沿海地区或者高尔夫岛的中转站等候发落。起初,仅限于把黑奴贩卖到欧洲,随着巴西种植园经济的发展,大批黑奴被卖到那里。这种奴隶贸易致使黑人家庭妻离子散,四分五裂。在中转站里,不同民族的黑人被囚禁在一起,没有共同的语言,没有共同的文化渊源,母语在那里已毫无用武之地。这种交流上的空白急需一种通行语言来填补,因此出现了皮钦语。它是一种媒介语言、辅助语言,词汇和词法规则有限,葡萄牙语在词汇方面为皮钦语的形成做出了贡献。

在葡萄牙原殖民地,皮钦语既是黑奴和主人之间沟通的语言,也是黑奴家庭成员之间沟通的语言。黑奴的子女从小就学这种语言,对他们来说,皮钦语已不再是第二语言,俨然成了母语。从这个意义上讲,假如葡萄牙人和非洲人通婚,其家庭的语言状况是一样的。皮钦语在使用过

---

① 弗朗西斯科·伊诺塞尼奥·达·索萨·考提诺(Francisco Inocênio da Sousa Coutinho, 1726–1780),葡萄牙殖民时期总督和外交家。

程中，词汇不断得以丰富，语法也不断复杂化，逐渐演变成了克里奥尔语。这种变化具有非常重要的意义，使语言能适合更多的交际场合。被称作以葡语为基础的克里奥尔语，是因为其词汇中的绝大部分来源于葡萄牙语，而从语法方面来说，克里奥尔语不同于葡语，它是独立的。

克里奥尔语一旦形成，就成了民族身份的象征，这从很大程度上解释了它们对于其他与它们保持接触的、具有更大社会和文化权威的语言（比如葡语）的同化作用的抵抗，也解释了为什么一些克里奥尔语至今仍有生命力，甚至成为一些民族的母语。尽管对于非洲原葡萄牙殖民地克里奥尔语的形成尚存争议，但是，有一点是共识，即葡语对它们的影响，这种影响不仅体现在其形成期，也体现在之后的几个世纪中。所以我们说，以葡语为基础的克里奥尔语，既体现了它们独立于葡萄牙语的一面，也体现了它们与葡萄牙语相关联的一面。

二、以葡萄牙语为官方语言的非洲国家语言现状

在非洲，以葡萄牙语为官方语言的国家有安哥拉、莫桑比克、几内亚比绍、佛得角以及圣多美和普林西比，它们都曾经是葡萄牙的殖民地。15、16世纪，葡萄牙人来到那里，改变了那里的一切。几个世纪过去了，葡萄牙人的统治早已不复存在，但是，葡萄牙语却在那里扎根下来。尽管现在这些国家的语言状况不尽相同，但是，有一点是共同的，即葡萄牙语是它们的官方语言、政府机构用语和教学用语。

1. 安哥拉

在所有以葡萄牙语为官方语言的国家中，安哥拉是除了葡萄牙和巴西之外，葡萄牙语得以最广泛传播的国家，近70%的人口讲葡萄牙语。葡萄牙语不仅是安哥拉的官方语言、政府机构用语和教学用语，而且正逐渐成为这个国家全民的语言。尽管在安哥拉有许多当地语言存在（主要属于班图语），但是都被当作方言。安哥拉总统若泽·爱德华多·多斯·

桑托斯[1]在2006年9月11日的演讲中曾经这样说道："我们应该有勇气承认：从我们独立之日起就被用作我们国家官方语言的葡萄牙语，如今已成为三分之一安哥拉人的母语，而且正逐渐被确认为安哥拉国家的语言。"安哥拉葡语（即葡语在安哥拉的变体）正处于不断的变化中。地方性语言对于它的影响，新词语和表达法的产生，以及某些偏离标准葡语的现象，都赋予了安哥拉葡语一种力量，使它日益与安哥拉现实紧密相连，并适应安哥拉现实的需要。

有关葡语的安哥拉变体，葡萄牙著名的语言学家伊夫·卡斯特罗[2]在2006年出版的《葡萄牙语历史入门》一书中指出，除了已经确定下来的两大变体：葡萄牙变体和巴西变体之外，还有两个正在形成的变体，即安哥拉变体和莫桑比克变体，希望当它们稳定下来的时候，在语言规范上有自己的特色。另外，安哥拉的文学语言以插入地方性语言为特色，它们主要出现在对话中。安哥拉的文学作品基本上用葡语写成。安哥拉遵循葡萄牙的正字法标准。2010年，考虑到有必要把安哥拉所特有的词汇收入普通词汇表中，安哥拉申请延期三年来使1990年的正字法协定生效。目前，1945年的正字法协定仍然有效。

2. 莫桑比克

莫桑比克1990年宪法第五条规定，葡萄牙语是莫桑比克共和国唯一的官方语言。葡萄牙语主要用于教学、文字新闻、电视，以及所有国家机关、出版物和报纸。但是，实际上，葡萄牙语是该国大多数居民的第二语言，而班图语则是他们的母语。

葡萄牙语在莫桑比克的迅速传播从1975年莫桑比克独立开始。根据葡萄牙语言学博士、莫桑比克语言问题专家佩尔佩图阿·贡萨尔夫斯[3]在

---

[1] 若泽·爱德华多·多斯·桑托斯（José Eduardo dos Santos, 1942– ），安哥拉现任总统。
[2] 伊夫·卡斯特罗（Ivo Castro），葡萄牙著名语言学家。
[3] 佩尔佩图阿·贡萨尔夫斯（Perpétua Gonçalves, 1947–?），葡萄牙语言学博士、莫桑比克语言问题专家。

1983年发表的《莫桑比克葡萄牙语现状》一文中提供的数据,1975年,莫桑比克的文盲率为93%,估计约1%的人口把葡萄牙语作为母语,9%的人口把葡萄牙语作为第二语言。五年后的1980年,由于学校教育的缘故,约25.6%的人口接触到葡萄牙语。1997年的普查数据显示,6%的人口把葡萄牙语作为母语,在全国范围内,39.6%的人口声称会讲葡语,而在首都马普托,这一比例上升至87%。根据2007年的人口普查数据,五岁及以上会讲葡语的人口比例已经上升至50.4%,80.8%的城市人口会讲葡语,而在农村,这一比例下降到了36.3%。绝大多数把葡语作为母语的人口居住在城市。就全国范围内来看,绝大多数人口讲班图语。

由上面的数据我们可以得出两个结论:第一,葡萄牙语不是莫桑比克大多数人的语言。第二,讲葡萄牙语的人口增长很快,尤其在城市以及年轻的人口中。

佩尔佩图阿·贡萨尔夫斯认为,葡萄牙语正在莫桑比克形成该国特有的变体,区别于欧洲葡语和巴西葡语。莫桑比克遵循葡萄牙的正字法标准。2008年4月,莫桑比克共和国总统阿尔芒多·盖布萨[①]称,莫桑比克正在分析(1990年)正字法协定,显然,总有一天要签署这份协定。当年9月,莫桑比克政府重申了批准协定的意愿。目前,1945年的正字法协定仍然有效。

3. 几内亚比绍

葡萄牙语是几内亚比绍的官方语言和教学用语,但是,以葡萄牙语为母语的人口比例相当低,约占14%,近半数的人口讲克里奥尔语。葡萄牙语占主导的地区在首都比绍的市中心和商业区。有相当一部分几内亚人同时会讲克里奥尔语和本民族语言,仅少数人同时会讲克里奥尔语和葡萄牙语,内地人通常只会讲当地语言。越来越多的人讲法语,因为周围都是讲法语的国家,而且,在几内亚比绍还有一个庞大的来自法语国家塞内加尔和几内亚的移民社团,所以,存在这样一种趋势:相对于葡语,

---

[①] 阿尔芒多·盖布萨(Armando Guebuza, 1943–?),莫桑比克现任总统。

人们更多地学习和使用法语。甚至有人认为,在如今的几内亚比绍,法语是仅次于克里奥尔语的第二大语言。在正字法方面,几内亚比绍遵循葡萄牙的正字法标准。2009年11月23日,几内亚比绍的全国人民代表大会一致通过了1990年的《葡萄牙语正字法协定》,但是目前,1945年的正字法协定仍然有效。

4. 佛得角

葡萄牙语是佛得角的官方语言,而克里奥尔语几乎是所有佛得角人的母语;葡萄牙语主要用于正式场合、教学以及大众传媒,而克里奥尔语则是人们日常对话的语言。这两种语言形成了佛得角的双语制状态。

葡萄牙语在佛得角存在不同的使用等级:(1)纯正的葡语:通常只有受过良好教育的阶层才掌握;(2)地区性葡语:基本正确,但是夹入了地方用语,带有地方色彩;(3)粗糙的葡语:通常是贫民阶层在某些特定的场合(比如:比较隆重的场合)才使用。

在佛得角存在一种有趣的现象:一方面,该国的葡萄牙语力图发展其自身的特点;而另一方面,葡萄牙的葡语规则仍然在对其产生影响,阻碍了佛得角葡语变体的迅速发展,因为时至今日,佛得角的工具书、学校教材等都从葡萄牙引进。

与非洲其他以葡语为官方语言的国家一样,在佛得角没有土著语言,这说明在葡萄牙人殖民之前,当地没有土著居民。但是,存在两种克里奥尔语,即比较接近当今欧洲葡语的克里奥尔语和比较接近地理大发现时期葡语的克里奥尔语。

鉴于克里奥尔语在佛得角的重要地位,它如今的使用范围已经不再局限于口语,而成了正在形成中的一种文学形式的支柱。在正字法方面,佛得角遵循葡萄牙的正字法标准。佛得角是第二个完成所有使1990年正字法协定生效手续的国家,仅次于巴西。佛得角总理若泽·玛利亚·内维斯[①]指出,佛得角支持葡葡(即欧洲葡语)和巴葡(即巴西葡语)两

---

① 若泽·玛利亚·内维斯(José Maria Neves, 1960–?),佛得角现任总理。

种语言变体在正字法上趋于接近,他把葡萄牙语看做是促进佛得角发展的一个重要工具。尽管1990年正字法协定已经开始用于一些大众传媒机构,但是1945年的正字法协定仍然占据主导地位。

5. 圣多美和普林西比

葡萄牙语是圣多美和普林西比的官方语言和教学用语,它和克里奥尔语一起,构成该国的双语制状态。在圣多美和普林西比,普通民众所使用的葡萄牙语比较接近巴葡,而政客和上流社会使用葡葡。在圣多美和普林西比存在三种克里奥尔语,它们与非洲大陆尤其是安哥拉的语言密切相关,区别于佛得角的克里奥尔语。16世纪初期,圣多美是黑奴贸易的中转站,在那里形成了第一种克里奥尔语——佛罗语。在正字法和语法方面,圣多美和普林西比遵循葡葡的规则。2006年11月17日,圣多美和普林西比批准了1990年的正字法协定和两个修正案,是第三个完成所有使1990年正字法协定生效手续的国家,仅次于巴西和佛得角。但是目前,1945年的正字法协定仍然有效。

三、结　语

若昂·巴若斯[①]曾说过:"葡萄牙人留在非洲、亚洲以及三块大陆之外的上千个岛屿上的武器和纪念碑,可以随着岁月的流逝而被损坏,但是,葡萄牙人在这些土地上所留下的宗教教义、习俗和语言,是永远都磨灭不掉的。"[②]

纵观历史,我们可以发现,殖民的过程也是语言和文化侵略和移植的过程,而这种侵略和移植的影响力可以是非常深远的。地理大发现500

[①] 若昂·巴若斯(João de Barros, 1496–1570),被认为是葡萄牙第一位伟大的历史学家、葡萄牙语语法的先驱。

[②] João de Barros. *Gramática da Linguagem Portuguesa: Diálogo em Louvor da Nossa Linguagem*. Lisboa: Universidade de Lisboa, 1971, p.391.

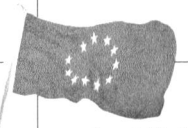

年后的今天,葡萄牙在非洲的殖民地都已相继独立,葡萄牙在那里的统治早已不复存在,但是葡萄牙语却顽强地在那里扎根生存下来,成了那里900万非洲人的语言,并且有不断发展的趋势。葡萄牙语是那些殖民地国家独立之后的官方语言,是它们谋求国家统一和发展的工具,也是它们与其他国家交往的工具,是它们的国民受过良好教育的象征。所以,我们有理由相信,葡萄牙语对非洲原葡萄牙殖民地国家的影响力已经超越了语言本身,它的地位是不可替代和无法动摇的。

第六节
葡萄牙语非洲文学的非洲性及民族性

傅菡钰[*]

文学源自生活,反映生活。正是在非洲殖民化进程不断深入、社会动荡变革不断涌现之时,葡萄牙语非洲文学开始兴起并蓬勃发展,形成一种具有浓厚民族色彩和富有民族意识的非洲文学。本节旨在研究,在非洲现代文学逐渐在世界文坛上崭露头角的大背景下,葡萄牙语非洲文学是如何形成、发展,以及展现对民族性的深刻思考的。

一、非洲文学概述

作为世界第二大大陆的非洲,拥有悠久的历史、深厚的文化底蕴,以及丰富的人类文明遗产,其中位于非洲东北部的埃及,更是世界文明的发祥地之一。然而,自15世纪起,西方殖民者开始入侵非洲,这一片孕育文明的大陆陷入了历史上最黑暗的殖民统治时期。直至20世纪第二次世界大战后,非洲独立浪潮在北非兴起,不仅改变了非洲的面貌,更使得世界殖民体系最终瓦解。自1952年埃及共和国建立,直至1990年纳米比亚共和国获得独立,标志着非洲殖民时代的正式结束。

尽管非洲幅员广阔,各国在地理环境和生活习俗上千差万别,但是社会形态和文化传统具有相似性,特别是撒哈拉沙漠以南地区,以尼格

---

[*] 上海外国语大学西方语系葡萄牙语专业教师。

罗人为主要居民,即黑人,因此该地域也被称为黑非洲,包括东非、西非和南非。[①]20世纪以前,黑非洲广大地区的各个民族由于缺乏文字体系,都鲜有书面文学,主要以口头文学形式进行传播。历经400多年的奴隶贸易,直至19世纪,整片非洲大陆沦为英国、法国、葡萄牙、西班牙、比利时等国的殖民地或半殖民地,毋庸置疑阻碍了非洲本土文学的独立发展。长久以来,西方作者笔下的黑非洲是人类文明的荒芜沙漠,西方视野中的非洲人是野蛮愚昧的原始初民,这一偏见在19世纪末至20世纪初变本加厉,发展成为种族主义。

客观地说,西方殖民者的入侵虽然阻碍了传统非洲文学的独立发展,但同时又为其现代文学提供了独特的社会历史背景和语言基础。为了扩展本国势力,进一步统治非洲,西方一方面依靠宗教进行渗透,大量欧洲传教士沿着殖民者开辟出的道路,进入非洲殖民地传播福音;另一方面进行语言文化输出和同化,或为部分语言创造文字,或直接向当地人教授宗主国的语言和文字。意料不到的是,文字教育开启了非洲人民的心智,知识传播更是赋予了他们思考能力和精神力量,从此非洲各民族获得了独立运用英语、法语、葡萄牙语等语言甚至本族语言进行创作的能力。于是,在19世纪末和20世纪初,大部分黑非洲书面文学开始萌芽,而随着社会状况的巨大变化,非洲各族人民逐渐觉醒,独立运动不断壮大,殖民主义制度逐步瓦解,黑非洲文学取得了突飞猛进的进展,打破了西方世界的长期偏见,向世界人民展现了真实的非洲大地和丰富的本土文化传统。其中1958年尼日利亚作家钦努阿·阿契贝[②]的第一部用英语书写的长篇小说《瓦解》第一次从非洲人的视角描写非洲殖民化过程,震动了整个西方世界,改变了世界文学的面貌,而至今为止,共五届诺贝尔文学奖落于这片浴火重生的大陆,这都证明了非洲文学是人类文学和文明史中不可或缺的组成部分。

---

① 高文惠:"黑非洲民族主义文学的历史演变",《德州学院学报》,2006年第8期,第25–30页。
② 钦努阿·阿契贝(Chinua Achebe, 1930–2013),尼日利亚著名作家、诗人,被认为是非洲文学之父,代表作有《瓦解》、《动荡》、《神箭》和《人民公仆》等。

二、葡萄牙语非洲文学的发展

葡萄牙语非洲文学的产生离不开15世纪这一重要的历史时期,一大批葡萄牙人穿越非洲,到达亚洲、大洋洲和美洲,这些人中有编年史家、诗人、史学家、游记作者、科学家以及欧洲文学者。自此至18世纪,产生了大量葡萄牙地理大发现时期文学作品,形成了地理大发现文学,虽然这一文学并没有直接影响葡萄牙语非洲文学的发展,但是充分展现了其产生的社会历史和文化背景。

毫无疑问的是,从15世纪起,非洲殖民化进程正式开始。而数世纪后,由此促生了一种全新的文学——殖民文学。殖民文学和地理大发现文学的区别在于:地理大发现文学主要是由航海家、作家、商人等创作的游记作品,内容多为叙述航程历险;而殖民文学主要反映葡萄牙人在海外省和殖民地的生活情况,着重关注的是欧洲人而不是非洲人,是带有明显种族主义色彩的文学,普遍认同白人种族的优越性和黑人种族的低劣性。可以说,这些种族主义作品反映了当时整个时代的社会政治观和思维方式。但同时,也存在一部分具有人道主义和博爱主义倾向的作者和作品,例如若奥·德·莱姆斯①的《黑色灵魂》和若泽·奥索里欧·德·奥利维拉②的《非洲行纪》,都尝试着去描写并理解黑人的思维和文化。

与此同时,殖民文学对非洲日益严苛的歧视和偏见,殖民地官方教育的兴起,私人教育的拓展,言论自由,以及19世纪40年代起印刷厂的纷纷建立,种种这些因素都促使了另一种新的文学的产生,即葡萄牙语非洲文学。事实上,安哥拉的印刷厂成立后,安哥拉混血作家若泽·达·席尔瓦·玛雅·费雷拉③的《我灵魂的天性》于1849年面世,成为第一部在

---

① 若奥·德·莱姆斯(João de Lemos, 1819–1890),葡萄牙诗人、剧作家。
② 若泽·奥索里欧·德·奥利维拉(José Osório de Oliveira, 1900–1964),葡萄牙小说家、文学评论家、诗人。
③ 若泽·达·席尔瓦·玛雅·费雷拉(José da Silva Maia Ferreira, 1827–1881),安哥拉诗人。

葡属非洲殖民地出版的作品，但这并非第一部葡萄牙语非洲作品，同年早先时在里斯本便出版了佛得角女诗人安东尼娅·热尔特如德斯·布兹叙①的短诗《纪念于1844年6月25日深夜死于弗兰西斯科·德·马杜思·洛布之手的不幸受难者的挽歌》。

同所有非洲文学一样，葡萄牙语非洲文学向世界传递的是非洲性，它的产生是为了反对欧洲习语和欧洲化模式，这是一种完全不同于非洲传统口头文学形式的文学，它使用欧洲语言来描述非洲人民的真实生活和精神面貌，向世人直接展示最自然最真实的非洲社会和人文风情。

葡萄牙语非洲文学的发展过程大致可分为四个阶段。第一阶段是起初的模仿时期，顾名思义，就是非洲殖民地作者们使用习得的葡萄牙语模仿欧洲的文学模式进行文学创作。第二阶段是反抗时期，即非洲殖民地作者们开始承担起非洲文化与传统的保卫、重塑和复兴者的重任，抵制欧洲化模式，不断增强民族意识，探索非洲种族文化价值。1943年安哥拉诗人贝萨·维克托②使用简洁明了的语言在诗作中描述了当时葡属殖民地黑人和白人的生活现状，反映了在殖民者专断统治和种族主义日益猖獗下非洲人民在自己的土地上过着无所适从、毫无自由的禁锢生活：

"黑人男孩没有走进人群
那是一群白人小孩——白人小孩们
一个个玩闹着围成一圈
满载欢歌笑语……
黑人男孩没有走进人群。"③

---

① 安东尼娅·热尔特如德斯·布兹叙（Antónia Gertrudes Pusich, 1805–1883），佛得角女诗人。
② 贝萨·维克托（Bessa Victor, 1917–1985），安哥拉诗人。
③ Alexandre Dias Pinto, Carlota Miranda, Orlanda de Azevedo, Pedro Valente. *O Nosso Dever Falar*. Porto: Santillana, 2007, p.91. 选自贝萨·维克托的诗作 *O Menino Negro Não Entrou na Roda*（《黑人男孩没有走进人群》），诗句原文为"O menino negro não entrou na roda/das crianças brancas – as crianças brancas/que brincavam todas numa roda viva/de canções festivas, gargalhadas francas.../O menino negro não entrou na roda"，由本文作者翻译。

值得一提的是，正是从19世纪40年代开始萌芽的反抗思想和革命意识，使得葡萄牙语非洲文学在传承非洲固有文化之根的同时，还拥有了独特的分支，即形成了混合使用葡萄牙语与本土语言、专门面向非洲人民的文学，使得欧洲人难以破译其中的涵义，比如安哥拉诗人阿戈斯蒂纽·内图[①]、安东尼奥·雅辛托[②]、平托·德·安德拉德[③]、鲁安迪努·维埃拉[④]等在作品中使用班图语，莫桑比克作家穆迪玛蒂·巴尔纳贝·若奥[⑤]在作品中使用本族语言。第三阶段是后殖民时期，此时非洲各国纷纷取得民族独立运动和反殖民战争的胜利，脱离了长达数世纪的欧洲殖民者统治后，非洲作家们开始重新自我定位，力图在后殖民时期的新社会中确定自己的社会身份，履行社会职责。最后一个阶段便是当代，现如今既是巩固完善已有的非洲文学的时候，也是探索未来文学多样化发展方向的时刻，更是葡萄牙语非洲文学努力跻身世界文学之流、确保立于全球文化之林的重要时期。

总的来说，葡萄牙语非洲文学不仅重塑了传统记叙文学，还善于借鉴民族大众文化的独特韵律，从而打破了外来文化的统治，逐步形成一种具有浓厚民族特色并且富有民族意识的文学。

三、民族性思考

伴随着非洲各民族国民意识的觉醒，对黑人种族价值的反思，对殖民者暴行的不满和反抗，以及对自由和解放的追寻，非洲现代文学带着浓厚的民族色彩，在世界文学的舞台上崭露头角。非洲现代文学以诗歌和小说的成就最为突出。文学创作最基本的形式首先是诗歌，可以说诗

---

① 阿戈斯蒂纽·内图（Agostinho Neto, 1922–1979），安哥拉首任总统、文学家。
② 安东尼奥·雅辛托（António Jacinto , 1924–1991），安哥拉诗人。
③ 平托·德·安德拉德（Pinto de Andrade , 1928–1990），安哥拉散文家、政治家。
④ 鲁安迪努·维埃拉（Luandino Vieira, 1935–?），安哥拉作家。
⑤ 穆迪玛蒂·巴尔纳贝·若奥（Mutimati Barnabé João, 1933–1994），莫桑比克诗人。

歌是最符合最适应非洲本土传统的文学形式,因为几乎从有语言开始,非洲就有诗人和歌词作家,因此诗歌是非洲现代文学中兴起最早、发展最迅速的文学形式。[①]众多的非洲诗歌作品,无一不歌颂黑非洲的民族传统、揭露殖民主义的恶劣罪行,无一不抒发对祖国和非洲大地的热爱、表达民族觉醒和争取自由的信念愿望。而小说从某种程度上讲,属于欧洲文学的产物,由西方世界传入非洲,并非非洲文学本身发展的果实,但是小说的蓬勃发展在非洲现代文学中同样占有举足轻重的地位。[②]在这方面,对非洲文学民族性的思考主要涉及黑人性、非洲母亲和混血后裔三个方面。

一是黑人性。既然讨论非洲文学,就不得不提"黑人性"这个几乎贯穿了所有非洲文学的根本性主题。艾梅·塞泽尔[③]于1939年在自己的长诗《还乡笔迹》中创造了新的法语单词,即negritude,"黑人性",从此成为他和塞内加尔前总统列奥波尔德·塞达·桑戈尔[④]所倡导的旨在恢复黑人价值和种族尊严的政治文化运动的旗帜,这一深深扎根非洲故土传统文化、反抗白人种族的歧视与暴虐的理念被非洲各民族广泛接受并发展壮大。黑人性,代表一种与白人文化不同但是与之平等的黑人文化的概念,提倡求本溯源,包括重塑黑非洲文化价值,寻求民族性,维护祖国和非洲故土。归根结底,黑人性否定的并不是欧洲文化或者其他文化的价值,而是反对它们通过建立帝国统治和殖民化手段,将自己凌驾于非洲文化之上。

与黑人性紧密联系的诗歌形式在葡萄牙语非洲文学中同样突出,表现为对黑色的赞颂和对身为黑人的自豪。黝黑是肤色,是自然而性感的

---

① [肯尼亚]A.马兹鲁伊:《非洲通史——第八卷:1935年以后的非洲》,屠尔康等译,北京:中国对外翻译出版公司,2003年,第402页。
② 夏艳:"20世纪非洲文学:殖民统治、种族主义与民族独立",《世界文学评论》,2010年第2期,第177–179页。
③ 艾梅·塞泽尔(Aimé Césaire, 1913–2008),法属殖民地马提尼克诗人、作家、政治家。
④ 列奥波尔德·塞达·桑戈尔(Léopold Sédar Senghor, 1906–2001),现代非洲著名政治家、文学家,塞内加尔共和国前总统。

颜色，是非洲的独特色彩，是非洲人民热爱并崇拜的光泽。如莫桑比克女诗人诺埃米亚·德·索萨①的作品《黑色血液》中所说：

"黑色的血液啊，是你传给我的原始血液……
因为在我体内，在我的灵魂里，在我的经脉中，
他强过这世上的一切！"②

安哥拉诗人科尔代罗·达·玛答③也在诗作《黑色女人》中说道：

"黑色女人！黑色女人！如同黑夜
狂风暴雨之夜
但优美，精致，而又迷人
宛若最纯洁的娇娥！"④

二是非洲母亲。与此同时，在葡萄牙语非洲文学中还产生了衍生自黑人性的Mãe-África这一主题，即"非洲母亲"，也代表了同样重要的民族性思考。这种将非洲故土视为生母的特殊情结，饱含了葡属非洲殖民地人民对祖国和民族的深切热爱，还饱含了漂泊在外的游子们对非洲大地及传统文化的深深眷恋。

---

① 诺埃米亚·德·索萨（Noémia de Sousa, 1926–2003），莫桑比克女诗人。
② Noémia de Sousa. *Sangue Negro*. Moçambique: Associação dos Escritores Moçambicanos, 2001, pp.140-142.选自诺埃米亚·德·索萨的诗作*Sangue Negro*，《黑色血液》，诗句原文为 "O sangue negro, o sangue bárbaro que me legaste.../ Porque em mim, em minha alma, em meus nervos/ ele é mais forte que tudo!"，由本文作者翻译。
③ 科尔代罗·达·玛答（Cordeiro da Matta, 1857–1894），安哥拉诗人。
④ Maria Alexandre Dáskalos, Livia Apa, Arlindo Barbeitos. *Poesia Africana de Língua Portuguesa: Antologia*. Rio de Janeiro: Lacerda Editores, 2003, p.39. 选自科尔代罗·达·玛答的诗作*Negra*，《黑色女人》，诗句原文为 "Negra!Negra!Como é a noite/d'uma horrível tempestade,/mas, linda, mimosa e bella,/como a mais gentil beldade!"，由本文作者翻译。

诺埃米亚·德·索萨在诗作《黑色血液》中一开始便提道：

"哦，我神秘而自然的非洲！
我遭受暴虐的净土！
我的母亲！……"①

回顾历史可以看到，葡萄牙率先于1921年开始颁布《土著法》，在1926年至1961年对非洲人严格实行同化政策，试图摧毁其非洲殖民地的本土传统文化，而强制要求殖民地接受宗主国的传统文化和风俗习惯，通过欧洲化进行同化，培植一批批能为殖民者服务的精英，称为"同化人"。然而在这同化政策的强压下，非洲人民并没有放弃寻求自身文化的价值，并没有忘记非洲故土的强烈呼唤。甚至可以说，正是政坛的风云变幻和殖民者的强压暴治，激发了一代又一代的非洲知识分子对本土传统文化的求本溯源，对非洲大陆的热爱眷恋，对自由解放的抗争奋斗。圣多美和普林西比女诗人玛利亚·奥林达·贝夏②在1994年的诗作《视界》中就说道：

"他们想把我变成
一个欧洲人
为此将我硬生生拖离
非洲母亲的海岸
我的母亲
……
但是友善的时间

---

① Noémia de Sousa. *Sangue Negro*. Moçambique: Associação dos Escritores Moçambicanos, 2001, pp.140-142. 选自诺埃米亚·德·索萨的诗作 *Sangue Negro*，《黑色血液》，诗句原文为"Ó minha África misteriosa, natural!/Minha virgem violentada!/Minha Mãe!..."，由本文作者翻译。
② 玛利亚·奥林达·贝夏（Maria Olinda Beja, 1946–?），圣多美和普林西比女诗人。

明白一切
传递给我血液的声音
告诉我有条小船开回
非洲母亲的海岸
我的母亲。"①

第二次世界大战后日益高涨的反殖民战争和民族独立运动,虽使得葡萄牙于1961年9月废除了《土著法》,改称葡属殖民地的所有非洲人都是葡萄牙公民,享有完全的公民权,但是这仍不能掩盖其殖民主义的本质。于是,在非洲其他国家掀起一次又一次民族独立和自由解放的浪潮的推动下,葡属非洲殖民地于1961年2月在安哥拉正式打响争取独立的武装斗争第一枪,自此几内亚比绍、安哥拉、佛得角、莫桑比克、圣多美和普林西比依次取得胜利并获得独立,这场亚非殖民地反抗欧洲殖民主义统治的最后一次大规模独立战争于1975年正式宣告结束。

安哥拉小说家佩佩特拉②在小说《玛永贝》中,就描述了在安哥拉人民解放运动时期一支由不同族战士组成的队伍在森林中行军作战的故事,虽然带有文学创作色彩,但是反映了非洲人民面对纷繁复杂的难题时所拥有的勇敢无畏的精神,所怀揣的捍卫祖国和故土的坚定信念,还描绘了非洲鲜为人知的真实的自然景象和社会状况。

三是混血后裔。不论是殖民时期还是反殖民战争结束后,混血后裔一直是葡属非洲殖民地引人注目的社会现象之一。混血,不仅仅只是单纯表现在生理现象上的不同,更重要的是其在所属社会以及所在地文化

---

① Alexandre Dias Pinto, Carlota Miranda, Orlanda de Azevedo, Pedro Valente. *O Nosso Dever Falar*. Porto: Santillana, 2007, pp.34-35. 选自玛利亚·奥林达·贝夏的诗作*Visão*,《视界》,诗句原文为 "*Quiseram fazer de mim/uma Europeia/e por esse motivo me arrancaram/das costas de Mãe-África/minha Mãe/.../Mas o tempo que é amigo/e tudo sabe/resolveu enviar-me a voz do sangue/que me disse haver um barco de regresso/às costas de Mãe-África/minha Mãe.*" 由本文作者翻译。
② 佩佩特拉(Pepetela, 1941–),原名Artur Carlos Maurício Pestana dos Santos,安哥拉作家,作品名为*Mayombe*《玛永贝》。

中的身份和地位的特异性。混血后裔,不止是简单的白人人种和黑人人种甚至其他人种之间混合的结果,而是不同背景、差异文化在同一地域和社会中相斥或相融的过程。

身为欧洲白人和非洲黑人的混血后裔,他们是非洲社会中较为特殊的一族。他们时刻进行的对自我身份的求索和认同、对不同文化的理解和接纳,同样是非洲文学民族性反思的重要组成部分。可以说,混血后裔是反对种族主义、倡导种族平等的不可或缺的力量。在1964年出版的小说集《我们杀了癞皮狗》中,莫桑比克作家路易斯·贝尔纳尔多·宏瓦纳①用七个小故事向世人展现了在葡萄牙殖民者统治下的深受种族主义侵害的混血后裔与黑人的悲惨生活。路易斯·贝尔纳尔多·宏瓦纳也因此成为莫桑比克文学先驱,为一大批莫桑比克后殖民时期作家指引了方向,使得莫桑比克文学在葡萄牙语非洲文学中留下了不可磨灭的徽印。

而圣多美和普林西比诗人弗朗西斯科·若泽·坦瑞罗②则在1942年的《混血儿之歌》③中发出了混血后裔的真实声音,他写道:

"混血!
我生自黑人和白人
别人视我
如同
象棋棋盘

---

① 路易斯·贝尔纳尔多·宏瓦纳(Luís Bernardo Honwana,1942-?),莫桑比克作家,作品名为 *Nós Matámos o Cão-Tinhoso*。
② 弗朗西斯科·若泽·坦瑞罗(Francisco José Tenreiro, 1921–1963),圣多美和普林西比诗人。
③ Alexandre Dias Pinto, Carlota Miranda, Orlanda de Azevedo, Pedro Valente. *O Nosso Dever Falar*. Porto: Santillana, 2007, p.168. 选自弗朗西斯科·若泽·坦瑞罗的诗作 *Canção do Mestiço*,《混血儿之歌》,诗句原文为 "*Mestiço!/Nasci do negro e do branco/e quem olhar para mim/é como que se olhasse/para um tabuleiro de xadrez/.../Mestiço!/ E tenho no peito uma alma grande/uma alma feita de adição/como 1 e 1 são 2/.../Mestiço!/Quando amo a branca sou branco.../Quando amo a negra sou negro/Pois é...*",由本文作者翻译。

……

混血！

我胸怀广阔

这是加乘的灵魂

就像1加1等于2

……

混血！

当我热爱白色时，我是白人……

当我钟爱黑色时，我是黑人

正是如此……"

四、结　语

  作为人类文明起源之一的非洲大陆，自15世纪起，遭受了四百多年奴隶贸易的摧残，直至19世纪彻底沦陷为欧洲各国的殖民地。由于传统文学以口头文学为主，非洲各民族鲜少有完整的文字体系，加上长期遭受西方殖民者的禁锢和统治，非洲本土文学的发展几乎中断。

  然而，西方殖民者为了维护自己的海外统治和巩固在非洲殖民地的势力，实行了一系列的殖民地政策，包括同化政策，在改变非洲人民的教育、医疗、宗教和社会政治等方面的现实状况的同时，也意外促成了非洲人民开启心智并拥有使用欧洲语言甚至本族语言进行创作的能力。自此，非洲现代文学在19世纪至20世纪开始萌芽并蓬勃发展，最终成为世界文学舞台上日益闪亮的风景，其中葡萄牙语非洲文学是其独特且重要的组成部分。

  伴随着民族意识的不断觉醒，非洲人民展开了对黑非洲文化价值的探寻，表达了对西方殖民者统治的不满，开始了对自由平等的追求。非洲现代文学最重要的主题便是对民族性的深度思考。从黑人性的求本溯源，到对非洲母亲的深爱眷恋，再到混血后裔的身份认同，这些文学作品

从不同的视野不同的角度展现了在葡萄牙语非洲文学中特别突出的民族性思考,旨在重塑黑非洲文化价值,重拾黑人种族尊严,反抗西方殖民者的专断暴行,抒发对祖国和非洲故土的深切热爱,打破外来文化的统治,用欧洲语言和本族语言描述非洲人民的真实生活和情感,向世界人民展示具有浓厚民族色彩的非洲。

第七节
公立葡萄牙语学校在非洲的设立及发展

卢佳琦*

15世纪,随着贸易需求的扩张以及航海技术的发展,葡萄牙作为欧洲远洋探险活动的先驱,其船队出现在世界各地的海域,掀起一股海外寻金的热潮。葡萄牙人沿着非洲西海岸一路南行,沿途占领了一些群岛和沿海区域,大肆掠夺财富。航海家瓦斯科·达·伽马途经非洲南端的好望角,沿东海岸北上,于1498年到达印度西海岸,开辟"新航路"。经过500年的经营,葡萄牙在非洲拥有了安哥拉、莫桑比克、几内亚比绍、佛得角、圣多美和普林西比等大片的殖民地。20世纪60年代后,在非洲大多数国家已经取得独立的情况下,葡萄牙这个老牌殖民主义国家在萨拉查[①]的独裁统治下仍旧坚持殖民政策,直接导致了1961年殖民地战争的爆发。1973年至1975年间,五大葡属非洲殖民国家相继宣布独立,当地的葡萄牙人受到排挤,大量撤离。21世纪以来,越来越多的葡萄牙人看到了非洲的发展潜力,重新回到非洲寻找机遇。为了巩固葡萄牙语在非洲的原有地位,并扩大葡语在世界范围的影响,同时,也为了解决在非洲的葡萄牙侨民的教育问题,葡萄牙教育部贯彻文化与教育协作政策,与非洲国家政府部门合作,在当地开设公立葡萄牙语学校。

---

* 上海外国语大学西方语系葡萄牙语专业教师。
① 萨拉查(António de Oliveira Salazar, 1889–1970),葡萄牙独裁者、前总理。

一、公立葡萄牙语学校的设立及其管理机构

海外公立葡萄牙语学校是葡萄牙文化模式的学校,以葡萄牙语为教学语言,实行葡国的教学大纲和校历。为了保持高质量的教学水准,葡萄牙语学校拥有稳定的高素质教学团队,师资队伍由葡萄牙教育部任免,以学生受到最好的教育为宗旨,制订教学计划。葡萄牙语学校的教学主要涵盖学前教育、基础教育和高中教育,其教学科目遵照葡国基础教育和中学教育学习计划,同时在法律所允许范围内灵活地进行适当调整[1],针对不同的区域特色,各个葡萄牙语学校还开展其他层次的教学,如:葡萄牙语预备课程、夜间公共行政职业培训等。

公立葡萄牙语学校是葡萄牙公立教育系统的重要组成部分,非洲葡萄牙语学校的设立旨在扩充当地相对匮乏的基础教育及高中教育网络,为在非洲的葡萄牙侨民及当地学龄儿童提供合适的教育,并推动葡萄牙文化和语言的传播。除了教学部分,葡萄牙语学校还设立文化中心,进行教师培训。

葡萄牙海外公立葡萄牙语学校的现行管理机构为葡萄牙教育规划与统计办公厅[2]。2005年,为了推动经济发展、提高公共服务质量,葡萄牙政府通过了国家中央管理重组计划[3],简化政府职能部门以削减开支并提高政府工作效率。在2006年出台的重组工作细则中规定,解散欧洲事务与国际关系办公厅[4]、教育系统评估与信息办公厅[5],将其原有职能划分给新成立的教育规划与统计办公厅,直属于教育部。[6] 其后两年间,葡萄牙

---

[1] 葡萄牙第940/2009号法令,颁布于2009年8月20日。
[2] 教育规划与统计办公厅:Gabinete de Estatística e Planeamento da Educação (GEPE)。
[3] 国家中央管理重组计划:Programa de Reestruturação da Administração Central do Estado (PRACE),葡萄牙第124/2005号法令,颁布于2005年8月4日。
[4] 欧洲事务与国际关系办公厅:Gabinete de Assuntos Europeus e Relações Internacionais。
[5] 教育系统评估与信息办公厅:Gabinete de Informção e Avaliação do Sistema Educativo。
[6] 葡萄牙第39/2006号法令,颁布于2006年3月30日。

政府两次颁布法令及训令，完善教育规划与统计办公厅的职能，主要包括：对教育统计数据进行分析；为教育政策的实现提供技术支持；合理安排教育经费的使用；在顺应外交部外事政策的前提下，协调教育部在国际范围的活动；观测并评估教育系统在葡国内外的执行情况[①]。2008年颁布的法令明确指出，教育规划与统计办公厅负责统筹教育部在海外的葡萄牙语教学活动，其中的工作重点就是监管海外公立葡萄牙语学校[②]。其监管职能主要有两大目标，一方面审查学校的行政和财务状况；另一方面完成对学校的评估，保障教育水准的卓越性，并为学校的进步和发展做出贡献。

二、公立葡萄牙语学校的发展

葡萄牙海外公立葡萄牙语学校现共有四所，分别为(中国)澳门葡文学校[③]、(东帝汶)帝力葡萄牙语学校、莫桑比克葡萄牙语学校以及(安哥拉)罗安达葡萄牙语学校，其中后两所位于非洲。除此之外，佛得角葡萄牙语学校正在筹建中。

1. 安哥拉罗安达葡萄牙语学校

1975年安哥拉宣布独立后，由于外国多方势力的介入，在权力的分配上产生矛盾，陷入了长达27年的内战，直至2002年战火方停。2004年，安哥拉只有约2万名葡萄牙人，而近年来，随着战后重建的展开，前往安哥拉长驻的葡萄牙人数目急剧上升。2012年的数据显示，至少有20万名葡萄牙人注册在案，而实际数据可能更为可观[④]。来自葡萄牙的劳动力大

[①] 葡萄牙第25/2007号法令，颁布于2007年3月29日。葡萄牙第164/2008号法令，颁布于2008年8月8日。
[②] 葡萄牙第164/2008号法令，颁布于2008年8月8日。
[③] 澳门地区一般将"葡萄牙语"翻译为"葡文"。
[④] Von Johannes Dieterich. "Das Glück liegt in Angola", *Tages-Anzeiger*, 2012.9.9.

多分布在城市建设以及工业这两个对劳工资质具有较高要求的产业。

位于首都罗安达的葡萄牙语学校建于2006年，由葡萄牙政府出资筹建，并获得安哥拉教育部的最终运营许可，被认为是目前安哥拉最具权威的非大学教育机构。学校可容纳2000名学生，涵盖学前教育、基础教育和高中教育。除了面向葡萄牙侨民之外，学校也招收安哥拉学生，目前在学校就读的安哥拉学生主要为政府官员的子女以及家庭经济条件较为良好的平民子弟。招生的第一个学年，共有1206名学生入学，而近年来，随着葡萄牙侨民数目的不断上升，自2010年起，报名的人数已大大超过了学校的接收能力，单2010年就有600名学生在候补名单上等待。目前，学校各个班级都已满员，尤其高年级的班级已超负荷，而为了保证教学质量，也无法再增加每班的学生数目，候补名单上的人员唯有期待有人转学。学校负责人指出，每年约有50名学生离开学校，大多由于其父母结束了在安哥拉的工作合同，返回葡萄牙，而这50个名额只是杯水车薪，无法满足葡萄牙侨民的需求。罗安达葡萄牙语学校的建设工程共分为三期，已竣工的只是第一期，共耗费葡萄牙政府财政支出800万欧元。早在2008年2月，时任葡萄牙外交部部长的路易斯·亚马多[①]访问安哥拉时，就谈到了罗安达葡萄牙语学校的二期工程实施问题，以期将负荷能力提升到3000名学生，而2009年6月，时任文化部部长安东尼奥·品图·里贝罗[②]也宣称葡萄牙政府已将二期工程提上议题，计划投资900万欧元，但目前该计划仍未启动。

2. 莫桑比克葡萄牙语学校

自1975年莫桑比克独立以来，由于葡萄牙语在非正式场合的大量运用以及70年代末期诸多学校的设立，葡萄牙语开始在莫桑比克迅速推广。1990年宪法承认葡萄牙语为唯一的官方语言，但宪法同时保护当地所有

[①] 路易斯·亚马多（Luís Amado, 1953— ），葡萄牙政治家，2006至2009年出任葡萄牙外交部部长。
[②] 安东尼奥·品图·里贝罗（António Pinto Ribeiro, 1946— ），2007至2009年出任葡萄牙文化部部长。

近20种本土语言，鼓励当地语言作为流通语言而存在，因此，葡萄牙语在莫桑比克的推广程度并没有在安哥拉那样广泛。官方数据显示，莫桑比克现有两万名葡萄牙人的登记记录，鉴于葡萄牙公民在非洲使领馆的登记并不是强制要求的，实际数据必然更高[①]。

1995年，葡萄牙政府与莫桑比克政府在马普托签订《葡萄牙与莫桑比克合作协议》[②]，为了增强两国友谊与双边合作关系、促进葡萄牙语的推广与教学，提出在莫桑比克共同建立一所葡萄牙语学校，并在协议中明确了双方的职责。葡萄牙政府负责筹建的规划、开支、师资队伍及行政人员的提供，而莫桑比克政府需提供27000平方米的用地，并免除一切与该项目相关的税费。四年后，莫桑比克葡萄牙语学校在首都马普托落成。与罗安达葡萄牙语学校相似的是，莫桑比克葡萄牙语学校也正面临超负荷的窘境。学校现有来自14个国家的在读学生约1600名，负责人在2012年底受访时谈到，约有100名学生注册在候补名单上。出于优先照顾葡萄牙侨民的考虑，候补名单上的学生全部为非葡萄牙国籍。学校希望扩充校舍以更好地安置越来越多的学生，但这并不是一个简单的过程，必须先取得临时用地的许可。

3. 佛得角葡萄牙语学校（待建）

2012年7月底，葡萄牙现任教育管理国务秘书若昂·卡萨诺瓦·德·阿尔梅达[③]在出访佛得角时，与佛得角教育部部长商谈了在首都普拉亚设立葡萄牙语学校的事宜，提出获得建校用地许可的请求。同年8月，葡萄牙总理帕索斯·科埃略[④]与佛得角总理若泽·玛利亚·内维斯签署了两

---

① LUSA. "Portugueses ameaçados de serem recambiados de Moçambique", *Público*, 2013.1.8.
② 《葡萄牙与莫桑比克合作协议》：*Acordo de Cooperação Portugal-Moçambique*，签订于1995年7月28日。
③ 若昂·卡萨诺瓦·德·阿尔梅达(João Casanova de Almeida, 1957–)，葡萄牙现任教育管理国务秘书。
④ 帕索斯·科埃略(Passos Coelho, 1964–)，葡萄牙现任总理。

国2012年至2015年合作计划①,覆盖经济、教育、能源、科技等各领域。同年12月2日,在第二届葡萄牙与佛得角峰会的新闻发布会上,两国总理都强调了尽快在佛得角建设葡萄牙语学校的重要性。会上,科埃略承诺,尽管经济危机掣肘了葡国的财政,但葡萄牙不会停止对佛得角的援助。葡萄牙语学校的建设不仅是为了顺应佛得角群岛日益增多的葡萄牙侨民的需求,更是为了在眼下的经济危机中,把握机遇,开拓西非新市场。12月3日,帕索斯·科埃略在受访时表示,普拉亚市市长已批准葡萄牙语学校的用地,工程将会在短期内动工,建成后的学校不仅将为葡国侨民提供教育资源,也将给佛得角公民提供一个更多元化的高质量选择。佛得角现有一万名葡萄牙人,尽管其中90%是拥有双重国籍的佛得角公民,但葡萄牙语学校的建立仍将从一定意义上推动两国关系的发展。

三、结　语

海外葡萄牙语学校设立的初衷虽然是为了满足葡萄牙人的后代在当地的教育需求,但也为葡萄牙语的推广与传播做出了一定的贡献。语言是文化的载体,在促进国家发展和社会进步中扮演着重要的角色。一个国家的强盛,除了经济的繁荣外,文化的发展也是必不可少的组成部分。随着经济全球化的深入,通过语言来推进国家战略逐步成为各国的共识,许多国家纷纷制定语言规划。开设葡萄牙语学校,在一定程度上确保了葡萄牙语言和文化在主权移交给原殖民地之后在当地渗透的持久性和连续性。除了教育和文化因素,葡萄牙语学校还渐渐显露出其在政治和经济方面的作用,作为交流平台,其在葡国与葡语国家建立贸易合作关系的过程中具有极大的战略意义。目前,公立葡萄牙语学校的推进进程还是相对缓慢的,在圣多美和普林西比以及几内亚比绍这两个克里奥尔语

---

① 2012年至2015年合作计划: Programa de Cooperação 2012-2015, 签订于2012年8月29日。

占据主导地位的国家,分别只有两所私立葡萄牙语学校,公立学校的建设仍未被提上议程。即便在已建成投入使用的地区,仍有诸如学校容量等问题亟待解决。语言和文化的推广是一个逐渐渗透的过程,因此,总结本国的经验教训,研究其他国家的推广政策,解决推进过程中所面临的问题,相信会对新形势下这一工作的展开有所裨益。

第三章

西班牙、意大利、荷兰、比利时对非洲关系

第一节
西班牙早期殖民及殖民帝国的形成

王 岩[*]

陈梅月[**]

12至16世纪,西班牙和葡萄牙人开辟欧洲和非洲间航路,非洲成为欧洲人金、银矿的主要来源,在世界经济中举足轻重;1492年,西班牙发现美洲,美洲取代非洲为欧洲输送大量贵金属,然而,西班牙对非洲的殖民统治依然延续。直至今日,西班牙在非洲仍有几处主权悬而未决的海外地区,包括北非的休达、梅利利亚和直布罗陀等地区。

---

[*] 上海外国语大学西班牙语专业副教授。
[**] 上海海事大学英语翻译专业教师。

第三章　西班牙、意大利、荷兰、比利时对非洲关系

一、新航路的开辟

14世纪，葡萄牙人穿过直布罗陀海峡并占领了休达和丹吉尔，初次进驻非洲。其后，地中海地区各国一个个陷入沉寂，只有意大利商人仍然活跃，尤其是热那亚人。一个热那亚商人探知非洲苏丹地区金矿丰富，却多次寻求未果，最后，葡萄牙人和西班牙人开辟出了通向苏丹的航道。葡萄牙人和西班牙人成功开辟欧非间航道并非偶然。直到15世纪，穆斯林一直在欧洲发挥重要作用，15世纪才让位于西班牙和葡萄牙天主教徒。在长期与穆斯林的相处和斗争中，西班牙人和葡萄牙人继承了阿拉伯民族的科学技术，才在航海发现中脱颖而出，此外，热那亚人对航海技术的发展贡献也功不可没。

15世纪初，葡萄牙亨利王子着手系统探索非洲西北部，发现了加那利群岛，重新发现了马德拉①，到达了非洲西海岸塞内加尔河河口，15世纪中叶到达佛得角②，15世纪末到达撒哈拉地区和几内亚海岸③。1492年1月，西班牙统一全国，有了稳定的政治基础；经济方面，西班牙战后重建需要大量资金，全欧洲范围内的资本主义萌芽和商品经济的发展也迫切需要扩大对外市场；同时，航海科技的发展也使西班牙的大规模远航成为可能。同年，哥伦布与西班牙签署合约，从帕罗斯港起航；10月12日发现了陆地，1493年返回西班牙④。哥伦布之后又进行了三次航行，发现了牙买加、波多黎各、多米尼加等岛屿，最后到达南美大陆。之后，佛罗伦萨人阿美利哥带领西班牙船队出航，确认"新大陆"的存在。1519年，在航海家麦哲伦带领下另一支西班牙船队穿过美洲南端海峡(麦哲伦海峡)⑤，到达马

---

① 热那亚航船首次发现马德拉，葡、西两国尚不知晓。
② Hendrik Willem van Loon. *The Story of Mankind*. 北京：中央编译出版社，2009年，第221–222页。
③ 汪为华：《一口气读完欧洲史》，北京：京华出版社，2007年，第114页。
④ Hendrik Willem van Loon. *The Story of Mankind*. 北京：中央编译出版社，2009年，第228页。
⑤ 汪为华：《一口气读完欧洲史》，北京：京华出版社，2007年，第117页。

里亚纳群岛①，继续向西到达菲律宾。船队到达马鲁古群②后返回，完成人类历史上第一次环球航行，成功开辟新航路。

二、西班牙殖民过程

1492年10月，哥伦布在加勒比海和墨西哥湾中的一座岛屿上登陆，以西班牙的名义占领了这片陆地。其后，哥伦布探查古巴北海岸，到达海地岛屿，每到一处便宣布当地为西班牙领土。次年，哥伦布带着足够的人力、物资重返海地，开始了历时50年的轰轰烈烈的殖民活动。西班牙本土的众多冒险家和淘金者蜂拥前往新土地，成了种植甘蔗和棉花的种植园主。温驯的土著人受不了残酷的压迫，不到一代就几乎覆灭，于是非洲黑奴被运来替代他们。

1494年，为了防止西班牙和葡萄牙两国的武装纷争，教皇亚历山大六世沿着西经50°线将世界两等分，西班牙获得了经线以西的半个地球活动的权力。其后，两国又签订了一次协议将分割线向西推进一些，于是包括除巴西外的整片美洲大陆归入西班牙的势力范围，史称《托德西利亚斯条约》③。1503年，西班牙在塞维利亚建立贸易商行，控制西班牙与海外殖民地的全部贸易④。1494年，西班牙在非洲加纳利亚群岛占领了帕尔玛和特内里弗，1497年占领梅利利亚。1505年，西班牙在瓦赫兰建立政权，1509年，攻克奥兰，控制阿尔及尔，1510年，贝贾尔、突尼斯和切厄切

---

① 曾被命名为"莱德隆群岛"，意为"强盗群岛"，因上岛时当地人偷走了所有能偷的物品。
② 也作"香料群岛"。
③ Hendrik Willem van Loon. *The Story of Mankind*. 北京：中央编译出版社，2009年，第231页。
④ [法]J·阿尔德伯特等：《欧洲史》，蔡鸿滨等译，海南：海南出版社，2000年，第342页。

第三章 西班牙、意大利、荷兰、比利时对非洲关系

尔都归顺西班牙。①

哥伦布第三次出航美洲,到达了奥里诺科河河口,此后他又到达了尼加拉瓜和巴拿马沿海地区。16世纪西班牙在达里恩地区发现黄金珠宝,西班牙国王派遣行政长官管理达里恩,同时又占领古巴。1518年,西班牙远征队探访了尤卡坦到维拉克鲁斯的海岸线。科尔特斯带领一支更强大的探险队,采用了绥靖政策,博得当地人好感,使当地人温驯地皈依了天主教。科尔特斯在西班牙殖民帝国形成的过程中功勋卓著,接着成功征服塔巴斯科地区,继续向圣胡安德乌鲁阿前进,建城维拉克鲁兹。最终,在1521年占领了这座墨西哥中部城市蒂诺奇蒂特兰。1523年和1524年,科尔特斯分别出征洪都拉斯和危地马拉,1525年征服两地②。

1531年,皮萨罗灭亡了印加人的国家,1535年,在沿海地区建立利马城③——至今仍是秘鲁的首都。西班牙帝国在美洲的领土从巴努克向南以半圆形延伸到墨西哥城附近,而后折向北方到古利阿坎,西班牙的殖民地在这条线以南蜿蜒通过中美,并一直延伸到南美智利的太平洋海岸。在殖民帝国内,西班牙人建立城镇,印第安土著为奴,传教士忙于传教。其后,总督门多萨派遣人带领队伍向北探索佛罗里达地区,成功到达亚利桑大地区,1540年征服两个地区④。殖民帝国形成。

西班牙人在墨西哥发现银矿,不断送往西班牙,加上玻利维亚和秘鲁的财富,都流通于欧洲经济中,大大推动了生产力,促进了资本主义的发展。16世纪中叶,西班牙海上贸易繁荣,掌握了美洲大量的领土和丰富的资源,加上与欧洲本土各皇室联姻,进入黄金时期。(参见表1 西班牙扩张过程编年表)

---

① P. Diagne. "African Political, Economic and Social Structures during This Period", *General History of Africa · V: Africa from the Sixteenth to the Eighteenth Century*, 1992, p.z35.
② [美]派克斯:《墨西哥史》,翟菊农译,上海:三联书店,1957年,第25页。
③ [美]斯塔夫里阿诺斯:《全球通史:从史前史到21世纪》,董书慧等译,北京:北京大学出版社,2005年,第418页。
④ [美]派克斯:《墨西哥史》,翟菊农译,上海:三联书店,1957年,第62页。

表1 西班牙扩张过程编年表

占领时间	占领地区	地理位置
1493	海地	美洲
1494	帕尔玛；特内里弗	非洲
1497	梅利利亚	非洲
1505	瓦赫兰	非洲
1509	奥兰；阿尔及尔；西撒哈拉	非洲
1510	贝贾尔；突尼斯；切厄切尔；特里波利	非洲
	达里恩(现尼加拉瓜、巴拿马等地区)；古巴	美洲
1511	佩尼翁堡	非洲
1521	蒂诺奇蒂特兰	美洲
1523	菲律宾	亚洲
1525	洪都拉斯；危地马拉	美洲
1535	利马	美洲
	古勒特堡	非洲
1540	佛罗里达；亚利桑大	美洲
1564	戈梅拉岛	非洲

三、西班牙对非洲殖民

　　1492年前，对西班牙而言，发现"新大陆"并不在计划之中，摩洛哥和地中海岛屿才是他们的目标，而葡萄牙人为了获取黄金和奴隶，早已开始探查非洲沿海地区。非洲海岸由北向南依次有马德拉群岛、加那利群岛、佛得角群岛和亚速尔群岛，不仅富饶多产，更占有优越的战略和地理位置。经过葡、西两国多次斗争和诉诸教皇后，教皇规定加那利群岛归西班牙人所有，其余三个群岛归葡萄牙所有①。从1505年开始至1574年，西班牙的历代国王几次希望在马格里布海岸站稳脚跟。1505年至1511年间，佩德罗·纳瓦罗几次远征奥兰、贝贾尔和特里波利。其后，西班牙人占

---

① [美]斯塔夫里阿诺斯：《全球通史：从史前史到21世纪》，董书慧等译，北京：北京大学出版社，2005年，第406页。

领了奥兰(1509～1708年;1732～1792年)和特里波利(1510～1551年),并且在非洲建立了一些牢固的防御工事,包括阿尔及尔海口的佩尼翁堡(1511～1529年)和突尼斯外港的古勒特堡(1535～1574年),意在控制西西里海峡的南海岸线。同一时期,1509年,西班牙也占领了西撒哈拉沿海地区;1564年,西班牙占领摩洛哥的戈梅拉岛。(参见表1 西班牙扩张过程编年表)

1500年至1519年,阿鲁杰(Arrudj)和赫尔丁(Khayruddin)兄弟最早开始了对抗西班牙的战争,战败阿鲁杰去世后,赫尔丁向奥图曼苏丹求援。渐渐赫尔丁东山再起,他与他的继任者在其后的40年间不断与西班牙对抗,至1529年,赫尔丁占领佩尼翁堡,肃清西班牙势力,重获阿尔及尔的统治权,1551年重获特里波利。1581年西班牙与苏丹媾和,西班牙最后保留梅利利亚、奥兰和瓦赫兰地区。其后的一个多世纪,西班牙、奥图曼等势力在马格里布海岸互相制衡共处,直到1775年,西班牙远征军战败于哈拉什,1794年,西班牙宣布放弃阿尔及利亚的一切据点[①]。16世纪末,英国击败了西班牙的无敌舰队,英国与荷兰取代了西班牙和葡萄牙在海上的地位,掌握霸权,取得了西班牙和葡萄牙在世界各地的殖民地。

19世纪,西班牙虽然在欧洲日渐衰弱,但西班牙在非洲的战事依然继续。1859年,西班牙进攻摩洛哥里夫地区,次年,西班牙攻得土安,并与摩洛哥签订友好和平条约,1861年,摩洛哥丧失关税自主权。1884年,西班牙占领西撒哈拉地区的里奥德奥罗,1886年,建立西撒哈拉保护区。1892年,西班牙在摩洛哥地区重新挑起战事,两年后,西班牙获得3000万西班牙银币的赔款,1911年,西班牙占领赖阿什克比尔堡。至1914年第一次世界大战前,西班牙在非洲保有马德拉群岛地区、西撒哈拉地区和中非赤道几内亚西海岸地区。西班牙殖民事业告一段落。

[①] M. H. Cherif. "Algeria, Tunisia and Libya: the Ottomans and Their Heirs", *General History of Africa · V: Africa from the Sixteenth to the Eighteenth Century*, 1992, p.256.

四、今日西班牙与非洲的争议地区

两次世界大战过后,世界的格局发生巨大改变,殖民地相继独立,帝国逐个瓦解。在第二次世界大战中,西班牙保持中立,因此包括北非休达和梅利利亚地区在内的西班牙领土都得到了很好的保护。1956年3月2日,摩洛哥从法国和西班牙的统治下独立。4月7日,非洲北部地区脱离西班牙殖民统治,并入摩洛哥王国;6月,丹吉尔也脱离西班牙并入摩洛哥。自此,摩洛哥基本恢复到殖民前的格局,只有伊夫尼、休达和梅利利亚三处仍处在西班牙统治下。其中,伊夫尼于1968年归入摩洛哥,而休达和梅利利亚以及几个无人岛屿的统治权仍留待摩洛哥王国和西班牙马德里政府的商议决断[1]。

同时西班牙也官方宣布对直布罗陀海峡的所属权。1713年,西班牙战败后将直布罗陀让予英国,所以,西班牙与英国在直布罗陀地区也存在主权争议[2]。1963年,西班牙向联合国首次提出对直布罗陀地区的主权,但因与英国和直布罗陀本身有争议,一直未解决。摩洛哥和西班牙两国在"西撒哈拉地区"也存在巨大分歧。"西撒哈拉"曾是西班牙殖民地,在1975年已归入摩洛哥,但西班牙一直希望当地居民举行"全民公投"来决定本地区的去向,引起摩洛哥不快。

进入21世纪,西班牙和摩洛哥依然为争夺北非的休达和梅利利亚以及无人的佩里吉里岛等处产生摩擦,两国都宣称对这些土地拥有主权。摩洛哥一直要求西班牙放弃对争议地区的控制,西班牙则坚持认为这些土地早在摩洛哥国还未存在时就已是西班牙领土而不予理会。2001年10月,西班牙政府授权雷普索尔—YPF集团公司[3]在加那利群岛沿海进行

---

[1] Ivan Hrbek. "North Africa and the Horn", *General History of Africa · VIII: Africa since 1935*, 1993, p.129.
[2] Fiona Govan. "The Battle over Ceuta, the Spanish Gibraltar", *The Telegraph*, 2013.8.10.
[3] 雷普索尔—YPF公司是一个世界性的油气化工一体化公司。该公司是在西班牙雷普索尔公司购并阿根廷YPF公司的基础上组建而成的。

油田开采,于是,摩洛哥曾在未作任何解释的情况下撤回其驻马德里大使,两国关系陷入僵局。2002年7月,摩洛哥曾派军队入驻其北部沿海小岛,西班牙立即向摩洛哥海域派出军舰示威;摩洛哥士兵在佩里吉里岛登岛,并插上摩洛哥国旗,西班牙立刻宣称对该岛"拥有无可争辩的主权",并抵制当时正在进行的摩洛哥国王的婚礼。7月17日,西班牙特种兵登上佩里吉里岛,并升起西班牙国旗。同年,直布罗陀地区举行了投票,17900名民众反对将土地并入西班牙,仅有189人投了相反票。

休达面积28平方公里,梅利利亚面积更小些,两地人口都是7万左右,使用西语,货币为欧元,人民生活富裕。摩洛哥经济状况远不如西班牙,因此,想成功收回这两片土地相当困难。英国《电讯报》记者在休达地区采访时,民众纷纷表示尽管身处非洲,自己的生活与普通西班牙人的生活无异;休达应该是西班牙领土,或如果可以选择,希望休达是西班牙领土,因为休达比摩洛哥非争议地区富足太多;虽然休达并无推动公民投票来改变争议现状的意向,但在采访中并没有人表示想成为摩洛哥人[①]。另外有一个很重要的线索是,休达的民众使用的是西班牙护照。笔者认为,无论从语言、经济或人口角度看,其实摩洛哥几乎已经失去了休达,即便从政治角度据理力争,拿下对争议地区的主权,也只能采用类似"一国两制"的灵活政策,承认这些地区与摩洛哥非争议地区的不同。

2013年联合国大会上,西班牙总理再次提出直布罗陀的问题,并抱怨说,这个"世纪错误"严重影响西班牙的领土完整,并给当地的西班牙人带来不便[②]。西班牙批评英国不顾联合国的命令,也批评直布罗陀在海峡建人工礁石破坏环境;而英国与直布罗陀均表示不愿意谈论主权问题。对于西班牙领导人此举,有许多批评声音,有人认为总理提出直布罗陀的主权问题只是想转移对国内经济衰退这一焦点的关注。相对于与摩洛哥的领土争议,西班牙在直布罗陀地区的领土争议明显遇到强大阻

---

① Fiona Govan. "The Battle over Ceuta, the Spanish Gibraltar", *The Telegraph*, 2013.8.10.
② Harriet Alexander. "Mariano Rajoy: 'Gibraltar Is an Anachronism and the Last Colony' in Europe", *The Telegraph*, 2013.9.26.

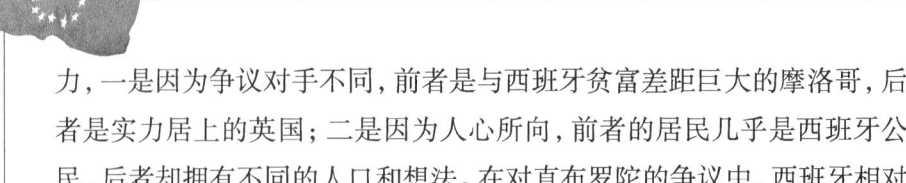

力,一是因为争议对手不同,前者是与西班牙贫富差距巨大的摩洛哥,后者是实力居上的英国;二是因为人心所向,前者的居民几乎是西班牙公民,后者却拥有不同的人口和想法。在对直布罗陀的争议中,西班牙相对处于劣势一方,需要耗费更多精力。

五、结　语

哥伦布与麦哲伦的伟大航行和发现为西班牙开辟了一条新的发展之路,在西班牙本土之外,为帝国寻找到了巨大的领土和丰富的资源。科尔特斯等非凡的殖民者将美洲等地管理有序,使其成为西班牙在海外的大区,并从美洲为西班牙输送大量白银进入市场,不仅推动了西班牙的发展,也促进了全欧洲生产力的发展。然而,大量白银的流入也给西班牙带来了货币危机,国内发生了通货膨胀等问题,并且西班牙太过依赖海外运来的财富,这些都为帝国的衰败埋下了隐患。欧洲持久的宗教战争大大削弱了西班牙帝国的实力,英国与荷兰崛起后夺去了西班牙的大片殖民地,两次世界大战后世界格局发生了巨大的变化,殖民地相继独立。西班牙曾经的殖民地也带着西班牙的烙印成为独立的国家。

进入21世纪,西班牙和摩洛哥依然在为北非的休达和梅利利亚以及无人的佩里吉里岛等处发生摩擦,但摩洛哥国力弱于西班牙。西班牙与英国在直布罗陀地区也存在领土争议,并且,英国这个强劲对手让西班牙非常困扰。不过时至今日,欧债危机使得西班牙自顾不暇,相信主权问题还需要更长的时间留待西班牙和摩洛哥政府解决。

第二节
西班牙对非洲政策演变及去殖民化前后政策比较

李 戈[*]

西班牙与葡萄牙是世界历史上最早的殖民帝国,早在15世纪,西、葡两国就开始了殖民探险活动,作为地理大发现的先驱者,两国共同开启了欧洲国家殖民掠夺和领土扩张的时代。在与葡萄牙的殖民地争夺战中,西班牙几乎将整个美洲划为自己的势力范围,但受到《托德西利亚斯条约》[①]和《萨拉戈萨条约》[②]的制约,无法在非洲大肆进行殖民扩张。虽然在非洲的势力范围有限,但西班牙的非洲殖民历史长达五个多世纪,与众多非洲国家有着千丝万缕的联系。随着第二次世界大战的结束,去殖民化浪潮席卷全球,非洲各国纷纷独立,逐步摆脱了殖民统治。以此为分水岭,非洲与早期的殖民国家之间的关系也进入了新的历史时期。西班牙在非洲大陆所实施的一系列政策对非洲地区的社会经济发展具有不可忽视的影响力,在历史文化的视角下,西班牙对非洲(尤其对原殖民地国

---

[*] 上海外国语大学西方语系教师。
[①] 《托德西利亚斯条约》(西班牙语:Tratado de Tordesillas),是西班牙和葡萄牙两国于1494年6月7日,经过教皇亚历山大六世的协调,在西班牙卡斯蒂利亚的托德西利亚斯小镇签订的一份旨在瓜分新世界的协议。协议规定两国将共同垄断欧洲之外的世界,并将位于佛得角群岛以西300里格(约合1770公里或1100英里),大约位于西经46°37′的南北经线,规定为两国的势力分界线:分界线以西归西班牙,以东归葡萄牙,这条分割线也被称为教皇子午线。
[②] 西班牙和葡萄牙于1529年重新签订了《萨拉戈萨条约》(西班牙语:Tratado de Zaragoza)用以明确分割西、葡的势力范围。根据条约内容,西班牙放弃了对香料群岛(此处指马鲁古群岛)的全部要求,在马鲁古群岛以东17度处划定分界线,同时葡萄牙支付西班牙35万达卡金币。

家)政策的变化既是对全球政治经济环境变化的反映,又是西非双边关系不断发展演变的重要体现。本节试图以历史文化为审视角度,从政治、经济、文化等方面比较分析西班牙在去殖民化前后的对非政策,力求全面地展示西非关系的发展特点。

一、从"殖民统治"到"外交转身"

1. 西班牙殖民侵略与非洲的去殖民化

作为全球性的殖民帝国,西班牙早期的对非政策主张通过殖民侵略将其纳入自己的势力范围。但是,西班牙在非洲的势力范围却极其有限,究其原因,这与诸多的历史因素不无关系。新航路开辟时期,葡萄牙王室支持了由西向东殖民探险的迪亚士、达·伽马远航活动,殖民重点在亚非;西班牙王室支持了自东往西殖民探险的哥伦布、麦哲伦远航活动,殖民重点在美洲。哥伦布发现新大陆之后,葡萄牙的海上霸权受到了西班牙的挑战,葡、西两国互不相让,走上了争夺殖民霸权的道路。葡、西两国殖民活动在空间上的差异,正是两国争夺殖民霸权斗争的结果:两国在1494年和1529年相继签订了《托德西利亚斯条约》和《萨拉戈萨条约》以划定双方各自的势力范围。根据条约规定,地球被一分为二,西班牙几乎独霸美洲,而葡萄牙则独霸非洲、亚洲和南美洲的巴西。正因如此,西班牙瓜分非洲所得甚少,从图1可以看出,西班牙在非洲的势力范围只有三大块区域:西属摩洛哥、西属撒哈拉和西属几内亚(具体殖民地国家和地区可参考表1)。

第三章 西班牙、意大利、荷兰、比利时对非洲关系

图1 西班牙在非洲的殖民势力范围地理图

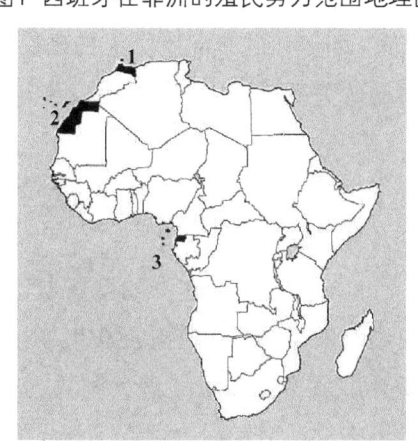

■ 色区为西班牙在非洲的殖民势力范围
1.西属摩洛哥 2.西属撒哈拉 3.西属几内亚（现赤道几内亚）

表1 西班牙在非洲的殖民国家（地区）

国家（地区）名称	成为殖民地时间
休达	1668
梅利利亚	1497
加纳利亚群岛	1495
佩雷西尔岛	1640
舍法林群岛	1847
戈梅拉岛	1508
胡塞马群岛	1559
西撒哈拉	1886
赤道几内亚	1778

　　第二次世界大战之后，去殖民化浪潮席卷非洲，西班牙的殖民地相继宣布独立，西班牙逐步失去了自己在非洲的势力范围。1956年，法国和西班牙相继承认摩洛哥独立；1968年，在民族独立运动和联合国的双重压力下，西班牙承认西属几内亚独立；1976年，西班牙正式宣布结束对西撒哈拉的统治；至今，这三大区域中只有位于北非沿岸的加那利群岛、休

165

达、梅利利亚和其他主权地①仍然属于西班牙。至此,西班牙在非洲地区的殖民时代宣告结束,西班牙的非洲殖民主义政策也同时终结,而西、非之间宗主国与附属地的关系也随之转变,西班牙与非洲的关系进入了一个新的时代。

2. 西班牙对非外交政策的转变

二战后,西班牙逐步失去了在非洲的殖民地,其国内又经历了由弗朗哥独裁统治向民主自由化转型的特殊历史时期,因此在20世纪后期,非洲并未成为西班牙战后外交政策的重点对象。进入新世纪,长期被边缘化的非洲所显示出来的活力和潜力引起了全世界的关注,大国在非洲的角逐随之开始。一直"背靠"非洲大陆的西班牙政府也开始慢慢向非洲"转身",不断扩大发展与非洲国家的对外关系,力求与之逐步靠拢。

西班牙与非洲(尤其是撒哈拉以南地区)在政治领域的交涉对话十分有限,但进入新千年后西班牙却不断尝试与这块大陆建立全新的外交关系,为此,西班牙在非洲计划(2006-2008)中制定了稳固的、切合实际的政治策略。与此同时,欧盟与非洲的关系也在发生着历史性的改变。2000年开罗举行的第一届欧非峰会上,西方各国初步构想了针对非洲的战略思想;2005年,欧盟委员会通过了欧盟非洲新战略,加大对非洲的发展援助;2007年在葡萄牙里斯本举行的第二届欧非峰会上通过了《非洲—欧盟战略伙伴关系——非欧联合战略》,以及实施这一战略的《行动计划》,欧洲对非洲的态度从以往的"为了非洲"转变为"与非洲共事"。在对非问题上,西班牙与欧盟始终保持同一阵线,欧盟与非洲日益密切的关系也相应地推动促进了西非关系的发展。

---

① 主权地(西班牙语:plazas de soberanía),又称为西属北非领地,是西班牙对于其位于北非之领土的称呼(休达和梅利利亚除外),与摩洛哥相邻,由西班牙政府直接管理。其包含戈梅拉岛、胡塞马群岛和舍法林群岛,均无常住人口。

图2 西班牙非洲计划(2006-2008)
政策首要实施对象国[①]

图3 西班牙非洲计划(2006-2008)
外交扩展部署[②]

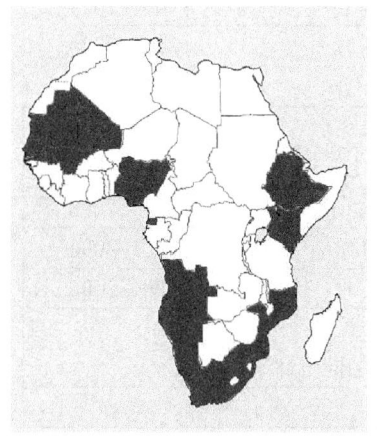
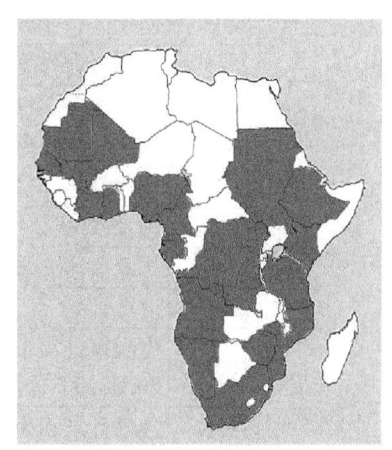

西班牙不仅仅满足于在北非地区发展外交合作，在非洲计划(2006-2008)中，西班牙政府制定了一系列的政治经济措施计划，以求将政治影响扩展至撒哈拉以南地区。根据这份计划，西班牙的首要外交发展合作对象是：赤道几内亚、塞内加尔、马里、尼日利亚、安哥拉、纳米比亚、南非、莫桑比克、肯尼亚、埃及和毛里塔尼亚(见图2)。同时，为了进一步扩大在非洲的外交影响力，西班牙相继在马里、苏丹、佛得角、安哥拉、喀麦隆、科特迪瓦、埃塞俄比亚、加蓬、加纳、赤道几内亚、肯尼亚、毛里塔尼亚、莫桑比克、纳米比亚、尼日利亚、塞内加尔、南非、坦桑尼亚、津巴布韦等国家建立大使馆，将外交半径进一步向非洲撒哈拉以南地区扩展(见图3)。

---

①② 资料来源：Gobierno de España. *Plan África (2006-2008)*. Madrid: Agencia Española de Cooperación Internacional para el Desarrollo & Ministerio de Asuntos Exteriores y de Cooperación, 2006, pp.2-4.

表2 西班牙对非发展援助计划书面文件

时间	文件	有效期
2001	西班牙合作指导计划 I	2001–2004
2005	西班牙合作指导计划 II	2005–2008
2005	国家战略文件(佛得角)	2005–2008
2005	国家战略文件(莫桑比克)	2005–2008
2005	国家战略文件(纳米比亚)	2005–2008
2005	国家战略文件(塞内加尔)	2005–2008
2005	国家战略文件(安哥拉)	2005–2008
2006	非洲计划	2006–2008
2007	发展援助委员会对2006–2008非洲计划的同行评审	/
2008	援助计划指南	/
2009	西班牙合作指导计划III	2009–2012
2009	非洲计划	2009–2012
2009	西班牙多边合作发展战略	/

除了扩展对非外交,西班牙针对非洲实施了一系列发展合作项目,向非洲各国提供发展援助(见表2),但是这些合作发展援助的背后却暗藏着西班牙政府的政治目的。西班牙绝大多数的对非援助都带有附加条件,经济合作和发展组织(OCDE)的数据显示,在该组织所有成员国中,西班牙的经济援助与政治条件挂钩的比例最高,约占双边经济援助总量的50%。虽然这一比例呈现逐年下降的趋势,但是不可否认,西班牙以经济援助为手段进行政治谈判、施压甚至干涉,从而获得本国政治利益的目的十分明显。西班牙的非洲计划主要涉及以下几类:

协助参与加强非洲的民主、和平和安全等事务;支援改善非洲的贫穷状况,推动撒哈拉以南地区发展;巩固合作以控制非洲移民问题;积极参与欧盟的非洲战略;推动对非贸易和投资,加强关注渔业合作关系和能源安全问题;巩固文化科技合作,开展有助于推动社会发展的文化项目;加强西班牙在非洲的政治影响①。

上文是西班牙政府制定的非洲计划(2006–2008)的主要实施目标,从中我们可以看出,西班牙政府采取措施控制非洲移民可以维护本国社会稳定,加强与非洲的资源和渔业合作可以解决自身的能源和领海争端问题,巩固文化合作可以加强西班牙语在非洲的影响。这些政策满足了西班牙自身的国家利益,而加强对非洲民族、安全等事务,对非提供经济援助更是可以帮助西班牙在非洲扩大影响,这也恰恰切合了实施目标中的最后一点:加强西班牙在非洲的政治影响,体现了西班牙在非洲的政治雄心。

3. 西班牙与非洲的政治遗留问题

进入新世纪,西班牙方面越来越重视与非洲各国的关系,西、非双方沿着双边合作和发展援助的道路逐渐靠拢,但是西班牙在非洲的殖民统治也遗留下了一些政治问题。其中对西、非关系影响较大的就是领土主权争端。长期以来,西班牙与摩洛哥在多个领土主权归属问题上争论不休:摩洛哥曾多次宣称对梅利利亚、休达、加那利群岛等西属领地享有主权;佩雷希尔岛(摩洛哥称雷拉岛)由于其特殊的战略地位也成了两国的争议岛屿。

西撒哈拉问题也一直受到世界的关注。西撒哈拉自1975年以来,就长期为独立建国而努力,虽然撒拉维阿拉伯民主共和国已获得七十多个国家的承认,并且是非洲联盟的会员国,但却因为摩洛哥的阻挠而无法成为联合国的一员。西班牙在西撒哈拉问题上采取的立场和对西撒人阵②提供支持的行为使得西、摩两国关系一度紧张。此外,由领土问题引发的资源争端也层出不穷,2001年西班牙政府批准雷普索尔—YPF集团在加

---

① Gobierno de España. *Plan África (2006-2008)*. Madrid: Agencia Española de Cooperación Internacional para el Desarrollo & Ministerio de Asuntos Exteriores y de Cooperación, 2006, pp.5-7.
② 撒拉维阿拉伯民主共和国执政党:萨基亚阿姆拉和里奥德奥罗人民解放阵线(简称"西撒人阵"或波利萨里奥)。

那利群岛附近勘探油气资源，而摩洛哥认为油田实际位于其领海内而对西政府表示不满。因此，如何制定有效的方针政策，通过协商和平解决领土争端，为两国的双边合作关系扫除障碍，是西班牙在进一步制定对非政策的过程中需要考虑的重要问题。

二、从"经济掠夺"到"经济援助"

1. 奴隶贸易的兴衰

西班牙与其他欧洲国家在非洲殖民扩张的过程中对非洲的社会、自然等经济资源进行了大肆的掠夺，如黄金、象牙、毛皮、木材等。在西班牙殖民期间一系列的经济掠夺政策之中，奴隶贸易对非洲的经济发展造成了极其严重的消极影响。

1479年，西班牙与葡萄牙签订了《阿尔卡索瓦斯条约》[①]，经由此项条约的推动，西班牙授权国内的奴隶贸易合法化（当时贸易的中心地区在塞维利亚）；1494年，西、葡两国签订《托德西利亚斯条约》，葡萄牙独占非洲，这在一定程度上对西班牙通过非洲海岸进行的奴隶贸易起到了抑制作用；1502年，第一批奴隶被贩卖至西属加勒比群岛；1520年，奴隶贸易扩展至整个加勒比地区；1713年，西班牙与英国签订《乌德勒支合约》，英国从中获得了在西属殖民地贩卖非洲奴隶的特权，为期30年。虽然西班牙在非洲的势力范围有限，但由于主要的奴隶需求市场在美洲，因此当时几乎独霸美洲的西班牙是这一掠夺政策的重要参与者。

[①] 《阿尔卡索瓦斯条约》（西班牙语：Tratado de Alcazovas）由西、葡两国于1947年9月4日签订，根据条约，西班牙承认葡萄牙在几内亚、西非、马德拉、亚述尔、佛得角群岛及此后于加那利与几内亚之间发现的任何地区的主权；葡萄牙承认加那利群岛为卡斯提尔领土。

图4 塞维利亚与西印度群岛间奴隶贸易数量(人)统计(1583～1599)[①]

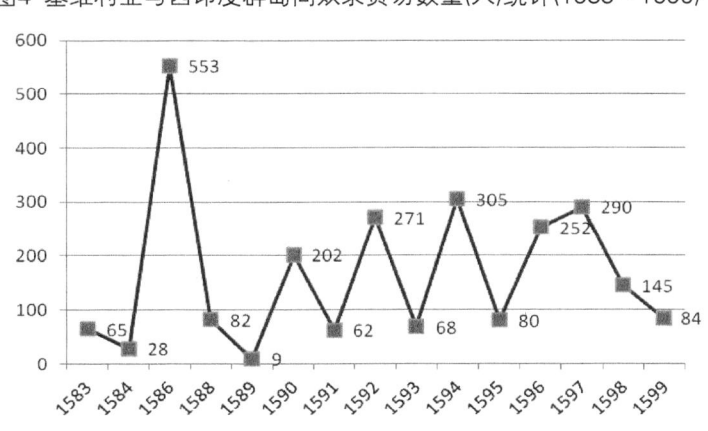

从图4可以看出,在1583年至1599年间,仅仅由西班牙的塞维利亚地区向美洲西印度群岛运输的非洲奴隶就达到2497人,其目的地遍布圣多明戈、波多黎各、新西班牙[②]、坎佩切、洪都拉斯、危地马拉、秘鲁等国家和地区。西班牙参与进行的非洲奴隶贸易为本国资本家带来了巨额利润,成为资本原始积累的重要来源,但是,亿万非洲人因此丧失生命,非洲政治、经济和文化的发展受到极其严重的影响,这堪称非洲历史上最黑暗的时期。1817年,西班牙与英国达成协议,承诺在西属拉美殖民地内禁止奴隶贸易,任何违反从非洲贩奴禁令的人,最高可以判处死刑。1885年柏林会议和1990年布鲁塞尔国际会议上,西班牙与德国、比利时、美国、法国、英国等国家分别签订了《关于非洲的总议定书》和《关于贩卖非洲奴隶问题的总议定书》,各签字国承认禁止买卖奴隶是公认的国际法原则,承诺禁止为奴隶买卖提供任何便利,并通过在非洲建立巡逻队、国际情报署,在海上派遣军舰盘查等措施协调各国打击贩奴行为,自

---

① 资料来源:Lutgardo García Fuentes. "La introducción de esclavos en Indias desde Sevilla en el siglo XVI", *Actas de las II Jornadas de Andalucía y América*, 1983, p.259.
② 新西班牙,旧地区名(西班牙文:Nueva España),前西班牙在美洲的殖民地总督辖区之一,1521年设立。其范围包括现在的美国西南部和佛罗里达、墨西哥、巴拿马以北的中美洲、西印度群岛的西属殖民地,委内瑞拉和菲律宾群岛也一度属这个辖区。

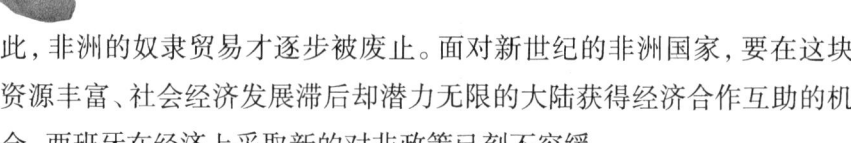

此,非洲的奴隶贸易才逐步被废止。面对新世纪的非洲国家,要在这块资源丰富、社会经济发展滞后却潜力无限的大陆获得经济合作互助的机会,西班牙在经济上采取新的对非政策已刻不容缓。

2. "发现非洲"——西班牙经济政策的转向

近年来,虽然仍存在革命暴动、政局动荡等政治问题,非洲在经济资源方面的巨大优势却是无法忽视的:非洲的铬矿储藏量占世界的97%,铂矿占85%,金矿占65%,锰矿占50%,可可生产量占70%,棕榈油生产量占50%。更重要的是,非洲近几年原油储量和石油产量增长迅速,被誉为"第二个海湾地区",开发潜力巨大。于是,曾经疯狂掠夺非洲的金银和劳动力资源的西班牙逐渐将目光转向了其丰富的石油矿物资源。另一方面,非洲经济于20世纪90年代中期开始腾飞,并步入了独立以来持续时间最长、增速最快的发展阶段,目前正处于"黄金发展期"。20世纪80年代,非洲经济平均增速仅为1.8%,90年代为2.4%;1997至2008年撒哈拉以南非洲GDP增长则达到近6%;2001至2010年,全球经济增速最快的10个国家中有6个来自非洲;2011年经济增速最快的10个国家中有5个来自非洲;而据国际货币基金组织预测,2011至2015年,前10国中将会有7个非洲国家(参考表3和图5)。对于西班牙来说,非洲已成为潜力巨大的经济市场和新的国际贸易开拓对象。

表3 2001~2015年各国年均GDP增长率(%)统计[①]

(世界前十名国家)

2001–2010		2011–2015	
安哥拉	11.1	中国	9.5
中国	10.5	印度	8.2
缅甸	10.3	埃塞俄比亚	8.1
尼日利亚	8.9	莫桑比克	7.7

---

① 资料来源:*The Economist*. http://www.economist.com/blogs/dailychart/2011/01/daily_chart.

埃塞俄比亚	8.4	坦桑尼亚	7.2
哈萨克斯坦	8.2	越南	7.2
乍得	7.9	刚果	7.0
莫桑比克	7.9	加纳	7.0
柬埔寨	7.7	赞比亚	6.9
卢旺达	7.6	尼日利亚	6.8

(2011～2015年GDP增长率为国际货币基金组织的预计增长率)

图5 2011年各国GDP增长率(%)统计[①]

(世界前十名国家)

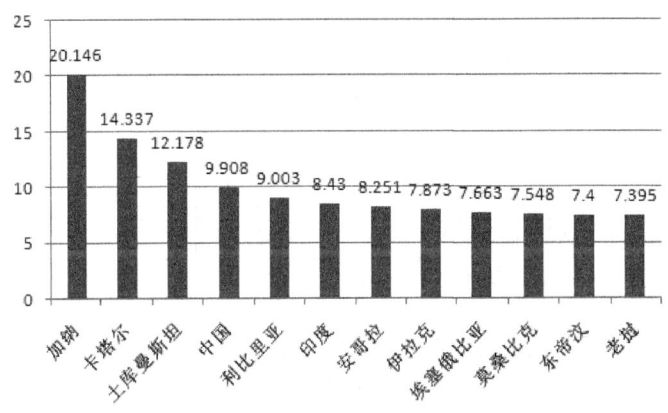

3. 西班牙对非经济合作援助政策

与其他国家相比，西班牙在对非合作援助领域的政策制定较为滞后。2001年才制定了第一份西非合作指导计划；2005年设立了独立的西非合作政策制定审核机构；2005年之后，西班牙政府逐步建立了较为完整的西非合作的方针、策略和路线；2009年制定了合作体系自我评定手册。2001年《西班牙合作指导计划 I》中关于对非合作援助的政策制定带有明显的地域性特征，从全球角度来看，西班牙合作援助的重点仍然

---

① 资料来源：*Economy Watch*. http://www.economywatch.com/economy-business-and-finance-news/12-fastest-growing-economies-of-2011-8-12.html?page=full.

在拉美地区,从非洲内部来看,这份指导计划主要致力于解决非洲中部和南部地区的贫困问题。2005年出台的《西班牙合作指导计划II》确立了对非政策路线和全球范围的重点合作援助区域,2006年的《非洲计划2006–2008》从全球化的角度制定了经济合作援助、区域安全等领域的政策方针。《西班牙合作指导计划II》和《非洲计划2006–2008》在政策内容上互为补充,并且确立了西班牙参与国际合作援助的政策思想。2009年《非洲计划2009–2012》结合发展政策确立了对非的贸易政策,力图将国内企业经济利益和非洲社会经济发展有机协调起来,促进双方共同发展。

表4 西班牙官方发展援助(AOD)资金地域分布统计[1]

地区	2007–2008	2010
拉丁美洲	29%	23%
地中海地区	11%	8%
撒哈拉以南非洲	21%	24%
亚太地区	10%	5%
欧洲	4%	4%
其他地区	25%	36%
官方发展援助总额[2] (百万欧元)	4400	5500

---

[1] 资料来源:Manuel Iglesias Caruncho. "The politics and policy of aid in Spain", *IDS Research Reports*, 2011, p.49.
[2] 官方发展援助又被称为政府开发援助(西班牙语:Ayuda Oficial al Desarrollo,简称AOD),以主权国家为基本行为主体,由发达国家或相对发达国家向发展中国家进行的大规模、制度化、经常性的资源转移,是在价值规律和市场体系以外的非经济性因素作用下,资金、技术知识等生产要素在国家之间的配置、流动和转移,是以国家或政府的政策行为对双边或多边的国际关系进行调整的产物。AOD既是国际援助、经济援助的一个重要类别,也是经济外交的一个重要类别。

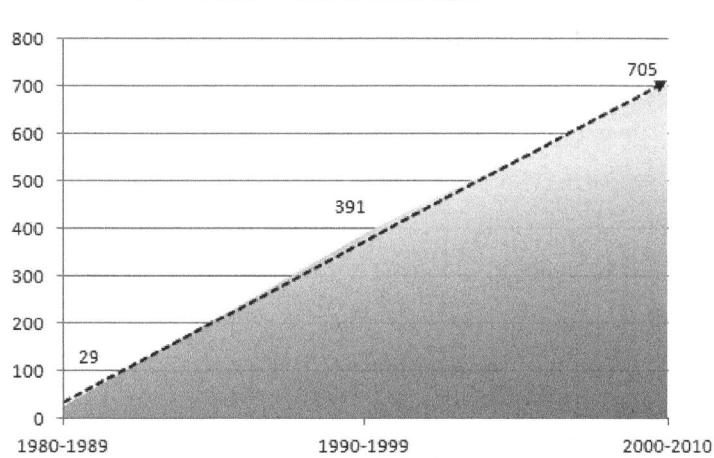

图6 1970~2010年西班牙对非官方发展援助
年平均总额(百万美元)各阶段统计[①]

西班牙对外援助主要是通过外交部下属的国际合作署[②]及由经济部通过的"发展援助基金[③]"来实现的。前者负责提供无偿援助和赠款,后者负责提供优惠低息贷款。自2005年起,西班牙在非洲积极实施发展援助策略,对非官方发展援助总额也逐步提高,特别是针对撒哈拉以南地区的援助力度大大加强:2007至2008年西班牙对拉丁美洲的官方发展援助占援助总额的29%,而对撒哈拉以南非洲地区的援助占总额的21%,但是2010年西班牙对拉丁美洲的官方发展援助比例下降至23%,对撒哈拉以南非洲地区的援助比例则提高至24%,可见近几年来西班牙政府对该地区的重视

[①] 资料来源:OECD. *Development Aid at a Glance 2012: Statistics by – OECD.* http://www.oecd.org/dac/aidstatistics/42139250.pdf.

[②] 西班牙国际合作署(西班牙语:Agencia Española para la Cooperación Internacional,简称AECI),成立于1988年,隶属于西外交部的国际合作及伊比利亚美洲国务秘书处。它是西班牙负责国际合作的制订、执行以及管理的专门机构,国际合作是直接通过其自己的人、财、物资源或间接通过协议等方式利用当地有关部门、国际组织或非政府组织来完成的。

[③] 西班牙发展援助基金(西班牙语:Fondo de Ayuda al Desarrollo,简称FAD),是西班牙政府提供的一种软贷款基金,目的是向发展中国家的公共机构、当地企业和多边金融机构提供具有让与性质的财政援助。FAD的资金来源是每年国家总预算法令中规定划拨的专项资金,另外一个来源是原来借方偿还的贷款和贷款利息。

程度(见表4)。西班牙对非官方发展援助总额在最近的30年间由80年代的年均2900万美元增至新世纪的年均7亿500万美元，2009年对非官方发展援助总额达到15亿7800万美元，增长速度可谓惊人(见图6)。

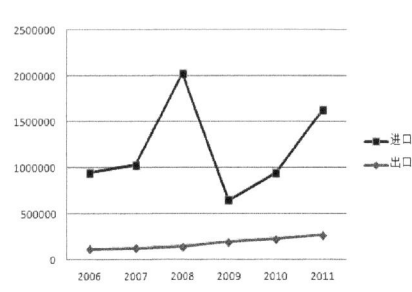

图7 2006~2011年西班牙—赤道几内亚进出口额(千欧元)统计[①]

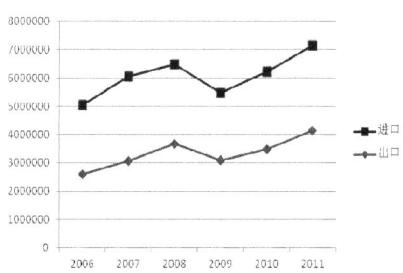

图8 2006~2011年西班牙—摩洛哥进出口额(千欧元)统计[②]

西班牙在加大对非援助力度的同时，也有意识地不断促进与非洲各国的国际贸易发展。尤其是对原西属殖民地国家，西班牙政府采取了更加积极的经济贸易政策。西班牙对赤道几内亚出口额近年来稳步增长，从2006年的1亿1500万欧元增至2011年的2亿6900万欧元，进口总额由于受到金融危机的影响，在2009年急剧降低，但从2009年之后开始呈现增长趋势，到2011年出口额达到13亿6000万欧元(见图7)。而西班牙与摩洛哥也一直保持着密切的经济贸易关系，2009年之后两国逐步走出经济危机的消极影响，在2011年两国间进出口额分别达到30亿欧元和41亿欧元，超出了2009年之前的历史最高水平(见图8)。

但是，西班牙对非洲的经济援助也存在着一定的问题。首先，西班牙绝大多数的对非援助都带有附加条件，经济合作和发展组织(OECD)的数据显示，在该组织所有成员国中，西班牙的经济援助与政治条件挂

---

① 资料来源：*Informe Guinea Ecuatorial*. http://www.impulsoexterior.com/COMEX/servlet/MuestraArchivo?id_=2_7779.

② 资料来源：*Informe Marruecos*. http://www.impulsoexterior.com/COMEX/servlet/MuestraArchivo?id_=2_648.

钩的比例最高,约占双边经济援助总量的50%。近年来,非洲(尤其是北非地区)接受西班牙的发展援助基金(FAD)贷款数额不断攀高,据统计,1999年北非地区国家接受的FAD贷款仅占贷款总额的2.54%,到2001年这一比例就升至13%,这一方面表明西班牙对该地区的援助力度的增加,同时也意味着该地区对西班牙在政治领域的依附程度的加深。此外,由于受到世界经济大环境的影响,西班牙对外发展援助资金总额在2009年出现了下滑趋势,援助资金占国民生产总值的比例也在2010年出现了下跌,这也直接影响了西班牙的对非援助政策。根据统计显示,2010年西班牙对非官方发展援助资金总额为12亿4500万美元,比2009年减少了21%(见图9),加之欧洲爆发的主权债务危机,西班牙对非经济援助政策正面临着经济危机的冲击和考验。

图9 2008~2010年西班牙对非官方发展援助(百万美金)统计[①]

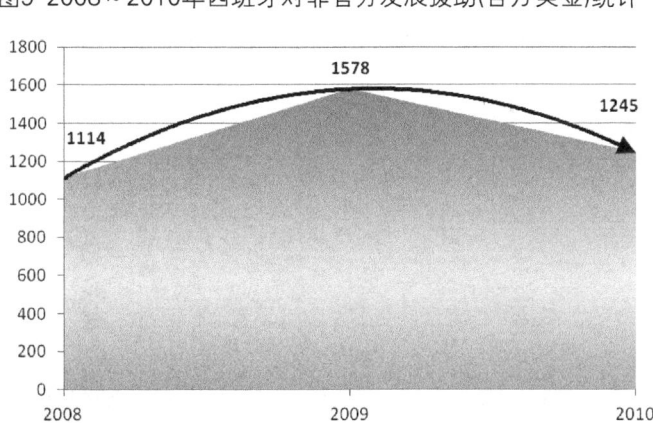

---

① 资料来源:OECD. *Development Aid at a Glance 2012: Statistics by – OECD*. http://www.oecd.org/dac/aidstatistics/42139250.pdf.

三、社会文化政策的转变

1. 西班牙对非洲移民政策

殖民往往是推动群族扩张的重要原因之一。西班牙在对所属殖民地进行经济扩张的同时,势必会推动人口的迁移。在这期间,大量的西班牙人陆续迁至非洲的西属势力范围地区,尤其是西班牙在非洲大陆的两块飞地休达和梅利利亚,由于其重要的地理位置,成为了移民人口聚集的重要地区。以梅利利亚为例,18世纪之前,梅利利亚居民不足千人,至19世纪中叶达到两千人,19世纪末人口数量已达到一万人。进入20世纪,梅利利亚人口进一步增长,1910年该地人口数量为39852人,至1950年增至81182人。从下方图10可以看出,由于大量移民的聚集,1700至1961年梅利利亚城镇区域不断扩张,城市化进程不断加速。

图10 1700~1961年梅利利亚地区城镇扩展变化图[①]

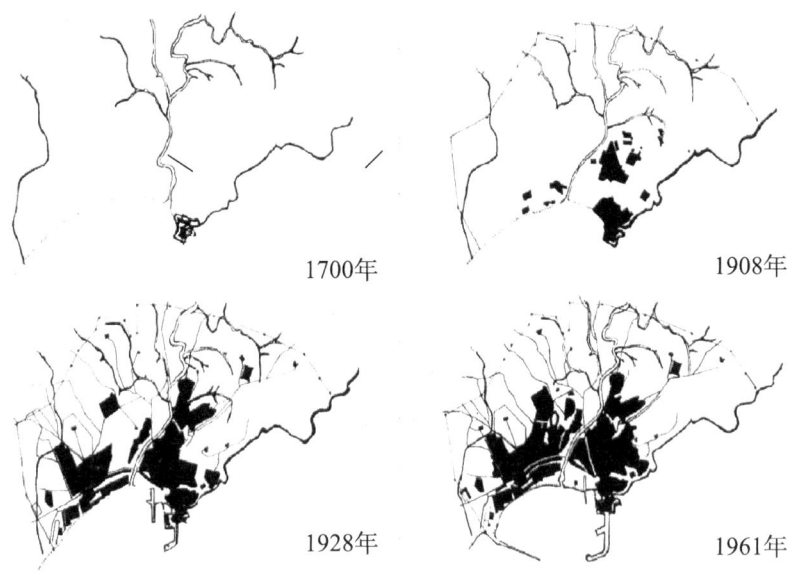

---

① 资料来源:Manuel Burgo Madroñero. "El africanismo español", *Revista Jábega*, No. 20, 1977, p.63.

第三章　西班牙、意大利、荷兰、比利时对非洲关系

虽然在西班牙移民现象十分普遍，且存在诸多的移民问题，但是西班牙在1986年加入欧共体之前并没有切实的移民政策，也没有相关的法律法规。实际上，西班牙在1985年通过首个移民法是以加入欧共体为主要目的，并非出于本国的需要。由于没有法律政策的约束和管理，90年代西班牙外来移民人口数量急剧增长，2000年突破100万人，2007年突破350万人，而外来移民人口占总人口比例更是从90年代的1.05%增长到2007年的8%（见表5）。

表5　1990～2007年西班牙外来人口统计[①]

	1990	1996	2000	2001	2005	2007
外来移民人口（%占总人口比例）	407647 (1.05%)	538984 (1.10%)	895720 (1.38%)	1109060 (2.21%)	2738932 (6.21%)	3536347 (8.00%)

进入21世纪的西班牙已成为了真正的"移民国家"，西班牙政府已无法忽视本国社会存在的移民问题，而诸多人士将这一历史事件称作西班牙的"移民大发现"[②]。2005年，在兰佩杜萨岛、马耳他、希腊东部岛屿等地中海地区爆发的大规模移民潮使得整个欧洲遭受到前所未有的压力。西班牙的休达、梅利利亚和加那利群岛等地不断有非洲的外来移民涌入，成为欧洲移民问题最为严重的地区。

针对这一问题，何塞·玛利亚·阿斯纳尔（José María Aznar）领导的西班牙政府建立了一系列的移民管理行政机制。如何控制移民潮，维护移民者权利，处理移民参与劳动和社会保障等问题成为了整个西班牙社会的重要议题。在2000年至2004年间，西班牙政府对相关移民法律法规进行了四次修订，使移民管理机制不断规范化。西班牙在保持与突尼斯、

---

① 资料来源：Jiménez Pinyol. "La política árabe y mediterránea de España", *Revista CIDOB d'Afers Internacionals*, 2007, pp.87-105.
② Eliseo Aja & Joaquín Arango. *Veinte años de inmigración en España: perspectivas jurídica y sociológica 1985-2004*. Barcelona: Fundación CIDOB, 2006, pp.175-201.

摩洛哥和阿尔及利亚的密切外交的同时，力求与非洲建立全新的"移民外交关系"：加强与移民来源国和中转国的关系，并与之建立移民合作框架协议；制定《非洲计划》，将巩固合作、控制非法移民问题作为主要政策实施目标；建立多边合作机制，召开欧非移民发展部长会议。2006年的拉巴特会议聚集了欧非大陆的移民来源国、中转国和目的国，共同商讨欧非移民合作问题。

2. 西班牙对非洲语言文化政策的转变

由于西班牙在非洲势力范围有限，西班牙语在非洲的使用率并不高，在当今所有的非洲国家中，只有赤道几内亚将西班牙语作为本国的官方语言之一。1844年至1970年间，西班牙语为赤道几内亚的官方语言，20世纪70年代，赤道几内亚国内政治动荡，西班牙语被认为是"外来语"被禁止使用，直到1979年赤道几内亚才再次将西班牙语确立为官方语言。与其他西班牙语国家不同，西班牙语并不是赤道几内亚人民的母语。赤道几内亚人的母语为当地的五大种族方言之一，其中绝大多数国民的第二语言是西班牙语（尤其是首都马拉博及其周围地区）。据统计，赤道几内亚的西班牙语人口中，只有12.3%的人口能够正确熟练运用西班牙语，74%的人口接受过西班牙语的外语教育，而13.7%的人口是西语文盲（见图11）。

图11 赤道几内亚西班牙语人口情况统计[①]

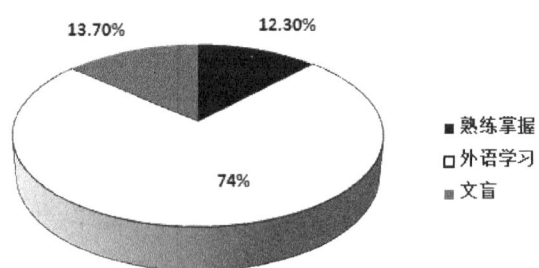

[①] 资料来源：Gloria Nistal Rosique. "El caso del español en Guinea Ecuatorial", *Enciclopedia del español en el mundo, Anuario del Instituto Cervantes 2006-2007*. Madrid: Instituto Cervantes, 2007, pp.73-76.

正是由于这些历史文化原因，赤道几内亚的语言文化交流在早期并没有引起西班牙方面的足够重视。自1713年西班牙在本国设立西班牙语皇家语言学院以来，已经在除本国以外的21个国家设立了西班牙语语言学院①，其中甚至包括菲律宾和美国等官方语言为英语的国家，但是赤道几内亚却一直游离在西班牙语语言学院协会之外。而在赤道几内亚，由于70年代马西亚斯（Francisco Macías Nguema）统治时期政府对西班牙语的全面否定和打压，造成当代青年人西班牙语语言水平极其有限，这在很大程度上影响了赤道几内亚与西班牙在语言文化领域的深层交流。

近年来，西班牙在政治经济领域愈加重视与非洲的联系，这也逐步带动了本国对非文化政策的积极转变。1997年西班牙阿尔卡拉大学（Universidad de Alcalá de Henares）与赤道几内亚国立大学（Universidad Nacional de Guinea Ecuatorial）开展合作，共同致力于西班牙语在非洲的推广工作。此外，于2003年建立的马拉博西班牙文化中心（Centro Cultural Español de Malabo）也向社会人士开放为期三个月的西班牙语课程。课程初期分为初级和中级两个等级，2006年首次开设高级课程。在此期间，学生总人数也从80人增长到400人（见图12）。

图12　马拉博西班牙文化中心西班牙语课程学生人数统计②

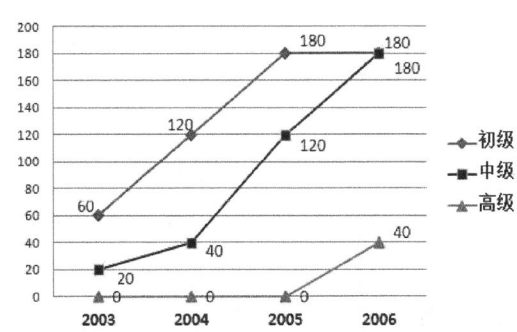

---

① 西班牙语语言学院协会（西班牙语：Asociación de Academias de la Lengua Española，简称ASALE）在全世界除西班牙以外的21个国家设有西班牙语语言学院，这21个国家分别是：哥伦比亚，厄瓜多尔，墨西哥，萨尔瓦多，委内瑞拉，智利，秘鲁，危地马拉，哥斯达黎加，菲律宾，巴拿马，古巴，巴拉圭，玻利维亚，多米尼加，尼加拉瓜，阿根廷，乌拉圭，洪都拉斯，波多黎各，美国。
② 资料来源：Gloria Nistal Rosique. "El caso del español en Guinea Ecuatorial", *Enciclopedia del español en el mundo, Anuario del Instituto Cervantes 2006–2007*. Madrid: Instituto Cervantes, 2007, pp.73-76.

西班牙皇家语言学院也在积极寻求与赤道几内亚的合作，希望在赤道几内亚建立西班牙语语言学院。2009年，西班牙皇家语言学院首次任命五名赤道几内亚学者为通讯员，皇家语言学院前任副院长何塞·安东尼奥·帕斯卡尔也前去马拉博拜访赤道几内亚国立大学副校长特立尼达·莫加德斯·贝萨利，共同商讨语言学院的筹建事宜。这一系列举措无疑表明了西班牙政府实施全新的对非文化政策的决心，以赤道几内亚为轴心建立语言文化辐射带的政策规划，以及加强本国语言文化在非洲的影响力，提高西班牙国家形象和地区影响力的政策目标。

四、结　语

非洲在新世纪所表现出来的无限活力和巨大的发展潜力，使得西班牙在二战后完成自身角色转变的同时，逐步将目光转向了这块曾经被世界遗忘的大陆。西班牙早期的对非政策主张通过殖民侵略将其纳入自己的势力范围，但其在非洲的势力范围却极其有限。西班牙绝大多数的对非援助都带有附加条件，非洲国家对西班牙的政治产生了极大的依赖性，可见西班牙与非洲大陆之间并不存在完全平等的合作互助关系，西班牙对非洲大陆的政治目标十分明显：逐步加强对该地区的政治控制，恢复西班牙在非洲大陆的势力范围。

西班牙移民问题不断加剧，进入新世纪，其引发的社会矛盾逐步显现，针对这一问题，西班牙政府建立了一系列的移民管理行政机制，并试图通过欧非双方平等对话与合作，共同协调处理移民问题。在文化方面，近年来西班牙非常注重本国语言文化的宣传，意图通过文化外交加强本国语言文化在非洲的影响力，提高国家形象和地区影响力。

西非关系的历史演变进程是世界近现代史的重要组成部分，西班牙对非政策的演变紧随世界局势的变化，紧跟欧盟改革发展的步伐，从侵略到靠拢，从掠夺到援助，从忽视到关注，面向新世纪愈加激烈的国际竞争和逐步凸显的国际问题，西班牙正在策划新一轮的"非洲计划"，规划着属于自己的"非洲蓝图"。

第三节
利比亚危机中的意大利战略及其历史渊源

陆辛耘[*]

2011年2月,受到突尼斯、埃及等北非国家的"阿拉伯之春"浪潮影响,利比亚掀起了反对卡扎菲领导的政府的社会运动。最初的示威游行从利比亚第二大城市班加西开始,后逐步向全国蔓延。民众要求卡扎菲下台,并在利比亚建立民主政体。该运动遭到了政府军的武力镇压,并升级为反对派与政府军的激烈军事冲突。此后,以美、英、法为首的多国联军部队对利比亚发动了代号为"奥德赛黎明"(Odyssey Dawn)的军事行动。直到同年10月,随着卡扎菲被捕身亡,"全国过渡委员会"宣布利比亚全国解放,这场战争风波才暂时得到平息。

自利比亚战争之初,意大利的态度就始终摇摆不定。前总理贝卢斯科尼(Berlusconi)领导下的意大利是最先承认利比亚反对派军队的国家之一,而在2011年2月举行的欧盟外交事务委员会上,意大利却是唯一反对对利比亚政体实行镇压判决的欧盟国家。一个月后,意大利选择同欧盟其他国家站在同一立场,参加了对利比亚的军事行动。利比亚战争结束后,意领导人立刻将访问利比亚写入议事日程,急于修复同利比亚的关系。本节将从历史、外交、经济与地理等方面进行挖掘,分析意大利在利比亚危机中采取的策略及其背后的原因,并对两国未来的关系走势进行展望。

---

[*] 上海外国语大学西方语系教师。

一、危机背景

1. 利比亚国情概述

利比亚,亦称利比亚共和国,国土面积为1759540平方公里,居非洲第四。在西北面与西面分别与突尼斯和阿尔及利亚接壤,南面邻尼日尔与乍得,东南接苏丹,东面则与埃及相邻。这个位于地中海南岸的国家,占据了北非的中心位置。

利比亚北面的海岸线较为绵长,西部以高原居多,东部海拔则较低,平原广阔,其余地区以沙丘为主,间有绿洲,其人口主要集中在沿海及绿洲地带。利比亚民族主要由阿拉伯人、柏柏尔人、图阿雷格人构成。位于南方的豪萨(Hausa)和特部(Tebu)为游牧或半游牧民族。在利比亚居住的外国人大部分来自非洲其他国家,尤以埃及人居多。此外,虽有许多意大利人在20世纪50年代移居外国或是在1970年时被驱逐出境,他们之中仍有一部分至今留在利比亚境内。1970年,伊斯兰教被宣布为国教。穆斯林教徒大约占到人口的97%(逊尼派为多数,也不乏伊巴底派,即哈瓦利吉派),基督教徒约为3%,其中约4万人为天主教徒。阿拉伯人及阿拉伯—柏柏尔人以逊尼派居多,西山(Gebel Nefusa)柏柏尔人则大多属于伊巴底派。

利比亚的官方语言为阿拉伯语。柏柏尔语仅在口头流传,从未得到官方承认。在经贸交往中,人们也使用意大利语与英语。利比亚现为联合国(1955年)、阿拉伯国家联盟(1953年)、石油输出国组织(1962年)及非洲联盟(1963年)成员。

直到20世纪50年代,利比亚始终被视为世界上最贫穷的国家之一,主要原因与其贫瘠的土地有关。由于可耕种面积极为有限(只占国土面积的1.2%),加之水源稀缺,农业的地位无足轻重。北部沿海地带的作物以小麦和大麦为主,此外不乏橄榄、葡萄和柑橘。在沙漠地区则主要种植烟草、花生、土豆。低于海平面的苏尔特盆地油气储量丰裕。1959年,利比亚人开始利用其丰富的石油储备,1970年后,利比亚政府对石油和天然气的开采进行了国有化。1977年,其人均年产值已雄踞非洲第一。事实上，石油是利比亚经济发展的基础：利比亚国内每年的石油开采量和相关售价都在政府控制之下，并与国际石油组织的战略挂钩。利比亚是非洲大陆上继尼日利亚之后的第二大石油生产国，石油贸易几乎占据了该国出口贸易的全部。利比亚的原油主要出口到意大利（39%），其次为德国、西班牙、土耳其、法国和瑞士。作为交换，一些工业产品和食品被进口到利比亚，这些产品主要来自欧盟国家，其中，意大利高居首位。此外，在利比亚境内还存在着相当数量的天然气田，盐和苏打也是重要资源。80年代的石油价格下滑对利比亚的发展造成了一定影响。1991年至1999年间，利比亚遭受了联合国的经济制裁，雪上加霜。2006年，美国将利比亚从"流氓国家"的名单上去除。

综上所述，利比亚在北非版图中的战略地理位置，占据绝对多数的穆斯林人口，丰富的石油与天然气资源储备，与欧洲各国的频繁贸易往来，都是将这个国家推向国际社会风口浪尖的重要因素。各国基于政治目的、外交关系、经济利益等多方面考虑所做出的决定或采取的措施，无不与之相关，这自然导致了各势力集团在利比亚问题上所持有的不同态度。

2. 各势力集团对利比亚问题的态度

1969年9月1日，由卡扎菲领导的"自由军官组织"发动军事政变，推翻了伊德里斯王朝统治，成立了以卡扎菲为首的革命指挥委员会，行使国家最高权力，并宣布建立阿拉伯利比亚共和国。1977年3月2日卡扎菲发表《人民权力宣言》，宣布利比亚进入"人民直接掌握政权的民众时代"，取消各级政府，建立各级人民代表大会和人民委员会，改共和国为民众国。卡扎菲出任革命指挥委员会主席兼武装部队总司令，并晋升为上校。此后，卡扎菲执政42年。

卡扎菲对内乱所采取的暴力回击一直以来都遭到国际社会的强烈指责。一向以"世界警察"自居的美国与关心自身经济利益的欧洲各国自然不会袖手旁观。当时，大部分西方国家都对卡扎菲的一系列行径以及对于关闭油田的威胁进行了谴责，但没有任何国家正式介入。2011年2月26

日,美国总统奥巴马签署了一系列对利比亚的制裁文件,其中包括冻结卡扎菲及其家人的财产。两天后,欧盟也决定对卡扎菲领导下的利比亚进行制裁:欧洲理事会通过了对利比亚领导人卡扎菲及其政府的一揽子制裁措施,包括武器禁运和禁止与卡扎菲集团来往。3月9日,法国、英国和美国向联合国施加压力,要求在利比亚上空设置禁飞区。3月17日,联合国安理会通过1973号决议,决定在利比亚设立禁飞区,对卡扎菲政权武力镇压示威民众实施制裁。当时,安理会15个理事国中有10个国家投赞成票,中国、俄罗斯两个常任理事国以及印度、德国和巴西三个非常任理事国投了弃权票。决议通过后,在利比亚的一些主要城市仍有袭击发生,就此,多国政府与多个国际组织共同协商对利比亚采取军事干预行动。3月19日,法国率先对班加西附近区域的军事目标发动空袭。此后,英美海军又发射了112枚战斧巡航导弹,攻击利比亚政府军海岸线的防空部队。"奥德赛黎明"行动正式拉开序幕。意大利、挪威、丹麦和西班牙空军也参与了此次行动,但在第一阶段,即3月27日前,并未发射导弹或投掷炸弹,而只是提供军事基地,此后才直接参与了对利比亚军事目标的攻击。3月31日,美国将军事行动指挥权移交北约,退出利比亚战事,"奥德赛黎明"行动自此结束;而北约则通过联合守卫行动(Operation Unified Protector),维持利比亚禁飞区,并支援反卡扎菲民兵。俄罗斯、印度对利比亚采取军事行动表示遗憾。葡萄牙和捷克也分别表示,不会参与在利比亚的任何军事行动。非盟、南美各国则公开宣称反对对利比亚任何形式的外国军事干涉。国际社会对此问题的看法莫衷一是。

3. 意大利的策略

贝卢斯科尼领导下的意大利是最先承认利比亚自由军的国家之一。贝卢斯科尼称,对示威者发动的进攻是"无法接受的"。意大利外长弗朗哥·弗拉蒂尼(Franco Frattini)则对移民问题的结果表现出担忧,他支持由利比亚政体自身完成宪法改革,甚至表示,欧盟在阿拉伯国家过渡进程中"不应该加以干涉","传播"自身的民主模式。在2011年2月21日的欧盟理事会外交事务委员会上,意大利是欧盟成员国中唯一反对对利比亚政体实行镇压判决的国家。当时，以美英为首的各国海军在地中海进行部署，随时准备对利比亚发起攻击，并希望得到意大利海军的支持。意大利国防部长拉鲁斯(La Russa)表示，可以利用西西里岛作为战略地点。此后，弗拉蒂尼在判决书上和欧盟站在了一起。弗拉蒂尼曾不止一次发表官方演讲，意欲调解不同阿拉伯国家的体制，却在随后同欧盟其他国家站到了同一立场，他也因此遭到了各界批评。

3月末的"奥德赛黎明"行动开始后，意大利共出动8架战机，并开放了包括西西里岛特拉帕尼空军基地在内的7个军事基地供联军使用（为此，意大利方面还特意关闭了特拉帕尼的民用机场）。在对待利比亚的问题上，意大利的态度始终左右摇摆。如果说一些国家是"事不关己，高高挂起"，一些国家是"站着说话不腰疼"，那么在涉及自身利益之时，它也完全没有表现出美、英、法的强势。究竟是何原因造成了意大利的"暧昧"态度？意大利与利比亚之间千丝万缕的联系，究竟对意大利政府的决策产生了怎样的影响？

二、意大利与利比亚

1. 历史渊源

意大利与利比亚的历史渊源可以追溯到两千多年前。公元前146年，罗马人曾经入侵由利比亚人在公元前201年建立的努米底亚王国。16世纪中期奥斯曼帝国攻占的黎波里塔尼亚和昔兰尼加，控制了沿海地区。1911年，为与奥斯曼土耳其帝国抗衡，时任意大利总理乔瓦尼·乔利蒂(Giovanni Giolitti)发动了对的黎波里塔尼亚和昔兰尼加的进攻。1912年10月18日，意大利与土耳其签订《洛桑条约》，战败方土耳其将的黎波里及昔兰尼加的领土割让给意大利。按照古罗马人的称谓，意大利控制下的这两块领土被称为"利比亚"(Libia)。如我们所见，今天利比亚的英文名字沿用了这一称谓。可以说，在"Libia"这个名字里，流淌着意大利人祖先的血液。

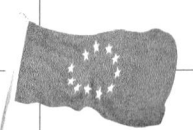

此后,法西斯掌权,并在利比亚开始了新的军事行动,扩张领土,先后占领米苏拉塔(Misurata)、杰法拉盆地(Gefara)、费赞(Fezzan)和库夫拉绿洲。当时,昔兰尼加地区不断有当地穆斯林人反抗,该省一半的人口,即10万人被流放至位于班加西和锡尔提加(Sirtica)的集中营,大约有1万人或因患传染病或是长途跋涉的艰辛(超过1000公里的距离),或因在意大利集中营遭到的暴力和艰苦的环境而失去生命。此外,意大利军队也第一次在殖民战争中使用了飞机和装甲车攻击当地的游击队员。1931年9月,随着游击队首领赫塔尔(Omar al-Mukhtar)被意军吊死,殖民地趋于稳定。的黎波里、昔兰尼加和费赞地区合并,统称利比亚。1940年9月,有超过三万名利比亚土著兵参加了意大利进攻埃及的战役。

1934年,的黎波里和昔兰尼加地区正式合并为利比亚统治区,此后,非洲居民得以享受与"在利比亚的意大利居民"相同的待遇。1939年1月9日,利比亚殖民地被正式并入意大利王国领土,也因此被视为大意大利(Grande Italia,或称意大利帝国)的一部分,其所有居民均享受意大利公民身份。

在穆斯林人掌权时代,在利比亚的意大利人只有区区数千,但他们却赢得了同阿拉伯人进行的游击战。第一次世界大战之后,为数众多的意大利人涌入殖民地,他们主要来自威尼托、西西里岛、卡拉布里亚和巴西利卡塔。1939年,意大利人占据了利比亚人口的13%,主要集中在的黎波里和班加西(分别占据当地居民总数的37%和31%)。第二次世界大战对利比亚造成了严重破坏,迫使许多意大利人不得不抛弃他们的田产,尤其是在40年代后期。目前在利比亚约有22530名意大利人,几乎与1962年时持平,大多为在90年代末到达该国从事石油工业的专业工人。

意大利的征战造成了利比亚方面极大的人力及物力损失,意大利军队在此期间摧毁了利比亚居民原先的住房、庄稼和家畜,几万人丧生其中,传统的社会与经济秩序也遭到了严重破坏。然而,随着意大利人的到来,天主教在利比亚迅速发展,他们在当地建造了众多教堂,并有布道团向当地居民讲授天主教知识。此外,在约30年的时间里(1912—1940),意大利人在当地建造了许多基础设施(公路、桥梁、铁路、医院、码头、大楼等),为利比亚的经济发展带来了颇多益处,也为民族融合创造了条件。不计其数的意大利农民在半荒漠的土地上耕种起了庄稼。此外,意大利政府还在1925年设立了的黎波里大奖赛(il Gran Premio di Tripoli),这是一项享有国际声誉的汽车大赛,一直举行到1940年。1927年,意大利政府还创办了的黎波里国际会展,至今依旧每年举办,被视作非洲大陆最古老的国际展会。同样兴旺发达的还有考古学:一度消失的古罗马城市遗迹在考古学家的帮助下被人们发现,比如大莱波蒂斯(Leptis Magna)和塞卜拉泰(Sabratha)。尤其是在位于的黎波里附近的塞卜拉泰,还发现了古罗马剧院的遗址,并在法西斯时期得到了重建。

20世纪30年代,意大利统治下的利比亚成为了继美国之后的意大利人第二大移民输入国。1938年,时任统治者伊塔罗·巴尔博(Italo Balbo)将20000多名意大利人带到了利比亚,为他们建立起全新的村落,主要集中在昔兰尼加地区。他还试图拉拢在利比亚的穆斯林,于1939年为阿拉伯人及柏柏尔人建造了十座村落,所有村落均配备清真寺、学校、社区中心(体育馆、电影院)以及小型医院,对北非的阿拉伯世界而言,无疑是一项创举。

在两国超过两千年的历史纠葛中,"战争"、"殖民"、"冲突"、"镇压"、"破坏"、"移民"、"交流"、"兴旺",没有哪一个单独的词语能够准确描述这段渊源,它们在历史的长河里不断地撞击、交错、融合,如同这两个国家本身那样。这种"爱恨交织"的复杂感情也影响了1950年利比亚独立后两国的外交关系发展。

2. 外交关系

自1950年利比亚宣布独立至今,意大利与利比亚的外交关系先后经历了多次起伏。

1946年,意大利方面意欲将的黎波里留作其殖民地(当时他们把昔兰尼加交给了英国,将费赞交予了法国),但1947年的《巴黎和约》(亦称《五国和约》)规定意大利必须放弃其所有殖民地,包括利比亚。后根据

1950年12月15日联合国第388号决议,意大利与当时的利比亚联合王国在1956年签署协议,意大利同意将意大利人在利比亚建造的所有基础设施移交给利比亚,并支付一定数额钱款,作为侵占利比亚的损失赔偿。

1969年卡扎菲在政变后取得政权,超过两万名在利意大利居民被驱逐出境。虽然2004年时任总理贝卢斯科尼同卡扎菲会面后取得一定进展,但时至今日,在1970年前后回到国内的意大利公民必须符合年满65岁、参加集体组团旅行以及拥有意大利语和阿拉伯语双语入境许可证件此三项条件,方可进入利比亚境内。卡扎菲取得政权后,利比亚的新军事委员会将意大利定义为"外部敌人",以此巩固国内势力的支持。尽管双方在殖民及战争损失赔偿方面互不相让,意大利国内仍有不少声音呼吁同利比亚保持政治友好关系,究其原因,自1956年起,意大利国家碳化氢公司(Eni)开始在利比亚开采石油,同时双方还具备在反对原教旨主义和恐怖主义的领域进行合作的可能性,并可共同谋求地中海地区的稳定发展。

20世纪80年代,卡扎菲为反对伊斯兰和美国,开始支持恐怖组织——爱尔兰共和军和巴勒斯坦的"黑色九月",还因在西西里岛、克罗地亚和法国组织谋杀而遭到指控。他成为美国的头号敌人,也逐渐受到北约的排斥。1986年4月15日,时任美国总统罗德·里根下令对利比亚进行军事打击:大规模的轰炸致使卡扎菲的养女不治身亡,但卡扎菲本人毫发无伤,因为当时的意大利总理贝蒂诺·克拉克西(Bettino Craxi)事先将有关轰炸的消息通知了他。如果对这一举动背后的原因进行深入思考,我们就不难发现意大利政府的态度:美国对利比亚支持恐怖主义进行打击报复本无可厚非,但意大利人不愿将自己的领土作为战场。意大利最终没能说服美国人停止这场行动,于是擅自决定挽救这位利比亚领导人的性命,以避免在这个坐落于意大利对岸的伊斯兰国家发生骚乱。

面对意大利人的主动示好,利比亚人似乎并不领情。在20世纪80年代末、90年代初时,卡扎菲仍不断向意大利政府提出多种具体的赔偿要求,他利用人民对意大利的仇恨,激起民众的自豪感,促进国家团结,并进一步巩固自己在利比亚的地位。在意大利和利比亚外交人士的不懈努力下，双方于1998年7月4日在罗马签署了联合公报，此事也成为两国外交政治关系的转折点。该公报主要涉及意大利国库对于负债的偿付以及意大利政府方面所采取的一系列行动（搜寻利比亚人被放逐到意大利的亲人、帮助清除地雷、帮助利比亚灾民等），也包括在利比亚这样一个混合型社会中实施某些经济项目的具体措施。

2004年，时值贝卢斯科尼出访利比亚之际，卡扎菲宣布取消每年10月7日的"雪耻日"，而将之改为两国人民的"友谊日"进行庆祝。尽管如此，利比亚的众多政府机构和新闻媒体依旧在2005年10月7日及此后每年的这一天举行"雪耻日"活动。2006年2月15日，时任意大利体制改革部部长卡尔代罗利（Calderoli）在参加意大利国家广播电视台1台的采访时，身穿印有亵渎伊斯兰教先知穆罕默德的讽刺漫画T恤，随后该电视采访出现在意大利国家广播电视台的所有电视新闻中，并被不断重播。2月17日，在意大利驻班加西领事馆前爆发了激烈抗议，示威人群占领并焚烧了领事馆。利比亚警察向群众开枪，导致11人死亡。根据卡扎菲在随后发表的声明，漫画事件是这次暴乱的导火索。但在深入挖掘后，我们可以认为该起事件的罪魁祸首仍是历史上意大利与利比亚关于殖民赔偿的争议，毕竟，在罗马签署的联合公报并未涉及确切的赔偿金额，而在此后的近十年时间里，双方也未就该事项达成一致。见证这一实质性成果的是2008年8月30日卡扎菲和贝卢斯科尼在利比亚第二大城市班加西签署的一份友好与合作协议。根据协议内容，意大利将向利比亚支付50亿美金，作为军事占领的赔偿。作为交换，利比亚将采取措施，打击从利比亚海岸出发的偷渡移民，并增加对意大利企业的投资。此后，在2009年至2010年间，卡扎菲曾前后对意大利进行了三次正式访问，与包括总统纳波利塔诺（Napolitano）和时任总理贝卢斯科尼在内的众多意大利政坛人物进行了会面。

在一定程度上，我们可以认为卡扎菲的对意访问是在告诉世人，已被冻结了近半个世纪的冰面正开始慢慢融化。经过如此漫长的等待，形势终于转向积极。意大利政府自然不愿看到自己同卡扎菲政权建立起的稳定关系再生变数。而另一方面，我们也发现，在双方半个多世纪的外交

往来中,有关战争及殖民损失的赔偿话题,始终占据着重要地位,左右着两国外交关系的发展。因为国家尊严也好,出于民族情感也罢,我们不能否认,它始终摆脱不了经济因素。

3. 经济利益

在2008年《班加西条约》签订以前,双方的经济关系几乎全部围绕没收财产与殖民赔付两大主题。

1970年,在卡扎菲领导的利比亚革命发生之后,超过两万名在利意大利居民被驱逐出境,并被没收了所有财产,而这有悖于在1956年根据联合国1950年决议所议定的《意大利—利比亚条约》。根据1970年意大利政府的计算,被没收的财产总值,单在不动产一项之下就达到了2000亿里拉。加上银行存款以及其他手工业和商业活动,这一数值将会超过4000亿里拉,在2006年相当于30亿欧元。①

自1998年实施之初起,双方在罗马签署的联合公报效果甚微,到了2001年,双方都清醒地意识到,该公报根本无法在短时间内结束两国长久以来的争端。此时,"象征性姿态"这一想法应运而生(后被称为"伟大的姿态"),旨在满足利比亚方面提出的赔偿要求,避免在日后重新发生威胁和类似意大利企业家被没收财产的事件。"象征性姿态"这一想法逐渐成形,转变为开设一家由意大利著名医学专家进行管理的肿瘤医院,而意大利政府方面对这一项目的投资可能达到6000万欧元。这一想法被不断具体化,直到2003年10月28日在意大利时任总理贝卢斯科尼和利比亚总统卡扎菲的会谈中得到明确表达。除了医院,卡扎菲还提出另一项要求,需要意大利付出更昂贵的代价——建造一条利比亚的沿海公路,北至突尼斯边境,南至埃及。这一工程需耗资15至16亿欧元。意大利方面对此要求进行了多次正式讨论,直到2004年12月意大利方面无法保证能够资助整条公路的修建,此事才不了了之。2008年,意大利与利比亚签订了班加西协议,意大利将向利比亚支付50亿美金,作为军事占领的赔偿。至

---

① Gerardo Pelosi. Gli affari italiani di Gheddafi, *Il Sole 24 Ore*, 2011.2.22.

此,关于殖民赔付的问题终于告一段落。

当然,意大利与利比亚之间的经济关系并不只限于战争与殖民赔付。在纠结于历史问题的同时,双方也注意到了未来广阔的前景。

2007年10月16日,意大利国家碳化氢公司与利比亚国家公司(Lybian National Corporation)签署了一份协议,将意大利能源公司在利比亚开采石油和天然气的权限分别延长至2042年和2047年。在2009年与2010年,利比亚中央银行及利比亚投资局曾先后投入25亿欧元,购买意大利联合信贷银行约7%的股份,成为意大利最大银行集团最大的联合股东。利比亚阿拉伯对外投资公司(Lafico)在尤文图斯俱乐部股本中所持有的7.5%使之成为米兰证券交易所第五大投资商。利比亚人购买了意大利国家碳化氢公司1%的股份,将其在利比亚开采能源之权限延长了25年,以作为意大利国家碳化氢公司280亿欧元投资资金的交换。意大利电信运营商Retelit的14.8%的股份由利比亚各投资公司操控。①此外,2008年的班加西协议也为意大利投资商打开了大门:意大利政府斥资23亿欧元,建造1700公里的利比亚沿海高速公路;利比亚国际会议中心的建造、直升机订货以及铁路信号装置建造则分别被委托给了意大利建筑公司英波基洛(Impregilo)、意大利航天集团芬梅卡尼卡(Finmeccanica)以及安莎尔多能源公司(Ansaldo)。2005至2009年间,意大利对利比亚出售武器,出口总值约达2亿8千万,其中2008至2009年间出口总额占到了四分之三。如此,意大利成为欧盟国家中第一个向利比亚出售武器的国家。出口的大部分收入来源于军用飞机,此外还包括导弹和电子设备。在2008至2010年间,意大利与利比亚之间交换的资金达到近400亿欧元②。利比亚对欧盟国家的出口额,49%流向意大利。下表中的数据则足以显示在北非各国中,利比亚对于意大利经济的重要性:

---

① Ettore Livini. Un business da 40 miliardi per la Berlusconi-Gheddafi spa, *La Reppublica*, 2010.8.28.
② 同上。

表1　2010年1月至11月意大利与北非国家交换资金(单位：千欧元)[①]

	进口	出口
阿尔及利亚	7159889	2585967
埃及	1729861	2658585
利比亚	10563190	2378011
摩洛哥	485151	1309620
突尼斯	2132473	3111938

面对如此巨大的经济利益，意大利很难不为之所动。我们有理由相信，相比其他任何欧洲国家，意大利最不愿看到战争与革命带来的不确定性与不稳定性。毕竟，在本身已为经济危机所累的情况下，维持稳定的双边贸易与投资合作，其重要性不言而喻。当然，在意大利眼见利比亚无法通过自身途径解决问题时，它选择了参与镇压与制裁，因为无休止的动荡只会使事态每况愈下，打乱其原先的如意算盘。

4. 地理位置——大地中海战略

利比亚在北非版图中的重要战略位置，上文中已提到。2010年的"阿拉伯之春"革命浪潮始于利比亚的邻国突尼斯，其席卷的第二个国家埃及亦与利比亚接壤，此后，利比亚成为第三个位于风暴中心的北非国家。

意大利是连接欧洲和北非海岸的桥梁，与利比亚隔地中海相望，长久以来，欧洲，尤其是意大利，始终将地中海这片广阔的海域视为交融与碰撞的战略中心——各国在此弘扬文化，并发展有利的贸易关系。在这一目的驱动下，欧洲与地中海沿岸国家的距离将会越来越小，最后形成一个统一的巨大市场。意大利处在如此关键的位置，自然希望扮演举足轻重的角色。事实上，凭借其得天独厚的地理位置，意大利与地中海沿岸国家的贸易量在众多欧盟成员国中具有明显优势(见下图)。

---

① 数据来源：意大利国家统计局。

图1 欧洲主要国家同地中海沿岸国家的资金交换额(单位：10亿欧元)[①]

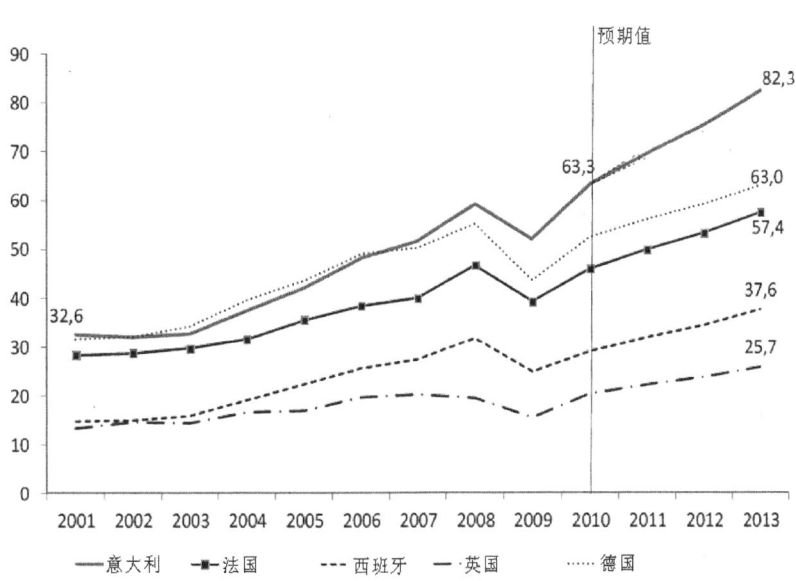

同样根据意大利联合信贷银行(Unicredit)的统计数据，在2007至2010年间，意大利对地中海东岸国家的海上出口额分别为69.52亿欧元(2007)、77.41亿欧元(2008)、58.41亿欧元(2009)和85.66亿欧元(2010)，而对地中海南岸国家的海上出口额则高达91.35亿欧元(2007)、122.19亿欧元(2008)、106.66亿欧元(2009)和124.10亿欧元(2010)，北非国家在意大利经济中的重要位置可见一斑。

多年以来，北非地区的生产量与进口量增长额，都要高于经济发达地区。虽然另有一些国家(比如金砖五国)的增长率更为突出，但客观地说，地中海南岸的这些国家在地理位置上更接近欧洲，尤其是意大利，双方也更容易对对方市场进行准确的解读与把握，并控制风险。此外，近些年欧债危机的阴影笼罩在众多工业化程度较高的欧洲国家之上，而这些北非国家却甚少受到影响，仅凭这一点，就足以引起意大利政府和企业的兴趣。当然，经济因素只是其中一部分，另一个关键要素是人类发展指

---

① 数据来源：意大利联合信贷银行。

数。人类发展指数是由联合国开发计划署(UNDP)在《1990年人文发展报告》中提出的，用以衡量联合国各成员国经济社会发展水平的指标，其中包含人权促进、当地机构支持、环境保护、资源的可持续利用、卫生与社会服务的开发、教育水平尤其是基础教育水平的提高、地方经济的发展、识字能力的培养、发展机会的平等、民主参与等。根据意大利的对外政策方针，意大利的北非发展合作政策主要针对埃及、突尼斯、阿尔及利亚、摩洛哥、利比亚，战略目标恰是建立在人类发展指数之上，以上述地区的政治稳定和当地居民生活质量的提高为先，以经济和社会领域关键性行业的发展为重点。意大利在这些地区的参与活动主要集中于中小企业的发展、基础设施的建设、卫生、农业、能源、环境保护的发展，以及对文化遗产的保护与开发。

在欧盟—地中海国家合作的大环境下，2005年第一届欧盟—地中海南岸国家首脑会议在巴塞罗那举行，确定了促进整个大地中海区域的经济增长与地区稳定的目标。利比亚危机过后的2012年2月，"欧盟—地中海"的对话重新开启，形成"5+5"的局面(意大利、法国、西班牙、葡萄牙、马耳他与阿尔及利亚、突尼斯、摩洛哥、利比亚与毛里塔尼亚)，大会集中讨论了地区安全、移民潮、能源、环保和发展。促成这一成果的国家正是意大利。毕竟，北非的命运与意大利休戚相关，意大利也希望自己能在北非更大地发挥其政治、经济与文化影响力。

三、结 语

利比亚战局的变化以及未知的冲突结果，会导致国际形势愈加复杂，并会危及意大利方面的利益与收入。如果利比亚始终处于分裂状态，那么意大利曾经从利比亚政府军收获的益处，还是如若支持叛军可能尝到的甜头，都将化为泡影。面对昔日同盟变为眼前敌人的这样一种局面，意大利必须寻获一种平衡，它不仅反映在利比亚问题上，还牵涉到整个地中海、北非甚至是中东地区。无论曾经在历史上是敌是友，亦敌亦友，对目前的意大利而言,利比亚始终是其重要的经贸伙伴,也是其边境守卫者,是非洲移民(合法的或是偷渡的)进入亚平宁半岛和欧洲大陆的重要阀门。在这一问题上,有太多存亡攸关的利益问题影响到意大利,意大利必须慎重地在"对盟友的忠诚"与"对正当国民利益的追求"这两者之间做出权衡。面对"得之于此,失之于彼"的境地,他们左右摇摆。

如果说在面对利比亚危机时的意大利举棋不定,那么在危机过后的"后卡扎菲时代",意大利却表现得相当积极。意大利前总理蒙蒂(Monti)在职期间,曾两次访问利比亚,其中的一项重要成果即为重启双方在2008年签订的班加西友好协议。这一事件排除了各方对卡扎菲或是贝卢斯科尼的仇恨或偏见,将两国及两国人民的利益置于中心,笔者相信,这同样代表了未来两国合作交往的趋势。新的合作协议覆盖领域更为广泛,除了重新强调利比亚对意大利的能源供应之外,还提到了意大利政府对于中小企业在利比亚进行基础设施工程建设的资金支持(意大利政府将投入约50亿欧元)。如果说曾经的利比亚是以经济发展作为重点,那么后卡扎菲时代的利比亚定将会把中心转向战后重建,无论是食品供应、贸易服务,还是建筑领域的专业人员培训等,这些领域都将为双方的进一步合作提供广阔的空间,从而最终达到共赢的目的。

第四节
荷兰与南非关系历史、变局和走向

王奕瑶*

一、历史上的荷兰与南非(1960年前)

1. 来自荷兰的移民

几个世纪以来,南非土地上来自荷兰的移民数量与荷兰在其他殖民地的移民数量相比甚少,但是自1881年第一次布尔战争结束[①],德兰士瓦[②]恢复独立后,移民数量发生了一定的变化。当时德兰士瓦共和国总统保尔·克鲁格(Paul Kruger)[③]是亲荷派。在19世纪90年代以前,英国在开普敦殖民地靠三条铁路线来垄断南非的运输,英国开普敦殖民地年收入的一半来自铁路。对于布尔人而言,垄断了铁路就控制了矿区。德兰士瓦恢复独立后,他们将从海港通向德兰士瓦共和国的三段铁路建筑特许权给了以德国资本为后盾的荷兰南非铁路公司[④],该公司的成立导致荷兰输出移民数量猛增。此外,19世纪末南非钻石和金矿业的大规模开采也吸引了大批来自荷兰的移民。据统计,1881至1899年荷兰向外输出的移民中有15%去往南非,尤其是德兰士瓦地区。1902年来自荷兰的移民再次出

---

* 上海外国语大学西语系荷兰语专业教师。
① 第一次布尔战争,1880年12月16日至1881年3月6日,是英国与南非布尔人之间的一次小规模战争。
② 当时的德兰士瓦共和国即南非共和国,位于现在南非共和国的东北部。
③ 保尔·克鲁格(Paul Kruger, 1825–1904),第一次布尔战争的领袖,1880年起担任南非共和国的总统。
④ 荷兰语Nederlandsch-Zuid-Afrikaanse Spoorweg。

现大幅度增长,但自1935年后,来自荷兰的移民数量开始直线下降。出现这种情况的根源将会在后面的章节讲到。第二次世界大战前的经济危机和战后荷兰与南非政治及社会关系的不稳定导致数以万计的荷兰移民离开南非,返回荷兰。在二战后第一个十年里,有21188名荷兰人离开南非,占南非荷兰人总人口的9%。而荷兰输出到南非的移民此后更是数量有限。尽管如此,1956到1981年这25年间依旧有27500名荷兰人定居南非。

2. 荷兰和南非双边经济关系

19世纪的荷兰和南非开普敦几乎没有任何经济贸易上的往来。1880至1881年英布战争后情况发生了一定的变化。对荷兰后裔布尔人的同情心让荷兰人把更多关注投向南非,并将南非作为资源开采地和经济投资地。而基于布尔人和荷兰人有着共同的血脉关系,与其他进口产品相比,布尔人更愿意购买荷兰产品,这使得荷兰在贸易出口上有很大的优势。这样,在德兰士瓦陆续建立起越来越多的荷兰商店和贸易点,也吸引了越来越多来自荷兰的商人。此外,在矿业开采和农业等方面,荷兰商人帮助当地布尔人进行了大量的投资。但是那些在德兰士瓦下了重金赌注的荷兰商人发现,他们的同情心和所谓的血脉关系并不能应付高价的消费、劣质的产品、市场秩序的紊乱以及其他殖民地国竞争带来的风险和经济损失。可以说,整个19世纪荷兰和南非的贸易往来并没有什么起色和发展,1890至1900年荷兰出口到南非的产品总值仅为4958万荷兰盾,不到荷兰总出口值的15%。但不容忽视的是,荷兰还对荷兰南非铁路公司、国家基金、矿业、银行和保险进行了大规模投资。

表1　1890–1900年荷兰对南非投资情况一览表[①]

投资领域	投资金额(荷兰盾)
南非铁路公司	16000000
南非国家基金	36000000
矿业	11000000

---

① 数据来源:www.zuidafrikahuis.nl。

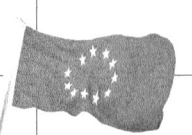

银行	6000000
保险	6000000

阿姆斯特丹的股票市场在南非国家借贷和矿业开采股份上也起着举足轻重的作用。但随着1899至1902年英布战争布尔人以失败告终，英国人在德兰士瓦的资本投入不断增加，而荷兰人则逐步退出了德兰士瓦的资本市场。1901至1910年荷兰对南非的投资为五千万荷兰盾，数额不到前十年的十分之一。对国家基金、铁路、工业以及矿业的投资与前十年相比也是大幅度缩水。除了个别银行和不动产机构还保持对南非的投资，对于其他领域而言，南非已经不再是荷兰主要海外投资对象国了。由此可见，战争对荷兰在南非投资的影响还是显而易见的。而之后的第一次和第二次世界大战期间，南非从荷兰的进口贸易量仅占南非总进口贸易的1%到2%。1945年后进口量依旧没有回升的趋势。1970年荷兰往南非的出口贸易量仅占南非进口贸易的2%，而南非对荷兰的出口贸易量也几乎不到2%。1988年数据显示，荷兰出口到南非的贸易额仅占总出口贸易额的0.46%，进口贸易额仅占0.23%。而最新数据表明，荷兰2010年从南非进口贸易额也不容乐观，仅为13亿欧元，出口到南非的贸易额为17亿欧元，出口量仅占荷兰总出口量的0.3%[①]。

通过以上系列数据人们不难看出，近百年来南非一直不是荷兰主要移民对象国和出口贸易国，甚至在荷兰移民高峰期（1890–1895，1935–1939，1945–1954）人们也更愿意选择其他移民国而并非南非。近百年来双边贸易往来也一直处于低迷阶段。

3. 南非被荷兰及荷兰后裔视为——"新荷兰"

如果单单从贸易和移民角度看待荷兰和南非的双边关系是不全面的。荷兰和南非的关系更多是建立在非物质和情感基础上的。

1580年，荷兰船员率先带头冲进被葡萄牙封锁的新航线。荷兰往返

---

① http://www.cbsvooruwbedrijf.nl/index.aspx?FilterId=2&ChapterId=17&ContentId=5477，访问日期：2013年10月21日。

于香料群岛的船舶络绎不绝,并很快成为亚洲海域最强大的西方贸易力量。经过多条航线比较,精明的荷兰人将目光集中在被诸多大国冷落的好望角港。1652年,荷兰联合东印度公司(VOC)决定在好望角建立一个补给站,该补给站并非由荷兰政府直接管理,而是由荷兰富商和大船主等组成的东印度公司直接管理。1652年4月7日,荷兰东印度公司的三艘帆船登陆好望角,当时的船员司令杨·范·里贝克(Jan van Riebeeck)和7名船员及4名妇女(其中一名为范·里贝克的夫人)作为首批荷兰移民在南非好望角落地生根。补给站建立不久公司又招来一批职员在开普敦半岛办农场、牧场等。当一个半世纪以后荷兰统治结束,英国接管开普敦殖民地时,该地已有两万五千名居民,除了当地居民以外,其中大部分为荷兰后裔,并被称为布尔人[①],他们将荷兰的语言、宗教和风俗习惯带到了开普敦,并传播开来。虽然随着时间的推移,19世纪以来荷兰人对南非荷兰后裔的关注渐渐减少,但是随着1880年德兰士瓦布尔人反英起义的爆发,又再次激起荷兰人对南非这片土地的关注。这些在南非居住的荷兰后裔,在荷兰被人们亲切地称为手足同胞,而南非则变成荷兰人口中的"新荷兰",因为这片土地上承载着荷兰的文化、价值观、宗教、风俗、感情,还有南非语也是由荷兰语演变而来的。他们认为这些非物质财富都必须要保存下来,拯救这个文化成了荷兰人的责任。这次起义引起了"大荷兰主义"的盛行,此后几十年,荷兰对南非的关注逐年剧增。在20世纪初《荷兰与南非》[②]月刊中关于南非的报道篇幅居高不下;数十名著名的荷兰学者及文学家于1886年在荷兰学术期刊《引导者》[③]中联名发表文章,指出"我们要不断加强爱国主义观念,全力给予荷兰的兄弟共和国——南非支持,我们属于一个民族,一个国家。"这些学者和文学家希望通过对爱国主义情操的呼吁,使得荷兰的文学、艺术、科学乃至工业可以在南非这片新的土壤上毫无阻力地开花结果。直到1940年这样的呼吁依

---

① 布尔人,由居住于南非境内荷兰、法国与德国白人移民后裔所形成的混合民族。语源为荷兰语boer一词,意为农民。
② http://www.maandbladzuidafrika.nl。
③ http://www.de-gids.nl/home。

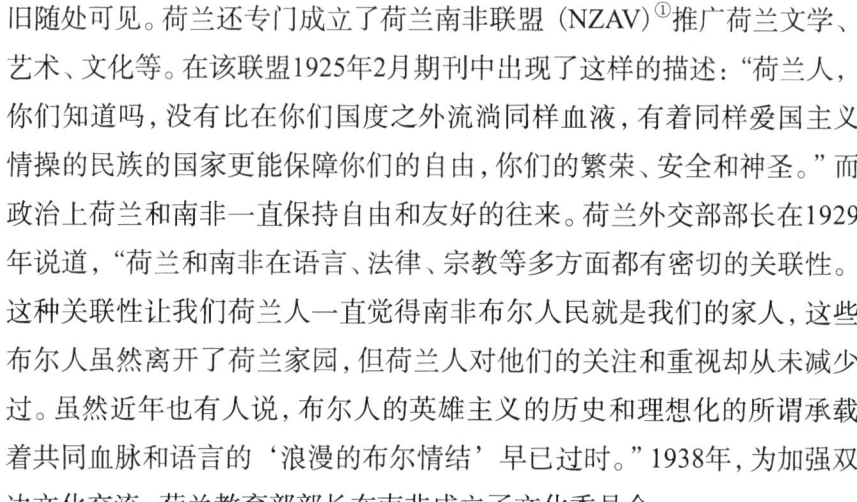

旧随处可见。荷兰还专门成立了荷兰南非联盟（NZAV）①推广荷兰文学、艺术、文化等。在该联盟1925年2月期刊中出现了这样的描述："荷兰人，你们知道吗，没有比在你们国度之外流淌同样血液，有着同样爱国主义情操的民族的国家更能保障你们的自由，你们的繁荣、安全和神圣。"而政治上荷兰和南非一直保持自由和友好的往来。荷兰外交部部长在1929年说道，"荷兰和南非在语言、法律、宗教等多方面都有密切的关联性。这种关联性让我们荷兰人一直觉得南非布尔人民就是我们的家人，这些布尔人虽然离开了荷兰家园，但荷兰人对他们的关注和重视却从未减少过。虽然近年也有人说，布尔人的英雄主义的历史和理想化的所谓承载着共同血脉和语言的'浪漫的布尔情结'早已过时。"1938年，为加强双边文化交流，荷兰教育部部长在南非成立了文化委员会。

4. 文化交流

尽管不少荷兰人并不赞同"浪漫的布尔情结"，这种情结还是使得荷兰人更多将关注转移到南非。荷兰南非联盟在19世纪末成立了系列相关文化机构，机构的宗旨是保持并加强荷兰文化在南非的推广。到1899年为止，这些机构主要根据地都在德兰士瓦，此外在奥兰治自由邦和开普敦也建立了几个荷兰文化机构。在这些城市教育起了主导作用：南非的年轻人不仅仅要接受现代化教育，而且要接受在荷兰文化框架下的教育。德兰士瓦教育部各职能部门工作人员都是荷兰人，德兰士瓦的教育工作人员，无论是现代国立学校还是私立学校，甚至一些乡村学校，有三分之一是荷兰人。应荷兰南非联盟的要求，所有教材和参考资料都是用荷兰语撰写的。通过1885年成立的"学习基金会"，荷兰基础教育部和高等教育部也为南非学生敞开了大门，欢迎他们就读荷兰的学校或者从事科研工作。

---

① 荷兰南非联盟，荷兰语简写为NZAV，成立于1881年，旨在加强荷兰与南非双边文化交流。http://www.zuidafrikahuis.nl/content/nederlands-zuid-afrikaanse-vereniging-nzav#Tijdschrift.

荷兰人在南非的重要角色不只是体现在教育领域。德兰士瓦总统保尔·克鲁格先生对荷兰和荷兰移民为南非建设做出的工作给予了高度赞赏，他认为荷兰为南非建立成一个独立的共和国在文化、语言、宗教和社会发展方面都功不可没，尤其是对荷兰对南非铁路公司进行的大量人力和财力投资表示了高度肯定和感激。荷兰海事部部长在参观访问德兰士瓦后称其为"荷兰最美丽的殖民地"。19世纪90年代有15%以上的德兰士瓦官员来自荷兰，很多国家部门也是聘用了大量荷兰人。此外在南非的新教教堂里，大部分牧师也都是荷兰人。甚至律师事务所、报纸杂志编辑部也雇佣了很多荷兰人。

荷兰人在德兰士瓦的地位，荷兰和南非宗教、文化和语言的众多相似性（高地荷兰语还是南非的官方语言），加上有着共同的血脉和爱国主义情操，使得荷兰人在19世纪末期对南非人有一种特殊的情愫。在这种情愫中还包含着人文主义情怀及对公平和公正的渴望。与此相对的，是英国对布尔人残暴的强权政治、帝国主义殖民剥削和统治。弗·里奥·察塞特（F. Lion Cachet）①的《德兰士瓦的抗争史》一书中便鲜活再现了布尔人、英国人和南非班图人在南非的过去和现在。作为资源匮乏的小国，荷兰人一直支持国民自主权，而且在国际社会上也一直反对霸权主义强权政治，支持民主和人权。荷兰人权主义之父胡戈·德·格鲁特（Hugo de Groot）②在荷兰人民心目中的地位也是根深蒂固的。因此，英国对南非布尔人的帝国主义殖民统治激起了荷兰的愤怒。当1899年布尔人起义，英布战争爆发时，有十四万荷兰人在南非荷兰联盟的抗议书上联名呼吁英国停止一切不公平的战争活动。荷兰人把这场战争看成是自己国家爆发的战争，荷兰的报纸和各大媒体都随时跟进战事动态。当布尔人首战告捷时，荷兰人就像自己国家赢得战争胜利一样欢呼雀跃。当时的荷兰女王威廉敏娜在和英国以及德国国王私人信件往来中也试图让

---

① http://www.dbnl.org/tekst/cach001wors01_01/colofon.php.
② 胡戈·德·格鲁特（Hugo de Groot, 1583–1645），出生于荷兰，人权主义之父，基督教护教学者。

两国首领同意和平解决英布矛盾。此外她还将格尔德兰省长一职留给德兰士瓦保尔·克鲁格,以免他遭受战争迫害。此举赢得了荷兰人民的大力支持。克鲁格应邀访问荷兰,当时的荷兰女王热情接待了他,会见厅挤满了荷兰民众,表示支持布尔人的独立。此外,荷兰还为战争提供大批物资救援,极尽人力物力财力,在战争中全方位支持布尔人。所有荷兰民众,不论社会阶层、宗教信仰、政治倾向都团结一致,支持布尔人。

对布尔人深深的同情心可以从一系列文学作品中体现出来,英布战争几十年来,荷兰人一直极其关心布尔人的命运,直到二战后期。1902年英布战争结束,整个南非开始社会、经济、文化和政治结构的重建工作。在重建工作中,荷兰人的作用也是不可忽略的。尽管英布战争结束后,很多荷兰人的"布尔情结"暂时褪去,但他们一旦听见有关南非的消息,甚至一听说南非的人民,内心还是会产生共鸣。荷兰的很多文化和政治领袖依旧与南非保持着密切关系,甚至两国领导人在私下都成为很好的朋友。

荷兰的南非情结在很多领域都体现得淋漓尽致。比如荷兰很多街名都是以南非城市或者乡村名命名的,此外,荷兰还在很多城市建立起英布战争领导人的雕像,比如斯德尔(Steyn)、德·维特(De Wet)和克鲁格。1925年荷兰还专门为克鲁格百年诞辰日在全国范围举办了纪念活动。1938年为了纪念南非布尔人大迁徙,荷兰首相通过广播为南非人民送上祝福。荷兰副首相福·贝莱特(F. Beelaert)为此代表荷兰女王和荷兰人民亲自拜访比勒陀利亚市,荷兰教育部部长也到南非各中学参观访问,并呼吁各中学就南非布尔人大迁移为学生开展系列讲座。荷兰历史学家彼得·格伊尔(P. Geyl)教授在一次访问南非的演讲中说道,"我们与说南非语的老百姓们可以用几乎一样的语言感受彼此,这种感觉是如此的美妙,就像在自己的国度一样。"作为荷兰南非联盟乌特列支分部主席,彼得·格伊尔教授多次访问南非并进行演讲,为两国文化交流做出了巨大贡献。他促使荷兰与南非签订了《文化交流协议》,直到第二次世界大战爆发协议才被迫终止。而在《文化交流协议》签订之前,荷兰也一直没有中断对南非文化建设的投入,在英布战争中也没有终止,甚至在战后还加大了对文化的投入,按照荷兰南非联盟主席的话来说,"在战争黑暗期，我们的同胞更加需要我们的支持和帮助，以保存自己的语言不被威胁。"

文化上的投入首先体现在教育上。在南非公共教育中，南非的荷兰后裔并无一席之地，于是荷兰政府自1902至1907年出资六百万荷兰盾帮助南非建立国立天主教教育机构，此外还为南非各大教育和文化出版机构提供补贴。1930年荷兰在比勒陀利亚市成立了历史文化研究中心，并派数名荷兰历史文化学专家讲授荷兰历史文化课程。通过这种方式，荷兰人将自己的文化慢慢融合到南非文化当中。与此相对应，荷兰阿姆斯特丹大学也成立了南非问题研究中心，主要研究南非语、南非历史和南非文化。格伊尔教授不是唯一与南非保持密切文化交流的学者，诸如此类的文学家、历史学家不胜枚举。

除了上述荷兰学者和荷兰移民为荷兰文化在南非的推广及南非文化的自身发展做出了贡献之外，前往荷兰研究型大学、应用型大学和其他研究机构，甚至医学和护理机构的大批南非学者也发挥了重要作用。早在1899年就出现了大批南非学者前往荷兰深造进修的热潮，尤其是1887年后，荷兰南非联盟（NZAV）取消了南非人去荷兰接受高等教育的限制，这一举措大大提升了南非人去荷兰学习深造的热情。此外荷兰在南非设立的学习基金会也为研究人员提供了丰厚的资金赞助。1902年后前往荷兰的南非学生依旧呈增长趋势，1909年后每年有大约40到50名南非学生前往荷兰学习。虽然二战的爆发影响了来自南非留学生的数量，但是在战后留学生数量又恢复到平均每年50人左右。1950至1970年留学生人数又出现小幅上涨，平均每年约60至70名。这期间赴荷留学的南非学生数量的增加得益于1951年荷兰和南非签署的文化交流协议。

协议中双方政府和教育部门每年为20名优秀学生提供全额奖学金赴荷兰学习，提供本科、硕士甚至博士学位的课程。21世纪以来，荷兰和南非大学的互换学生数量也出现剧增，每年有近百名荷兰学生和南非学生通过互换项目，前往南非大学、开普敦大学等高校，或前往荷兰阿姆斯特丹大学、莱顿大学、阿姆斯特丹自由大学、南非问题研究中心等进行学习研究。

正是这些赴荷留学的南非学生,通过长期在荷兰的学习和生活,和荷兰科研领域、荷兰社会、文化的长期密切接触,使得荷兰成为南非通往欧洲文化和生活方式的大门。当这些南非学生学成回到自己的祖国后,在南非各个领域成为教师、科研人员、文学家、艺术家、哲学家、政治家、文化使者、牧师等,并通过各种渠道将他们在荷兰的经历和见闻传播开来。由于这些南非留学人员和来自荷兰的移民的存在,荷兰对南非社会和文化各个领域都影响深远。在南非文化的形成和发展过程中荷兰所起到的作用是无法衡量的,因为文化的影响是精神层面上的,是根源性的,也是无法用数据统计出来的。这个非物质层面的影响是南非其他殖民国无法比拟的。通过南非研究中心(zuidafrikashuis)[1]、荷兰各大南非问题研究机构和高校的摘自南非学者文献的记录我们不难发现,在荷兰所有贡献中,南非语的形成并成为一门书面语言和文学语言,南非人的教育普及和文化形成,大部分要归功于荷兰。此外,随着荷兰移民带到南非的宗教也为南非宗教生活带来了深远的影响。

表1 南非赴荷兰留学人数一览表[2]

年份	留学人数
1902–1910	313
1910–1920	467
1920–1930	492
1930–1940	509
1941–1950	204
1950–1960	689
1960–1970	703
1970–1980	820
1980–1990	811
1990–2000	807
2000–2010	959

---

[1] 南非研究中心位于荷兰阿姆斯特丹,为南非问题研究机构,并有大量相关藏书。www.zuidafrikahuis.nl.
[2] 数据来源:http://taalunieversum.org/inhoud/feiten-en-cijfers。

二战的爆发从表面看来,对荷兰和南非文化交流并没有产生负面影响。南非在杨·斯莫资(Jan Smuts)[①]将军的领导下成为荷兰的友好盟国。1945年,在荷兰殖民地印尼起义中杨·斯莫资将军仍然站在荷兰一边,还为四万名二战后荷兰移民提供栖息之地。荷兰女王亲自授予其莱顿荣誉教授称号,两国于1951年正式签署文化交流协议。1952年,为了庆祝第一批荷兰人到达开普敦并建立据点300周年,荷兰举国上下欢庆。荷兰皇家航空公司专用包机将荷兰本哈德亲王(Bernhard)率领的代表团送往开普敦,并捐赠修建了杨·范·里贝克(Jan van Riebeeck)的雕塑。总而言之,二战前荷兰和南非在学生和学术交流、贸易往来、移民等方面都呈现出一片欣欣向荣的景象。直到20世纪60年代,这种稳定和谐的双边关系发生了让人难以置信的转折。

二、荷兰与南非关系的大转折

自19世纪60年代起,荷兰对南非的态度和双边关系发生了根本性变化。与先前称南非为兄弟国的亲密关系相比,这种变化是出乎意料的,让人难以理解的,也是剧烈的。要说到这种变化产生的根源,不得不提到南非的种族隔离政策。

自二战结束后,极端种族主义者马兰率领的国民党登上政治舞台,内阁成员为清一色阿非利卡人,没有任何南非英裔白人入阁。内阁的工作语言也为阿非利卡语。这个内阁的成员都是对黑人怀有仇恨情绪的种族主义者,他们形成了一个庞大的国家机器,系统地全面地推行种族隔离制度。

[①] 杨·斯莫资将军在第二次布尔战争中指挥一支民团参加德兰士瓦共和国一方作战。第一次世界大战爆发后,他带领南非军队平定了反英亲德的布尔人将军叛乱,并和时任总理的路易·博塔一道促使南非对德国宣战,夺取了德属西南非洲殖民地。

1. 南非的种族隔离

南非的种族隔离(南非语：Apartheid)为1948年至1991年间在南非共和国实行的一种种族隔离制度，Apartheid是南非语借自荷兰语的词，即区分隔离制度之意。这个制度对人种进行分隔(主要分成白人、黑人、印度人和其他有色人种)，然后依照法律上的分类，各族群在地理上被强制分离，特别是占多数的黑人，依法成为某些"家园"的市民。这些"家园"在名义上是自主国家但运作比较类似美国印第安保留区和加拿大原住民保留区。事实上，多数的南非黑人从未居住过这些"家园"。在具体实践上，这个制度防止了非白人族群(即使是居住在南非白人区)得到投票权或影响力，将他们的权益限制在遥远的可能从未访问过的"家园"。教育、医疗和其他公共服务有时被声称是隔离但平等，但事实上非白人族群可得到的只是非常次等的公共服务。

这个制度在1948年被以法律方式执行，直到1994年南非共和国因为长期被国际舆论批判与贸易制裁而废止。联合国也认为"种族隔离是一种对人类的犯罪"。种族隔离制度是以1913年的《原住民土地法》作为开端，由于广泛的使用而被执政的南非国家党予以强化。接受差别待遇的黑人有2500万人，印度人约有90万人；但是白人只有近400万人。南非共和国政府的说法是："南非共和国是一个多种族国家，各民族的传统文化与习俗皆有所不同，言语也有所差别。让各民族各自发展，并不是种族隔离，而是各自发展。"但是明显白人掌握了政治经济的权力，有色人种成为廉价劳动力的来源；其中的黑人多在白人拥有的农场工作，但是只拿到白人十分之一的工资，而且工资通常无法养家；也有不少黑人失业。自种族隔离政策实施后，占南非人口67.4%的非洲黑人居民开始过上丧失人类尊严的、极其屈辱的生活。

2. 荷兰和南非关系开始破裂

无论是在联合国还是荷兰议会，荷兰政府都公开反对南非种族主义和种族隔离政策。1965年荷兰政府为防御和救援基金会捐赠大笔款项。1960年南非沙佩维勒(Sharpeville)大屠杀事件后，荷兰政府在国际上公开表明对种族隔离政策深恶痛绝,认为这是反人类的,严重危害了非洲南部的和平进程。越来越多的荷兰政治家在联合国和其他国际组织投票支持对南非政府的非人道政策采取制裁。荷兰民间也掀起了反种族隔离运动的热潮。1960年,荷兰议会甚至通过书信给南非国民党警告,希望他们结束极端的政策,荷兰和南非的双边外交关系也降到了冰点。70年代,荷兰政府为荷兰的反南非种族隔离运动倡导者提供了很大一笔经济补贴,对他们对第三世界问题有觉悟的态度表示支持。1976年6月16日发生南非惨案[①],以及斯蒂芬·班图·比科(Stephen Bantu Biko,1946年12月18日—1977年9月12日)身亡,这一系列事件发生后荷兰终止了对南非的移民政策,两国之间的文化交流项目也被冻结,最终取消。20世纪70年代末期,在荷兰民众的呼吁下,荷兰政府在媒体正式宣布愿意一马当先,担任反南非种族隔离运动的引导者。荷兰政府这一举措的确出人意料,但并不让人费解,毕竟南非的大部分白人都是荷兰人的后裔。要回答这一问题,必须得追溯到很久以前的历史。

3. 历史原因

1960年后荷兰对南非态度的巨变从1950年后就已经渐渐显现出来。1880年前荷兰和南非的关系、荷兰人眼中的南非和南非人形象还是非常积极正面的。但1881年后开始出现各种质疑的声音。1881年到1902年德兰士瓦的布尔人中出现了不和谐的声音。早在1880年前,部分荷兰自由党就对德兰士瓦社会的性质产生了怀疑。经过改良的天主教,与现代文明背道而驰。反革命集权政治家开伯雨(A. Kuyper)因和内部成员不合,于1882年离开了荷兰南非联盟,阿姆斯特丹自由大学也不再是南非学生留学的首选地。之后几届领袖再次动摇荷兰自由党对德兰士瓦社会的信任度,让他们怀疑这些德兰士瓦人是不是真正合适的同盟者,甚至对这些德兰士瓦人还产生了仇视的情绪。每一批从荷兰前往南非的移民

[①] 索韦托惨案,可以参考互动百科上的介绍:http://www.baike.com/wiki/%E7%B4%A2%E9%9F%A6%E6%89%98%E4%BA%8B%E4%BB%B6?prd=so_1_doc。

都需要花费很大的时间和精力去适应布尔人的生活习惯、思维方式、言行举止和并不是特别友好的态度。这使得居住在德兰士瓦的荷兰人对阿非利卡的布尔人越来越心存芥蒂。在比勒陀利亚（Pretoria），居住了两年的一名荷兰记者莱兹（W. J. Leyds）写道："南非是一个古怪而傲慢的国家，南非人也一样古怪傲慢。"十年后，荷兰铁路部部长米德堡（G. G. A. Middelberg）在参加改良基督教教会仪式后感叹道："不得不说我们荷兰人和他们布尔人还是有本质上的区别啊！"保守、宗法等级森严、17世纪改良天主教盛行的布尔人和那些热情开朗、向往自由、及时享乐的荷兰移民其实是有天壤之别的。很多居住在南非的荷兰移民也对当地布尔人充满成见。在很多荷兰移民眼里，布尔人懒惰、思维狭隘、贪婪而腐败。自信满满的布尔人，则称自己是"南非的儿子"，完全瞧不起来自其他国家的移民，但他们却不具备足够的行政能力和管理能力，无法在没有外力的帮助下管理好自己的国家。甚至在英布战争中，荷兰人也观察到布尔人并没有竭尽全力与英国人抗争，保卫自己的祖国。英布战争结束后，让荷兰人愤怒的是，不少布尔人无条件屈服于英国的强权统治之下，对于布尔人毫无团结一致的精神荷兰人感到很震惊。最让荷兰人愤怒的是，很多布尔人并不对荷兰和荷兰人为南非政治、经济、文化、社会发展做出的贡献表示认可和感激。由荷兰语演变而来的南非语成为南非的官方语言后，南非人认为自己的语言更为高贵，而对荷兰语的学习和研究是多余的，这个观点让很多荷兰人感到痛心。南非人极度自负和傲慢，但是南非在欧洲人眼里却是一个还很年轻、文化被隔绝而且尚未开化的国家。罗马天主教、自由思考者和社会主义者在这个保守东正教盛行的国土立足非常困难。

此外，南非人对待非白人的恶劣态度也引起了很多荷兰人的不满。很多文学作品都体现了这一点。南非的缺乏社会融合性和政治平等性从黑人极低的受教育程度和社会地位就可以看出。在大城市白人区，黑人不能使用白人的厕所，而给黑人准备的厕所却极少。很多城市中心的剧院、电影院和公共图书馆均不准黑人入内。在大饭店肤色分别也极其明显:门警、领班侍者都是白人,侍者大部分为印度人。开电梯的是黑人,但黑人作为顾客不允许进入这些酒店。在马兰(D. F. Malan)政府上台后,银行和邮电局都实施隔离,分行排队,黑人队伍比白人等候的时间明显要长。为了保持所谓"白人血统"不被黑人"污染",白人政权对白人和非白人通婚采取严刑酷法予以禁止。执政者以"社会达尔文进化论"为老百姓洗脑,鼓吹白人是优于黑人和有色人的人种。这无异于希特勒和德国纳粹对犹太人的种族灭绝。所以不难理解的是,经历过德国种族灭绝行径并深受其害的荷兰人对南非种族隔离深恶痛绝。

1960年在荷兰第二议会举办了一场辩论,因为沙佩维勒事件的发生令整个荷兰震惊。荷兰人对于种族隔离尤其敏感,因为他们在二战中才经历了对抗德国纳粹的统治,而且荷兰王国是欧洲国家中外来移民最多的。对于很多亚洲和非洲来荷兰政治避难的难民,荷兰人都采取包容政策。当时的荷兰首相扬·德·夸伊(Jan de Quay)在一次演讲中声明:"我们反对任何一种形式的种族歧视,南非的发展和我们是息息相关的,因为从历史上来说我们有着相同的根源,南非人的祖先就是我们荷兰人。我们就像是两个兄弟一样。现在南非的状况让我们深感担忧。种族隔离是违背人权的,对整个世界的和平也是一个很大的威胁。我希望南非政府能做出明智的决定,取消种族隔离,让各个种族的百姓在和平和自由中共处。"由此可见,荷兰对南非的态度转变也代表了当时的国际趋势。随着越南战争的结束,葡萄牙在安哥拉和莫桑比克殖民统治的结束,印尼从荷兰殖民地中获得独立,以及越来越多的黑人在津巴布韦和卢旺达定居,国际政治经济局势逐渐缓和,人们将更多的关注点投向了西非和南非。1989年德克勒克担任南非总统后,便释放了因反对种族隔离政策而入狱的曼德拉,并且于1990年解除戒严。1991年南非共和国废止人口登记法、原住民土地法与集团地区法,在法律上取消了种族隔离政策。1994年4月,南非实施了所有人种都能够参与的议会选举。

三、荷兰与南非现今双边关系

奥托·特布兰奇(Otto Vowinkel)是荷兰著名历史学家，他研究了过去三十年荷兰和南非的关系。其研究发现，荷兰对南非的隔离、道义上的谴责和惩罚措施起到的是和预期相反的作用。过去三十年，南非人整体受教育程度并不高。荷兰和南非的关系越对立，南非人的反应越恶毒。南非人在历史上犯下的巨大错误对荷兰民众的影响甚至超过了二战的影响。南非国民党执政近五十年，这五十年间南非人深深体会到荷兰对南非的仇恨和渐渐疏远的关系。

1. 新协议的签署

1990年德克勒克担任总统后，正式废除了种族隔离政策。此时荷兰和南非间所有文化交流渠道基本完全断绝。南非最有象征意义也是最重要的变化是将曼德拉——南非未来的新总统从监狱里释放。1994年他担任南非总统，此后无论是内政还是外交都发生了翻天覆地的变化。来自外界的文化和经济压力也逐渐消退。法国、德国和比利时弗莱芒地区纷纷和南非签订新的文化交流协议。1996年荷兰女王贝亚特里克斯首次对南非进行国事访问，在访问期间也重新签订了两国文化双边交流协议。过去几十年中断的文化、学术交流活动又重现生机。

1998年3月荷兰驻南非大使馆提交了一份1994至1997年荷兰政府(荷兰外交部和教育、文化、科技部)为促进南非文化发展而提供的经济投资报告。从这份报告中不难看出，在那四年里，荷兰在南非开设了很多文化项目。比如，约翰内斯堡市大剧院(The Market Theatre)获得荷兰投资9.7万荷兰盾。开普敦第六区博物馆(Distrik Ses)1995年获得荷兰投资8.5万荷兰盾。1996年荷兰政府还为约翰内斯堡艺术基金会捐赠86391荷兰盾。在奥茨胡恩(Oudtshoorn)和格拉姆斯顿(Grahamstad)的文化活动也常年得到荷兰的支持和资助。1997年凯洛斯(Kairos)在乌特列支(Utrecht，荷兰城市)获4千荷兰盾将一些经典的南非语作品翻译成荷兰语并出版。荷兰政府还出资5万荷兰盾资助南非的英文杂志《低地之国》《弗莱芒和荷兰艺术与社会》《文化遗产》等的创办和发行。由此可见南非很多领域都得到了荷兰政府和文化部门的大力支持。

表2　1994-1997年荷兰在南非开展文化项目一览表[①]

项目名称	赞助年份	获赞助资金数额（荷兰盾）
约翰内斯堡大剧院	1994	97000
第六区博物馆	1995	85000
约翰内斯堡艺术基金会	1996	86391
凯洛斯翻译基金	1997	40000
英文杂志创办	1997	50000
奥茨胡恩文化基金	1994-1997	20000/年
格拉姆斯顿文化基金	1994-1997	15000/年

南非语和荷兰语之间的关联曾经是两国密切交流最重要的原因。在南非实施种族隔离政策那些年，南非语却成了隔离南非人和荷兰人的工具。1990年后民主的、无种族歧视的南非不仅使南非语不再含有任何政治因素，也让荷兰人不再因为南非语和荷兰语的同源性、南非和荷兰的亲属关系而感到耻辱。重要的是，南非各语言人口和各族人民应该和荷兰团结起来。早在1982年12月阿姆斯特丹由反种族歧视运动领袖举办的"从文化角度抵制种族隔离大会"中，人们就提到应该积极动员南非的荷兰艺术家和文化机构，以及南非各族人民团结起来，让南非从种族隔离中解放出来。1994年弗诺·菲勃卢姆（Vernon February）在《语言和文化认同——南非语和荷兰语》一书中指出，废除种族隔离法律其实为南非和荷兰的再次接触提供了很多的可能性。内维尔·亚历山大（Neville Alexander）指出过去人们对南非的认识往往停留在殖民者的傲慢中，认为在这个国家人们只说两门语言。而实际上，南非是一个多语种国家，现在有11门通用语言。同样，南非人也应该认识到，荷兰也是一个多民族多元文化的国家。通过一系列荷兰在南非举办的文化活动，比如南非语言

---

① 数据来源：http://www.zuidafrikahuis.nl。

文化周，南非人也认识到荷兰人不仅仅是金发碧眼，在荷兰也居住着很多土耳其、摩洛哥和苏里南人。在荷兰和南非的双边关系中，共同的语言——南非语和荷兰语是交流的最重要的要素之一。

2. 通向南非的窗口——语言

荷兰和南非的很多联系都不可避免要涉及荷兰语。1994年南非第一次民主选举对荷兰人、弗莱芒人以及荷兰语言联盟来说是非常重要的，这意味着荷兰和南非破裂的双边关系可以重归于好。荷兰教育部决定重新恢复南非对荷兰语的推广。1995、1996和1997年三年荷兰政府出资130万荷兰盾，希望在几十年文化交流断层后能重新恢复荷兰与南非的交流。荷兰语言联盟的《1998年—2002年荷兰语言联盟在南非对荷兰语推广项目》中提到："要重新恢复荷兰语在南非的地位需要假以时日，不可能一蹴而就，这是一个漫长的过程，我们应当把这笔资助时间延长到1998—2002年。"这主要是考虑到南非的语言政策形式和重建高等教育体制等。除了对荷兰语进行推广，荷兰语言联盟也会加强对南非语研究的投入，毕竟两个语言的研究是相辅相成的。

1997年10月15日荷兰语言联盟决定2002年后每年为南非提供50万荷兰盾以促进荷兰语研究，将荷兰语作为高校历史系、法律系学生的必修语言，并为这些学生提供了奖学金。此外语言联盟还为南非的荷兰语教师培训、客座教授讲座等系列活动提供资助。南非大学也成为保管荷兰语书籍、杂志、文献的重要基地。此外语言联盟还发行了《荷兰语与南非语》杂志。

人们以前常常听到这样的口号"南非语是南非了解欧洲世界的一个窗口"，而最近二十年人们却将口号改成了"南非语是连接欧洲和非洲的桥梁，也为荷兰人提供了通向南非的窗口。"越来越多的荷兰人再次将注意力转移到南非这片土地上，很多荷兰语专家也将研究重心放在南非语上。此外，在美国、苏格兰、波兰、捷克、俄罗斯、德国和匈牙利的很多大学都设立了南非语研究中心。可以说，荷兰和南非一系列新的文化交流协议再次将世界和南非紧密联系了起来。

四、结　语

纵观几个世纪，荷兰和南非的双边关系经历了一系列的波折，从19世纪末的稳定和谐到20世纪60年代南非国民党执政后的剑拔弩张，再到20世纪末双边关系得到恢复，并在文化、教育、经济等领域进一步加强双边友好合作往来。随着经济全球化的不断发展，荷兰和南非在这样一个大的世界环境下也将进入一个新的历史阶段，并朝着多元化合作交流的方向发展。

第五节

欧盟中型成员国对欧盟非洲政策的影响机制研究：以比利时为例

忻 华[*]

比利时在欧盟范围内是中等类型的成员国，在世界范围内则属小国，其单独的外交活动对国际体系的影响可谓微乎其微。因此，比利时要影响世界经济与国际政治的秩序，要拓展自身在欧洲地区以外的活动空间，要维护自身的海外利益，就必然要借助于甚至依赖欧盟的对外决策机制。比利时政治学家Kris Deschouwer指出："比利时并不具有在世界政治中发挥关键性作用的雄心，它太小了"，所以"比利时大众对欧盟具有很高的接受度"。[①]对比利时而言，欧盟可以成为自身外交的"力量倍增器"（Power Multiplier），欧盟对外政策的重要性远高于其自身的外交政策，参与欧盟对外决策体系活动的重要性，亦远高于其自身对欧洲地区外的单独外交。因而比利时对非洲等欧盟以外的地区，并未形成一套自身独有的明确而系统的政策体系，而是借助欧盟的对非决策活动，反映其自身对非洲的政策偏好，进而实现其对非洲的利益诉求。有鉴于此，要理解比利时对非洲等欧盟以外的特定领域的政策，就必然要分析比利时影响和参与欧盟对该领域的决策活动的方式与特点。

---

[*] 上海外国语大学欧盟研究中心副教授。

[①] Kris Deschouwer. *The Politics of Belgium: Governing a Divided Society*. Palgrave Macmillan, 2009, p. 213, 221.

一、比利时影响欧盟对非决策的基本架构

1. 欧盟决策体系的"塔形"模型

在目前研究欧盟成员国国内政治决策体系的著述中,学者们提出了两种模型:"俄国套娃模型"(Russian Doll Model, RDM)和"蛛网模型"(Spider's Web Model)。前者强调决策体系是由环环相套的多层社会力量构成,最高行政决策层居于内部最核心的位置,而各类社会力量结构居于外围,信息、诉求与资源依次向内传递,而政策的执行则依次向外传递。后者则认为政治决策绝非如前者所述的那样整齐划一,政治决策的层级结构在运行中会出现信息、诉求、资源和政策执行的多方向流动,形成所谓"蛛网"结构。[①]而关于欧盟决策体系,目前尚未见到有明确的决策模型构建。笔者认为,"塔形"决策模型可以描述欧盟决策体系的基本特征。在这一模型中,信息由下向上流动,而政策自上向下流动。

作为地区一体化的产物,欧盟的决策结构并不如成员国政府那样层级分明。不过,一方面欧盟仍然通过官僚科层体系的行政运作来进行决策,因而其决策仍具有"俄国套娃模型"和"蛛网模型"的若干特征,仍需要将各类诉求、信息与资源从各成员国的草根社会逐层向上收集、处理、筛选;另一方面,欧盟并非通过充分竞争与普遍选举而形成的典型的代议民主体制,缺乏民意上达的系统机制,因而欧盟决策层注重构建跨越政治与社会结构各部门、各领域、各阶层的"多层治理机制"(Multilevel Governance),为执政精英体系之外的政党、利益集团、公民社会非政府组织提供发出声音、传递诉求的渠道与机制。因而,欧盟决策体系既具备鲜明的层级性,又带有相当程度的灵活性和复合性,下图之"塔形"模型可较直观地展现欧盟决策体系的层级关系。

---

① Mathews Flinders. "Distributed Public Governance in Britain", *Public Administration*, vol. 82, pp.883-909.

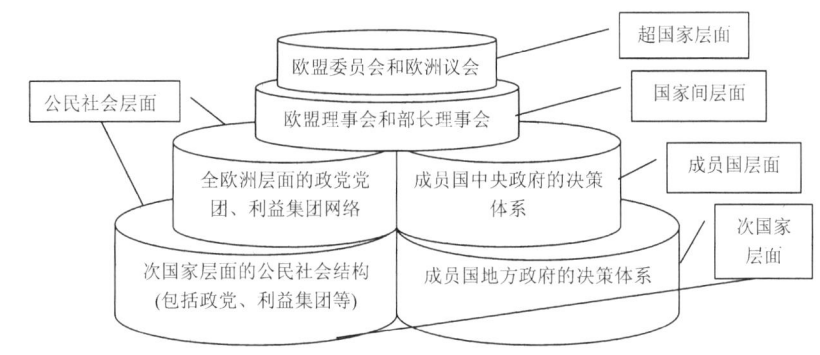

图1 欧盟决策体系的"塔形"模型

2. 比利时在欧盟成员国中的位置

在上述"塔形"决策模型的基础上,可以进而建立起解析比利时对欧盟对非决策的影响机制的分析框架,但首先须对比利时在欧盟成员国中的位置作出清晰的阐释。

关于欧盟成员国的"大"、"中"、"小"的划分标准,目前学术界并未达成共识。有的学者主张以人口规模作为确定成员国大小的标准;另有一些学者则认为,凡是公认的不属于欧洲大国、对地区事务缺乏影响力的欧盟成员国皆可归入小型成员国的行列。在当前,英、法、德三国是学术界公认的欧洲大国,而欧盟其余成员国究竟应如何归类,学术界并无一致意见。2012年的统计数据表明,在与综合国力密切相关的诸项指标的排名中,比利时在欧盟28个成员国中排在第10名上下,属于中上水准,因此,这里将比利时列为欧盟的"中等类型"成员国。在欧盟28个成员国中,中型成员国数量众多,如荷兰、西班牙、意大利和北欧的瑞典皆可归入。以此观之,对比利时影响欧盟决策的机制的研究,具有相当程度的典型性。

第三章　西班牙、意大利、荷兰、比利时对非洲关系

表1　2012年比利时在欧盟成员国中的排名[①]

指标	人口	国内生产总值	人均国内生产总值	出口额	军事开支
比利时2012年在欧盟28个成员国中的排名	第12名	第11名	第11名	第8名	第11名

3. 欧盟对非政策的基本体系

欧盟对非政策是欧盟对外政策中的重要组成部分。2012年欧盟对撒哈拉沙漠以南的黑非洲的援助占其当年对外援助总金额的51%，足见非洲在欧盟对外政策中的位置。[②]1963年的《雅温得协定》（Yaoundé Agreement）标志着相对统一的欧共体对非政策开始形成。1976年开始实施的《洛美公约》（Lome Convention）则表明欧共体建立起了更系统的对非政策总体框架。1993年生效的《马斯特里赫特条约》规定了欧盟政策的三大支柱，其中第一和第二支柱，即"欧洲共同体"政策框架（Communities Pillar）和共同外交与安全政策框架（CFSP Pillar），都有不少内容涉及欧盟对非政策的原则与方针。2000年签署的《科托努协定》（Cotonou Agreement），强调欧盟将依据非洲内部不同地区的差异，实施有区别的政策，表明欧盟对非政策进一步细化。2007年《里斯本条约》签订后，统一的欧盟对外行动署成立，欧盟对外政策的各部分得到整合，欧盟对非政策进入新的阶段，欧盟通过"欧盟睦邻政策"（European Neighborhood Policy, ENI）、"欧盟—非洲伙伴关系"这两项新的政策框架，将欧盟与非洲的双边关系从经济与政治层面延伸到公民社会层面。

[①] 数据来源：前四项由作者根据Eurostat的数据算出，最后一项由作者根据SIPRI的数据算出。
[②] European Commission, Helping People When They Are in Need, July 2013.

表2 欧盟对非政策的体系结构

非洲不同区域	北非(地中海南岸)	撒哈拉沙漠以南的黑非洲(不包括南非)	南非
欧盟对该区域政策的总体架构	"欧盟睦邻政策"(ENI)	"非洲—欧盟伙伴关系架构"(Africa-EU Partnership)	"欧盟—南非战略伙伴关系"(South Africa-EU Strategic Partnership)
欧盟对该区域政策的条约基础	1992年《马斯特里赫特条约》第8条;"伙伴关系与合作协定"(PCA)	2003年生效的《科托努协定》	2004年的《欧盟—南非贸易、合作与发展协定》(TDCA)
欧盟对该区域政策的实施工具与机制	1)巴塞罗那进程;2)欧盟睦邻政策工具(ENPI);3)公民社会架构(CSF)	1)欧盟—非洲峰会;2)欧洲与非洲外长级联合会议;3)欧盟委员会与非洲联盟委员会联合会议;4)欧非联合专家小组机制	1)欧盟—南非联合合作理事会(JCC);2)欧盟—南非"三驾马车"政治对话机制(峰会层面、外长层面、高层专业官员层面)
欧盟对该区域的政策的资金来源	欧盟一般预算;"欧盟睦邻政策工具"筹资机制	欧盟一般预算;欧洲发展基金(EDI);欧盟委员会预算;欧盟成员国预算;非洲开发银行	欧盟一般预算
欧盟执行和运作该政策的组织机构	欧盟委员会;欧洲投资银行;欧洲复兴开发银行;欧洲公民社会	欧盟委员会;欧洲理事会;欧洲投资银行	欧盟委员会

4. 比利时对欧盟对非政策的影响机制的基本架构

欧盟决策机构原本就显得叠床架屋,较为繁复。2009年《里斯本条约》生效后,欧洲议会参与和制约欧盟对外决策的权力得到扩张,且单独的欧盟对外行动署(EAS)和欧盟外交与安全事务高级代表,在欧盟委员会对外关系总司的基础上成立,这使得欧盟对外决策体系更显错综复杂，而成员国对欧盟对外政策的影响也就更难解析。因此，有必要建立起一个分析框架，用于解析比利时对欧盟对非政策的影响机制。

表3　比利时对欧盟对非政策的影响机制的架构

施加影响的层面		施加影响的主体	受到影响的欧盟决策机构	施加影响的方式
超国家层面	欧洲议会层面	比利时籍的欧洲议会议员	欧洲议会外事委员会；欧洲议会对非关系代表团	参与欧洲议会的议程设定（Agenda Setting）和政策审议（Policy Deliberation）
	欧盟委员会层面	比利时籍欧盟委员会委员	欧盟委员会；欧盟对外行动署	参与欧盟委员会在对外贸易政策上的决策过程
国家间层面	欧洲理事会层面	欧洲理事会主席范龙佩（H. V. Rompy）	欧洲理事会	参与欧洲理事会的议程设定和政策审议
	部长理事会层面	参会的比利时政府部长；作为轮值主席的比利时政府	部长理事会	参与部长理事会的决策过程
政党层面		参加欧盟议会党团的比利时政党	欧洲议会；欧盟委员会	1）参与欧洲议会的议程设定与政策审议；2）参与欧洲地区层面的跨国党团活动；3）影响欧洲地区层面的利益集团和公民社会
利益集团层面	工商业团体层面	比利时各类产业联合会、商会	欧盟各决策机构	1）通过欧盟咨询机构"经济与社会委员会"（EESC）向欧盟决策机构传递诉
	工会层面	比利时工会	欧盟各决策机构	

| 基层公民社会层面 | 比利时各类政见社团等非政府组织 | 欧盟各决策机构 | 求；2)组建游说集团向欧盟决策机构施加影响；3)通过影响欧洲跨国党团进而影响欧盟对非决策 |

如上显示，比利时作为欧盟中等类型成员国，可从五个层面向欧盟对非决策体系施加影响。在超国家层面，欧洲议会里的比利时籍议员，在欧洲议会的外事委员会和对非关系代表团中占有重要位置，能够在议程设置和政策审议上对欧盟对非政策施加影响；而欧盟委员会负责贸易事务的比利时籍委员Karel De Gucht则通过影响欧盟对外经济政策的决策过程，进而影响欧盟对非洲的经济与援助政策。在国家间层面，比利时籍的欧洲理事会主席范龙佩能够直接影响该机构涉及对非决策的所有方面；而2010年比利时政府担任部长理事会的轮值主席，其在对非政策上的利益诉求与政策偏好，借此可得到充分的表达与传递。在政党层面，比利时左、中、右翼所有主要政党（PS、CD&V、CDH、CSP、LDD）一方面都在欧洲议会拥有席位，可将社会基层关于对非政策的利益诉求上传至欧盟决策层，另一方面都加入了欧洲跨国党团，可利用欧洲跨国党团形成的覆盖整个欧洲的信息与资源网络，影响欧盟的对非决策。在利益集团层面，比利时工商业和金融业最主要的雇主团体和工会组织（FEB-VBO、Febelfin、ABVV-FGTB、ACV-CSC、CGSLB-ACLVB）一方面派代表加入欧盟咨询机构"欧洲经济与社会委员会"（EESC），通过这一机构影响欧盟的对非决策，另一方面则参加欧盟层面的跨国游说集团，借以影响欧盟决策。在基层公民社会层面，比利时各类政见社团同样通过"欧洲经济与社会委员会"和欧洲地区层面的跨国信息网络的双重渠道影响欧盟对非决策。总之，比利时对欧盟对非政策的影响力，在这五个层面逐渐形成，有序传递，到达欧盟对非决策体系的每一部分，且互相牵连，互相影响，形成一个高度复合的有机整体。

二、比利时影响欧盟对非决策的运作方式：超国家层面和利益集团层面的分析

从超国家的欧盟决策中枢层面，到基层的公民社会层面，比利时借助欧盟决策体系的行政科层结构和多层治理机制，将自身在对非政策上的利益诉求、政策偏好与关注议题，以不同的方式传递，逐渐汇集至欧盟最高决策层，从而影响欧盟的对非决策。这当中，关于超国家层面和利益集团层面的欧盟决策运作，目前所见文献论述不多，至于成员国在这两个层面影响欧盟对外决策的方式，则更是鲜见系统阐述。因此，下文着力这两个层面对比利时影响欧盟对非决策的实际运作进行详细分析。

1. 比利时对欧洲议会对非决策的影响方式

自2009年《里斯本条约》生效后，欧洲议会对欧盟对外决策的制约力得到增强。欧洲议会与部长理事会之间的联合决策程序（Co-decision Procedure）现在适用于所有政策领域，意味着欧洲议会对欧盟对外决策有审议权和最终批准权。欧洲议会下设专门委员会，负责商议和审批欧盟对外政策的各项议题；其中外事委员会和国际贸易委员会直接负责外交与对外经济政策的审议，经济与货币事务委员会部分参与对外经济政策的审议，预算委员会、预算控制委员会和发展问题委员会则参与欧盟对外援助政策的审议。同时，欧洲议会还建立起对外关系代表团制度。代表团并非通常意义上的常驻境外或频繁出境的外交组织，而是由熟悉欧盟对外关系特定领域的议员建立的专门团队，参加欧洲议会与某些国家议会的双边沟通机制，或专门处理欧盟与某些国家的关系；组成代表团的议员在议会里定期聚集，以商议欧盟对这些国家的政策。欧盟现已建立起40多个对外关系代表团。通过专门委员会和对外关系代表团两套架构，欧洲议会得以行使其对外决策权。

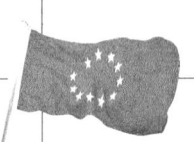

表4　欧洲议会涉及对非决策的各委员会中比利时籍议员情况[①]

委员会 数据	外事委员会	经济与货币事务委员会	预算委员会	预算控制委员会	发展问题委员会	参与对外决策的比利时籍议员总计	所有比利时籍议员总计
比利时籍议员数	5	7	2	1	1	16	22
占该机构议员总数之比例	6.7%	7%	4.7%	3.3%	2.9%	占欧洲议会参与对外决策的议员总数之6%	占欧洲议会议员总数之2.9%

　　从上表可见，比利时作为人口较少的中型成员国（总人口为1100万多），其在欧洲议会仅占22席，占欧洲议会议席总数的2.9%。在涉及欧盟对外决策的五个专门委员会里，比利时籍议员占委员会议员总数之比例均不低于这一比例，且有四个专门委员会中比利时籍议员占总数比高于这一比例。其中外事委员会和经济与货币事务委员会中，比利时籍议员占总数比是前述比利时所获议席占欧洲议会总数比的两倍多。而这些影响欧盟对外政策的专门委员会里，比利时籍议员数占委员会议员总数比为6%。由此，大致可以认为，在欧洲议会里影响欧盟对外政策的所有力量中，比利时大致占6%的权重。由于比利时的综合国力较强，经济外向型程度较高，这一权重高于比利时在经济总量和人口规模等方面占欧盟总量之比。

[①] 数据来源：作者自行整理。

第三章 西班牙、意大利、荷兰、比利时对非洲关系

表5 比利时籍议员在欧洲议会对外关系代表团机制中的位置[①]

代表团类型 \ 数据项目	比利时籍议员数	占该机构议员总数之比例
参加欧盟—非洲、加勒比、太平洋议会联合大会的代表团	6,其中一人担任代表团主席	4%
参加地中海联盟议会大会的代表团	5	5.3%
面向泛非洲议会的代表团	1	4.3%
处理与马格里布国家关系的代表团	2	5.6%
处理与南非关系的代表团	1	3%
参加处理对非关系的代表团的议员总数	15	4.47%

同时,表5显示,在欧洲议会专门处理对非关系的代表团中,比利时籍议员数占总数比为4.47%。其中在处理欧盟与北非关系的代表团中,比利时籍议员所占比重高于这一比例,而在处理欧盟与南非关系的代表团中,其比重则低于这一比例,这表明北非和南非在比利时对外关系中的重要性不同,也表明比利时对欧盟对非洲不同区域的政策的影响力存在差异。相对而言,现在比利时更关注北非,在欧盟对北非政策上施加的影响力也更大。

实际上,比利时过去长期关注的并不是北非,而是中非。在历史上比利时曾在非洲腹地的刚果河流域拥有大片殖民地,因而直到新世纪开始前,比利时对非洲最关注的地方是非洲腹地的刚果、卢旺达、布隆迪等中非国家。1994年和2003年,比利时两次派出军队参与联合国和北约对中非的维和行动,即1994年联合国对卢旺达的维和行动和2003年由联合国授权的"阿尔特密斯行动"(Operation Artemis)。然而,历史上比利时将中非殖民地视作开发财富的源泉而很少考虑改造当地社会,因而对中非国家国内的政治与社会的影响很弱;1994年比利时参加联合国在卢旺达的维和行动遭遇挫折,更使其与中非前殖民地国家的关系趋冷。Kris Deschouwer谈到:"一方面,比利时认为自己对中非区域的未来负有责任,强烈期待与这一区域的关键性行为体建立良好关系;另一方面,刚

[①] 数据来源:作者自行整理。

果、卢旺达、布隆迪的领导人又觉得比利时应充分尊重其主权,不要以宗主的姿态干预其国内政治。"[1]这样,自新世纪开始以来,比利时决策者的注意力逐渐从中非转移,集中到具有高度能源与地缘价值的北非。因而比利时开始对欧盟对北非的政策施加更多的影响。

2. 比利时对欧盟委员会对非决策与援助机制的影响

在超国家的层面,除欧洲议会之外,欧盟委员会和欧洲投资银行(EIB)也是参与欧盟对非决策的重要行为体。首先,欧盟委员会负责欧盟对外经济政策(包括贸易与投资等方面)的实际决策与运作,而比利时前副首相Karel De Gucht担任欧盟委员会贸易事务委员,实际掌控着欧盟对外贸易与投资政策的决策与实施。这意味着比利时对欧盟对非洲的经济政策有相当大的影响力。Collins曾谈到,"欧盟委员会委员就像国王,非常孤独,没有支持他的选区选民为他提供权力基础"(M. Collins, 1993);[2]Justin Greenwood进而指出,由于欧盟委员会委员浮在面上,因而"他们特别依赖与自己国内的联系"帮助自己做出决策(J. Greenwood, 2011)。[3]而Kautto则观察到,芬兰籍的欧盟委员会委员在芬兰诺基亚公司的帮助之下,得以开展环保方面的决策。[4]这些研究表明,欧盟委员会委员所属国家的政治与社会力量必然会强烈影响该委员的决策。因此,在欧盟对非经济关系上有强烈诉求的比利时决策者、政党或利益集团,必然会通过游说等形式影响比利时籍的欧盟委员会委员Karel De Gucht,进而影响欧盟对非的贸易与投资等政策。

---

[1] Kris Deschouwer. *The Politics of Belgium: Governing a Divided Society.* Palgrave Macmillan, 2009, p.238.

[2] M. Collins. *A Complete Guide to European Research Technology and Consultancy Funds.* London: Kogan Page, 1993, p.30.

[3] Justin Greenwood. *Interest Representation in the European Union.* Palgrave Macmillan, 2011, p.37.

[4] P. Kautto. "Nokia as an Environmental Policy Actor: Evaluation of Collaborative Corporate Political Activity in a Multinational Company", *Journal of Common Market Studies*, 47 (1), pp.103-125.

其次，欧盟委员会和欧洲投资银行实际联合控制着欧盟对非援助的三项机制的实际资金运作，即"欧洲睦邻伙伴政策工具"(ENPI)、"欧洲发展基金"(EDF)和"欧盟—非洲基础设施信托基金"(EU-Africa Infrastructure Trust Fund)。"欧洲睦邻伙伴政策工具"的资金，一部分是欧盟委员会的年度预算提供的拨款，一部分是欧洲投资银行提供的援助优惠贷款；"欧洲发展基金"虽然来自成员国的捐助，并不列入欧盟委员会的预算，但其资金的实际流动由欧盟委员会管理；"欧盟—非洲基础设施信托基金"的资金来自欧盟委员会和欧盟几个成员国的捐助，其中欧盟委员会的捐助占该基金总额的78.6%，且由欧洲投资银行负责资金的实际流转。比利时主要通过以下几种方式，直接或间接地参与这三项机制的运作，在欧盟超国家层面的对非援助决策上发挥着重要影响：1) 比利时政府向欧盟委员会的预算提供资金；2) 比利时政府向某项援助机制直接提供捐助；3) 比利时籍欧盟官员、比利时政府部门代表及其工商业界人士，参加某项机制的行政运作。其具体影响方式如下：

表6 比利时对欧盟委员会实际运作的援非机制的影响方式

欧盟对非援助机制	"欧洲睦邻伙伴政策工具"(ENPI)	"欧洲发展基金"(EDF)	"欧盟—非洲基础设施信托基金"(EU-Africa Infrastructure Trust Fund)
该援助机制的政策架构基础	"欧洲睦邻伙伴政策"(ENI)	"非洲—欧盟伙伴关系架构"和"欧盟—南非战略伙伴关系"	"非洲—欧盟伙伴关系架构"和"欧盟—南非战略伙伴关系"
非洲受援对象	北非(地中海南岸)	撒哈拉以南的黑非洲	撒哈拉以南的黑非洲
资金来源	主要为欧盟委员会的预算拨款，部分来自欧洲投资银行的优惠贷款	主要为欧盟成员国捐助	主要为欧盟委员会的捐助，其次为欧盟几个成员国的捐助
实际运作机构	欧盟委员会、欧洲投资银行	有单独的运作委员会，但实际掌控者为欧盟委员会、欧洲投资银行	有单独运作体系，实际掌控者为欧盟委员会、欧盟成员国政府、欧洲投资银行

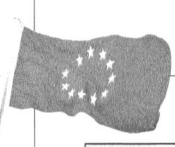

比利时向该机制提供的资金	不详	2008年至2013年的第10期EDF，比利时政府的捐助总额为8亿多欧元，年均捐助额占该机制年均资金流入总额的4.9%	比利时政府外交、外贸与发展合作部捐助一百万欧元，占总额之0.3%
比利时对该机制的实际运作的参与	比利时前副首相Karel De Gucht担任欧盟委员会贸易事务委员，掌握该机制向受援对象提供市场准入优惠条件的相关政策的审批	欧洲投资银行的比利时籍高管，参与该机制的融资、分配与运作	欧洲投资银行比利时籍高管掌控该机制之秘书处；比利时"发展中国家投资公司"（BIO）高管是该机制融资小组成员；比利时政府外交、外贸与发展合作部官员是其行政委员会成员

图2 "欧洲发展基金"（EDF）对非援助情况及比利时的贡献份额（2009-2011）①

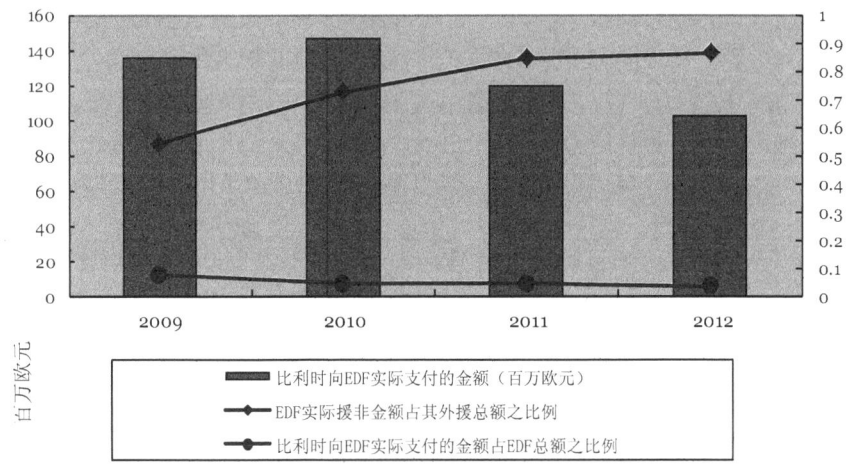

---

① 数据来源：作者根据欧盟委员会发展援助总司和比利时外交、外贸与发展合作部的数据计算并绘制。

3. 比利时在利益集团层面影响欧盟对非决策的方式:"布鲁塞尔路径"

欧盟作为超国家的区域实体,较多地反映了欧洲政治精英的抽象理念,而缺乏民意上达的制度建设,因而欧盟决策者更多地依赖利益集团政治来实现决策者与民意的互动。欧盟并非典型的民族国家的"代议型民主"(Representative Democracy)架构,欧洲国家的公民既不能投票选举欧洲议会以外的欧盟机构,亦未建立起高度一致的"欧洲身份"的认同感。所以,欧盟决策者将欧洲的利益集团视为"有组织的公民社会"(Organized Civil Society)影响欧盟决策的重要组织形式,有意识地搭建"参与型民主"(Participatory Democracy)的架构,将欧洲的利益集团(以及在其基础上成立的压力集团、游说团体)参与欧盟决策进程的活动制度化,借以实现欧盟的决策与治理。因而欧盟层面的利益集团政治(包括压力集团、游说团体)对欧盟决策体系的影响力,远大于欧盟成员国层面的利益集团对其政府决策的影响。

在此背景下,2009年《里斯本条约》生效后,欧盟成员国过去由中央政府完全掌控的外交事务的权限,出现"上移"和"下降"的趋势。一部分上移至欧盟层面,由欧盟对外行动署(EAS)运作;还有一部分涉及处理和传递社会各阶层的利益诉求和政策偏好的权力,则下降至次国家层面的行为体,包括国内利益集团和公民社会的各类政见社团。这样,欧盟决策体系与欧洲基层的公民社会和利益集团之间,在对外决策上的互动更加紧密。简而言之,在比利时影响欧盟对非决策的总体架构中,比利时利益集团对欧盟对非政策的影响是一个有趣的现象,有必要加以详细阐述。

一般而言,欧盟成员国国内的利益集团可通过两条路径影响欧盟决策:"成员国路径"(National Route)和"布鲁塞尔路径"(Brussels Route)。前者指次国家层面(Sub-State)的利益集团将自己的利益诉求和政策偏好传递至政府决策层,从而影响成员国政府在参加欧盟理事会或部长理事会的多边政府间谈判时的立场、态度与行为模式。后者指欧洲次国家层面的具有相似利益诉求的各个利益集团联合起来,组建起全欧洲层面的跨国利益集团(以及与之密切联系的压力集团、游说团体),在布鲁塞尔

向欧盟决策机构直接施加影响力。Lindberg很早就指出,支持欧洲一体化的利益集团一般会采用"布鲁塞尔路径",而对欧洲一体化持防范与警惕态度的利益集团则倾向于采用"成员国路径"。①

图3 比利时利益集团影响欧盟对非决策的两种路径示意图

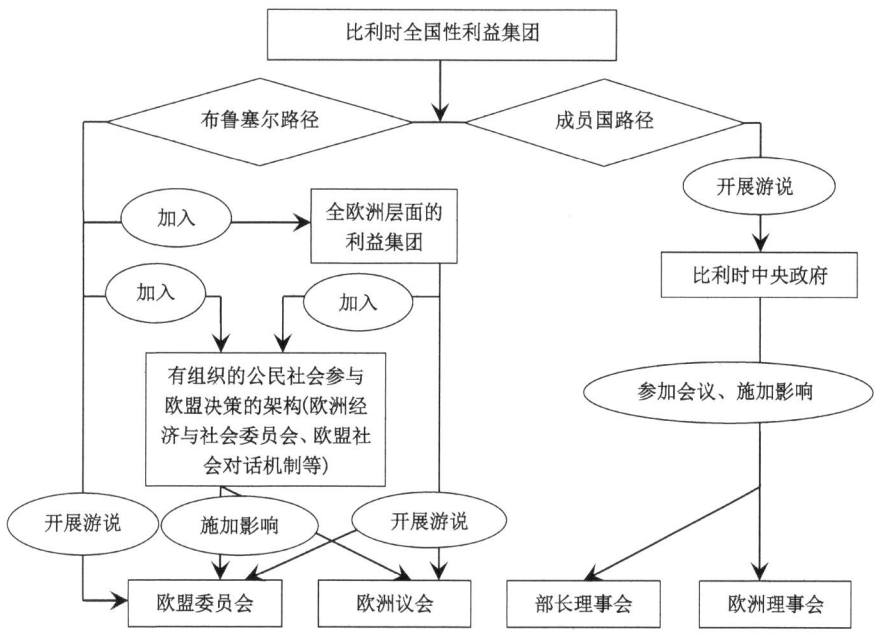

比利时是欧盟最早的前身"欧洲煤钢联营体"的创立国,其国内各种社会力量大多是欧洲一体化的坚定支持者,因而比利时利益集团主要是通过"布鲁塞尔路径"对欧盟的对非决策施加影响。而采用这一路径包括两种运作形式:1)通过自身的活动直接影响欧盟决策。比利时全国性的利益集团(包括其工商业团体和工会)得地利之便,直接在布鲁塞尔开展游说活动,以直接影响欧盟对非决策;2)加入全欧洲层面的跨国利益集

---

① Lindberg, L. *The Political Dynamics of European Economic Integration*. Stanford: Stanford University Press, 1963; Justin Greenwood. *Interest Representation in the European Union*, 3rd Edition. Hampshire: Palegrave Macmillan, 2011.

团，通过其覆盖全欧洲的信息与组织网络影响欧盟决策。

比利时利益集团通过"布鲁塞尔路径"的第一种形式影响欧盟对非决策的方式之一，就是派代表参加"欧洲经济与社会委员会"（European Economic and Social Committee）。该委员会是影响欧盟决策进程中的议程设定、问题评估、方案择取等环节的重要组织，是欧盟为吸纳欧洲"有组织的公民社会"的利益集团参与欧盟决策而专门设立的咨询机构，掌握着影响欧盟决策、形成欧盟舆论的强大话语权。比利时各利益集团共有12名代表担任"欧洲经济与社会委员会"成员。通过这12名代表，比利时各利益集团直接向欧盟传递自身利益诉求与政策偏好，借以影响欧盟决策。其中有4名代表在该委员会对外关系部任职，直接参与该组织与欧盟决策层在对非政策上的互动。

表7 "欧洲经济与社会委员会"中的比利时利益集团代表

利益集团名称	该利益集团派驻欧洲经济与社会委员会之比利时籍代表	该代表在该利益集团之任职	该代表在欧洲经济与社会委员会中的组别归属	该代表在欧洲经济与社会委员会任职的部门	利益集团总体类型
欧洲工商联合会（Business Europe）	Philippe de Buck	前任总干事	第一组（代表雇主利益之组）	对外关系；就业；社会事务	工商业雇主利益集团
比利时金融联合会（Febelfin）	Daniel Mareels	总经理		欧盟单一市场；经济与货币联盟；经济与社会整合	
比利时产业联合会（FEB-VBO）	Tony Vandeputte	名誉执行董事和首席顾问		经济与货币联盟；经济与社会整合	
比利时化学工业与生命科学联合会（ESSENSCIA）	Yves Verschueren	执行董事		欧盟单一市场	

比利时基督教工会联盟（ACV-CSC）	Berengere Dupuis	经济事务顾问	第二组（代表工人利益之组）	经济与货币联盟；经济与社会整合	工人利益集团
比利时全国劳工联合会（ABVV/FGTB）	Andre Mordant	名誉主席		交通、能源、基础设施与信息社会；欧盟单一市场	
比利时自由工会总联盟（CGSLB-ACLVB）	Bernard Noel	全国事务秘书		经济与货币联盟；经济与社会整合	
比利时基督教工会联盟（ACV-CSC）	Claude Rolin	秘书长		对外关系	
比利时全国劳工联合会（ABVV/FGTB）	Xavier Verboven	前任总书记		对外关系	
比利时社会与合作经济联合会（FEBECOOP）	Jean-François Hoffelt	秘书长	第三组（代表各种社会利益之组）	就业、社会事务与公民身份	社会团体
比利时自主创业企业家与中小企业联盟（UNIZO）	Ronny Lannoo	首席顾问		经济与货币联盟；经济与社会整合	
瓦隆地区农业联合会（FWA）	Yves Somville	副秘书长		对外关系	

同时，比利时最主要的全国性的工商业团体和工会都加入了全欧洲层面的利益集团，参与其日常运作的行政事务。这是比利时利益集团通过"布鲁塞尔路径"施加影响的第二种方式。而这些全欧洲层面的利益集团则通过"欧洲经济与社会委员会"、欧盟委员会"社会对话机制"或欧盟吸纳公民社会与利益集团参与的其他协商与对话机制，将全欧洲（包括欧盟成员国和非欧盟成员国的欧洲国家）相关领域的利益诉求与政策偏好汇集起来，向欧盟决策层传递。

表8 比利时利益集团对全欧洲层面利益集团的参与

全欧洲层面利益集团	该集团对欧盟对外决策的影响方式	加入该集团的比利时国内利益集团	参加该集团运作机制的比利时利益集团代表
欧洲工商协会（Business Europe）	参加"欧洲经济与社会委员会"（EESC）；参与对欧盟委员会的游说	比利时产业联合会（FEB-VBO）	Olivier Joris为比利时产业联合会常驻欧洲工商协会代表
欧洲总商会（Euro Commerce）	直接开展对欧盟决策机构的游说	比利时商业与服务业协会（Comeos）	比利时商业与服务业协会的Dominique Michael担任运作委员会委员
欧洲商会联合会（Euro Chamres）	直接开展对欧盟决策机构的游说	比利时商会联合会（FBCC）	比利时商会联合会主席John Stoop担任董事
欧洲公共服务业雇主与企业中心（CEEP）	参加"欧洲经济与社会委员会"	比利时电力生产协会（FEBEG）	比利时电力生产协会主席J. Vandebosch担任CEEP比荷卢分区主席
欧洲工会联盟（ETUC）	参加"欧洲经济与社会委员会"；参加欧盟委员会"社会对话机制"；参与对欧盟决策机构的游说活动	比利时全国劳工联合会（ABVV/FGTB）；比利时基督教工会联盟（ACV-CSC）；比利时自由工会总联盟（CGSLB-ACLVB）	比利时工会成员参加其秘书处和行政委员会
欧洲行政与管理人员联合会（CEC）	参加欧盟委员会"社会对话机制"	比利时全国管理人员联合会（CNC-NCK）	比利时籍职员参加其运作委员会

三、结 语

过去欧盟的对非决策主要聚焦于非洲国家政府和非洲联盟等地区组织。但进入新世纪以来，欧盟决策层认为，由于非洲政治的不透明和腐败，欧盟向非洲提供的发展援助和优惠贸易政策并未得到有效使用，未使非洲社会各阶层普遍受益。为提升自身对非决策的有效性，欧盟努力推动欧洲"有组织的公民社会"的团体，即各类利益集团和政见社团，通过欧盟既有的架构（如"欧洲经济与社会委员会"、欧盟社会对话机制等），参与欧盟对非政策的决策与实施。2003年生效的《科托努协定》(Cotonou Agreement)第一条第2款即规定，"欧洲经济与社会委员会"应组织关于欧盟与非洲关系的咨询会议，特别是关于双边经济与社会利益团体的会议。而2007年欧盟关于"非洲—欧盟伙伴关系架构"的纲领性文件更是明确强调，要加强欧盟与非洲公民社会团体的互动，促使各类利益集团等公民社会团体更多地参与欧盟对非政策的实施，推动公民社会层面上的欧盟—非洲双边关系的发展。[1]这样，原本作为欧盟咨询机构的"欧洲经济与社会委员会"，一方面为传递欧洲利益集团对欧盟对非政策的利益诉求与政策偏好，发挥着愈加重要的渠道与媒介作用，另一方面则逐渐成为欧盟对非洲的二轨外交、民间外交的承担者，在欧盟对非政策的决策与实施中的位置愈加突出。在此背景下，比利时利益集团通过参加"欧洲经济与社会委员会"以及欧盟在实施对非政策时提供的其他参与机会，获得了更广泛的影响和参与欧盟对非决策的更广阔的空间。

---

[1] European Union. The Africa-EU Strategic Partnership: a Joint Africa-EU Strategy, 2007.

第四章 英国对非洲关系

第一节
政治文化视角下英国殖民帝国在非洲的形成

孙信伟*

英国全称"大不列颠及北爱尔兰联合王国",位于欧洲西北部,四面环海,面积不足25万平方公里。在当今的世界政治格局中,英国虽然仍具有举足轻重的地位,但它早已失去了曾经拥有的辉煌和荣耀。它是世界上第一个工业民族,曾经领先世界其他国家长达三百年之久。英国在约两个世纪里一直霸占着世界第一强国的位置,曾经统治着海外83块殖民地,主宰着比它本土大140多倍的领地、比本民族多10倍的人口的命运。仅在非洲,英国就曾经霸占了20多块殖民地,遍布东非、西非、北非和南部非洲。

早在16世纪中叶,英国随着经济力量和海上力量的强大,走上了殖民扩张和殖民掠夺的道路。从那时起,英国就开始对

---

* 上海外国语大学英语学院副教授。

非洲实行殖民扩张,19世纪中叶,英国大规模向非洲进军。据历史记载,1618年英国把冈比亚变成其通商的要塞;1787年英国公司把塞拉利昂变成其黑奴贸易的重要据点;1795年和1806年英国从荷兰人手中两次夺得好望角的部分领土,1814年全面吞并好望角;1814年英国从法国手中夺得毛里求斯;1631年英国商人聚居黄金海岸,1874年英国设立黄金海岸殖民地;1878年英国占领西南非洲的沃尔维斯港并宣布为英国领地,1884年将其并入好望角殖民地;1882年英国占领埃及;1884年英国远征军到达贝专纳;1886年英国与德国瓜分东非后获得肯尼亚;1841年英国在桑给巴尔建立领事馆,1890年宣布其为英国的保护国;1875年英国传教士在尼亚萨兰建立据点,1891年英国在那儿建立中非保护地;1891年英属南非公司统治北罗得西亚,1924年英国政府开始直接统治该地;1893年英国从非洲部落手中夺得南罗得西亚;1898年英国以埃及的名义占领苏丹,并与埃及共同对苏丹进行统治;1890年英国东非公司与布干达王国签订条约,1894年英国宣布布干达为它的保护国,1905年成立乌干达殖民地;16世纪中叶英国入侵尼日利亚,1914年英国建立了尼日利亚殖民地和保护国;1919年英国从德国手中夺得坦噶尼喀,并开始对其进行委任统治;第一次世界大战后(1920年),英国瓜分了喀麦隆;继后(1922年)又瓜分了多哥兰。

综观上述,不难发现,英国在非洲的殖民帝国形成时间跨度近300年,在这期间,英国主要通过殖民战争对非洲实现实质性的、大规模的扩张、掠夺和霸占,而英国殖民霸权地位的确立有其政治、文化等多种因素的支撑和推动。英国的政治、文化渗透和入侵,尽管不如经济和军事那样疯狂和肆无忌惮,但历史悠久、手法多样、不温不火,具有极大的隐蔽性、蛊惑性和欺骗性,为其在非洲实现殖民扩张、掠夺和霸占,最后形成殖民帝国起到了推波助澜的作用,成为英国在非洲殖民的"排头兵"和"急先锋"。

一、英国对非洲的早期文化入侵与渗透

与其他欧洲国家如希腊、意大利、法国、西班牙等相比，英国与非洲的交往大约要晚一个世纪。有案可稽的首次英国与非洲的交往是，1530年英国人威廉·霍金斯率船从普利茅斯起航赴巴西，途经西非海岸购得象牙回国。此后，英国商人相继前往非洲，出售货物后购得当地的黄金、象牙和胡椒回国。此外，英国从1562年开始从非洲贩买奴隶，历时244年。尽管英国商人当时在当地并无居所，但获利颇丰，引起了英国商人们对非洲这块土地的极大兴趣。此时此刻，英国人对非洲的了解仅限于沿海地区，对其内陆不甚了解。英国资本主义的萌发加上长期以来从非洲的获利促使英国向非洲扩张和殖民。为此，作为前期准备，首先要了解非洲内陆的地理、自然、人文和社会情况。英国从18世纪末就开始了对非洲的人文入侵和渗透。

1. 英国在非洲的地理人文考察和探险

随着18世纪末废奴运动的兴起，英国对非洲的贸易需求推动了对非洲大陆的考察与探险。1768年，英国人威廉·布鲁斯作为旅行者在埃塞俄比亚的帮助下，对尼罗河上游直至青尼罗河源头开始了首次非洲内陆地理考察。1788年，以英国著名科学家约瑟夫·班克斯为首的一批科学家在伦敦建立非洲协会，其宗旨是促进科学和人类的事业，探测神秘的地理环境，查明资源，改善非洲大陆的条件。于是，在非洲协会的领导下，科学家们开展了对非洲大陆的一系列考察和探险。1788年至1798年，非洲协会先后派出五批团员试图对尼日尔河流域进行考察探险，由于受条件限制前三批团员无功而返，只有由苏格兰医生蒙哥·帕克率领的考察团于1795年底从冈比亚河出发，一路东行，于1796年7月抵达尼日尔河上的塞古，终于接触到了尼日尔河，证实了它确实是一条大河，在西苏丹由西向东流淌。由于当地战争和疾病缠绕，考察团于1797年折返，未能进

一步了解尼日尔河更远的流程以及它的源头和终点。①

1798年至1884年，非洲协会和英国政府派出众多人员对西非、东非和南部非洲进行地理、环境和人文考察，有的因种种原因无功而返，有的颇有成效。自1805年起，英国殖民部四次派人探察了尼日尔河航道及沿河流域发展商贸的可能性。1822年，英国政府派遣沃尔德·奥德尼博士、迪克逊·德纳姆上校和休·克拉帕顿海军上尉进行探察活动。他们从北非进入，跨越撒哈拉沙漠直往尼日尔河，首次发现了乍得湖并考察了湖边地区。1825年底和1830年，英国政府再次分两批派休·克拉帕顿海军上尉和理查德·德兰兄弟等探察尼日尔河，终于弄清了尼日尔河的流向、航道、出海口和有关问题。②

1840年，英国传教士大卫·利文斯顿受教会之命赴南非传教。为深入内地，他于1849年8月跨越卡拉哈里沙漠，1851年8月发现了赞比西河。之后，他继续沿赞比西河东行，在利尼安提附近发现了后来以英国女王的名字命名的"维多利亚瀑布"。1858年，大卫·利文斯顿再次率队探察赞比西河流域，进一步了解周边的地理、矿产、农业资源和人文环境；1866年，他还勘查了尼亚萨湖、姆韦鲁湖和班韦乌鲁湖。

1857年和1859年，杰·赫·斯皮克等人受英国外交部和皇家地理学会之命，两次考察东非，1862年7月发现了维多利亚湖，并证实了维多利亚湖就是尼罗河的源头。1863年，斯·维·贝克夫妇到东非考察，1864年3月贝克夫妇发现了尼罗河的另一个源头——阿尔伯特湖。1879年，约瑟夫·汤姆森率团探察了乞力马扎罗山和肯尼亚山，还探察了从贝努埃到乍得湖和白尼罗河的广大地区。③

从18世纪末至19世纪末，英国对非洲进行了长达100年的地理、人文

---

① 艾周昌、郑家馨主编：《非洲通史》近代卷，上海：华东师范大学出版社，1995年，第325页。
② 高晋元：《英国—非洲关系史略》，北京：中国社会科学出版社，2008年，第25–29页。
③ John Hatch. *The History of Britain in Africa.* London: Andre Deutesh Ltd., 1969, p.182.

考察和探险，掌握了非洲大陆大部分地区及主要河流山脉的地理、物产、通商、人口和语言使用的情况，为世界了解这块"黑土地"、为英国的资本主义发展做出了不可磨灭的贡献，其中有许多科学家为此献出了宝贵的生命。但是，他们的科学探查成果，从另一个角度上来说，为英国对非洲的殖民扩张、掠夺和霸占，最后为英国在非洲的殖民帝国的形成准备了条件，成了英国建立非洲殖民帝国的先导。

2. 英国在非洲的宗教文化入侵和传播

16世纪60年代，英国完成了宗教改革，新教被确立为英国国教。19世纪英国教会在非洲扮演了多方面的角色，早早地践行了伊丽莎白女王所号召的"去发现、探测、寻找和考察那遥远的、异教的、荒蛮的并且未被任何其他基督教君主或人民占有的土地、国家和领地，把基督教的真理传播到那些地方。"[①]

早在1752年，英国圣公会的福音传播会就向海岸角城堡派出了一名礼拜堂牧师，建立了非洲第一所儿童学校，并不断发展教徒。1799年，伦敦传教社派教士到好望角和开普敦传教，之后，传教活动向内陆推进，深入到贝专纳和马塔贝莱地区。1806年，英国圣公会传教社向塞拉利昂派出传教团，于1827年开办了福拉湾学院以培养非洲牧师。1835年，大英圣书工会向海岸角儿童赠送《圣经》。1841年，英国浸礼教会在菲南多波岛上建立了传教团，并把传教活动深入到喀麦隆。1875年，苏格兰教会在尼亚萨湖湖岸和希雷高原设立了传教站，同年，伦敦传教社也在坦噶尼喀湖上传教。1877年，浸礼教会的传教活动也推进到刚果河流域。

英国传教团在非洲各地除传教活动外，在许多地方开办学校和培训班，讲授圣经、传授文化知识和一些劳动技能，如：耕作、泥瓦、木工、打铁、纺织、印刷等。在某些中高层次的学校里，如：弗里敦文法学校和福拉贝学院，英国传教团不仅培养了非洲牧师，还培养了医生、工程师、

---

① Mary C. Fuller. *Voyages in Print: English Travel to American 1576-1624*. Cambridge: CUP, 1995, p.16.

商贸人员和办事员。一些英国传教团或传教士为了更有效地传播宗教信仰，翻译了《圣经》和祈祷文，研究了194种非洲语言和主要方言，并为有些当地语言和方言创造了文字，如：约鲁巴文和伊博文等。[①]由英国传教团开办的遍布非洲各地的传教站、学校和培训班为传播上帝的福音、移植英国教派和虔诚信仰建立了功勋；同时，也改变了非洲殖民地某些落后的风俗习惯和信仰，在传授非洲人民知识和新思想，培养具有一定劳动技能的有用之才等方面做出了重大贡献。[②]但是，不可否认的是，传教团当初去非洲时手里只拿着《圣经》，并无非洲国土；之后，非洲人手里有了《圣经》，却丧失了国土。这一事实充分证明了英国教会充当了英国非洲殖民帝国形成的"急先锋"。

二、英国对非洲殖民掠夺和霸占的政治外交策略

非洲这块"黑土地"历经沧桑，欧洲列强为瓜分这块土地不断发动争霸和征服战争，而每一次战争的结果都是列强们进一步掠夺和霸占非洲土地。1876年殖民列强霸占的非洲殖民地占非洲土地面积的10.8%，1885年增至25%，1900年激增至90.4%，1912年达到96%的程度，至此非洲被欧洲列强瓜分殆尽。[③]

1884年，欧洲列强召开了柏林会议，签订了38条议定书，为欧洲列强瓜分非洲提供了"合法"的保证。会议明确规定，任何国家凡在非洲取得新领地都必须是"实际有效"占领。之后，英国对非洲的殖民扩张不断加速。1876年之前，英国占有非洲土地约4.1%，至20世纪初英国占有的比例

[①] Charles Pelham Grove. "Missionary and Humanitarian Aspects of Imperialism from 1870-1914", in Lewis H. Gann and Peter Duignan (eds.), *Colonial in Africa 1870-1960*, Vol. 1. Cambridge: CUP, 1969, p.484.

[②] Michael Crowder. *West Africa under Colonial Rule*. London: Hutchinson of London, 1968, p.21.

[③] 林榕年主编：《外国法制史》，北京：中国人民大学出版社，2003年，第456页。

增加到30%，约900多万平方公里。①

英国在非洲实行全面殖民统治时期，为了进一步扩张和巩固其殖民地盘，在外交上采取了"和平"方式，即欺骗非洲当地首领，同他们签署条约，将他们及他们的领地置于英国殖民帝国的保护统治之下；在政治上采取了"间接统治"的策略，即推行英国的法律法规，行使英国至高无上的宗主权利，强化英国对非洲殖民地实行的最高所有权。

1. 英国在非洲殖民地采取的"和平"外交策略

在非洲实行殖民扩张、掠夺和霸占的任何时期，英国所采取的手段除武力之外还有外交策略：有时武力先行，即以武力为威胁，之后再上外交手段；有时武力续后，即先上外交手段，但以武力为后盾。无论是哪种做法，从表面上看，英国与非洲殖民地通过"和平"的外交方式，建立了平等互利的友好合作关系，其真实目的是逼迫非洲当地统治者承认英国在非洲的合法殖民地位，保证其在非洲殖民地行使最高统治权利，以促使其在非洲殖民地的利益最大化。在执行"和平"外交策略的过程中，英国采用了各种外交方法，其中包括缔约外交、礼仪外交、领事外交、扶持外交等。

1841年，英国殖民部起草了一个与非洲内地各酋长国缔结条约的格式，从此正式开启了英国在非洲的缔约外交。1843年，英国驻冈比亚代总督英格拉姆与六位当地酋长签订废除奴隶制的条约，以促进贸易的正常开展和发展。1844年，英国行政长官为应对黄金海岸沿海各族的政策和相互关系的变化，促使沿海八个土邦与英国签署合约，使这些土邦成为英国的保护国。至1860年前后，英国官员在西非各地签订了107项条约，其中涉及领土割让的有23项。②1884年，英国驻亚丁的驻节长官助理兼驻索马里领事亨特少校与索北的五个部落分别签订新约，条约的前言中申

---

① 高晋元：《英国—非洲关系史略》，北京：中国社会科学出版社，2008年，第105页。

② 同上，第43–46页。

明：缔约的目的是为了维护独立和秩序，而没有把土地割让给英国的意思，但保证除了英国政府外，决不将任何土地割让、出卖、抵押或以其他方式让人占领。①此声明前后不一，看似保护部落领地，实际上为英国占领这些领地埋下了伏笔。按照条约的许可，英国很快派出领事、警察，实实在在控制了索马里北部沿海。这也促使英国改变了其所谓"无意控制非洲内地"的本意，将殖民主张开始向内地延伸。

1840年前，英国殖民政府对冈比亚河沿岸的几十个酋长国采取礼仪外交手法，用小恩小惠讨好和拉拢国王，效果颇佳。他们盛情邀请一些酋长国国王（如：巴拉国王和孔博国王）访问由英国掌控并设有海军基地的巴瑟斯特，消除了当地居民对英国人的怀疑和敌意。即使有些酋长国之后坚决反抗英国人的侵占，英国政府在自己利益不受损害的前提下，告诫下属不要对"野蛮部落"动武，要与他们"友好谅解"，确保"持久和平"。此时此刻的英国政府表现出一副先"礼"后"兵"、比较克制的样子。此外，英国政府还不断向缔约的酋长国国王赠送礼品和发放津贴：向贝纳迪尔海岸以北的米朱提因苏丹国国王发放每年360美元的津贴，以保护英国失事船员的生命和财产安全；19世纪50年代，英国商人每年在开普敦象牙交易获利中拨出200英镑，奉献给当地的酋长们；1888年英国人罗得斯从马塔贝莱国王处获得了采矿权，给予国王1000支枪、10万发子弹、1艘游艇和每月100英镑的酬金。②诸如此类，不胜枚举。

1849年，英国政府为了管理英国商人与尼日利亚沿海的贸易，任命了首任驻比夫拉湾和贝宁湾的领事，开始了它的领事外交。此后，英国政府不断向非洲各殖民地任命领事和驻节长官。但是，英国的领事和驻节长官远不只是一般意义上的外交官员，他们以军事为后盾，频繁干预当地的政治和部落管理。1851年，英国驻比夫拉湾和贝宁湾的首任领事比克罗夫特干预老卡拉巴尔的奴隶暴动，并按有利于当地统治者的愿望平

---

① Reginald Coupland. *The Exploration of East Africa*. London: Faber and Faber Ltd., 1939, p.292.
② 高晋元：《英国—非洲关系史略》，北京：中国社会科学出版社，2008年，第117页。

息了暴动；1852年，他又主持了新卡拉巴尔国王的选举。一旦当地部落奋起反抗英国的"自由贸易"或强加给他们的义务时，英国领事便会动用军事力量予以惩罚和镇压。①

在长期的殖民扩张、掠夺和霸占中，英国政府深深地感到非洲领地众多，国情不一，纷争复杂。在认识到非洲传统社会早已存在权力机构的情况下，英国政府必须选择有利于他们的当地统治者，于是就采取扶植外交手段。1858年，阿曼（兼桑给巴尔）苏丹赛义德去世后，他的几个儿子开始争夺王位和地盘。在这场斗争中，英国人力挺他的儿子马吉德，宣布马吉德为桑给巴尔和其他东非领地的统治者，支持桑给巴尔对东非大陆沿海和内陆一些地区的统治权，并帮助桑给巴尔镇压叛乱。1806年，英国试图利用亲英派控制埃及，向土耳其政府提议废黜穆罕默德·阿里，恢复土耳其省督的地位，将大权交给艾勒费，并承诺后者向土耳其称臣纳贡。1879年，英法两国对埃及赫迪夫（君主）伊斯梅尔的政治主张、任免决策和国债处理强烈不满，说服了土耳其苏丹发动了一场"倒伊扶陶"的运动。同年5月30日，伊斯梅尔正式下台，他的儿子陶菲克成了埃及的赫迪夫。在以后的执政期内，陶菲克唯英法之命是从，特别是与英国保持高度的一致，在针对欧洲局势变化、反对其他势力入侵埃及、镇压反殖力量等方面，始终与英国合作。

2. 英国在非洲殖民地实行"间接统治"的政治策略

非洲殖民地的形成给英国带来了极大的利益，同时也带来了管理和统治殖民地的一系列问题。面对其他列强的殖民扩张和威胁，以及殖民地首领和民众的反殖民主义的不满和骚动，英国在政治上和行政管理上采取了强有力的措施并以法律形式予以合法化，以强化其对殖民地的至高无上的宗主权，及对全部殖民土地的最高所有权。

建立殖民区，实行间接统治制度是英国为面对非洲领土众多、国情

---

① 高晋元：《英国—非洲关系史略》，北京：中国社会科学出版社，2008年，第54页。

复杂、行政开支庞大、人员紧缺等问题所采取的政治措施。间接统治制度是英国殖民主义活动家和理论家、当时驻尼日利亚殖民官弗雷德里克·约翰·迪尔特里·卢加德(1858–1945)根据欧洲帝国对殖民地松散、间接管理的方式加以改进后而创立的。间接统治的前提是非洲各殖民地都得承认英国拥有高于一切的宗主权,享有对全部殖民地的最高所有权、立法权、征税权和任免权。间接统治的实质是借助传统首领和行政机构的管理体制实行英国统治。首先,英国殖民当局承认非洲传统社会早已存在的权力机构;其次,帮助传统首领们适应殖民地统治的职能,提高他们的执行能力。①

英国在非洲实行间接统治始于冈比亚。19世纪90年代,英国驻冈比亚总督卢埃林首先在内陆践行。当时的传统土著统治者在内战中基本消失,英国殖民当局决定进行行政区域划分,在"区"或"县"以上的管理由英国直接负责,其下的则由土著首领们统治。20世纪初,英国殖民当局将这种间接统治制度进一步完善,先后出台了许多法律和法规,从政治上、行政管理上形成一套独特的殖民统治制度。

1904年和1906年,英国先后颁发了《土地收入公告》和《土著收入公告》,1914年颁布了《土著法院法》,1916年颁发了《土著政权法》,1917年颁布了《土著收入法》,1927年颁布了《土著权限条例》等。这些法律法规的颁布和执行为英国在非洲殖民地的间接统治提供了政治保障、经济支柱和社会安全。英国殖民主义活动家和理论家弗雷德里克·约翰·迪尔特里·卢加德曾经指出,"土著酋长是(殖民)行政机构不可缺少的一部分。不管英国的和土著的统治者各自行使职权,或是相互合作,都不存在两种类型的统治,只有单一的政府。在政府中土著酋长同英国官员一样,有着权限明确的职责和一致公认的身份。他们的职责绝对不能互相冲突,而尽可能避免重叠。土著政权的主要职责是维护地方治安、为政府征税和选派员工、传达和执行殖民当局的各项法令。"②

---

① 陆庭恩:《非洲与帝国主义1914–1939》,北京:北京大学出版社,1987年,第96页。
② 同上,第98页。

第一次世界大战后,为了对抗德国扩张,更加稳定地统治殖民地,英国政府决定把间接统治制度在非洲殖民地全面推广,并在策略上作了进一步的修正和完善,对不同地区和不同情况采取不同措施和分类管理。首先,英国殖民当局在坦噶尼喀、北罗得西亚和阿散蒂地区恢复了殖民时遭消灭或废除的非洲人传统首领的地位,变当地的直接统治为间接统治。其次,在黄金海岸等原先采取某些间接统治的地方,建立全套间接统治制度。第三,在一些发展较落后的社会,殖民主义入侵前尚未形成国家组织,因而没有地方首领的地区,如肯尼亚和乌干达北部,划分行政区域、组织土著议会、任命土著首领,并给予他们相应的地方合法统治权。

英国在非洲殖民地所实行的政治策略在很大程度上改变了英属非洲的社会结构、法律制度、行政机构、经济体制、教育体系和文化传统。在这种政治策略的指导下,为了维护殖民统治的正常运作,英国政府通过兴办教育培养大批当地的行政酋长、下级行政管理人员和法律工作者,同时派遣大批非洲人前往欧洲,接受欧式教育,使这些知识分子阶层在殖民地的立法机构和地方议会中拥有发言权,成为英国殖民当局的代言人和附庸者。

三、英国在非洲殖民地实行政治文化策略的影响及缘由

在与非洲长达约400年的交往中,英国通过殖民扩张和掠夺建立了世界上最庞大的殖民帝国,其中政治与文化策略的实施为建立和维护殖民统治奠定了社会基础、提供了法律保障。不敢说英国早期在非洲的地理人文考察和探险是出于殖民非洲的目的,但是,其结果正是提供了非洲大陆大部分地区及主要河流山脉的地理、物产、通商、人口和语言使用的第一手资料,为英国以后在非洲建立殖民帝国起到了"开山凿路"的作用。

宗教文化的渗透与传播,改变了非洲殖民地人民的传统习俗、文化理念、思维方式、生活习惯和信仰倾向。英国的宗教文化影响程度深、作用时间长、传播范围广,具有深厚和持久的掌控力量。英国在非洲殖民地

的政治法律的制定和实施,调动和发挥了殖民地土著首领和下级行政管理人员的积极性和执政能力,顾及了当地的民生,维护了社会秩序,促进了当地社会和经济的发展。正如欧内斯特·贝克在《英帝国的观念与理想》中所说的,英国间接统治"促进土著福利,促进全世界的总体利益和人性的提高,保证非洲人享有应有的权利,使他们愿意为发展自己的利益而效力,又可保证非洲殖民地在英国指导下为全人类的福利而发展物质利益,得利可以说是双方的"[1]。不可否认,英国殖民当局给非洲殖民地带来了西方文明,但是,西方殖民主义者总是以救世主自居,打着为非洲殖民地民众谋福祉的旗号,掠夺和霸占殖民地的土地和财富,并以人类文明和政治进步的幌子,实现其享有至高无上的宗主权、对全部殖民地的最高所有权、立法权、征税权和任免权的目的。

英国在非洲殖民地的政治和文化入侵和传播以及殖民当局的统治,导致了非洲社会和政治机构的毁灭,抹杀了非洲应有的独特的发展道路,剥夺了非洲人应有的权利,截断了当地民众对自己习俗、传统与文化的传承,破坏了非洲殖民地与英国公平的贸易关系。而那些接受了西方教育的非洲人,既不理解西方文化的内在精神,又失去了自己的文化根源,成了既不是非洲人又不是欧洲人的非洲人的叛逆者,失去了同胞们对他们的敬重和爱戴。

四、结　语

英国对非洲殖民统治的政治文化策略、手段和方法的实施,源于英国根深蒂固的种族主义态度和观念。长期以来,英国民众一直认为,上帝对英国人情有独钟、呵护有加,他们天生就是统领世界的种族。英国至上激发了英国人的民族自豪感和民族优越感,由此,在英国人的眼中,世

---

[1] Ernest Bake. *The Ideas and Ideals of the British Empire*. UK: Cambridge Press, 1941, p.146.

界各个民族都处在不同的等级上,英国人居于种族体系的最高端,其他种族都在其下,有色人种则在整个种族体系的最低端。种族主义的态度和观念进一步萌发了英国人的政治和文化的使命感,即认为处于种族体系高端、享有较高文明程度的英国负有向全世界传播英国文明的天定使命。他们让西方的概念跨越地理与时间限制,去否定"非西方"的文化差异与价值,通过设立西方与东方、文明与野蛮、发达与不发达、上等种族与下等种族之间的关系实施政治文化暴力。英国种族主义态度和观念既是英国建立非洲殖民地的思想根源,又是英国实施非洲殖民统治的精神动力。

第二节
英国殖民统治对加纳教育体系的影响

孙信伟*

加纳共和国成立于1957年3月6日,位于非洲西部,人口约2400万,面积达8482平方公里。在英国殖民统治时期,加纳被称为黄金海岸。非洲是当今世界上发展中国家最多的一个洲,相比较而言,加纳是撒哈拉以南教育体系最发达、最完善、最先进的国家。在加纳独立之前的殖民时期,英国教育与文化的入侵给黄金海岸造成了极大的影响,这种影响一方面奴化和制约了黄金海岸的教育发展,另一方面奠定了当地现代教育发展的基础,促进了加纳教育层次的提高。独立后,非洲民族主义思想进一步推动了加纳现代教育体系的不断改革和进步。但是,20世纪60年代之后,由于加纳的政权交替、社会动荡以及经济危机,政府对教育的投入急剧减少,办学条件逐渐恶化,教育效率低下。加纳的教育发展经历了一个由低到高、由高到低的过程。

一、殖民时期黄金海岸的教育状况

早在欧洲传教士进入非洲之前,非洲基本上没有正规的教育设施和体系,随着殖民主义的扩张,逐渐出现了以传教为目的的现代教育雏形,黄金海岸也一样。1847年,英国枢密委员会的备忘录中记载了英国政府

---

* 上海外国语大学英语学院副教授。

对非洲殖民地教育的关注,备忘录中的有关条文称英国政府应该"为有色民族建立职业学校","将道德教育和体能训练与当地的农业发展、卫生条件改善结合起来","改进学校的课程设置和教学内容,使其符合当地发展的需要,为当地服务"。[①] 从那时起,英国开始实施了它对非洲殖民地的教育政策。1882年,英国成立了普通教育理事会(General Board of Education)和殖民地教育理事会(Local Boards)。1890年,黄金海岸英属政府委任了一位专职教育理事会主任并设立了主任办公室。20世纪初黄金海岸的教育相对非洲其他殖民地的教育而言进入了一个发展的黄金时期。殖民地政府从可可、咖啡等出口的获利中拨出一部分资金投入教育发展,民众也开始认识到教育的必要性和重要性。1918年,黄金海岸总督克里佛德爵士(Sir Hugh Cliford)定下目标,"让男女孩子都上小学,让每个行政区域都建师范学院;提高教师收入,最终建立'皇家学院'。"[②] 1919年,黄金海岸新总督古吉斯堡爵士(Sir Gordon Guggisberg)努力扩大教育规模、提高教育质量,并设想建立一所男子师范学院、一所女子师范学院和一所中学。但考虑到政府的负担,总督将三所学校合并,建立了一个教育机构,即威尔士王子学院,1927年更名为阿奇莫塔学院。在以后的数十年中,各种教育机构和学校纷纷建立,其中有阿克拉技术学院、严迪贸易学院等,但初等学校的数量远远超过中高等学校的数量。在教育蓬勃发展的初始阶段,黄金海岸的英国殖民政府沿用了英国本土的教育体系,实行义务教育制,动员和鼓励民众接受教育,认字晓理,掌握生活和工作技能。之后,由于政府不堪义务教育的重负,同时,为了让民众尊重教育和珍惜教育,决定收取学费。但是考虑到当地落后的经济状况,学校允许学费用牲畜和食物代替现金支付。

从历史政治的角度来看,英国实施殖民地教育是为了促进社会发展和改善当地人民的生活条件,最终达到维持其殖民统治的目的。因此,

---

① Godfrey N. Brown. "British Educational Policy in West and Central Africa", *The Journal of Modern African Studies*, Vol.2, Issue 03, Nov. 1984, pp.365-377.
② Charles Kwesi Graham. *The History of Education in Ghana*. London: Routledge, 1971, p.127.

教育的重点主要是培养农业人员、卫生人员和为当地殖民企业服务的管理和技术人员。尽管英国政府坚信"教育是英国能给非洲带来的好处之一",黄金海岸的殖民政府官员对"系统的大众化教育是否可行,能否获得预期的教育效果"[1]持怀疑态度。他们担心非洲人不能实现教育所赋予他们的使命,更担心"系统的大众化教育"会造就一批激进的社会和政治精英来对抗政府,因而造成社会和政治的不稳定。1857年印度士兵叛变就是前车之鉴,叛变的首领们都是在校大学生。因此,黄金海岸的殖民政府官员提醒英国政府要重视教育中的"潜在危险",以免"后院着火"。

从文化教育的角度来看,由于殖民主义的入侵和统治,黄金海岸的教育机构和学校都是由殖民统治者创建,并按照宗主国的教育体系和模式运行。黄金海岸大学学院(建于1948年)和恩克鲁玛科技大学(建于1951年)在独立前都曾采用英国伦敦大学的教育模式、课程设置、教学内容和考试标准,并授予伦敦大学的学历学位。由此可见,接受高等教育的非洲人都是殖民教育的产物,深深地打上了殖民教育的烙印,因此,他们中的很多人都是英国殖民当局的代言人和附庸者。

在实行殖民教育的过程中,英国殖民统治者处于发展与制约的矛盾之中。他们一方面想发展教育,维系社会;另一方面想制约教育,唯恐教育的"过度"发展对殖民统治造成威胁。尽管如此,由于英国政府的支持与鼓励,黄金海岸的教育发展在其隶属的非洲西部遥遥领先其他国家和地区。1937年,黄金海岸的中小学校有近400所,学生约46300人。至1950年,第二次世界大战之后,仅仅十多年的时间,黄金海岸的中小学校多达3000所,学生人数约28万,占全国人口的6.6%。[2]但是,黄金海岸英国殖民政府制约发展高等教育,唯恐高等教育会培养出一大批社会和民族精英,造成社会问题和政局动摇。因此,在此期间,黄金海岸只建有一所大学——黄金海岸大学学院,第二所大学——恩克鲁玛科技大学还是在1951年建立的。

---

[1] Godfrey N. Brown. "British Educational Policy in West and Central Africa", *The Journal of Modern African Studies*, Vol.2, Issue 03, Nov. 1984, pp.365-377.

[2] Mortimer Epstein. *The Statesman's Year-book: 1937*. London: Macmillan, 1937, p.280, 964.

二、独立后加纳的教育状况

加纳的民族主义思想在历史上一直起着重要的作用,是加纳取得民族独立运动胜利的原动力,在独立后继续发挥着它的影响。民族主义思想加上当地文化传统使加纳人民渴望获得教育。它使人们认识到,教育是社会生存和繁衍、传授知识的必不可少的途径,是建立和提高社会功能和价值的必要手段。教育能够帮助加纳恢复国家和民族的尊严,能使他们掌管好从殖民政府手中夺回的政权,因此,人们必须学习知识。独立后不久,加纳政府把教育放在国家事务的首位,为学生提供义务教育,免学费、免书费,教育的迅速发展和对教育的投入获得了民众的认可。同时,民族主义者呼吁在全社会中建立更多的学校,大力改革教育体制,使现有的学校具有独立自治的特点。至1962年,加纳共有初等学校5107所,在校学生达638151人;高中69所,学生达15317人,学校数量和学生数量相比殖民时期有大幅度的增加。[①]创建于1948年的加纳大学学院于1964年10月改建成加纳大学,完全独立于英国伦敦大学,自己颁发学位。其他各所大学也试图摆脱英国殖民帝国的教育体系,实现加纳人民用自己的教育培养自己的孩子之目的。

但是,英国殖民帝国的教育体系虽在加纳独立前略有作为,其影响还是深刻的。独立之后的加纳尽管努力想摆脱殖民地的教育体系,事实上还是仿效了英国的教育管理模式。和英国一样,加纳实行的是集权制的教育管理体制:中央设有教育部,领导和监督所有国内的教育机构。教育部之下设有各类法定机构,包括加纳教育服务中心、加纳图书馆理事会、加纳课本开发委员会、加纳语言局、UNESCO加纳国家委员会、国家教育秘书处等。此外,加纳行政区域还划分为学区,学区教育办公室负责管理和发展该地区的初等和中等教育。加纳大学的管理模式也类似于英国大学的管理模式。1961年颁布的《加纳大学法》及以后修订的《加

[①] Sigfrid Henry Steinberg. *The Statesman's Year-book: 1961-1962*. London: Macmillan, 1962, p.1027.

纳大学法》规定,大学是一个拥有颁发学位权力的法人单位,实行大学委员会下的副校长负责制,副校长行使所有权力,包括主持召开学术、行政、聘任、财政和发展委员会等重要机构的会议,审议和决定学校的重大举措。

应当承认,在加纳独立前,英国宗主国教育体系在一定程度上促进了当地教育的发展,在加纳独立后,仍然影响着它的教育发展和内涵建设。学校的兴起、大学的兴办、教育的普及、教学质量的提高、内部管理体制的制定等都源于英国宗主国的教育体系。更重要的是,加纳国家对教育的参与是殖民地国家获得独立后在发展教育中的一个重大进步,在很大程度上改变了加纳薄弱的教育状况。

1957年3月加纳独立。新政府制定了社会和经济发展计划,其中包括加快各级各类教育发展计划,掀起了加纳教育发展的第一次高潮,在全国范围内建立了许多中小学和教师培训机构。20世纪60年代初,加纳迎来了教育发展的第二次高潮,政府加大了对高等教育的投入,高等教育得到了优先和快速发展,建立和完善了三所大学。60年代中期之后,尽管政府也努力改革和完善教育体制和机制,扩大了中小学的招生规模,增添了大学的课程和学位,鼓励学校走特色化办学的内涵式发展道路,但是,加纳政局动摇、社会动荡、人心涣散,新旧政府不断交替,而且,非洲经济危机较早地影响了加纳,政治和经济危机直接影响了刚进入发展正规轨道的加纳教育。首先,政府紧缩了对教育的资源投入,办学条件急剧恶化;其次,政府加强了对大学的控制,两者之间的关系紧张;再次,政治和经济等原因造成了人们对发展教育的信心和精神的缺失,师资流失严重,辍学率增长,教育效率低下。加纳教育不进则退。

三、加纳独立前后殖民地教育的影响和效应

英国教育及英属殖民地政府的教育政策是扩大黄金海岸初等和中等教育受众面、提高教育层次的一个重要原因。英国文化的入侵、殖民地政

府所建立的各种学校和教育机构,使西方语言成为就业和担任专业人员的必要条件。接受西方教育,熟谙西方语言及文化成为社会地位的象征,是享有高收入的必备条件,形成了接受过西方教育即是社会精英的社会现象。但是,黄金海岸的英国殖民地教育猛烈地冲击了当地的传统教育形式,从根本上破坏、奴化和取代了当地的传统教育。黄金海岸英属殖民地教育的目的是为了培养农业、技术、管理和卫生人员,其教育模式和培养规格具有针对性、实用性和合理性,在一定程度上改进了殖民地人民的生活习惯、劳动技能和思维方式,促进了社会的健康发展;同时在教育体制、管理模式、课程设置、学位授予等方面为殖民地教育发展奠定了基础。在独立前后,加纳一直仿效着英国的教育体制和模式,使独立后在教育改革和发展方面取得了长足的进步。但是,由于教育给政府所带来的经济压力以及教育可能会产生的"不测后果",殖民地政府采取极其小心谨慎的态度发展教育,因此,学校和教育机构的数量很有限,入学率偏低,大学更是寥寥无几,而且完全采用英式教育,授予英国学位。加纳独立之后,历届政府为教育事业付出了极大的努力,继承和逐步改造了殖民地时期的教育体制和模式,大力发展基础教育,兴建高等院校,并在教育中注入了许多民族主义的元素,使加纳成为非洲地区教育最发达、最先进、最完善的国家。然而,由于加纳国家政局动荡、社会动乱、管理混乱、经济衰退,教育受到了极大的影响,甚至到达崩溃的地步。

四、结 语

总之,英国殖民地教育一方面破坏、奴化和取代了加纳传统教育,另一方面为加纳的现代教育的普及、提高和发展打下了一定的基础。加纳独立后的多次教育发展的高潮或多或少都是在这个基础上掀起的,因此,英国殖民地教育在加纳的独立前后都发挥了它正负两方面的效应。值得注意的是,加纳政府在加快教育发展时,采取了"取其精华"的策略,保留和沿用了英国殖民地教育体系和模式中的有效方法,为改革、完

善和发展本国的现代教育事业找准了基点。同时,为了突出加纳教育的民族独立自治的特点,政府从国家实际出发,摒弃了殖民地教育的"糟粕",对教育模式、课程设置、教学内容和考试标准等进行了大胆的改革,取得了教育改革和发展的显著成就。加纳政府既有原则又灵活的教育改革和发展方式使殖民地教育体系历史阶段性地产生了一定的效应。尽管如此,由于加纳所面临的困境,当地教育要达到现代化的程度还有很长一段路要走。

第三节
英国对北非的殖民统治及其历史影响

林 玲[*]

一、英国对埃及的殖民统治

19世纪末20世纪初是欧洲列强疯狂瓜分非洲的时期,而英国也在这一时期确立了对北非的殖民统治,其势力范围主要包括埃及和苏丹。埃及横跨亚、非两大洲,北邻地中海,东濒红海,南接苏丹,西连利比亚。埃及境内的苏伊士运河连接红海与地中海,沟通大西洋与印度洋,地处欧、亚、非三大洲的海上交通要冲,是一条具有重要经济和战略意义的国际航运水道,素有黄金水道之称,英国人称其为"中东的钥匙"。自19世纪中叶,西方殖民势力开始大规模渗入埃及。1856年,法国取得开凿苏伊士运河的租让权,1875年,英国利用埃及政府的财政危机,以低价收购了苏伊士运河公司的股份,运河控制权遂由法国转入英国手中。由于以赫迪威为首的埃及封建统治者大举外债,国家财政收入的四分之三均用于偿还外债,致使债台高筑,最终于1876年赫迪威·伊斯迈尔宣布埃及财政破产,此后被迫接受主要债权国英法对埃及财政的"双重监督"并重组政府,其中由英国人任财政大臣,法国人任公共工程和铁路邮政大臣,政府各部门均大量任用欧洲人,时人称之为"欧洲人内阁"。"双重监督"的实行和"欧洲人内阁"的建立,表明西方的冲击开始由经济渗透演变为政治控制,此时埃及名义上仍是奥斯曼帝国的属地,实际上已走上西方殖民地化的道路。而伊斯迈尔及其继任统治者陶菲克一方面在对外负债累累的形势下加紧对内盘剥,使埃及人民肩负重担,另一方面还依靠少数

---

[*] 上海外国语大学英语学院副教授。

土耳其人和契尔克斯族人实行民族压迫,使社会矛盾进一步激化。国家内外交困之际,埃及土著军人出身的民族运动领袖艾哈迈德·奥拉比于1879年组建了祖国党。祖国党是一个以具有西方资产阶级民主思想的土著军官与知识分子为主体的资产阶级政党,它强调的"埃及是埃及人的埃及!"的政治立场集中体现了新兴民族资产阶级要求限制西方殖民势力、削弱赫迪威独裁统治的政治诉求。由于埃及人民历史上遭受了长达两千多年的异族统治,导致其民族意识淡薄,而"伊斯兰的埃及"、"奥斯曼的臣民"之类的观念却根深蒂固。西方殖民势力的入侵、奥斯曼宗主国的衰落以及埃及古老文明的再发现,使埃及民族意识逐渐复苏。"埃及是埃及人的埃及"这一战斗口号的提出标志着埃及民族主义的兴起。1881年,奥拉比领导祖国党发起了埃及历史上第一次大规模反殖民主义斗争,史称"奥拉比革命"。1882年,革命者的武装示威迫使陶菲克改组内阁,实行立宪制,接受一个民族主义的政府。英法政府开始对此进行联合军事干涉,两国派军舰到亚历山大进行军事威胁,并照会赫迪威解散民族主义政府,试图扼杀革命。7月10日,英国舰队司令借口埃及修筑工事威胁英法舰队,对埃及政府发出最后通牒,要求其于次日黎明前交出亚历山大要塞的全部炮台。在遭到奥拉比革命势力的断然拒绝后,7月11日,英军猛烈炮轰了亚历山大,并于9月15日占领开罗。奥拉比革命虽然最终遭受挫败,却在一定程度上冲击了西方殖民主义和本国封建势力,显示出以土著军人为后盾的新兴民族资产阶级的潜在力量。革命促进了埃及人民民族意识的觉醒,揭开了埃及争取民族独立的历史篇章。

英军占领埃及之后,采取了一系列殖民政策,包括遣散埃及军队、在埃及政府中任命代表以把持政府、取消立宪制并解散议会、通过派遣英国财政顾问控制埃及国家财政、通过大力推广英语及阻止民族语言阿拉伯语的使用竭力摧毁埃及民族文化、推行愚民政策并禁止言论自由以压制埃及革命势力等等,此时的埃及名为托管,事实上已经完全沦为英国的殖民地。由于爱国军队被遣散,祖国党已不复存在,但埃及民族主义思想的传播却从未因此而停息。1907年,穆斯塔法·卡米勒成立了"新祖国党",以区别于奥拉比创立的祖国党,该党以迫使英国占领者撤军为原则,因而又名"撤军党"。穆斯塔法·卡米勒及其继任者穆罕默德·法里德所领导的民族复兴运动进一步强化了埃及民族意识,为1919年的埃及革命奠定了思想基础。

1914年第一次世界大战爆发后,英国以其与土耳其处于敌对状态为由,宣布埃及脱离宗主国奥斯曼土耳其,并公开宣称埃及为其保护国,将埃及作为战时兵员、军费和粮食的重要补给地,在埃及强行征兵。英国殖民主义者执行使埃及整个国民经济服从于战争需要的政策,而外国垄断资本家和埃及的大资产阶级大地主也趁机大肆搜刮,使人民的生活陷于更加悲惨的境地。一战结束后,英国进一步对埃及实行全面渗透,大批英国人涌入埃及境内,实权被英国人所操控的埃及政府采取了因人设事的政策,接纳英国人、解雇埃及人。面对殖民主义者的政治压迫与经济盘剥,埃及人民要求独立与民族自决的呼声日愈强烈。1918年,民族独立运动领袖扎格鲁勒组建了"华夫脱党",成为新时期埃及民族解放运动的中坚力量。1919年,华夫脱党向英驻埃高级专员要求赴伦敦与英政府谈判埃及独立问题并参加巴黎和会,结果均遭到拒绝。扎格鲁勒开始发表抗英演说,演讲在广大埃及人民中引起了巨大反响,成为反对殖民统治、争取民族独立的强有力的思想武器。英军随即逮捕了扎格鲁勒等人,将其流放马耳他岛。这一事件成为埃及1919年民族革命的导火索,工人、农民、知识分子等各社会阶层和政治势力在革命中形成了统一战线。埃及1919年民族革命是英国殖民主义者对埃及长期殖民压迫、剥削和掠夺以及文化思想的奴役和压制的必然结果,是埃及人民同英国殖民主义者的民族矛盾和斗争长期发展的必然产物。在当时埃及经济政治发展状况下,代表资产阶级和自由派地主利益的华夫脱党成为这次革命的领导者,而广大的农民、工人、知识分子和学生构成了主力军,革命取得了一定成果。英国于1922年2月28日承认埃及独立,并宣布结束埃及"保护国地位"。随着1923年埃及宪法确立君主立宪制,埃及进入宪政时代。然而此时的埃及仍未摆脱英国的殖民统治,英国继续保留在埃及的某些重要特权,包括苏伊士运河地区的驻军权、保护埃及免遭外国入侵、保护埃及境内侨民利益以及管理苏丹事务的权力。英国高级专员与埃及王室的权

力分享,构成宪政时代埃及政治生活的显著特征,埃及的国王和政府仍然处于英国高级专员的操控之下,成为英国殖民主义的工具。1936年,面对意大利在埃塞俄比亚的得手,英国借口保卫埃及的"安全"和"稳定"迫使埃及签订为期20年的《英埃同盟条约》,规定英军继续驻扎苏伊士运河区,在战时英国有权使用埃及的基地和港口并通过埃及领土调遣军队。英埃条约的签订,以条约形式将英国1922年提出保留的四项特权确定了下来,巩固并加强了英国在北非和苏伊士运河的地位,有利于英国同意大利在北非和地中海的竞争,同时也把埃及紧紧地绑在了英国的战车上。二战期间,英国依据该条约派遣大批军队进驻埃及,再度将埃及领土变为战场,并大量征用埃及人力、物力服务于战争,使埃及经济遭受严重破坏。战争结束后,英军拒不撤离埃及,腐败的法鲁克王朝又利用英国的支持实行专制统治。埃及宪政时代深刻的政治危机使民族矛盾进一步激化,由下层民众发起的罢工、示威、抗议和恐怖活动充斥于城乡各地,对宪政制度造成了强烈冲击,埃及末代王朝濒临崩溃。埃及民间政治的兴起以及二战后国际范围内席卷亚非的民族独立解放运动浪潮都为埃及"自由军官组织"的发展提供了土壤,为其反殖反封建的民族革命创造了条件。

埃及自由军官组织成立于1949年,由纳赛尔等具有民族主义思想的青年军官建立,其成员大多为爱国的中下级青年军官,代表了埃及中小资产阶级的利益。它以反对英国的占领和法鲁克封建王朝的统治为政治纲领,要求由埃及人自己管理自己的国家。1952年初,该组织将其政治纲领概括为六项原则,即"消灭殖民主义、推翻封建统治、结束垄断组织对政府的控制、树立社会正义、建立一个健全和民主的社会、建设一支强大的民族军队。"[①]自由军官运动的兴起是埃及中小资产阶级力量的壮大及其政治势力介入军队的结果。两次世界大战之间,埃及中小资产阶级获得较快发展,进而构成了埃及民族资产阶级的主体。然而在殖民地封建

---

① [埃及]穆·艾尼斯、赛·拉·哈拉兹:《埃及近现代简史》,埃及近现代简史翻译小组译,北京:商务印书馆,1980年,第195页。

制度统治下，埃及的经济命脉为英国所控制，到1952年革命之际，外国在埃及的投资总额已达5.8亿埃磅，其中英国约占80%。埃及国内的封建势力与外国垄断资本相互勾结，力图扼杀一切来自新型企业的竞争，成为民族资本主义发展的严重桎梏。民族资产阶级要进一步发展经济，就必须进行民族民主革命。另一方面，自1936年《英埃同盟条约》签订开始，因扩充军队的需要，埃及各地的军官恢复招生，中小资产阶级平民子弟获得进入军事学院的机会，自由军官组织的骨干绝大部分在这一时期步入了之前完全为贵族子弟把持的军界，进而在埃及军队里逐步形成了以中小资产阶级子弟为核心的爱国主义力量，使得军队组织与民族运动紧密结合在一起。二战后，埃及民族运动进入新的历史阶段，在人民的压力下埃及政府于1951年10月宣布废除英埃条约。1952年初，苏伊士运河区6万埃及工人开始总罢工，成千上万的爱国人士组成游击队展开武装斗争，形成了席卷全国的反英斗争高潮。与此同时，农民要求解决土地问题、反对封建地主阶级的革命斗争也不断发展，与反英运动汇成了一股洪流，民族革命的风暴即将到来，革命需要一个有力的领导核心。而曾经领导过埃及1919年革命的华夫脱党此时已成为大地主、大资产阶级利益的代言人，在1936年条约中的妥协态度与投降主义立场表明它已经丢掉了民族独立的旗帜，在人民中威信扫地，加上政党内部四分五裂，争权夺位，已经丧失了领导民族民主革命的领导权。而于1921年成立的左翼埃及社会主义党虽然曾在民族解放运动中发挥过重要作用，但由于在政府镇压下组织不断分裂，在革命时机成熟时，未能形成一个坚强的领导核心，且在指导思想上，只顾工人问题，忽视农民问题，忽视民族解放，从而也无法担当起领导革命的重任。就在右翼丧失领导、左翼无力领导的形势下，纳赛尔创建的自由军官组织脱颖而出，为埃及民族解放运动带来新的转机。1952年7月23日，由纳赛尔领导的起义军发动军事政变，罢黜国王，推翻了法鲁克王朝，史称埃及"七月革命"。1953年6月18日，起义军正式宣布废除君主政体，建立共和国。纳赛尔政权自建立起，便要求英军全部撤离埃及，并声明不同英国缔结任何形式的军事同盟。1956年6月，英军被迫全部撤离苏伊士运河基地，至此长达74年的英军占领宣告结束。1956

年7月26日,埃及政府宣布将苏伊士运河公司收归国有,公司全部财产移交埃及政府。英法为取得苏伊士运河的控制权,与以色列联合,于1956年10月29日对埃及发动袭击,结果以失败告终。苏伊士运河战争的爆发与英、法、以联合入侵的失败,不仅标志着埃及殖民主义时代的终结和民族革命的最后胜利,更对瓦解英帝国在非洲的殖民统治形成摧枯拉朽之势。苏伊士战争的胜利使埃及成为领导阿拉伯革命和反以斗争的领袖,开罗"成为阿拉伯世界的中心,成为席卷中东和北非沿岸新民族主义的源泉"。[1]

二、英国对苏丹的殖民统治

苏丹的殖民史与民族独立斗争的发展历程自始至终都与埃及休戚相关。自19世纪20年代起,苏丹沦为奥斯曼帝国的属地,归土耳其苏丹任命的埃及总督直接管辖。19世纪60年代以后,英、法、德、俄等殖民势力在资源"勘探"的旗号下纷纷渗入包括苏丹在内的整个尼罗河上游地区,并极力扩大各自的势力范围。自70年代后,英国利用其在埃及的债权国地位迫使埃及赫迪威政府委派英国官员担任苏丹的总督及各省省长。英国官员与埃及封建地主阶级以及部落氏族贵族相互勾结,构成了帝国主义与封建主义对苏丹民众的双重压迫。残酷的经济剥削与政治高压激起了人民的反抗,1885年,苏丹人民在穆罕默德·马赫迪领导下举行了武装起义,打败了英国殖民者,建立了马赫迪国家。由于苏丹控制着尼罗河水源与商道,战略地位十分重要,而苏伊士运河的通航更凸显出苏丹对于英国在北非殖民统治的战略意义,因而英国殖民势力并不甘心失败,在1882年英军占领埃及后,英国随即提出"必须着手解决苏丹问题"。[2]

---

[1] [英]安东尼·纳丁:《纳赛尔》,范语译,上海:上海人民出版社,1976年,第286页。

[2] Mekki Shibeika. *British Policy in the Sudan 1882-1902*. Oxford: Oxford University Press, 1952, p.46.

1896年，英国向马赫迪国家发起进攻，1899年马赫迪政权覆亡后，英国和埃及签订了《英埃共管苏丹协定》，成立了英埃共管政府，而埃及此时只是一个名义上的共管者，苏丹事实上已沦为英国的殖民地。

英国殖民势力控制苏丹后，开始实行"分而治之"政策，把苏丹南北分离开来实行完全不同的管理。这一政策进一步加深了苏丹历史上由来已久的南北种族与民族矛盾。自公元7世纪起，大批阿拉伯人从北面进入苏丹，成为苏丹北部的主要居民，而苏丹南部的居民主体仍然是黑人。19世纪中叶，英国、希腊、意大利等国商人组织欧洲商业公司，在苏丹猎捕、贩卖奴隶，他们向苏丹北部阿拉伯游牧部落的贵族提供武器装备，让其从南部黑人部落猎奴。据估计，19世纪北部的阿拉伯奴隶贩子从南苏丹劫掠了200万黑奴。① 在北部阿拉伯游牧部落因此发家致富的同时，南部的黑人家庭却面临妻离子散、家破人亡的厄运，种族仇恨的种子由此埋下，形成了苏丹南北矛盾的历史根源。

英国殖民当局此后为了巩固其殖民统治，利用苏丹南北的种族矛盾，在南部推行分治政策，宣布南部为"封闭区"，规定北方人未经允许不得进入南方，并把受阿拉伯—伊斯兰文化影响较深的部落迁离南部。南部被划分为三个行省，英语作为其官方语言，以非洲土著法取代伊斯兰法，并劝说南方部落首领放弃他们的阿拉伯姓名和服饰，取缔阿拉伯的风俗习惯，保留黑人土著文化。同时，向南方委派大批传教士传播基督教，扶植南方教会学校，南方的休息日也定为星期日，以区别于北方的星期五。英国殖民者还培养南方封建上层阶级作为其代理人，并竭力向其灌输南苏丹文化的特殊性以及南北不可调和的差异性。1939年殖民当局颁布"南方禁区法令"，从法律上正式确立南北分治政策，以巩固其殖民统治。通过一系列经济、教育、宗教、文化方面的政策，英殖民者将南北双方割裂开来，人为地加剧了南北方民族间的差异与隔阂，使苏丹在取得政治独立时南北民众缺乏共同的国家认同意识，从而为南苏丹问题埋下了伏笔。

---

① 余建华："南苏丹问题由来与发展分析"，《史林》，1989年第1期，第67页。

苏丹的民族独立斗争在第一次世界大战后取得了较大发展，埃及1919年革命对此起到了很大的推动作用，1922年埃及宣布主权独立，大大增强了苏丹人民争取民族独立的信心，同时也使苏丹人民认识到与埃及人民共同作战反对英国殖民者对于苏丹民族革命的重要性，革命进入新的历史时期。这一时期成立的"苏丹人联合会"与"白旗联盟"等地下革命组织都主张在反对英帝国主义的斗争中苏丹和埃及人民要团结起来，统一行动。二战后，在世界范围殖民地半殖民地人民解放斗争风起云涌的鼓舞下，苏丹民族运动蓬勃发展，苏丹工人阶级的政治积极性空前高涨，成立了苏丹工会联合会，农民、以"毕业生大会"为代表的进步知识分子和民族资产阶级与工人阶级形成了民族解放斗争统一战线，苏丹与埃及人民在斗争中的团结也得到进一步发展。1950至1951年，埃及人民掀起废除1936年英埃条约及争取英军撤出埃及与苏丹的斗争高潮，埃及议会在人民的压力下，于1951年10月宣布废除该条约及1899年签订的《英埃共管苏丹协定》。1952年埃及七月革命后，埃及于次年废除君主制，成立共和国。共和国政府主张苏丹人应该有民族自决的权利。1953年1月，埃及政府与苏丹所有民族革命政党的谈判获得了成功，并且签订了关于埃及对苏丹问题立场的协定，承认苏丹人有自决权。迫于形势，英国政府被迫于次月同埃及政府签订了关于苏丹的协定，不得不承认苏丹人民有自决权。1955年8月，苏丹议会一致通过自决权的决议，要求一切外国军队在九十天内撤离苏丹。11月，最后一个英国士兵撤离了苏丹的领土。1956年1月1日，苏丹正式宣布独立。

英国政府出于自身利益，在苏丹独立前后始终坚持其南北分治的政治主张，二战后苏丹民族解放运动蓬勃发展之际，英国开始指使南方上层阶级与政客提出南北分治要求，并于1947年发表正式文件，提出给予苏丹"自治权"，并在英埃关于苏丹地位进行谈判时提出埃及必须承认英国总督对南方三省的特殊权利，南苏丹问题就此产生。1951年苏丹自治政府成立后，《英埃共管苏丹协定》废除，英国随即支持南方代表在"南北苏丹立法会议"上正式提出南方问题，要求南北方实行联邦，遭到北方代表反对后会谈破裂。苏丹自治政府此后试图以高压政策解决南方问题，并派军队开赴南方。英国早在1917年殖民统治期间就在苏丹策动成立了南方地方武装赤道军，1955年8月，南方赤道省托里特的黑人驻军拒绝调往北方的命令，并在英国挑唆下发动兵变，杀死了北方籍军官，要求南苏丹各省自治，得到了南方众多居民的响应。自治政府遂派兵镇压，成千上万的南方居民因此丧生，此后兵变军队退至苏丹南部丛林以及邻国埃塞俄比亚、乌干达与扎伊尔边境，坚持武装斗争，从此开始了连绵不断的南北内战。苏丹独立后，英国为保持在南方的影响，积极支持接济南苏丹反政府武装，南苏丹问题由此成为苏丹共和国历届政府面临的最为棘手的政治难题。

苏丹南北内战持续了近40年，2002年，在东非政府间发展组织与美国的调停下，交战双方举行和谈。2005年1月，《全面和平协议》在肯尼亚首都内罗毕签署。协议规定南苏丹自治；设立六年过渡期，2011年1月9日举行南方公民投票决定南北苏丹的"独统问题"。2011年，南部公投结果表明，98.83%参与投票的公民主张南苏丹独立。同年7月9日，南苏丹正式宣布脱离苏丹独立，成立共和国。然而，尽管南北苏丹现已分离，但双方在国界划分与领土争端等方面的问题仍然未得到根本解决，这些严重分歧将成为未来南北冲突的导火线。

三、结　语

如今英殖民帝国已成为历史，但作为其在非洲最重要的殖民地，北非的埃及和苏丹社会至今仍留有殖民历史的烙印，这对其形成特有的政治文化产生了直接影响。自1882年英国占领埃及以来，埃及人民为争取民族独立进行了多种形式的反英斗争，然而传统的民族主义斗争更多地专注于争取政治独立的目标，而未能将反殖民主义斗争与彻底推翻国内封建买办阶级的统治紧密结合，使得民族独立运动一直未能取得实质性进展。而纳赛尔革命之所以取得了反对英国在埃及的殖民统治的最终胜利，很大程度上在于它实现了民族与民主革命的结合。自由军官组织以

反帝反封建的原则为政治纲领,将推翻国内封建买办势力的统治作为实现民族民主革命任务的首要目标,从而为埃及民族解放事业开辟了一条现实性的道路。纳赛尔革命后,埃及确立了以自由军官组织为核心的军人政权,成为此后半个多世纪以来埃及军人执政集团集权制度的政治基础。

而苏丹南北矛盾长期纠缠不清,且不断加深,与英国殖民者实行的分裂苏丹的政策有着直接关系。在文化政策上,英国在苏丹长达半个世纪的殖民统治期间,在南部黑人居民中大力传播推广基督教,同时设法根除阿拉伯—伊斯兰文化在南方一些部落中的影响,从而使原先南部黑人土著与北部阿拉伯人之间的矛盾逐渐演化为基督教与伊斯兰文化的南北对立。宗教是苏丹南北纷争的关键之一,而基督教在连年的内战中已成为南苏丹认同的确定要素。独立后的南苏丹为实现新的"民族国家"认同,将基督教打造为整合新国家的重要精神价值符号,以此作为与北苏丹彻底切割的重要文化措施。①

南北苏丹的宗教对立与文化冲突成为英国在苏丹殖民统治的主要历史遗产,其背后蕴藏的是双方及外国势力在地缘政治上的博弈与经济利益的纷争。石油资源首先构成了南北苏丹争夺的焦点,因为两者在经济上都高度依赖石油收入,尤其是南苏丹,经济结构极度单一,石油产业收入在整个国民经济收入所占的比重高达95%,是世界上对石油资源依赖度最高的国家。同时南苏丹缺乏炼油设施,不得不利用北方的炼油厂,并且作为内陆国,只能通过石油管道将石油输送到北方的港口出口。而苏丹则利用南苏丹在石油开采、出口渠道等方面对其的依赖,向南苏丹索要高额过路费,进行重利盘剥,双方围绕石油的经济战争有愈演愈烈之势,对石油生产及地区安全稳定均造成了不利影响。

就内部因素而言,南苏丹的居民虽然都是黑人,但分属于数百个不同的族体,各部族之间矛盾重重,围绕着财富、土地、水资源冲突不断。部族矛盾主要表现为丁卡人和努尔人之间的冲突。丁卡人为南苏丹第一

---

① 杨勉:"南苏丹独立的背景与前景",《学术探索》,2011年第10期,第34页。

大族，人口约占40%，执政的"苏丹人民解放军"及其军队大多数成员都是丁卡人。努尔人为第二大族，人口约占南苏丹的12%，主要分布在中部地区，常常与丁卡人比邻而居。两大部族的矛盾由来已久，历史上就常常为争夺土地而发生冲突。而英国对苏丹的殖民统治更加深了部族矛盾，因为丁卡人的某些支系受到殖民当局的宠用，而努尔人则一直极力抵抗异族统治，这导致两族关系长期处于敌对状态。部族间的纷争至今仍彰显于当前的南苏丹政治，为了维持部族和地域的总体平衡，政府领导层由不同族群成员组成，其中现任总统基尔为丁卡人，副总统马查尔则为努尔人，他代表了领导层内最主要的反对力量。[①]同时，错综复杂的部族矛盾也体现在南苏丹军队中，由于统一的民族认同感的缺失，来自不同部族的士兵会为了本部族利益而与其他部族的士兵开战，因而中央政府对军队的控制力十分有限。2013年7月23日，总统基尔称副总统马沙尔企图发动政变，下令解散南苏丹政府并解除马沙尔及多位部长的职务。于是，在执政的苏丹人民解放军内部，基于两大部族的不同阵营间的矛盾开始凸显，最终演变为该年12月的暴力冲突，冲突随之升级为政府与反政府武装叛军对南苏丹石油重镇的争夺。冲突造成数千人死亡，12万人流离失所，超过半数流离失所者前往联合国特派团在朱巴等地的办事机构寻求保护。在国际社会的斡旋与调停下，经过近20天的艰苦谈判，双方于2014年1月23日在亚的斯亚贝巴签署停火协议。内乱使刚刚开启的南苏丹石油开采陷入停滞，危及国家的经济命脉，并对全球的原油供应造成冲击。南苏丹武装冲突不仅加剧了整个国家的动荡，也势必拖累整个非洲大陆经济发展的步伐。因而彻底解决其国内冲突问题，不仅事关南苏丹本国利益，也关乎非洲大陆的整体发展前景。

---

① 李捷："南苏丹现状研究：现代民族国家构建的视角"，《亚非纵横》，2013年第4期，第10页。

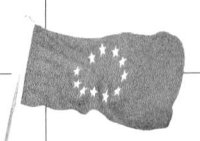

第四节
殖民与后殖民时期英国与英属西非、南非各国之间的关系

孙 艳[*]

相较于英国在南部非洲长久的殖民存在和巨大的经济利益，英国在西非的殖民介入范围较小而且在整个非洲利益格局中所占份额较低。在19世纪后半叶，中部非洲生产的棕榈油价格暴跌，殖民势力开发非洲腹地的动力减弱。长期以来，英国商人只在西非大西洋沿岸地区活动。随着该地区殖民争夺的加剧，英国开始向内陆推进并与法国激烈冲突。非洲国家现在的边界概念是在殖民帝国疯狂瓜分殖民地时期形成的，是殖民主义的产物。殖民帝国根据自己统治的需要和各自实力所及来划定殖民地的边界，例如在西非地区，英法签署协议规定以尼日尔河东西为准划定英、法各自占领土地的边界，即英属西非殖民地和法属西非殖民地的边界。这就造成了该地区同一种族被分割归入不同版图，而差异巨大的种族反而被强行划归同一版图的情形。例如，富尔贝族被划归七个国家，而人口规模相当的豪萨族人、约鲁巴族人和伊博族人被归入尼日利亚一国境内。这种罔顾种族纽带和文化差异的做法导致这些国家独立后频繁发生内部矛盾，与周边国家不断产生边境冲突，甚至轻易卷入他国内战。出于各自"战略利益"的考虑，各殖民帝国在各殖民地独立以后，仍以各种方式渗透和介入原殖民地国家的内部事务。骤变的国际形势、冷战的对

---

[*] 上海外国语大学英语学院教师。

峙格局等因素给该地区的发展增添了不稳定性。西非国家独立后的道路阻难重重:流血冲突规模不断升级,"军事干预不断上演,摧毁了所到之处的一切,独裁者们终止政治话语权的分享,切断了常规的政府进化模式,从而将'政治'从西非的版图上放逐了……西非陷入了一种火山喷发式的稳定危机和极端的经济危机共同夹击的局面。这里的居民被包围在毁灭一切的愤怒所引发的恐惧中,而这个世界大体上已经迟疑和疲惫了,不愿一次次救助如此窘境中的这些非洲国家了。"① 本节将采取历史和文化的综合视角,集中考察原英属西非国家塞拉利昂、尼日利亚、加纳和引发地区动荡的利比里亚与英国在殖民和后殖民时期的关系演变。这一考察视角将延拓以往的史料研究角度,探析历史现象背后的内在衍生路径,为研究和解决该领域的相关问题提供切入点和路径。

一、殖民与后殖民时期英国和塞拉利昂之间的关系

1553年,第一批英国商船闯入贝宁湾,开始了对非洲的入侵。1787年,459名乘客搭乘三艘船从伦敦到达塞拉利昂半岛,其中包括344名伦敦黑人和115名白人妻子以及自由农民。② 这是格兰维尔·夏普(Granville Sharp)先生和他反奴隶制朋友们的一项乌托邦性质的计划:在塞拉利昂建立一个理想的按照盎格鲁—撒克逊民主模式治理的自由之都。该计划同时尝试在塞拉利昂使用自由劳动力种植西印度群岛的热带经济作物,并通过"合法贸易"的形式满足塞拉利昂定居点的经济自足,从而创建一种不使用奴隶劳动的新经济模式。美国独立战争结束以后,1200名参加英军一方战斗的黑人被约翰·杰克逊(John Clarkson)带到塞拉利昂。1808年,塞拉利昂公司在无法盈利的情形下把塞拉利昂定居点

---

① Peter Schwab. *Designing West Africa — Prelude to 21st-Century Calamity*. New York: Palgrave Macmillan, 2004, p.136.
② Bronwen Everill. *Abolition and Empire in Sierra Leone and Liberia*. Hampshire: Palgrave Macmillan, 2013, p.18.

的运营权交给英国政府。塞拉利昂正式成为英国殖民地。

英国政府在这里建立"综合事务委员会法庭"以裁决海上截获的运奴船案件。随着海上军事监管愈加严格,被截获的奴隶数量不断增加。为了使这些被截获的来自不同地区并拥有不同文化背景的奴隶更好地融入塞拉利昂,英国当局鼓励被解放的奴隶与当地女性结婚、参加当地的教会,从而深化基督教在塞拉利昂的影响,"并以此地为据点,向整个非洲内陆延伸"①。塞拉利昂中心城市弗里敦(Freetown)逐渐成为"英国西非殖民领地"的中枢和首府。塞拉利昂模式启发了美国的废奴主义者。1821年,美国在利比里亚建立"移民区",吸纳获得自由的奴隶,并将部分美国黑人运回利比里亚。② 1961年4月27日塞拉利昂宣布独立,但仍留在英联邦内。

受利比里亚边境战争的影响,塞拉利昂国内局势动荡。1991年,弗戴·桑科(Foday Sankoh)领导的革命联合阵线趁机发动叛乱,占据了塞拉利昂东南部的钻石矿产区。联合阵线通过利比里亚的帮助,将钻石运出国境销售牟取暴利,并用钻石收入支撑自己的战争行为。这场叛乱持续了十年之久,革命联合阵线残忍地迫害和屠杀居民,造成10万人死亡,50万人被迫逃离该国。因此这些钻石被称为"滴血钻石(blood diamond)"或"冲突钻石(conflict diamond)"③。

1998年英国一家私人军事服务公司桑德林国际公司涉嫌卷入塞拉利昂逃亡政府总统卡巴(Ahmed Tejan Kabbah)复位争斗,违反联合国关于该地区武器禁运条例,引发了"桑德林事件"。塞拉利昂及其国内政局引起英国国内和国际哗然。对于这一事件,布莱尔曾暗示联合国的武器禁运规定是错的,英国做了正确的事。他曾表示:"……联合国和英国都在帮

---

① Bronwen Everill. *Abolition and Empire in Sierra Leone and Liberia*. Hampshire: Palgrave Macmillan, 2013, p.21.
② 美国废奴主义者对利比里亚移民区寄予崇高希望。废奴运动领导者盖瑞森(William Lloyd Garrison)和《汤姆叔叔的小屋》作者斯托夫人(Stowe)对此都曾发表过积极评价。
③ 爱德华·兹维克,马歇尔·赫斯科维茨:"滴血钻石",富澜(译),《世界电影》,2008年第2期,第44页。

助塞拉利昂卡巴民主政府从反对派手里恢复政权。他们的这些努力都是正确的。……这是此次事件的背景,引起的哗然是不必要的。"①2000年,反对派部队再次逼近首都,英国派遣800人的部队占领弗里敦机场及其西部地区,阻断了反对派的进攻,卡巴政权得以保全。英国以最小的伤亡代价,挽救了卡巴政权和联合国的维和行动。起初英国媒体和公众对于政府向一个对本国国家利益无关紧要的热带小国派军持怀疑态度。然而这次军事行动很快被刻画为一次彻底的胜利,并成为英国改变冷战期间在非洲的低调军事策略的开始。塞拉利昂的反对派军事装备差,没有受到正规训练,部分甚至是内心有创伤的儿童;反对派无节制的侵犯导致了当地人对他们的仇视;更为重要的是,与刚果、索马里、伊拉克等国相比,塞拉利昂国土面积小,冲突规模较易控制。因此,塞拉利昂军事干预的胜利是难以复制的,分析家指出此次军事干预对未来军事干预行动的参考价值十分有限。

此次行动以后,卡巴总统非常感激英国政府。2002年大选中卡巴再次胜出,开启了两国之间密切的外交关系。2002年2月,首相布莱尔访问尼日利亚、加纳、塞拉利昂和塞内加尔。卡巴总统、贝雷瓦副总统和科罗马外长相继访英。英国同意三年内向塞提供1.2亿英镑援助。2003年3月,英军在塞举行包括武器测试、部队调动、后勤支持等内容的军事演习,并对塞军进行强化训练。5月,英出资120万英镑为塞修复警察训练基地。7月,英军副总参谋长弗莱访塞。除此之外,每年英国海外发展部向塞拉利昂投入了对非援助资金中的最大份额。然而,英国的军事干预和资金援助并没有帮助塞拉利昂改善贫困落后的状态。到2011年为止,塞拉利昂仍是联合国公布的世界最不发达国家之一,人类发展指数已连续四年排名世界末位。其国民经济以农业和矿业为主,农业产值占国内生产总值的44%,农业人口占全国人口的65%,但同时塞拉利昂粮食却不能自给。②

---

① Porteous, Tom. *Britain in Africa*. London and New York: Zed Books, 2008, p.37.
② 参见百度百科:http://baike.baidu.com/view/22007.html.

联合国人类发展指数报告显示2012年塞拉利昂位居倒数第10位。[①]塞拉利昂的例子显示军事干预是容易的部分,干预过后的重建和发展才是最难应对的部分。

塞拉利昂是英国进入西非最早的立脚点,并成为英国废除奴隶制后探索殖民经济新模式的"实验区"。随着去殖民化运动浪潮的兴起和前殖民地的纷纷独立,英国将其海外干预行动降至最低程度。但2000年塞拉利昂军事行动之后,英国开启了"人道主义"军事干预海外策略。深入研究不难发现早在18世纪英国在塞拉利昂进行"定居区"实验之时,就已经种下了"救助"、"教化"和"干预"的种子。这些种子成为英国殖民帝国孕育期的内在因子,造就了殖民帝国扩张的本性。在21世纪,这些因子被重新诠释和定义,成为"国际人道主义干预"的内在含义和军事介入的合法性考据。在这一点上,现代的人道主义军事干预和传统的殖民理念存在着脉络上的承衍关系。[②]

二、殖民与后殖民时期英国和尼日利亚之间的关系

16世纪英国进入西非以后,最初仅将重点放在塞拉利昂和黄金海岸,直到19世纪才开始占领尼日利亚。1861年,英国以女王的名义占领拉各斯(Lagos)并设置总督和议会,开始殖民统治。从尼日利亚殖民之初,英国就侧重对土著代理人的安抚和扶持。在尼日利亚设立行政管理机构之后,规定从领地的年收入中对领地内的土著首脑拨付年金。同时,英国政府借助该地区的特许贸易公司的力量,征服新领地。1877年,英国退伍军人乔治·戈尔迪(George Goldie)来到西非。为了对抗当地酋长利用商

---

① http://hdr.undp.org/en/content/human-development-report-2013.
② 参见Bronwen Everill. *Abolition and Empire in Sierra Leone and Liberia*. Hampshire: Palgrave Macmillan, 2013, p.177, 和Bronwen Everill and Josiah Kaplan. *The History and Practice of Humanitarian Intervention and Aid in Africa*. Hampshire: Palgrave Macmillan, 2013, p.106.

人之间的激烈竞争收取高额水路税的做法,也为了改变竞争和代理对利润空间的压缩局面,戈尔迪将分散的英国贸易商联合了起来。经过两次调整戈尔迪建立了国家非洲公司,成功将当地的其他竞争者挤出市场。他以德国和法国对这一地区有殖民威胁为由,向英国政府申请皇家特许权。1886年该公司更名为皇家尼日尔公司,获得了统治那些签有保护条约地区的广泛权利,包括扩展新的领土,征收关税,以及废除奴隶制和奴隶贸易。皇家尼日尔公司总部设在尼日尔河畔的阿萨巴,拥有一个行政机构、一支警察部队和一座高等法庭。公司对进出口货物征收高额关税,这使得德国和法国被迫离开市场;戈尔迪与当地酋长签订条约,干涉地方政治,遇有抵抗时则动用炮舰惩罚反对者。皇家特许权使得皇家尼日尔公司在尼日尔河下游以政府的形式存在,帮助英国商人获得了巨大的贸易垄断利益。但在殖民争夺中法国逐渐占上风,最终戈尔迪将公司以其资产三倍的价格卖给了法国。[①]

戈尔迪模式帮助英国商人获取了巨大利益,但戈尔迪在尼日利亚的直接管理模式遭到了土著居民的强烈抵制。尼日利亚面积是英国国土的三倍,在尼日利亚的英国人人数远远不足以治理尼日利亚人,且英国殖民当局缺乏资金来维系行政机构的运转,加之尼日利亚基础设施差,语言不通,当地人对外来统治十分抵制,这种直接殖民统治模式在尼日利亚难以继续推行。1900年弗雷德里克·卢加德(Lord Frederick John Dealtry Lugard)被任命为尼日利亚保护国高级专员。在军事征服的同时,卢加德扶持土著领导人上台,但要求这些新委任的土著领导人绝对服从英国的权威。卢加德进一步制度化这种统治模式,颁布了一系列关于土著政权、土著法律和土著税收的法律。卢加德后来整理著书《英属热带非洲的双重委任统治》,该书被奉为殖民主义的经典。在卢加德的主持之下,到一战爆发时,英国在尼日利亚建立了一套双重政治体系:直接管理整个国家的中央政府和间接统治地方政府的复合模式。这套间接统治

[①] Darwin, John. *The Empire Project — The Rise and Fall of the British World-System*. Cambridge: Cambridge University Press, 2009, p.127.

模式在北部有着长期酋长制传统的地区实行得较为成功。而伊博族聚居的南部尼日利亚地区由于缺少强有力的土著酋长,间接统治模式效果较差。

在20世纪50年代,尼日利亚独立前夕,英国希望通过制度设计使土著统治者以议员身份保持地位。这样,在尼日利亚宣布独立之后,英国能够通过指导尼日利亚议会等最高权力机构的"间接操控模式",维持其在尼日利亚的影响和利益。英国的设想部分落空了,但其在尼日利亚系统化、制度化的间接殖民统治模式培植了一个保守的亲英阶层,帮助英国在尼获取利益。间接统治模式贻害深远:英国殖民当局有意维持甚至加剧地区间的矛盾和地区纷争,以消弭尼日利亚人民反抗运动力量的联合;英国殖民当局打压知识分子、扶持落后顽固的土著势力以阻止尼日利亚人民意识到殖民统治的非正义性并产生抵抗意识;殖民当局保留落后的习俗和文化,以维护和尊重本土文化的幌子扼杀抵抗情绪。尼日利亚有250多个民族,其中北部的豪萨—富拉尼族、西部的约鲁巴族和东部的伊博族加起来接近人口总数的70%,而三个族群的各自人口数量接近。尼日利亚官方语言为英语,主要民族语言为豪萨语、约鲁巴语和伊博语。居民信奉伊斯兰教、基督教和其他宗教。英国通过殖民扩张将在种族、语言和宗教方面差异巨大的这些族群划归尼日利亚版图之下,并在半个多世纪的殖民统治期间借由间接统治模式固化、强化了区块及族群之间的对立,这为尼日利亚的未来埋下了动荡的祸根。[①]

1960年尼日利亚宣布独立,但仅七年之后,在多年的矛盾和冲突之后,东部伊博族行政长官奥朱谷(C. Odumegwu Ojukwu)宣布东部地区退出尼日利亚联邦,这导致尼日利亚联邦政府对"叛军"进行武力进攻,引发了尼日利亚内战。这场内战持续了30个月,造成60万人死亡,其中大部分为平民。对于这场内战,陷入越南战争的美国无力采取强硬的态度和实质性的干涉。而法国一直恐惧强大的尼日利亚会影响它在原法属西非

---

① Bronwen Everill and Josiah Kaplan. *The History and Practice of Humanitarian Intervention and Aid in Africa.* Hampshire: Palgrave Macmillan, 2013, p.179.

殖民地区的利益,因而扮演"双面人":一方面对伊博族分裂力量予以鼓励,一方面又保持与尼日利亚国家的贸易和投资。七年前以殖民者身份离开尼日利亚的英国本可以成为更有效的调节力量,阻止内战滑向最黑暗的大屠杀后果,但尼日利亚殖民时期培植起来的亲英势力在英国国内具有相当的游说力量,将英国政府导向支持联邦政府;而英国进口石油总量的10%来自伊博族反对派聚居的东部地区。在利益的考量中,英国犹豫不决,延误了调解的时机,尼日利亚最终发生大屠杀的悲剧。

尼日利亚内战成为"人道主义救援"组织重新界定自己角色的事件。在这次内战中提供救援的人道主义组织部分成员有感于组织行为的保守和不利,在内战结束后成立了"无国界医疗组织(Medecin sans Frontière)",改变保持中立、远离政治和军事目的的传统,采取更为积极的干预和整合手段以实现救援目的。然而,在高度政治化的国际和地区环境中,人道主义救援组织如何能够坚持人道救援为其终极目标,而避免沦为实现政治和军事目标的工具,这愈加成为救援组织和个人必须面对的难题,也成为学界热烈讨论的话题。

1993年11月以后,阿巴查(Sani Abacha)发动政变夺取政权,开始军人执政。阿巴查政府在尊重人权、治理腐败和压制民众方面信誉不佳,国内跨国犯罪和洗钱犯罪猖獗。1995年,环境保护主义者坎·萨若·维瓦(Kan Saro Wiwa)在尼日利亚被吊死,引发国际愤慨,国际社会谴责尼日利亚政府和跨国石油公司。非政府组织和媒体要求国际社会施压,促使阿巴查下台。但是欧美等大国在尼日利亚拥有重大石油利益,而且西方社会依赖尼日利亚在利比里亚和塞拉利昂地区的维和作用以维持地区稳定。因此英国的保守党和工党维持着对尼日利亚的温和态度,而没有强力推进所谓的"道德外交"。

由于航空业内的腐败等问题,尼日利亚航空公司的安全飞行记录很糟糕,部分飞机不适航。1997年5月,英国政府以安全为由禁止尼日利亚航班飞机飞往英国。阿巴查总统认为此举含有政治动机,是英国政府针对他执掌政权的道德主义的新政策。因此阿巴查禁止英国航空公司飞机飞往尼日利亚。英国政府采取退让政策,在尼日利亚航班未作任何安全

改进的情况下，撤除了先前对尼日利亚航空公司的禁飞令。1998年6月，阿巴查因心脏病突发病逝，这为西方社会改造尼日利亚提供了契机。

在撒哈拉沙漠以南非洲国家中，尼日利亚对英国来说是仅次于南非的重要贸易伙伴。在2005年，英国对尼日利亚的出口额达8.18亿英镑。然而，英国在尼日利亚的投资绝大部分集中在一个领域：石油和天然气。而这一领域的投资主要集中在一家公司手中：壳牌石油（Shell）。这类公司大多在英国政府内部拥有影响力。前政府顾问、部长和使馆人员在卸任后，常常获得在非洲私企的顾问性职务。在石油利润的巨大诱惑下，尼日利亚境内的腐败和战乱并不能阻挡跨国企业的扩张。有证据显示，在石油资源富足的尼日尔河三角洲（Niger Delta）地区，石油公司的政策加剧了部族争斗并腐化了当地和国家层面官员。在20世纪90年代尼日利亚国内冲突和腐败加剧期间，英国在尼日利亚的私人投资不降反升。

尼日利亚是殖民时期英国在非洲的主要势力范围之一。在独立之后，英国在尼日利亚拥有重要的经济利益。在布莱尔执政期间，英国政府制定了"重返非洲政策"。布莱尔政府对非新政策的一个重要内容是呼吁其同盟国对非洲国家债务进行减免。然而，最需要减免负债的非洲国家往往更需要国内制度的改革，因为其债务是不良制度的结果，而并非原因。只要不良的制度还存在，由债务减免释放的资金将不可能流向积极的方向，如经济发展、贫困减免和推行良治。例如，在2005年，二十国委员会取消了尼日利亚300亿美元的债务，理由是尼日利亚在经济改革方面取得进展。然而同一年，设在柏林的"透明国际"将尼日利亚列为世界上最腐败的十个国家之一。2007年，英国支持的尼日利亚执政党在大选中获胜，继续执政。而此次大选被认为是尼日利亚历史上舞弊最严重的大选之一。尼日利亚是西非地区超级大国和维持地区稳定的决定力量，"但要在地区发挥活跃的积极作用仰赖尼日利亚保持自身的稳定，而不是先陷落在军事政权之下。"①

---

① Peter Schwab. *Designing West Africa — Prelude to 21st-Century Calamity*. New York: Palgrave Macmillan, 2004, p.148.

三、殖民与后殖民时期英国和加纳之间的关系

1471年葡萄牙殖民者入侵加纳海岸,随后,荷、英、法等国殖民者相继涌入。殖民者劫掠这里的黄金、象牙,并把这里作为贩卖黑奴的据点。1897年,加纳全境沦为英殖民地,被称为"黄金海岸"。夸米·恩克鲁玛(Kwame Nkrumah)1909年出生于黄金海岸的一个中产阶级家庭。青年时期,恩克鲁玛在阿克拉政府培训学院学习,毕业后在一家天主教学校任教。然而,恩克鲁玛非常坚定地追求就读美国费城林肯大学的理想,并于1935年被录取。林肯学院是专门为黑人提供高等教育并培训黑人领袖的大学。在这里,他广泛学习多个学科,获得了社会学、经济学、教育学、神学和哲学的专业训练。1945年,恩克鲁玛赴伦敦经济学院学习。在那里,他加入了英国共产党。在担任"西非国家秘书处"秘书一职期间,他将自己的"泛西非国家主义"理论付诸实践,旨在建立西非国家议会以指导西非国家的自治。1947年恩克鲁玛返回加纳,领导成立了人民大会党,坚持争取民族独立的斗争。1957年3月6日黄金海岸宣布独立,改名为加纳,恩克鲁玛出任总理。1960年7月1日加纳共和国宣布成立,仍留属英联邦,恩克鲁玛担任总统。执政九年之后,1966年2月24日,在恩克鲁玛出访期间,加纳发生军人政变,掌权的军界领导禁止恩克鲁玛回国。几内亚总统艾哈迈德·塞古·杜尔(Ahmed Sékou Touré)允许恩克鲁玛留在几内亚,并任命他为并不享有任何实权的"共同执政总统"。在几内亚的政治庇护下,恩克鲁玛在几内亚生活了六年并在那里逝世。

部分专家甚至恩克鲁玛本人认为,西方利益集团操控加纳经济支柱——可可价格暴跌,引发进口消费品锐减,是引起国内动乱的主要原因。恩克鲁玛个人认定,在加纳的英、美等国使馆参与了推翻其政权的密谋。英国在殖民加纳的过程中,曾经征服原加纳中南部的"阿散蒂王国",并于1902年放逐阿散蒂王。由于当地民众激烈对抗英国的殖民统治,英国于1924年迎回阿散蒂王,并通过阿散蒂王实行间接殖民统治。加纳宣布独立以后,英国多次鼓动阿散蒂王进行分裂加纳的独立活动,均未成功。从这一点上判断,恩克鲁玛对英国参加推翻其政权密谋的判断并非空穴

来风。

恩克鲁玛政权颠覆后的15年内,加纳的经济形式和政治制度日渐恶化,历届政府都无法解决国内面临的严重问题。直至2000年,尽管期间有短暂的或表面化的民选政府形态的出现,军界统治是加纳政府的常态形式。① 自2000年起,加纳政局出现稳定局势。2001年至2009年,新爱国党领导人库福尔连任两届总统。2009年,全国民主大会党候选人米尔斯当选总统。米尔斯因病于2012年7月24日去世后,副总统马哈马继任总统,并于2012年新一届大选中获得连任。2012年,加纳在"联合国发展指数"排行榜中位居135位,属中等发展水平国家。②

四、殖民与后殖民时期英国和利比里亚之间的关系

利比里亚在拉丁文中意指"自由",是由19世纪20年代美国遣返的自由黑人移居建立的国家。1838年,通过美国殖民协会颁布的宪法成立利比里亚联邦,并由美国委派的"总督"治理。但利比里亚的主权地位并未得到国际社会的承认。英国政府更是以利比里亚是一个"由慈善协会建立的商业实体"为理由,拒绝将其作为一个主权国家来对待,因而无视其法律,拒绝纳税。③ 利比里亚并非英属殖民地,但利比里亚是英国在该地区无法忽视的力量。它是美国仿效英国在塞拉利昂的"定居区",并以慈善为名建立的殖民区。在后续的发展中,利比里亚成为美国在西非开展殖民统治、扩张殖民势力的根据地,因而成为英国在该地区殖民竞争的威胁。1847年,利比里亚正式脱离美国殖民协会宣布独立。

1997年,查尔斯·泰勒(Charles McArthur Ghankay Taylor)在利比里

---

① Peter Schwab. *Designing West Africa — Prelude to 21st-Century Calamity*. New York: Palgrave Macmillan, 2004, p.114.
② http://hdr.undp.org/sites/default/files/reports/14/hdr2013_en_complete.pdf.
③ 鞠爱萍:"美国在利比里亚建立过程中的作用",《黑龙江史志》,2009年2月,第56页。

亚总统大选中获胜。上台以后，他继续他以前的军阀统治作风，通过恫吓对手和经济剥削等手段巩固自己的阵营。而且，查尔斯帮助塞拉利昂国内反对派开辟运输线路将钻石卖到国际市场，并购买武器运回塞拉利昂，持续培植反对力量。英国政府一直致力于投入大量的物力和财力帮助塞拉利昂取得稳定的局面。因此，英国政府对查尔斯十分不满，于是开始着手准备对付查尔斯的策略。1999年7月7日，革命联合阵线（简称"联合阵线"）与塞拉利昂政府在多哥城市洛美签署了《洛美和平协定》。在协定的第9条中，塞拉利昂政府对联合阵线作出让步，保证对其实施全面的赦免，以结束在利比里亚持续十年之久的内战，因此所有参加武装冲突的人员将无条件和无限制地获得赦免。以美英为首的西方国家强烈要求泰勒下台，英国建立了当地、国际社会和利比里亚反对派的联合阵线并停止了对利比里亚的经济援助。在国际社会的压力下，泰勒于2003年7月下台，随后流亡尼日利亚。

《洛美和平协定》撤免了所有塞拉利昂内战参与者的犯罪行为。但2002年联合国和塞拉利昂政府签署了协议，成立了塞拉利昂特别法庭。联合国塞拉利昂特别法庭以战争罪、反人类罪和违反国际人道法等17项指控，多次要求泰勒出庭受审。尼日利亚政府在联合国主席安南及国际社会的强烈要求下，决定将其送回利比里亚时，泰勒从其在尼日利亚的流亡住处失踪，次日在试图逃往喀麦隆的途中被尼日利亚警方逮捕并遣送回国。利比里亚政府当天将他移交给塞拉利昂特别法庭。联合国塞拉利昂特别法庭对泰勒进行首次庭审。由于担心泰勒在塞拉利昂受审可能会引发西非多个国家的内乱，审讯地点随后又被转移到荷兰海牙。

海牙国际军事法庭对泰勒进行第一次审判，指控泰勒在20世纪90年代塞拉利昂内战期间支持反政府武装"革命统一战线（RUF）"，以钻石等换取提供了武器及军队资金等共十一项战争罪和违反人道罪行（包括食人罪）。海牙军事法庭第二次审判前，联合国已经找到144名控诉泰勒罪行的证人。这些证人首次出庭作证，指控利比里亚前总统查尔斯·泰勒在塞拉利昂内战期间煽动谋杀、强奸及恐怖主义犯罪。2012年4月26日，英国广播公司报道，利比里亚前总统查尔斯·泰勒26日被海牙特别法庭

宣判有罪，因为他在90年代向反叛军提供军火，他被判定协助塞拉利昂反叛军在内战中犯下了战争罪行。①

塞拉利昂特别法庭审理和判决了利比里亚前总统泰勒的案件。但对于塞拉利昂特别法庭合法性的争议和讨论却并未随着案件审理的结束而终结。作为一个主权国家塞拉利昂签署了《洛美和平协定》，在未获得其他主权国家签约方同意的情况下，塞拉利昂政府与联合国签署协议违背自己在《洛美和平协定》中承诺的义务，这违反了《维也纳公约》的规定。尽管塞拉利昂上诉庭以国际罪行应适用"普遍管辖权"为由，认定一个国家不能通过赦免方式剥夺其他国家对违法者进行起诉的权利，对于塞拉利昂特别法庭的合法性认定在法律方面还是留有疑问的。②

在查尔斯·泰勒之后，2005年艾伦·约翰逊-瑟利夫（Ellen Johnson-Sirleaf）被选为总统，成为利比里亚第一位民选女总统，她也是非洲第一位女性国家元首。2012年，利比里亚在"联合国发展指数"排行榜中位居倒数第13位，排在阿富汗前一位。③ 利比里亚在国家稳定和经济复苏方面还有很长的路要走。

五、结　语

西非是英国进入非洲大陆的桥头堡和传统殖民势力范围。在去殖民化浪潮的席卷之下，西非国家纷纷独立，摆脱殖民统治。然而，殖民时期英帝国罔顾西非种族和文化差异的割裂化处理和双重统治模式，从内在摧毁了这些国家的政治建制和自我修复机制，造成这些国家在内战后无

---

① Amadu Sesay. *Post-war Regimes and State Reconstruction in Liberia and Sierra Leone*. Senegal: Council for the Development of Science Research in Africa, 2009, pp.46-47.
② 朱文奇："论成立国际刑事法庭的合法性问题"，《时代法学》，2005年第6期，第105页。
③ http://hdr.undp.org/sites/default/files/reports/14/hdr2013_en_complete.pdf.

法衍生正常制度。随着英国在西非传统利益保护和"重返非洲"策略的推进,该地区矛盾愈加升级,地区稳定和经济形势恶化。传统殖民帝国英国在该地区的多重身份和角色扮演使自己陷入了既是该地区问题制造者又是该地区问题解决者的尴尬境遇。

而在南非英国有着较长的殖民历史和重大的经济利益。在南非独立前夜,英国采取各种办法确保南非承袭英国的政治架构、法律体制和有利于英国的经济结构。因此,在民族独立后,虽然英国对非洲政策几经调整,但英国对南非的特殊政策从未改变,并且在可预见的未来将一直延续。

第五节
英国对(东)非洲文化影响力及启示

蔡佳颖[*]

自20世纪60年代以来非洲人民要求独立自由的呼声不断高涨,英国等殖民国陆续从非洲撤出了自己的驻军。进入90年代以来,由于内政的需要,英国不断修正了自己对非洲的政策,俨然从失落的原殖民国转变成了经济援助国,这种转变使得英国站在了一个道德高地上,来彰显自己大国的威望,维护和非洲诸国的关系。在其对非洲的经济、资源、军事控制不断下降的情况下,借助其软实力来施加对非洲诸国的影响,是英国外交的一个重要手段。软实力外交手段虽然不如政治军事控制或者贸易手段那么清晰可见,却深入人心。从某种程度上说,英国虽然失去了对非洲的实际控制,但其对非洲的文化统治力还很强。在语言、文化及价值观上,英国人很容易对非洲人施加影响。

一、英国对东非政策的历史沿袭和"道德政府"的成因

东非历来是大国角逐的战场。19世纪中叶随着阿曼教长赛义德的去世,东非彻底沦为英、美、法、德等国进行商业掠夺和殖民的对象。到第一次世界大战前夕,经过一番角力,英国正式成为东非的霸主。这种状况直到第二次世界大战之后才有所改观。二战结束后,英国陷入了重重

---

[*] 上海外国语大学英语学院教师。

财政危机，自顾不暇，难以维系其在殖民地的控制。加之殖民地要求独立的呼声不断高涨，美国也唯恐形势会让苏联乘虚而入，因此向英国施压。1956年英国干涉埃及苏伊士运河事件的失败，标志着"大英帝国已降为二等国"①，也宣告了英国"三环外交"策略的破产。进入20世纪60年代以来，如火如荼的非洲解放运动使得老牌殖民势力在非洲的控制土崩瓦解，英国先后撤回了自己在东非诸国的军事力量。然而，英国在东非仍拥有政治、经济和军事影响。例如，英国在肯尼亚控制了其大部分的银行、保险、进口和制造业。它同肯尼亚订有军事协定，有权使用其港口基地并派驻军队。冷战时期，在苏联社会帝国主义的扩张势头面前，英国通过与美国相配合，利用其非洲的军事设施，建立共同的战略防卫系统，维持其对非洲的控制。随着世界范围内要求独立的反殖民主义呼声高涨，英国政府不便直接插手非洲事务，但它并没有主动放弃自己在非洲的政治经济影响力，而是从正面干预转向暗中施加影响力。对于非洲国家内政，英国政府一般不直接干涉，而是暗中策反敌视西方阵营的政党力量，其经济援助也是为了实现对非洲的控制。撒切尔在任内，大张旗鼓地倡导私有化，因此在对外政策上反对对非洲禁运，支持自由贸易，但在政治上却不遗余力地倡导种族隔离制度。其届内的英国政府曾经扶植了津巴布韦和纳米比亚的独立和解放运动，前者的领袖穆加比后来却发展成了敌视西方政权的政府首脑。这一系列矛盾的政策及后果说明了当时撒切尔届内的英国政府援助非洲的出发点是利己的，缺乏明确的道德指向。

进入90年代，世界和平发展的趋势确立，联合国日益发挥其作用，老牌资本主义大国作为联合国事务的领导者，开始不断加强对第三世界国家的援助。英国俨然从失落的殖民者逐渐转变成高尚的援助者。这样的援助帮助洗刷了英国殖民者的身份，维护了英国在非洲的利益，并增强了英国与非洲进一步合作的可能，为英国对非洲施加影响力保留了空间。由布莱尔牵头建立的非洲委员会，呼吁发达国家每年给非洲注入至少250亿美元的援助一直持续到2010年，此后每年援助增加到500亿美

---

① 高晋元："大国在东非的角逐"，《西亚非洲》，1980年第5期，第8—14页。

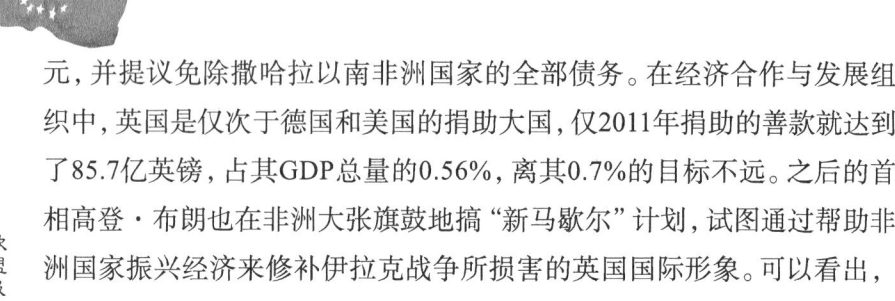

元，并提议免除撒哈拉以南非洲国家的全部债务。在经济合作与发展组织中，英国是仅次于德国和美国的捐助大国，仅2011年捐助的善款就达到了85.7亿英镑，占其GDP总量的0.56%，离其0.7%的目标不远。之后的首相高登·布朗也在非洲大张旗鼓地搞"新马歇尔"计划，试图通过帮助非洲国家振兴经济来修补伊拉克战争所损害的英国国际形象。可以看出，从布莱尔到布朗及现任首相卡麦伦，英国的援非政策是一致连贯的，虽然英国现今的经济状况不容乐观，但各届政府都未曾松懈援助非洲的步伐。

值得注意的是，虽然非洲独立运动以后历届英国政府都对非洲进行过援助，但布莱尔政府是使英国政府成为"有道德的政府"和"捐助"政府的推动者。自1997年工党领袖托尼·布莱尔上台以来，英国的对非政策发生了重大变化，布莱尔政府建立了"国际发展部"和"非洲委员会"来管理英国对发展中国家的援助项目，其中最主要的援助对象就是非洲。非洲从早期布莱尔政策的外围转变成了英国外交策略的一个"主要而明确的主题"。① 但真正推动这一外交变化的是来自英国国内政治的压力。《英国在非洲》的作者汤姆·坡迪斯总结了布莱尔政府建立"国际发展部"的根本原因。他指出有三个原因促使布莱尔把对非洲的援助提升到英国对外事务的一个新高度。首先，布莱尔这么做是为了平衡劳动党内部老派势力。布莱尔当选后，以罗宾·库克(Robin Cook)和克莱尔·肖特(Clare Short)为代表的左派共党国际主义者们，要求政府具有一定的"道德性"(ethical government)。布莱尔的逻辑是，与其让他们参与敏感的国内及经济事务，还不如在不关国家安全的外交事务上，给他们开辟一片自留地。第二个原因是诸如OXFAM和CHRISTIAN AID这样的非政府组织对援助非洲事业的大力推动。他们在媒体上的高曝光率已经使推动非洲援助计划有了非常雄厚的群众基础。第三个促因是来自公众和媒体的压力。由于非洲的贫穷和灾难在媒体上不断曝光，公众也需要政府

---

① Tom Porteous. *Britain in Africa*. London: Zed Books, 2008, p.2.

采取措施，援助非洲。①

　　这从一定程度上说明了英国对非洲援助，其实质是为了平衡国内政治的需要，因此其援助的道德性和正义性值得拷问。尤其是当下英国财政紧缩之际，首相卡麦伦甚至质疑规定援助额度的必要性。另一方面，从现实效果来看，英国近几届政府对非洲援助的善款，由于附带了具体的条件，明确了善款的用途，令其能发挥作用，确实使非洲当地民众受益。重要的是，布莱尔时期的经济援助和冷战时期为了实现对非洲控制的经济援助性质不同。布莱尔之前的英国政府对非援助首先是为了满足英国自身在非洲的利益。例如，冷战时期英国对非援助是为了加强其对非洲的经济控制，并防止其向共产主义阵营倾斜。并且布莱尔之前的保守党更趋向于将非洲问题留给多边国际组合来处理，诸如国际财政组织或者欧盟，而非提上英国内政外交议程。客观上，这些援助一定程度上改善了被援助国的经济状况。但这样的经济援助很少顾及善款所终，这导致了许多非洲的政府只是为了获取贷款做了些表面功夫，最终这些钱被贪腐分子用于中饱私囊。而90年代以后的英国政府用于援助非洲的资金，附带了改革当地政府的附加条件，被称为"有条件的善款"（donor money with strings）。并且英国政府正计划立法，将每年提供相当于英国GDP总量0.7%的善款这一条纳入英国法律。虽然这项立法在议院中还存在争议，但英国对待援助的认真可见一斑。

二、英国对非洲软实力外交的手段

　　首先，构建"道德政府，捐助政府"是保证英国洗脱其殖民史的罪孽、重塑其大国形象、巩固其大国地位的一个重要手段。英国重视对前殖民国的援助，并计划把经济援助的承诺以法律条文的方式固定下来，使他国意识到其援助是善意而真诚的，并非简单的政治手段和杠杆。这构

---

① Tom Porteous. *Britain in Africa*. London: Zed Books, 2008, p.2.

建了英国知错就改、能肩负起国际社会责任的大国形象。"道德政府"的形象构建是英国软实力外交的基石和前提。没有这样成功的"转型",英国难以对其前殖民国展开外交和对话,尤其是在殖民时期备受奴役与剥削的非洲人民。通过这种方式,英国摆脱了殖民者的历史恶名,而以一个负责任的、充满同情心和道德感的大国形象呈现在世人面前。这一形象基本获得了非洲各国的认可和信任,为维系英国与非洲前殖民国的关系起到了关键的作用,这更为价值观渗透打开了方便之门。

再次,作为曾经横扫非洲大陆的统治者,英国留下的语言遗产使其与非洲多国的交流减少了一道障碍。在非洲现有的56个国家和地区中,把英语作为官方语言或者通用语言的一共有22个国家和地区,其中东非就有埃塞俄比亚、厄立特里亚、肯尼亚、乌干达、坦桑尼亚、赞比亚、津巴布韦、塞舌尔共8个国家通用英语。冷战结束以后,在美国独享世界霸权相当长的一段时间里,由于英语的通用,英美文化对非洲的渗透是轻而易举的。美国大众文化在世界范围内的流行,也间接帮助了英美价值观向非洲的渗透。语言的通用使得英国的媒体能够比较容易地向东非诸国施加影响力。

最后,英联邦是英国维护其在前殖民地利益和威望的另一重要手段。英联邦成员大多为前大英帝国的殖民地或附属国。该组织元首为英国女王伊丽莎白二世,她同时身兼英联邦王国内的16国的国家元首。非洲共有19个国家和地区属于英联邦。其中东非就有肯尼亚、毛里求斯、莫桑比克、尼日利亚、塞舌尔、坦桑尼亚、乌干达、赞比亚和卢旺达共9个国家是英联邦成员国。英联邦不是一个共和国,也没有中央政府。在20世纪50和60年代,英联邦是英国管理那些它已无法统治或保卫的非殖民化国家的工具。其特殊的贸易措施和宽松的移民政策及选举权,使得其成员国乐享成为这一组织会员的好处。随着英联邦内部联系越来越不稳定,现如今英国已不再是英联邦的主宰,英联邦也只是一个供各成员国进行政治、经济磋商与合作的松散组织。尽管如此,这个松散的联邦由于历史传统和文化的交集,形成了一种认同感和默契感。他们彼此间深入的经济文化交流,也使得他们在国际事务上遥相呼应。例如,英联邦成员国每四年举办一次英联邦运动会。这是英联邦成员国的一项重要盛会。每四年,便有一个成员国担当东道主,邀请全体会员国的运动员来参加比赛,其中不乏一些有着浓重英式传统的项目,诸如板球、七人制橄榄球和无网篮球。这样的交流无疑加深了联邦会员国之间的相互交流,极大地增进了彼此的友谊和默契。

三、结　语

综上所述,构建"道德政府"、打造诚信的国际媒体、英语的通用和英联邦的纽带作用,是保证和促进英国软实力外交的几个重要手段。虽然英语的通用和英联邦是殖民时期的遗产,但道德政府的构建却不啻为英国政府外交政策的一个重要创新,这为保证英国的大国地位和道德领袖的大国形象奠定了基石。

第五章 法国对非洲关系

第一节 法国殖民帝国的形成与历史沿革

李云飞*

一、法兰西殖民帝国历史概述

法国曾经是仅次于英国的世界第二大殖民帝国,鼎盛时期其殖民地遍布除欧洲和南极洲之外的全球各地,面积达1200多万平方公里,是其本土面积的22倍。但在欧洲殖民扩张过程中,法国只属于第二梯队。地理大发现后的一百年时间里,法国只进行了一些零星的海外探险活动,真正大规模的、国家行为层面的殖民活动发轫于17世纪初,肇始于北美加拿大魁北克地区。1605年,法国在加拿大新斯科舍建立起皇家港,从此揭开了法兰西第一殖民帝国的序幕。数年后,魁北克城建立,成为了一个以皮毛贸易为主的殖民地,称为新法兰西(或称为加拿大)。

---

* 上海外国语大学欧盟研究中心项目组成员。

其后，法国更把其势力扩展至圣劳伦斯河河谷一带。经过一个世纪的经营，至18世纪初，法国在北美的领地不断地深入扩大，远至路易斯安娜及密西西比河，实现了由点及线至面、大规模成系统的殖民版图，完成了第一阶段的殖民扩张，史称法兰西第一殖民帝国。这一时期，它的殖民扩张不只在新大陆进行，也在其他地方发展。如1624年在西非的塞内加尔海岸边建立起第一个贸易站，占领了加勒比诸岛屿，此外，亦在东方的孟加拉和印度等地建立起贸易商埠。

18世纪是法国国运不佳的时代。这一时期它与老对手英国发生了一连串直接或间接的冲突和战争，即奥地利王位继承战争（1740年—1748年）、七年战争（1756年—1763年）、美国独立战争（1775年—1783年）、法国大革命（1789年—1802年）及拿破仑战争（1803年—1815年），绝大多数情况下均告失利，被迫割让了大量的殖民地，致使第一殖民帝国瓦解。如奥地利王位继承战争后法国被夺去了在印度的殖民地，七年战争中失去了新大陆的大部分殖民地，拿破仑战争之初虽然势如破竹，称雄一时，但终究是昙花一现，及至战争结束，"吃进去的全部吐出来"，很多殖民地都被划为英国所有，特别是南美洲北岸的法属圭亚那，以及在西非塞内加尔所建立的贸易站。在这一系列的失败中，唯有在美国独立战争期间得以略微浑水摸鱼，通过调停收复了一些在美洲的殖民地，尚不至满盘皆输。在这种惨况下，法国需要再次扩张殖民地，从而揭开了法兰西第二殖民帝国的序幕。此次扩张的方向在非洲和亚洲，发轫于1830年对阿尔及利亚的侵占。19世纪中期拿破仑三世在位期间曾企图以保护国之名对墨西哥进行殖民统治，但最后落空，被迫放弃了对墨西哥的企图。19世纪末期，经过中法战争，法国攫取了印度支那，将殖民触角伸展至东南亚一带。同时，随着列强掀起瓜分非洲的狂潮，法国在非洲大陆的势力得到迅速而又强劲的扩展，首先是在北非，先后将突尼斯、利比亚一带纳入势力范围，继而在西非、中非，逐渐把毛里塔尼亚、塞内加尔、几内亚、马里、科特迪瓦、贝宁、尼日尔、乍得、中非共和国和刚果共和国等地，以及东非吉布提一带的狭长海岸，全部纳入自己的控制下。此外，还在南太平洋建立起殖民地，包括新喀里多尼亚、法属波利尼西亚一带的群岛以及新

海布里地群岛。这个庞大的殖民帝国在第一次世界大战后达到巅峰，它接收了前奥斯曼土耳其帝国的领土，以及德国拥有的喀麦隆及多哥，使得帝国版图再次扩大，其后建立了法属西非，整个非洲大陆基本为英法两大殖民帝国均分，法国的势力范围主要在北非、西非和部分中部非洲地区。今天，这些地区均以法语为官方或通用语言。第二次世界大战后，民族独立和解放运动风起云涌，法国的殖民地纷纷独立，及至20世纪60年代，法兰西殖民帝国基本解体，法国近五百年的殖民历史就此终结。到了今天，只保留了分布在北大西洋、加勒比海、印度洋、南太平洋及北太平洋中百多个不同的岛屿及群岛，总面积仅有123150平方千米，只是1939年所拥有土地面积的1%。以上便是法国殖民扩张的大致轨迹。

二、法国在非洲的殖民扩张

综上所述，虽然法国的殖民触角遍及全球各地，但或是得而复失，如北美；或是距离遥远，鞭长莫及，如印度支那；或分散零落，不成规模，如各大洋和加勒比诸岛，而既有地缘优势又有规模效益的当属其在非洲的殖民地。但与重要性不相对称的是，虽然早在17世纪初法国便在非洲西海岸设立了贸易据点，但真正大规模进入、"开发"这块大陆要一直延迟到19世纪。

在19世纪初，拿破仑大军入侵埃及，拉开了近代欧洲对非洲的系统殖民征服的序幕。法国对非洲的大规模正式殖民扩张是自1830年法国入侵阿尔及利亚开始的，这是欧洲在非洲殖民扩张的一个里程碑事件。及至19世纪80年代，西方列强呈加速度地对非洲进行掠夺，掀起了瓜分这一黑色大陆的狂潮。1884年，欧美列强召开争夺非洲的柏林会议，法国不甘落后，攫取了西非、中非的大片殖民地，成为瓜分非洲的大赢家。

法国之所以在19世纪而不是更早"开拓"非洲是有其深刻的历史政治原由的。首先，随着法国18世纪在与英国争斗过程中的一连串失败，它的原有殖民地大量"沦丧"，拿破仑垮台后其势力范围更是任人分割，延续两个多世纪的殖民家业几乎败光，法兰西第一殖民帝国崩溃，因此，急需"再次创业，开疆拓土"，以获取新的殖民领地，而随着几个世纪以来的西方殖民扩张，世界上可瓜分的地盘越来越少，列强尚未大规模系统染指且相对薄弱的非洲便成了殖民者们觊觎的对象；其次，18世纪末19世纪初工业革命极大地推进了社会生产力的发展，资本主义加速发展，世界市场体系也基本形成，对原料和市场的需求急剧膨胀，而自然资源丰富的非洲使西方国家对于这块并不陌生的大陆产生了新的兴趣，刺激起他们瓜分的欲望。作为老牌殖民大国的法国在这场盛宴中自然不甘落后，一定要强势加入以大快朵颐。与这些动机相适应的是（瓜分非洲的）客观条件此时已经成熟。旧的地缘政治格局瓦解，殖民势力正好乘虚而入。几个世纪以来，北非一直是奥斯曼土耳其的势力范围，虽然这个老大帝国日益衰落，但直至19世纪初它还牢固掌控着这一地区。但欧洲的崛起与土耳其的衰败同样是不可避免的，到了19世纪30年代，力量的对比终于易位，于是法国抓紧时机，趁势占领了阿尔及利亚。此后，这种势头更是一发而不可收，到了19世纪末期，除了埃及外，包括摩洛哥、突尼斯在内的整个马格里布地区几乎都被法国纳入囊中。此外，科学技术的进步，使欧洲人深入黑非洲腹地成为可能。非洲大陆气候炎热，环境险恶，各种恶疾多发，有白人的"坟墓"之称，令欧洲人却步，因此，虽然欧洲殖民者很早就涉足非洲，几个世纪来也就是在海岸口打转，不能越"雷池"一步。而到了19世纪后期，科学和医学的发达使得这些问题迎刃而解，西方殖民者大规模入侵非洲终于成为可能。

三、法国殖民史与世界力量格局演变的关系

仔细考察法国殖民史，会发现这样一个现象：虽然地理大发现始于15世纪末，但整个16世纪法国在殖民事业上几乎毫无建树，至多派出了一些探险队在北美加拿大沿岸进行勘察，一些渔民在这一带捕捞作业，仅此而已。那么，作为世界第二大殖民帝国的法国在这一时期怎么会有

如此缺位？它又是如何后来居上的？这些现象不是偶然的，而是与国际关系和地缘政治的发展变化息息相关的。一个国家的殖民历史发展情况是与它的国力以及在国际关系格局中的地位密切相关的，法国的殖民史也从一个角度反映了它的国运、国力的兴衰变迁。法国曾经长期是个一流的世界强国，也是个殖民大国，但并非历来如此，而是如同宇宙间的其他一切事物，也有个发生、发展和消亡的过程。与中国大一统的政治格局不同，欧洲的政治版图自罗马帝国以降即呈碎片化，这种状况的影响持续至今，使得欧洲任何一个国家（俄罗斯除外）无论如何发达先进终究都无法成为世界一极，而在中世纪碎片化的状况更是严重，直至1500年前后，还是邦国林立，诸侯割据，尚未形成稳定的国际秩序。在这一片混沌之中，法国和英国等少数国家最早脱颖而出，形成统一的中央集权的民族国家。1337至1453年间法国和英国发生了著名的百年战争，最终法国完胜，完成了领土统一，王权得到很大巩固。同样，英国在战争中失败后，经过一系列的内战和政治整合，也完成了国家的统一，发展成为一个民族国家。与此同时，绝大多数欧洲国家还是一盘散沙，后世令人胆寒的德意志帝国四分五裂，是三百多个小邦的孱弱联合体，而俄罗斯则刚刚摆脱蒙古人的统治，局于东欧一隅。

然而，15世纪末至16世纪上半叶，欧洲势力最强的还是古老的哈布斯堡王朝，它在中世纪的"神圣罗马帝国"中长期占据统治地位，16世纪初，通过王室联姻，哈布斯堡王朝的势力逐渐控制了西班牙，使该国的实力叠增，成为这一世纪欧洲最强大的国家之一。由于其地理优势以及在开拓美洲殖民地上的积极态度，它也自然成为当时最强最大的殖民帝国，其海外殖民地无人能够染指。作为新崛起的欧洲大国，法国与老牌霸主哈布斯堡的矛盾变得不可调和。16世纪前段两者战争不断，下半叶法国又为国内宗教战争所困，实在无力进行殖民扩张，虽然也曾觊觎美洲的殖民地，但终因西班牙乃至葡萄牙的阻挠而不能得逞。因此，纵观整个16世纪，虽然地理大发现已久，法国尚不能"开拓万里波涛"，只得派遣若干考察队在北美一带探险。直至1588年，西班牙的"无敌舰队"为英国所消灭，从此国力日益衰落，结束了"西班牙世纪"。17世纪，法国国力逐渐上升，特别是在"三十年战争"中成为赢家，从此开启了它称霸欧洲的黄金时代，其在海外的殖民事业也有了坚实的后盾，遂开始了在北美的殖民扩张，开创了法兰西第一殖民帝国。随着法国的崛起，英、法这两个欧洲最强的国家矛盾尖锐化，相互在18世纪进行了一个世纪的争霸战，法国以一系列的惨败收场，虽然在拿破仑战争中法国一度占得上风，但终被英国为首的反法联盟彻底打败，英国在19世纪成为无可争议的海洋霸主。在这一过程中，法国先丢加拿大，继失北美其他殖民地，再被夺在印度乃至非洲塞内加尔的殖民据点，拿破仑失败后更是将殖民家业几乎输尽，真正是全面溃败的惨象。整个19世纪对法国而言似乎是个不死不活、波澜不惊的时代，虽然元气大伤、实力剧减，但毕竟仍是仅次于英国的世界第二强国，在掠夺、瓜分非洲等殖民地，开创法兰西第二殖民帝国上仍势头健旺，到了世纪末重新成为殖民大国。但法国的好日子即将到头了，随着德国的统一，几个世纪来英法两家独霸世界的格局被打破，法国面临着强劲的挑战。虽如此，但强大的历史惯性仍在一定时期内赋予法国巨大的能量，及至20世纪初，爆发了人类有史以来最为惨烈的第一次世界大战，法国几乎耗尽国力，终于与协约国一道战胜了德、奥、土等同盟国，结果自然是"赢者通吃"、趁火打劫，与其他战胜国一起瓜分了德国的殖民地和土耳其在中东的属国，其殖民地数量面积都达到了巅峰，成为仅屈居英国之后的世界第二殖民帝国。但这是次回光返照式的辉煌，法国所积累的能量就此殆尽。仅仅二十年后，它便在第二次世界大战中一败涂地，沦为二流国家，所拥有的殖民地也很快分崩离析，其几个世纪的殖民路终于走到了尽头。

四、结　语

综上所述，法国殖民史也是一部其国力变迁以及世界列强实力兴衰隆替的历史，从这些角度观察会对其殖民发展的轨迹和历史有特殊的、深刻的理解。此外，法国殖民扩张的历史呈现出这样一条线索：首发于北

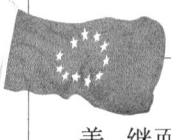

美,继而大洋诸岛,而后非洲、远东,最后止于中东。这基本也是西方资本主义国家瓜分世界的大致路径,遵循的是先易后难、先新再旧的竞争法则。虽然欧洲人最早是在非洲海岸设立殖民据点,但由于气候环境恶劣等因素,一直到19世纪80年代前,并没有深入其中。对于大多数殖民者而言,新发现的美洲大陆更具吸引力,是首要的争夺焦点,谁如果自外其间则意味着失去机遇和利益。除了上述国际关系和地缘政治的因素外,自然地理上的原因是这一路径产生的重要缘由,而这一点却为许多人所忽视。比较西、葡与法、英殖民扩张的地域,共性是首先都是在新大陆,不同之处在于前者集中于中、南美洲,而后者指向于北美。这看似偶然,其实与这些国家各自所处的地理位置有极大关联。西班牙、葡萄牙地处较低纬度的西南欧,船队起航于此,加上风向等关系,自然而然地首先"发现"并占据中、南美洲;法、英殖民北美,虽然由于中、南美洲已被占领不便插足,但它们处于较西、葡高的纬度的位置也是一个十分重要的因素,同样由于出发地点和风向等作用,他们的探险队往往直达北美地区。如此看来,北美洲和拉丁美洲不同语言文化圈的划分,乃至今日全球格局的确定,似乎也遵循着某种"蝴蝶效应",存在着一定的"天定"因素。

第二节
后殖民时代法国对非政策的变迁

李云飞[*]

本节对后殖民时代法国对非洲政策进行了阐述。鉴于非洲殖民地对法国举足轻重的地位，后者对非殖民化经历了一个从拒绝变化到被动接受的过程，先是实行军事镇压，在无法抗拒的潮流面前才逐渐改变策略，通过新殖民主义的手法确立起对前殖民地的控制。冷战后，法国的对非政策又显现出进攻的态势，似乎一切又回到了原点，而事实上这只是一个幻象。第二次世界大战后，民族独立与解放运动风起云涌，殖民主义势力土崩瓦解，法国的殖民利益也受到严重挑战，如何应对非殖民化的潮流，法国经历了痛苦的抉择。

一、保守拒变，实行军事镇压的第一阶段

作为世界第二大殖民帝国的法国，自然不甘心看到"祖宗基业"就此毁败。如同一切旧事物的消亡都要经过一番反复和挣扎，法国是非常艰难地经历和接受这一过程的，特别是法国在二战中遭受重创，沦落为二流国家，政治、经济和国家声望上损失惨重，国力一落千丈，一度被称为"欧洲病夫"。此时，祖上留下的殖民遗产就更显得如同救命稻草般地重要和宝贵。在法国精英的心目中，"没有殖民地法兰西就不能成为帝国"，殖民地是重振法国大国地位的重要资本和希望。因此，面对"国家要独立，民族要解放"的洪流，其本能反应自然就是抵制和抗拒，要拼死

---

[*] 上海外国语大学欧盟研究中心项目组成员。

维护既得殖民利益,镇压殖民地人民的一切反抗和独立诉求。非洲是法国的"后院",也是法国殖民地的集中所在地,对于法国更是具有举足轻重的战略意义和政治、经济等利益,而法属非洲殖民地在二战中成为法国抵抗运动的根据地,提供了巨大的人力、物力等方面的支撑,更让法国统治集团认识到了它的重要性,因此,他们捍卫非洲殖民地的决心和意愿也格外坚决和强烈。战后法属非洲独立运动发端于北非,最先是法国的保护国摩洛哥和突尼斯分别于1947年和1948年要求独立,法国都派兵进行了镇压,而典型地反映这一阶段法国对(非洲)殖民地政策的无疑是阿尔及利亚战争。1954年,阿尔及利亚民族解放阵线发动反对法国殖民统治的武装起义,法国进行了为期八年的血腥镇压,耗费了巨额的军费、牺牲了无数的人员却无寸功,相反阿尔及利亚的民族独立之火却越燃越旺,充分暴露出二战后法国的虚弱本质以及第四共和国体制的软弱无能。

二、顺应潮流,采取新殖民主义的第二阶段

法国对阿尔及利亚进行了八年的军事镇压,兼以政治分化、经济利诱等手段,几乎使尽浑身解数却均未奏效,最后不得不在时任总统铁腕人物戴高乐主导下承认其独立。这说明,时代已发生了根本的变化,法国的实力也今非昔比,已经无法再因循老殖民主义的那套统治方式,而必须转变思路,采取新的政策。正如戴高乐所感慨的,"父辈的阿尔及利亚已经死去了,如果谁不懂得这一点,谁就将与它同归于尽"。话虽如此,但作为老牌殖民帝国的法国是绝不愿轻易退出其苦心经营了多年的势力范围的,它改变统治策略的最终目的还是要维护其既得利益。

新的策略就是从"共同体"到"合作"的政策,即法国式的新殖民主义。所谓新殖民主义,用美国学者斯塔夫里阿诺斯的话说就是:"如果说殖民主义是一种凭借强权来直接进行统治的制度,那么新殖民主义就是一种让予政治独立来换取经济上的依附和剥削的间接统治制度。"20世

纪50年代末60年代初，非洲大陆的民族解放运动汹涌澎湃，法国在非洲的殖民体系彻底瓦解。但是法国统治集团并不甘心让法属非洲各国走上独立的道路，于是设计了一个法兰西"共同体"，用新宪法的形式把法属非洲与法国本土拴在一起，以期遏制民族独立运动的发展，继续保持法国的势力范围和传统利益。说到底，这是一个换汤不换药的方案，因此受到各殖民地的抵制，最终不得不无疾而终。为了确保在非洲实现"积极的存在"，法国又推出了"合作"的政策，就是通过与新独立国家签订军事、经济、财政、文化等一系列双边合作协定，建立法、非特殊关系，以期在新形式和新条件下保持法国在前法属非洲的政治影响、军事存在、经济利益和文化联系。总之，以新殖民主义的形式尽可能保全尚能保全的传统利益。从合作协定看，这些非洲国家虽然取得了政治独立，但外交、国防大权在一定程度上仍掌控在法国手中，政府行政部门照例为法国官员所控制，经济、货币方面还是依附于法国，文化、语言方面法国影响依然占主导地位。

由于根深蒂固的不发达状态，几十年来非洲国家的这种情况并未得到多大改变，法国的这种新殖民主义政策一直延续至今。近年来，随着世界格局的变化，法国在非洲的殖民主义甚至还有回潮的趋势。

三、战后法国对非洲政策的变化特性及解析

纵观战后法国对其非洲殖民地的政策，可发现它呈曲线式变动，钟摆般反复：最初是迷信武力镇压，20世纪60至90年代初则相对超脱，安于玩弄"和谐合作"之策，冷战结束后又突显了进攻的态势，而且有愈演愈烈之状。这一发展轨迹是世界大势决定的，深刻反映了国际格局的演变。

法国在二战后已沦为二流国家，但巨大的历史惯性还在，充当了几百年世界大国的法国显然一时难以接受这一现实，因此其政策调整经历了如大船掉头般的艰难。冷战时代，两个超级大国的巨大实力令法国相形见绌，不得不接受了自己已落入第二世界的残酷事实，而美苏两大集

团在全球范围的激烈争夺使得整个国际格局阵线分明,包括法国前殖民地在内的许多发展中国家纷纷投入东方营垒,及至20世纪60年代民族独立与解放的潮流更加汹涌浩荡,不可阻挡。严峻的形势迫使法国承认了自身实力确实不济,从而采取比较理性清醒的对非政策。它无奈地放低身段,改变手法,"安心"与前殖民地合作以保全自己在这一地区的影响力。冷战的结束、两极格局之崩塌对于法国犹如一个垂危的病人被注入了一针"强心剂",于是人们看到似乎殖民时代的法国又回归了,而且这种情形与日俱增,在密特朗和希拉克时代还有些"犹抱琵琶半遮面",到了萨科齐及奥朗德执政时期则完全是赤裸裸地显现,乃至发展到武力干涉利比亚、马里和中非等非洲国家事务,并且似乎还有所向披靡之状。

法国是否实现了殖民主义从失乐园到复乐园的轮回?在一些人特别是法国某些当权者看来恐怕是的。冷战的结局好似坐实了资本主义战胜了社会主义,西方人又可以为所欲为了,历史又回到了原点。而事实上历史毕竟是螺旋式向前发展的,虽往往有惊人的相似,但永远也不可能一成不变地回到出发点,重回过去的想法注定是一厢情愿。归根结底,决定一个国家命运的不是偶然的事件、机遇或领导人个人的性格和意志,而是世界大势和国际国内的力量对比,这在当今世界已成体系的大格局下更是如此。各国的内政外交,特别是对外政策都或多或少地要受到国际形势的影响和制约,对于实力不济的中小国家而言更是如此。静观当今天下,不少人被表面现象所迷惑,误以为两极格局解体了,美国一超独大,以其为首的西方世界得以纵横天下,无人能与之匹敌。但透过现象看本质,虽然苏联解体东欧颠覆,两极格局崩溃,但是以中国和俄罗斯为核心力量的世界多极化趋势正日益成长壮大,这一格局必然要对包括法国在内的西方势力产生有力的制约。

诚然,苏联东欧集团的垮台使得能与美国西方抗衡的一极实体消殒,但这一巨大的力量体系却并未被真正地摧毁,作为苏联继承者的俄罗斯尽管元气大伤,然其基本国力犹存,更重要的是自我修复能力也并没有丧失,一旦走上适合且正确的发展道路,完全具有翻盘的能力。事实上,西方在冷战中的胜利远不如其所吹嘘或自以为是的那样辉煌、巨大。

虽然以美国为首的西方集团为和平演变苏东不遗余力、使出了浑身解数，也的确收到了相当大的功效，但归根结底，与其说是前者搞垮了后者，不如说是苏联阵营自乱阵脚、自毁江山，根本上是由于其自身的颠顸昏聩、认识和决策失误所致，带有很大的主观性、偶然性，这与经过战争改变力量格局重新洗牌的情形具有本质的不同。试想，二战的战败国德国、日本迄今在政治、军事等方面都不能完全独立，特别是日本，更是被美国牢牢控制，还在为成为"正常国家"而奔走呼号，除非战胜国集团犯下极其愚蠢致命的错误，在二战中被摧毁的德、日法西斯绝无"东山再起"的希望。而冷战的输家苏联的继承者俄罗斯则完全不同，它虽受到很大削弱但并没有受到毁灭性打击，甚至也没有被"管制"，充其量只是休克了，只要它幡然醒悟，对自身的战略定位和目标不再心猿意马而是立场坚定、认识明确，则立即就能独立自主地掌握国家的命运并仍具有影响国际事务的能力。这一点已为今日普京治下的俄罗斯的表现所证实。如今的俄罗斯正走向全面复兴，对全球事务的影响力也在逐步上升。如在叙利亚和乌克兰问题上，俄尚未真正出手，只是态度强硬了一些，决心坚定了一点，就令美欧束手无策，知难而退。可以设想，其实它原本也完全能够抵挡得住美国和西方在冷战后的一系列进攻，它在叙利亚和乌克兰危机中得以力挽狂澜的手段和资源其实不比此前多多少。以美国为首的西方世界的纸老虎本质并未改变，之所以能够（在冷战后）不断得逞，并不是因为其强大，而是因为包括俄罗斯在内的大半个世界并没有真正参与到国际事务中。叙利亚事件是个分水岭，此后，俄罗斯的战略定位和目标将只会越来越清晰和决绝而不是相反，国际事务受俄罗斯因素制约的权重也会越来越大。

其次，随着中国的日益崛起，它对世界的影响力和在非洲事务上的发言权也与日俱增。中国与非洲传统友谊源远流长，基础深厚，早在毛泽东时代它就在非洲深得人心，结成了牢固的关系。如果说历史上的中非关系更多地侧重于政治方面，现今中国更加壮大的综合国力，包括其强大的、自成体系的工业能力以及经济军事实力，将越来越有能力帮助非洲国家全面、坚实地摆脱对西方的依赖，客观上削弱后者在这一大陆的影

响力,使非洲在与西方的博弈中拥有更多选项和主动。

反观法国,长期以来它的国势就一直在走下坡路,特别是战后更是一泻千里。随着中国等新兴国家的崛起这一颓势更是不断加剧,全球金融经济危机以来更是不堪,经济上债台高筑,失业率达10%,政治上党争不断,政策混乱,国家意志和能力羸弱。更有甚者,它历来引以为豪的人权旗手的名号反而令其时时处处瞻前顾后、作茧自缚,使其在内政外交上始终迈不开步子。可以说,法国在经济政治文化上全面衰落的趋势目前不仅没有任何逆转的迹象,而且是越来越明显,自顾尚且不暇,岂有余力四面出击?之所以能够得逞一时,运气未遇强劲反制而已。

四、结　语

总之,世界已呈多极格局,而且这一势头愈益强劲,不可逆转。中、俄的巨大体量以及悠久的大一统国家的政治优势等因素赋予了它们强大的综合国力和独立自主能力,从而成为这一格局中虽然新锐但却具有强大引力场的两个极,吸附、凝聚、平抚着这个纷扰世界中众多无所依托、惶恐茫然的弱小国家政治实体,扰动、揉挤并重塑着既有的国际秩序。相比而言,作为传统大国、帝国云集之地的欧洲,虽然一体化进程一度轰轰烈烈、夺人耳目,但由于这块大陆与生俱来的碎片化,从而使得这种整合在本质上十分脆弱,欧债危机充分暴露了这一深层状况。因此,尽管欧盟也是多极格局中重要的一极,但其影响力正日益式微,"气场"更是不能与中俄同日而语。法国是欧洲一体化运动的主要发动机,其重要意图就在于依托欧洲整合加强自身在国际政治中的地位和话语权,然现状必定令其深深失望。仅凭法国一己之力,其志大与才疏的矛盾更是无可弥合。因此,一段时间以来法国在非洲中东事务上一系列积极活跃的表现与其说是重振雄风,不如说是无望中的挣扎和反弹。当然,这是从战略层面和发展趋势上而言的,历史是有惯性的,法国在非洲的影响力从盛到衰直至完全消退将是一个漫长的过程,显然目前这一进程远未走到尽头。

第五章　法国对非洲关系

此外，力量对比的天平虽然倾向中俄，但正如基辛格所说："威慑要有三要素，一要有实力，二要有使用实力的决心和勇气，三是要让竞争对手知道你有以上两条。"较长一段时期以来，中俄缺乏的不是第一条，而是后两条，乃至使国际态势表现出与真实实力格局不相对应的扭曲情形，造成美国西方屡屡误判形势，行为乖张，这也是促使法国盲动冒进的根源。美国西方的为所欲为帮助中俄最终对本身的战略定位有了自我意识，认清了敌友。因此，虽然一个国家外交战略的转变和定型具有一定的反复性和滞后性，但从整体和长远着眼，两国的对美对欧政策应不会再继续模糊摇摆，相互间的战略伙伴关系也将更紧密和牢固。如此，包括法国在内的西方势力超越自身能力的行为空间将被极大压缩，其战线甚至可能退回到冷战时的状况，国际政治现实也将越来越显示出它应有的本来面目，而法国在非洲中东地区的"进攻"态势也将进一步呈现出它的海市蜃楼本质。

第三节
文化、政治视角下的法非关系探析

曹德明[*]

进入21世纪以来,长期被边缘化的非洲所显示出来的活力和潜力引起了全世界的关注,大国在非洲的角逐随之开始。在法国看来,非洲历来是法国传统的势力范围,特别是在西非、北非,法国的政治、经济、文化影响尤为突出。多年以来,非洲一直是法国外交的重点之一。在外交上,二战以后,随着非洲国家的纷纷独立,法国仍以对外援助国和受援国之间的新关系延续前宗主国和殖民地之间的各种特殊关系。从希拉克的"法国新非洲政策"到萨科齐总统的"地中海联盟"[①],到2012年10月12日至13日,法国总统奥朗德先后访问了塞内加尔和刚果(金),并出席了在刚果(金)首都金沙萨举行的第十四届法语国家首脑会议(此行的目的首先是使法非关系更加健康与平衡,其次就是加强法国在非洲的影响力,平衡中国等国家的存在),可以看出,非洲在法国外交政策中始终占有极其重要的位置。本文从法国与非洲的历史文化渊源、二战以后法国对非洲的援助及与法语非洲国家的关系、法国与非洲互动机制与"地中海联盟"这三个方面,从文化与政治视角阐述法国与非洲的特殊关系。

---

[*] 上海外国语大学校长,法语系教授,欧盟研究中心主任。
[①] 法国担任欧盟轮值主席国期间,法国总统萨科齐提议成立的地中海联盟(Union pour la Méditerranée)包括欧盟27国加地中海沿海17个国家共44个成员国。

一、法国与非洲的历史文化渊源

非洲的全名是阿非利加(Afrikana),是拉丁语"阳光炽热"的意思。非洲的古老居民主要由三部分组成:在撒哈拉沙漠以北的欧罗巴人;东非和西非居住的黑色皮肤的苏丹族人;中南非的主要居民班图族人①。其中,古代埃及具有悠久的历史。埃及以西的北非,其面积一直延伸到摩洛哥。北非隔地中海和直布罗陀海峡与欧洲相望,直布罗陀海峡和地中海成为非洲和欧洲的分界线。北非与作为欧洲大陆的法国隔海相望。其中,摩洛哥、阿尔及利亚是法国步入非洲后较早获得的一批非洲殖民地。从历史文化的角度来看,阿尔及利亚一直被视为法国本土的延伸②,地理上,阿尔及利亚位于非洲西北部,北临地中海,西与摩洛哥、西撒哈拉交界。由于阿尔及利亚历来被视为法国本土的南部屏障,也是法国控制北非、地中海以至整个法属非洲的基地,其战略地位十分重要。另外,地中海沿岸国家中的非洲国家也与法国有着特殊的历史文化渊源,如:北非的两翼,突尼斯和摩洛哥位于非洲的北部、地中海南岸,隔海与法国相望,非洲大陆与法国仅地中海之隔。作为欧洲南部国家的法国,在殖民帝国时期,其资金、技术和商品可以最便捷地输入非洲大陆,同时从非洲也可最为便利地获取自然资源和战略物资。回顾法国的历史文化、外交传统,我们不难看出,追求"天然疆界"和在海外争夺殖民地是法国历史上始终不变的目标,变的只是其手段和方式。因此,非洲也自然成为法国外交的重心之一。

从历史的角度来看,在向海外扩张方面法国在美洲、非洲、印度洋都有大片的殖民地,是欧洲近代史期的主要殖民帝国之一。19世纪,法国与

---

① Les Bandous, emsemble des populations de l'Afrique sud-équatoriale constitué de nombreuses ethnies, *Dictionnaire Encyclopédique*, Paris, Ed. 2000.
② 阿尔及利亚面积近240万平方公里,有肥沃的沿海平原、非常丰富的天然气和石油资源,被誉为"非洲油库"。1830年,法国占领阿尔及利亚后,于1834年宣布阿尔及利亚为法国殖民地,并实行军事统治。1954年,阿尔及利亚爆发独立战争,法国于1962年7月3日不得不宣布阿尔及利亚独立。

其他殖民帝国建立了遍及世界各地的殖民地，形成了全球性的殖民体系。

"仅次于英国的是法国。法国殖民实力范围主要在北非、西非和印度支那以及马达加斯加和太平洋、印度洋的许多岛屿"①。法国到欧洲以外的地方寻求势力范围建立海外"殖民地"，除经济因素外，也把本国的政治、经济、司法等体制管理的方法用于统治这些地方，同时还将法国的宗教、文化、语言、教育等渗入进去。通过接受欧洲式教育，"殖民地"许多精英分子模仿法国的生活习惯，认同"宗主国"的文化。虽然"殖民地"内的一些爱国"知识分子"也努力弘扬本土文化复兴，但成果并不突出。

从语言文化视角看，法国与非洲，尤其是与非洲法语地区的关系历史非常悠久，许多非洲法语国家历史上都曾经是法国殖民地。虽然这些国家从20世纪50年代后期起相继独立，但法国在非洲法语地区政治、经济和军事等领域仍然保持着相当重要的影响力。法语是29个独立的主权国家和其他多个地区的官方语言。除法语发源地法国和法语流行地区（比利时和瑞士）以外，大部分说法语的人口分布于法国前殖民地。非洲是法国前殖民地最集中的地区，因此法语在非洲非常流行，在非洲是仅次于阿拉伯语和英语的第三大语言。在非洲，以法语为官方语言的国家有：贝宁、布基纳法索、布隆迪、喀麦隆、科摩罗、科特迪瓦、吉布提、加蓬、几内亚、赤道几内亚、马达加斯加、马里、尼日尔、刚果民主共和国、刚果共和国、多哥、中非共和国、卢旺达、塞舌尔、塞内加尔、乍得。使用法语的国家或地区有：阿尔及利亚、毛里求斯、摩洛哥、毛里塔尼亚、突尼斯。另外，成为国际法语联盟②成员国的非洲国家有：佛得角、埃及、加纳、几内亚比绍、圣多美和普林西比③。

法国在非洲特别是非洲法语区的影响随处可见。从殖民时期到今天，法国与非洲国家一直保持着一种特殊的密切关系，在各个领域进行着全面的合作。

---

① 陈乐民、周弘：《欧洲文明扩张史》，上海：东方出版中心，1999年，第239页。
② Organisation internationale de la francophonie.
③ 参见Rapport 1997–1998 du Haut Conseil de la Francophonie. *Etat de la francophonie dans le monde*. La Documentation française, 1999.

法国在非洲的语言文化教育已经非常成熟。如：法国组织召开的世界法语国家首脑会议机制这个平台最初源于20世纪60年代，法国总统戴高乐提出了建立"法语共同体"[1]的设想。1986年，法国总统密特朗倡议召开了第一届法语国家首脑会议，此后基本上每两年举行一次，以维护法语的世界地位为中心议题，重点探讨在法语国家、地区之间加强语言、文化、科技的交流与合作。现在已逐步向经济、政治等领域扩展。

参会的国家中，非洲法语国家占一半以上。文化多样化是法语国家首脑会议永恒的议题，禁止将文化产品作为普通商品列入经济范畴是法语国家组织许多国家的共识。另外，抵制美国关于取消文化产品补贴的主张也是法语国家首脑们十分关注的一个话题。在法语教学方面，非洲法语区法语教学是法国文化政策的一部分。具体内容是促进非洲法语区各国法语教学与学习以及用法语教学的战略，重塑非洲法语国家的教育体系，提高法语教学和培训的质量，通过教育与文化政策，提高和重塑法国在非洲的大国形象和影响力。

由于历史、地理、文化等原因，非洲不仅是欧盟成员国法国外交的一个重点，也是欧盟关注的重心。很长时间以来，欧洲人在非洲进行的殖民活动，除建立了欧洲与非洲的特殊关系外，也一直保持了与非洲紧密的商贸和政治关系。基于这些历史发展原因，法国和其他欧洲国家在发展同非洲的关系时会特别强调它们之间所存在的这些特殊性和历史性，如2007年在里斯本召开的第二届欧盟非洲峰会[2]提出建立双边战略伙伴关系，并形成了三个文件：一种战略伙伴关系（un partenariat stratégique），一个2008—2010年的行动计划（un plan d'action pour 2008–2010），以及一项最终声明（une déclaration finale）。

---

[1] La Communauté française.
[2] Le Sommet EU-Afrique.

二、战后法国对非发展援助与非洲法语国家的关系

从欧洲层面来看，在后殖民时代，欧共体、欧盟为了协调和整合欧盟成员国之间的不同利益，提出了对外援助的"三项"原则(les Trois Principes)，即协调原则(Coordination)、互补原则(Complémentarité)和一致原则(Cohérence)，以对外援助国和受援国之间的新关系延续前宗主国和殖民地之间的各种老关系。欧盟对外政策中的发展政策在各个成员国的表述不尽相同，一般可分为：对外援助、发展援助和发展合作三种。如：英国常使用"对外援助"；北欧国家倾向于使用"发展合作"；更多的欧洲国家倾向于使用"发展援助"，用以强调援助拨款的用途是帮助发展中国家从事发展的工作。法国的对外发展政策所使用的概念多为"发展援助"[1]。对非洲的援助是法国对外"发展援助"政策中的主要内容之一，是法国通过对非洲的发展援助在其前殖民地国家维持自身影响力的重要手段。法国对非援助的形式也是多种多样的。在殖民主义结束时，法国曾建立了一个在旧殖民政府和新政府之间的公共服务机制，即"发展援助"机制，这一"发展援助"机制在过渡时期对非洲国家新政府有所帮助，并很快成了法国影响当地政府的新手段。同时法国也以此延续其在非洲国家的影响力。随着时间的推移，法国"发展援助"机制也经历了历史变迁。在1999年之前，主管法国与前殖民地关系的部门成为发展部。1999年以后，发展部的对外合作业务合并到外交部。相关业务由外交部国际发展合作总司[2]管理。此外，外交部国际发展合作总司还通过法国驻外机构，管理科技、大学及研究合作、视听项目及通讯新技术、文化合作及普及法语、媒体传播与交流等领域。其中，撒哈拉以南14个非洲国家是

---

[1] Aide au développement.
[2] 国际发展合作总司(Direction générale de la Coopération au Développement)主要负责管理对18个伙伴国的发展项目，涉及卫生、教育、农业、食品安全、基础设施、社会稳定等领域。

法国的重点援助对象。在法国双边援助中,对非洲援助的部分占60%[①]。

二战前,法国在非洲有21块殖民地[②]。第二次世界大战后期,戴高乐通过一系列措施,争取到非洲和太平洋大片领地的支持,为他领导的自由法国运动提供了强大的人力和财力资源。另外,戴高乐为商讨海外领地的改革问题,也出台了相关改革文件和具体措施[③]。二战后,如何处理过去殖民地问题,成为历届法国政府的难题,特别是阿尔及利亚问题。阿尔及利亚位于非洲西北部,北临地中海,西与摩洛哥、西撒哈拉交界,官方语言为法语和阿拉伯语。1954年11月爆发的阿尔及利亚战争,凸显了当时政府认为"阿尔及利亚就是法国"的老殖民主义观念的局限性[④]。戴高乐上台后,从全局的战略利益出发,顺应民族解放运动的发展形势,实现了整个法兰西殖民帝国的非殖民化。阿尔及利亚问题的解决成为戴高乐新政的分水岭。戴高乐说:"父辈们的阿尔及利亚已经死了[⑤]",并在1962年7月承认了阿尔及利亚的独立。另外,对法国非常重要的是北非的两翼突尼斯和摩洛哥。突尼斯位于非洲的北部、地中海南岸,隔海与法国相望。法国于1956年承认突尼斯独立;1959年也承认摩洛哥独立。到1962年,除吉布提(1999年独立)外,法属殖民地全部独立。戴高乐以"合作"政策替代老殖民主义政策,这一非殖民化的结果恢复了法国在这些殖民地国家的形象和影响。以后历届总统都延续对法属前殖民地和第三世界的"合作"政策。法国与非洲的合作都是在"发展援助"的框架内进行。法国在非洲的投资和援助受其传统关系的影响深刻,大多集中在其前殖民地国家。北非是法国投资和援助的重点地区,其次是非洲法郎区,最近几

---

① 萨科齐在2009年驻外大使会议上宣布,法国对外援助的总额将从2008年国内生产总值的0.38%提高到2009年的0.44%。其中60%为对非援助。
② 参见:*Empire colonial français*, Wikipédia, l' Encyclopédie libre, page du 22 octobre 2009.
③ (法)阿尔弗雷德·格鲁塞:《法国对外政策》(中文版),北京:世界知识出版社,1989年,第34–35页。
④ 张锡昌、周剑卿:《战后法国外交史》,北京:世界知识出版社,1993年,第48页。
⑤ *Mémoires d'Espoir*. Charles de Gaulle, Ed. Plon, 1970.

年法国开始对东南部非洲进行投资和援助。突尼斯和摩洛哥是法国在非洲投资最多的国家,约占法国对非投资总额的40%。法国对非洲援助的特点是投资和援助相结合。整个非洲接受的援助款占法国援外项目的60%以上。另外,在经济方面,在许多非洲国家,通行的非洲法郎与法国法郎挂钩,当1999年初欧元正式出台时,法国又说服其非洲伙伴国接受非洲法郎与欧元挂钩,这足以可见法国与非洲之间的特殊关系和法语非洲对法国的依赖性。

自从20世纪60年代非洲国家独立后,法国在非洲法语国家实施了非殖民化政策。这一政策意味着法国在非洲政策形式的重大转变。如前总统萨科齐的对非政策,除了延续传统的政策以外,提出了对非洲政策的扩大合作范围,即面向整个非洲。这表明,法国自希拉克政府开始已打破法非关系的传统模式,目标将援助与合作的范围扩大到整个非洲。从欧洲层面看,欧盟也加大了与非洲合作的力度。如:2005年12月12日欧盟委员会通过"欧盟对非洲新战略",提出未来十年间要在欧洲联盟与非洲联盟之间就安全与发展两大领域建立"战略伙伴关系",并加大欧盟对非洲的发展援助[1]。2007年12月9日欧盟又与31个撒哈拉以南非洲国家签署了战略合作文件,文件涉及欧盟向上述非洲国家提供总额为80亿欧元的一笔巨额援助款,其期限为2008年至2013年[2]。

---

[1] 参见欧盟委员会文件:*Stratégie de l'UE pour l'Afrique 2005*. Communication de la Commission au Conseil, au Parlement européen et au Comité économique et social européen du 12 octobre 2005 - La stratégie de l'UE pour l'Afrique: vers un pacte euro-africain pour accélérer le développement de l'Afrique [COM(2005) 489 final - Non publié au Journal officiel].

[2] 参见欧盟委员会文件:*Le partenariat stratégique UE-Afrique 2007*. Communication de la Commission au Parlement européen et au Conseil du 27 juin 2007 - Du Caire à Lisbonne - Le partenariat stratégique UE-Afrique. [COM(2007) 357 final- Non publié au Journal officiel].

三、法非互动机制与"地中海联盟"

地中海是处于非洲大陆和欧洲大陆之间的"天然疆界"。长期以来,法国以"法非首脑会议"、"法语国家首脑会议"作为法非之间的重要纽带。近年来,法国又借助欧盟的力量,相继建立了"欧非峰会"和"地中海联盟计划"等对话机制,这些平台进一步强化了法国与非洲国家的关系。

法非首脑会议是法国与非洲对话的重要平台之一,它是1973年搭建起来的。四十多年来,会议的规模不断扩大,从1996年起扩大到所有非洲国家,议题也日益多样化。20世纪60年代,非洲国家纷纷实现民族解放和国家独立。为加强同前殖民地国家的联系,根据法国倡议,1973年首届法非首脑会议在巴黎举行。此后,虽然参加国不断增加,但仅限于非洲法语国家。冷战结束后,为了回应美国势力向非洲扩张,法非首脑会议不仅面向法语非洲,也面向非洲的英语、葡萄牙语和西班牙语国家。自1996年起,法非首脑会议就成为法国同所有非洲国家联系的平台。

拥有7亿多人口的非洲,与法国仅地中海之隔。地中海连接着欧洲和非洲两片大陆。当欧盟东扩在地理上已基本实现预定目标时,与地中海隔海相望的法国力主"南下"。作为前宗主国,法国将非洲视为后院,调整对非政策,守住这块传统势力范围,这是法国对外战略的重点之一。随着欧盟东扩,法国面对欧盟重心的东移,作为欧洲建设传统意义上的领导者,法国对其欧洲政策也作了很大的调整。欧盟已不再是"法兰西的后花园"[①]。为了弱化欧盟扩大重心向东移动的态势,稳定欧洲南翼并向南扩张成为欧盟特别是法国的一个重要战略目标。"地中海联盟"正是实现欧盟扩大以法国为地缘中心的重要步骤。希拉克总统于1995年5月执政后,就已提出了"法国新非洲政策",把传统的"托管式"法国与非洲的关

---

① Daniel Vernet. "Europe, la fin du jardin à la française", *Le Monde*, 15 Dec 2000.

系定位为"新型合作伙伴关系"①,具体体现在援助与合作相结合,把财政援助以贷款形式直接提供给具体的合作项目,不再直接提供给非洲国家政府。另外,"法国新非洲政策"还包括法国走出法语非洲,在维持法国同非洲大陆传统关系的基础上,不仅仅局限于法语非洲国家,还要对南部非洲进行拓展,在非洲扩大"合作范围",加强与整个非洲大陆建立全面合作关系。

和其他历届法国总统一样,萨科齐就任总统后便将法国与非洲关系置于优先的位置。"地中海联盟"就是法国前总统萨科齐于2007年5月竞选总统时提出的一个构想,即建立一个涵盖南欧、北非和部分中东国家的联盟。在其他欧盟成员国的建议下法国将"地中海联盟"计划提交欧盟峰会进行讨论。在2008年3月13日举行的欧盟春季首脑会议上,欧盟各国首脑正式通过了建立"地中海联盟"的原则计划。2008年5月20日,欧盟委员会公布了关于建立"地中海联盟"的政策文件,对新联盟的框架结构提出了具体建议。2008年7月13日,"地中海联盟"峰会在巴黎开幕,由此正式启动了"地中海联盟"计划②。地中海峰会联合声明宣布,决定今后每两年举行一次地中海峰会,每年举行一次外长会议,并成立秘书处。地中海联盟将采用双主席国机制,主席国分别来自欧盟成员国和地中海伙伴国。

法国总统奥朗德在就任总统后第一次访问非洲前夕阐述了法国对非新政策。他表示法国谋求与非洲国家建立"相互尊重和透明"的新型关系,并于2012年10月12日在塞内加尔议会上发表了非洲政策演讲。"经济外交"将是法国未来对非政策重点。除经济合作外,法非合作还包括军事与安全领域的合作。法国在非洲的军事存在应在合法的框架内讲求透明度。法国与塞内加尔的防务协定最近进行了复审,马上就要被两国政府批准。此外,撒哈拉以南非洲是法国政策的首要任务。法非关系不仅是两

---

① 赵慧杰:"法国对非洲政策的调整及其战略构想",《西亚非洲》,1999年第1期。
② 谢栋风、尚绪谦:"地中海峰会在巴黎开幕",新华网2008年07月14日。

国政府间的关系,也包括法国众多企业、非政府组织、移民协会之间的联系等。

随着欧洲移民的增多,越来越多的欧洲居民来自于地中海区域。地中海的非法移民等问题更直接殃及欧洲南部成员国,特别是法国。从法国国内情况看,难民问题和移民问题也是一个不容忽视的因素。非洲国家政局的不稳定、社会动荡和经济衰退都会促使越来越多的非洲难民涌向欧洲大陆,涌向法国,从而也造成法国国内多种社会问题。以外交途径,通过援助和"地中海联盟"计划可以一方面促进和维持同非洲国家的传统友好关系,另一方面为非洲各国经济和社会的发展提供资助、创造稳定的环境,也是遏制非洲难民潮涌向欧洲和法国的最好办法之一。

四、结　语

戴高乐将军有一句名言:"如果法国不再是世界性大国,它也就不再是法国了"[①]。从这个意义上讲,法国失去非洲就意味着法国失去了它的"世界性大国"地位。历任法国总统都显示了法国对非洲的重视,也都继承了戴高乐将军的遗志——"保持法国世界性大国的地位"。从法国外交历史文化来看,法国自始至终都把非洲视为维护其世界性大国地位的重要舞台,是法国大国形象的重要依托和外交传统。而维护法国的世界性大国地位又是法国外交政策的基本出发点,因此,法国的大国定位的外交思想,决定了非洲对于法国在外交上所具有的重大战略意义。

---

① 戴高乐:转引自周荣耀,《戴高乐评传》,北京:东方出版社,1994年,绪论。

第四节
历史视角下法国在非洲的军事存在
(1960年 - 2012年)

[法] 多米尼克·马亚尔*
(Dominique Maillard)
叶丽文**译

非洲昔日的殖民者纷纷全身而退后,法国一如既往地实施自己的非洲政策。英国在非洲已撤走全部军队,比利时已停止向刚果提供军事帮助,葡萄牙也放弃了非洲大陆。但是,曾在1931年举办"巴黎国际殖民地博览会"的法国采取了截然相反的做法。戴高乐将军重返政坛后,似乎下定决心,要使法国摆脱殖民帝国的束缚。根据与新独立的非洲国家签订的军事防卫和援助条约,法国大胆地在非洲进行军事干预,在三十多年时间里,继续对原属法国的非洲殖民地保持着深远的影响。

一、1960年–1974年:以军事干预确保法国在非洲的影响力

1. 从法兰西共同体到非洲国家的独立

法国领导人没考虑过要切断法非之间既存的关系,他们试图通过建

---

* 法国巴黎十二大管理交流学院副院长,巴黎十二大"国际发展与经济社会活动研究中心"研究员,博士。
** 上海外国语大学法语系教师,博士。

立一种可以将法国及其原殖民地和保护国融为一体的新模式。随着1958年法兰西第五共和国宪法颁布，法兰西共同体（Communauté française）取代了原有的法兰西联盟（Union française）。根据宪法草案第一款第七条，新共同体的地位介于联邦和联盟（邦联）之间。1958年宪法还给予了法兰西共同体成员国自治权，但是联邦机构的主席国直接掌控着成员国的外交政策、货币、防卫、经济和金融政策、高等教育以及司法等大权。因此，这一新模式可以确保法国对共同体成员国的控制和影响力。

在1958年10月4日法国宪法颁布之前，殖民地在9月28日举行了全民公投。非洲国家大都投了赞成票，但是，由塞古·杜尔担任总统的几内亚投票反对建立法兰西共同体，因而几内亚成了独立的国家。戴高乐将军认为此举是两国关系恶化的源头，恶劣影响延续至吉斯卡尔·德斯坦执政期间。尽管如此，几内亚之后加入联合国的事实还是震惊了非洲领导人，他们没有想到的还有桑戈尔[①]提议建立以法语为桥梁的"自由和平等的多国联盟"[②]计划以失败告终。在这位法语国家国际组织的奠基者脑海中，将法语作为非洲文化建设的工具以及"自决"不可分割，后者确实就是戴高乐将军曾提到的人民的"独立"，它也是非洲领导人希望建立的制度体系的关键点。

2. 非洲国家的独立

戴高乐将军是否真的相信法兰西共同体是长久之计？这一点令人怀疑。事实上，马达加斯加、科特迪瓦、塞内加尔和乍得的领导人都表达过本国人民希望独立的愿望。1960年7月，马里共和国独立，此后，所有的非洲殖民地国家相继掀起独立浪潮。1960年9月，除了毛里塔尼亚伊斯兰共和国，新独立的非洲国家都加入了联合国。1961年，仅仅成立了18个月的法兰西共同体名存实亡。但是，它的存在使非殖民化得以以和平方式推

[①] 桑戈尔（Léopold Sédar Senghor），塞内加尔首任总统，法语国家国际组织奠基者之一。译者注。
[②] 米歇尔·泰图：《什么是"讲法语国家共同体"？》，巴黎：Hachette-Edicef出版社，1997年，第212页。

311

进,从而推动法非关系在合作协议框架下有序发展;法国实施的野心勃勃、细心谨慎的对外政策维护了自己在非洲大陆的影响力。

且不说1954到1962年的"阿尔及利亚悲剧",即便和摩洛哥、突尼斯也不同的是,法属的14个非洲殖民地独立之路都较为顺利。新独立的国家选择与法国继续保持经济和文化领域的联系,接受法国各种形式的资助。与桑戈尔的期望相反,这批新独立的非洲国家并不太愿意组成一个洲际联邦的整体,而是更倾向于在原殖民地边界"不可触碰"的原则上巩固自身地位,在非洲大陆范围内成为地区组成的一部分。因此,法国出于实用主义考虑,选择与它们签订双边合作协定。尽管如此,法国并不排斥与非洲和马达加斯加国家一起把双边协定扩展为一揽子多边协定,但前提是:必须是非洲方面首先提出此提议[1]。法国与独立的非洲国家中非共和国(1960年8月13日)、加蓬(1960年8月17日)、刚果(1974年1月1日)相继签订了军事和防卫合作协定。通过这些协定,法国允许自己在必要时动用武力,从而维护了自己在当地的霸权地位。

3. 法国在其非洲势力范围内:从控制力到影响力

在撒哈拉沙漠南部地区的非洲国家独立后的35年,法国在当地始终扮演一个"虚幻帝国"领导者的角色,即便在冷战期间也是如此。这种隐蔽的统治是基于殖民时期建立的关系之上:不管是人与人之间,还是语言、经济、文化,抑或是因为一定程度上"地理位置上的接近"[2]。这一块法国的势力范围向其本国的工业和防卫输送了战略性物资,尤其是石油、铀、几乎被法国出口占领的非洲市场等。从政治角度看,非洲的这片土地让法国在世界舞台上更加举足轻重,而不仅仅是欧洲中等列强的形象。法国凭借这一点,在一定程度上自恃强国。它在非洲政策上与前苏联和美国保持同等距离,因此,它以不结盟政策为名,依仗着"法兰西非

---

[1] 参见戴高乐于1962年5月15日新闻发布会发言的内容。
[2] 多米尼克·莫伊西,皮埃尔·勒卢什:"法国在非洲的政策:与动乱抗争的长期斗争",《国际安全》,1979年第4期,第108–133页。

洲",甚至声称自己在非洲承担第三世界保护国的角色。

法国在处理非洲事务上故意与华盛顿保持一定距离,其结果是前苏联放弃涉足非洲法语区国家。一方面,对于法国对非政策,美国摆出宽容的姿态,这是因为法国追随着合乎情理的美国利益诉求,比如政治的稳定、冷战期间非洲法语区国家的亲西方倾向等。由此,法国在非洲的影响力不仅长久连贯,而且四平八稳、一如既往,尤其在戴高乐、蓬皮杜、德斯坦和密特朗总统执政期间更是如此。这种长久的影响力是非殖民化后法国所希望的,法国在非洲寻找并找到了自己的角色定位、威信和拥护者。这一点使它有别于其他殖民者,比如英国在失去殖民地后就荣光不再。法国对非政策的连贯性离不开以下几个因素的结合:一、语言的微妙联系:大家共同使用法语;二、殖民地和平过渡,成为独立国家;三、在撒哈拉沙漠南部地区的大部分非洲国家长期来有亲法倾向;四、为推动法非合作设立了各种机构和制度。通过以上四个因素的结合,法国和法属非洲之间建立了密切的关系,也得以维持现状。

4. "福卡尔网络"

在总理米歇尔·德勃雷再三要求下,共同体国务秘书开始负责起法非关系的事宜。另外,法国总统手下有一名负责非洲和马达加斯加事务的秘书长雅克·福卡尔(1913–1997),他在此职位上(从1960年,译者注)工作到1974年。"福卡尔网络"囊括了参加过抵抗运动的老成员、法国外国情报和反谍报署(SDECE)特工,并与法国联合航空运输公司(UTA)以及法国埃尔夫石油公司(ELF)关系密切,后者从阿尔及利亚撤出业务后,转而在黑非洲一带发展,尤其在加蓬发展迅速。1974年6月21日,福卡尔这个职位被取消后,他始终作为处理非洲事务的人员,跟随在法国总统身边。

"福卡尔网络"有助于维持法国对非政策的连贯性。事实上,"福卡尔主义"长期受戴高乐思想影响,再加上颇有威望的福卡尔本人长寿的政治生命,这些都给法国与黑非洲的关系发展打下了良好地基。福卡尔依靠与法国特工以及驻非的法国外交代表建立的私人关系,与非洲领导

人和其他有权势的人物私下接触，这是他的重要性所在，戴高乐之后的法国总统也都没有忽视这一点①。

福卡尔曾为戴高乐效力，虽然没有明说，但其职责就是使法国前殖民地继续纳入法国势力范围，之后，他在蓬皮杜手下工作直至总统死亡，最后为希拉克总统效力。在三十年时间里，他用无与伦比的技巧驾驭着法国对非政策。"福卡尔主义"的方法是建立在如下判断之上的：在撒哈拉沙漠南部地区的非洲国家，国家领导人是"唯一的按钮"，因为他能启动其他按钮，所以应该保护他。除了领导人以外，其他一切都轻于鸿毛。在戴高乐和蓬皮杜执政期间，这一判断已初见成效，继任者德斯坦和希拉克也认为应当实施同样的对非政策。

5. 冷战时期法国"提高影响力使命"和其在非的军事干预

法国对非政策具有连贯性和平稳性，在这方面法国军队起到了最重要的作用。在冷战期间，法国的军事介入帮助法国在非洲维持原有的势力范围。1962年至1995年，法国在非洲进行了共计19次军事干涉，其中还不包括在安哥拉参加的联合国行动等。大部分情况下，法国出兵是为了保护法国侨民和欧洲公民或是制服叛乱、支持亲法的领导人，其中部分领导人在非洲后殖民时代被认为是最专制独裁、最残暴血腥的。1995年，希拉克就任总统时，法国与非洲法语区国家共签订了23个军事合作协定。法国军队在其中六个国家执行"提高影响力使命"的政策：喀麦隆（10人）、吉布提（3500人）、加蓬（610人）、科特迪瓦（580人）、中非共和国（1500人）、塞内加尔（1300人）。除此以外，根据临时性军事援助协定的期限，850名法国士兵还长期驻扎在乍得。

确实，法国在非洲的"提高影响力使命"成了它在这片大陆军事影响力甚远的最明显的一个方面。事实上，不论是在非洲国家军队的培训、训

---

① 皮埃尔·佩昂：《人类和影子：围绕雅克·福卡尔的调查，法兰西第五共和国最神秘和最有权势的人》，巴黎：Fayard出版社，1990年。雅克·福卡尔，菲利普·加亚尔：《福卡尔在说话：和福卡尔的对话》，巴黎：Fayard出版社，第一卷，1995年，第二卷，1997年。

练和武器装备方面,还是在新独立的非洲国家的国防政策定位方面,都不应该低估法国军人的作用。当来自法国本土的军人、军事顾问、培训人员以及非洲效仿法国的军事组织机构等因素综合在一起,我们可以说,法国从来没有离开过非洲。法语区非洲国家军队因此依赖法方,甚至沦为其宪兵队。

冷战结束对于法国在非洲的政策影响甚微,因为与世界上其他地方相比,非洲的国家仍然处于比较"岛国"的位置。法国满足于利用既存的关系维持现状;另外,多亏了参加"提高影响力使命"的稳定的兵力,法国在自己认为需要时就能介入当地事务。尽管如此,在1994年(卢旺达发生内战)至1997年期间,法国在非洲的地位还是发生了根本性的变化。

二、1974年–1994年:势力扩张、现代化以及法国在非洲的军事干预

1. 法国在卢旺达军事干预受挫与卢旺达种族大屠杀

吉斯卡尔·德斯坦总统宣称,将根除法非合作中续存的新殖民主义残余。在1976年的法非首脑峰会上,他表示支持建立"一种所有人都能接受的秩序,其建立的基础要考虑到世界经济发展的迫切需要"。但这位法国前总统在任时的重要决策之一,是把原属比利时的非洲殖民地纳入法非合作框架,举措之一更是签订了军事技术支援双边协定。就这样,卢旺达在1975年7月与法国签订了协定。

1990年10月,法国在卢旺达进行了首次军事干预。当时,它参加了"西北风行动",该行动旨在保护在当地工作的法国侨民和欧洲公民,并支持腐败的政府当局镇压卢旺达爱国阵线(FRP)的反抗。1992年至1993年,法国投入的兵力上升至550人左右。不幸的是,哈比亚利马纳总统乘坐的专机爆炸,种族大屠杀一触即发。以胡图族为主的武装部队执行疯狂的"最终解决方案",率先大开杀戒,他们最常用的武器是大砍刀,死在刀下的图西族人达到50万到100万,其中大部分是平民。骇人听闻的暴乱愈演愈烈,此时,卢旺达爱国阵线发动了大规模的进攻,一举消灭了政

府军。约200万胡图族人最终逃至扎伊尔和坦桑尼亚。法国对非政策受到了史无前例的重创。首先，它没有料到这场人类大灾难最终演变成大屠杀；其次，法国在军事上遭遇重重一击：是它提供设备给政府军，并培训了相关人员，但最终，政府军却被卢旺达爱国阵线击溃了。

1994年，法国派遣500名士兵帮助撤离在卢旺达的法国侨民、欧洲公民以及当地重要人士。但是，正当联合国绞尽脑汁地在寻求行动原则时，法国已带头组建了一支主要由法语区国家组成的多国部队，并发起了"绿松石行动"。这一行动在法国军队抵达卢旺达（1994年6月23日）前一天才匆忙地得到联合国授权（决议929号）。在3000名士兵中，法国人占了2500名，其中的1500人是从"提高影响力使命"的常驻部队中抽调过来的士兵。很快，"绿松石行动"成为了众矢之的，争论的焦点集中在行动目标的定义和军事干预的有效性上。支持法国军事干预的人士声称行动的目标是清晰的：停止大屠杀、稳定当地局势、为人道主义行动创造必要条件、法国为联合国行动贡献自己的力量。法国在非洲的行动被认为是恰当的，尤其是因为它一心想要兑现自己的承诺。当其他国家隐蔽在联合国原则的大旗后坐等时机时，法国没有退缩。而另一方面，在蔑视法国干预的反对者眼中，法国政府厚颜无耻，支持一个腐败的、摇摇欲坠的政体，因为它在面对卢旺达爱国阵线时不堪一击。

2. 卢旺达大屠杀、法国对扎伊尔外交政策的失败导致"福卡尔主义"的终结

不得不指出，法国在幕后支持了一个腐败堕落的政府，并为其提供武器、培训人员。为了抵抗当地叛乱，法国还派遣士兵参战，最终一败涂地。1994年4月，在法国放手卢旺达坠入深渊之前，为确保法国和欧洲特工等其他同盟者安全回国，法国士兵又一次进入该国。毋庸置疑，"绿松石行动"也以失败收场。法国部署的军事力量在卢旺达爱国阵线的胜利面前无能为力。在3000名驻扎在卢旺达靠近扎伊尔国境的士兵中，只有约一千人长驱直入到当地，直面爱国阵线20000人的军队。另外，虽然之后大屠杀速度略有放缓，但杀戮就发生在法方控制的区域内，也就是说在

法国军队眼皮底下,卢旺达爱国阵线当着法国人的面大肆屠杀、血流成河。

从法国国内角度看,卢旺达灾难标志着推崇"福卡尔主义"的传统对非政策寿终正寝,因为卢旺达悲剧表明,即使是严格意义上的法国利益,现在也无法得到保护。正是因为法国自负地认为原本的政策能继续收获良效,才盲目轻率地陷入卢旺达泥潭。事实上,1994年至1997年,在密特朗和希拉克执政期间,法国对非政策并未改变,他们仍旧实施之前的方针政策。法国继续活跃在非洲大陆:科摩罗(1995年10月)、中非共和国(1996年)、刚果(1997年3月起)。

直到1997年3月,福卡尔的"双重死亡"①宣告了法非关系一个历史时代的终结和蒙博托·塞塞·塞科政权(刚果)的倒台,法国对非政策真正开始改变。在扎伊尔,美国人阴谋策划把洛朗·德西雷·卡比拉捧上了台,其执政彻底宣告了法国在非洲阵地的土崩瓦解。它曾经苦苦支撑蒙博托直至最后一刻,拒绝承认新政权,扎伊尔人民也在水深火热中煎熬了更长时间。这么做,法国两面不讨好:一方面,人们看到了法国回天乏力,无法挽救蒙博托;另一方面,蒙博托自己甚至没有告知法方他放弃了政权。如同法国前国防部长弗朗西斯·莱奥塔尔所概括的,国家在此事件中三方面受挫:一、战术上的失误:美国和非洲英语区国家支持卡比拉;二、道德层面被谴责:蒙博托在当地民众眼中威信扫地,法国却始终力挺他;三、地缘政治上的失败:因为扎伊尔是法国在非洲势力的重要组成部分。

扎伊尔政策受挫的阴影尚未散去,正是在这个时候,若斯潘的新政府宣布削减用于非洲"提高影响力使命"兵力的预算,总人数从8000减少到5500人,降幅达到40%。另外,在关闭了喀麦隆和中非共和国军事基地的同时,法国撤退至五个军事基地,它们分别位于五个非洲国家(包括乍得)。在乍得基地驻守的军人从840人减至550人,在加蓬从600减至550人,在吉布提从3250减至2800,在塞内加尔从1300减至1100,而在科特迪

---

① 雅克·福卡尔于1997年去世。译者注。

瓦，人数维持在550人。当然，减少兵力是迫于预算的压力，但是，这也和重新调整的法国国防战略性政策相一致，新定义的政策体现在以下两份文件中：一份名为《新防卫》，1996年呈交给总统；另一份是《1997年–2002年军事规划法律》。

从1997年年底起，法国开始考虑自己在非洲干预的合法性以及影响力大不如前的问题。法国不再把非洲视为单一的整体，经过深思熟虑之后，它决定只与个别国家进一步加强联系，因为这些国家能最好地满足法国特殊的利益。

三、1994年后：法国军事干预摆脱了双边主义的框架

法国国防政策的全方位重建涉及以下内容：重新定义法国军队的职责、"提高影响力使命"、"维和任务"以及"主权任务"。

1. 双边主义（严格意义上）的终结、重新定义法国对非政策："非洲化"和"多国化"

法国从卢旺达灾难中吸取教训，改变了对非政策，引进了"多边主义"的概念，它包含两点创新：一是"非洲化"：涉及维持地区和平；二是"多国化"：涉及维护在非洲的西方国家的利益，目的是为了建立维护和平的地区性军事力量。

1997年5月23日，法国、英国和美国签订了一份关于维和的三边协议，通过这种多国参与的形式，维持非洲地区和平的"非洲化"迈出了第一步。为了使非洲国家在联合国保护下更好地处理事务，法国与"非洲统一组织（OUA）"紧密合作，推出了"加强非洲维和能力（RECAMP）"计划。在此框架内，4000至5000名人员接受维和技能的培训，目的是从2000年末起能够投入军事实战；为此，除了必要的后勤物资，他们还配备了适宜的军事装备。从1998年2月起，这支由法、英、美三国联合打造的非洲军队开始军事演习，并在毛利塔尼亚(具体地方为Guidimakha)军事操练

中初次亮相,在3500名士兵中,500名来自法、英、美三国的军队。1998年4月,这支军队继续参加布基纳法索(具体地方为Kompienga)军事操练,在多哥带领下,其他七个非洲法语区国家也参加了此次演习。

2. 法国在非洲军事干预主义:预防法和预测规划

在后冷战时代,法国军事规划致力于最大范围内动用可使用的兵力。为此,其军事主义有两大支柱:预防法和预测规划。在这两种情况下,法国用最少的军事投入获得最大效率,以此来应付威胁法国利益安全、损害地区和世界和平的行为。

预防法和预测规划

"预防法"的目的是防患于未然:无论是局势和冲突恶化之前,还是在危机升级而需要庞大开支之前,法国就已着手处理相关事宜。在这样的指导思想下,20世纪90年代中,除了卢旺达事件,法国军事干预使用的兵力不到5000人。这样,法国用较少成本就维持了其在非洲的影响力,在较早阶段就消除了相对较小的威胁,有时甚至在国际舆论尚未达成一致前就已经防微杜渐。然而,"预防法"主义也有风险和局限:一、法国可能在非出于本意的情况下就涉足了无意义的冲突,在国际上可能还会被指责为"冒险主义"、"新殖民主义"或是"新祖传承袭主义";二、因为其他国家担心以"预防"行动为名、涉足自己并不想参加的军事战斗中,因此很难在国际上得到各个国家的同一反响;三、每次参加"预防"行动需要5000名不到的士兵,招募很难完成。为了提高效率,"预防法"以如下两点作为先决条件:增加信息的收集,预先布置可用的军事力量。

面对法国在海湾战争(1990–1991)中表现出的软弱,《1995年–2000年军事规划法律》负责监管法国在欧洲以外军事力量的预测规划,理论上,目标是在配备装甲兵的同时,把人数提高到六万。然而,从1996年起,这一野心勃勃的数字就开始下降。从那个时候开始,鉴于预算锐减,法国海军运输船数量不得再增加,其后果就是空军的飞机运输舰数量下降(从95架下降到52架)。

未来很有可能发生的是，在美国也参与其中的背景下，法国军事的部署会纳入欧洲或者欧洲—大西洋行动的框架内。由此，不可避免的是，法国防卫的行动选择权将受限。

军事力量的预先布置和预防法

得益于法国军队的职业化，"预先布置"概念的基础是法国在欧洲以外地区的"军事影响"的作用最大化和灵活性最大化：在非洲的"提高影响力的任务"、联合国的"维和任务"、在法国海外省和海外领地的"主权任务"。另外，军事预置迫使法国建立能够增加驻外军队之间互动的常设基础设施，法国还需要增加预置人员，包括参加多国行动的人员[1]。为了能够对非洲紧急情况作出应急反应，法军在北非、近东的吉布提基地继续维护其军事基地，这也是"军事预置"最初的表现形式。所以，一对矛盾体产生了：一方面，非洲一些军事基地受到优待；另一方面，法国对非政策又明确指出要"去除国家色彩"、追求"多边化"。

对于法国在非洲继续驻军，支持者认为法国这样才能在驻扎非洲大陆的多国中占有支配地位，对于在联合国安理会已拥有一票否决权的法国，若它在非洲驻军，就能够让世界更多听到法国的声音。对于法国外交而言，采取预防法，利弊共存。好处之一是如果及早地就开始介入相关事件，法国拥有的军事能力和军事战区的需求是相符合的。这就是为什么法国在20世纪90年代能够用较小的投入就维持了它在非洲的影响力（除了在卢旺达）。而另一方面，预防法的弊端在于这种预调整会招致非洲或者国际舆论的谴责，认为法国犯了"冒险主义"、"新殖民主义"的错误。

情报和多边化

"军事情报处（DRM）"是为海陆军三军服务的部门，为法国所有军事力量提供军事情报、维护军事利益。它负责情报的收集、分析，并向各军事相关方面提供信息。1992年，在时任国防部长皮埃尔·若克斯提议下，

---

[1] 《适应海外的部署》，CID Tribune, 1997年6月，第106–109页（多国行动）。

该部门应运而生。当时,法国在海湾战争时效率低下、勤务分散,使得法国过于依赖美国,军事信息处的成立正是为了改变军事情报匮乏的窘境。

"法国侦查旅(BR、BRENS)"是法国陆军的一支部队,负责收集军事战区中对参谋部有用的军事信息。侦查旅于1993年成立,1998年更名为现在的名称;直到2010年,它的基地都在梅斯,之后迁至阿尔萨斯(具体地方为Haguenau),现在共有约4200名军人。

作为法国海军的一艘海船,MINREM的任务是拦截讯息和雷达信号,并加以分析。海船配备了30名人员和军事信息处的80名专家,一年中有350天都在执行长期任务,尤其经常出没于地中海东部、阿拉伯—波斯湾海湾和西非地区。

空军方面,法国空军成立了两支拥有特殊飞机的分舰队,负责收集电磁情报:一、战略层面:欧布拉克51电子大队;二、战术层面:敦刻尔克54电子大队。法国空军负责监控两种情报卫星的使用:电磁情报卫星(ROEM)以及图像和雷达情报卫星(ROIM)。

四、结 语

美国鼓吹的世界性建立在文化和语言的单一、几乎反对"文化多样性"[1]的基础上,而法语国家国际组织代表着南北两半球都赞同的一种普遍的人道主义视角。21世纪初,这无疑给美国推行霸权撕开了一道"突破口"[2]。在经济全球化的背景下,法语区国家推崇的世界性致力于推动文化对话。尽管如此,伊斯兰原教旨主义阻碍了人们表达出文化和语言的差异性,无视法语国家国际组织的价值,除了引发政治、经济、教育危机

---

[1] 塞尔日·阿尔诺,米歇尔·吉尤,阿尔贝·萨隆:《法语国家国际组织的挑战》,巴黎:Alpharès出版社,2002年,第49页。
[2] 米歇尔·吉尤:《法语国家国际组织力量》,巴黎:Ellipses出版社,2005年,第120页。

和种族冲突外,还会有损法语在非洲的长期使用。显而易见,这一意识形态与法语国家国际组织存在冲突。

2007年,时任法国总统萨科奇在达喀尔讲话中愚蠢地指出:"非洲的悲剧是非洲人没有真正走进历史进程"。而其实,总统演讲稿撰写人亨利·瓜诺的原意是欧洲人应该让非洲人民走进历史。五年之后,2012年10月12日,奥朗德总统面对塞内加尔议员,发誓会彻底终结"法兰西非洲"的时代。具体来说,法国又一次要与非洲建立起经济、政治、文化、社会、迁徙等领域真正的合作伙伴关系,帮助非洲人民完成军事行动,而这原本是应该在联合国框架下由他们自己决定的;同时,个别非洲国家不尊重人权的举措也应该受到谴责。

第五节
法语国家国际组织建立发展的两大推动力量

叶丽文*

"法语国家国际组织"的法语全称是l'Organisation internationale de la Francophonie(以下简称"OIF"),有时也写为"Francophonie",共有56个成员国以及19个观察国,国家总数几乎占到联合国成员国三分之一以上,法语在其中的32个国家中为官方语言(唯一或与其他外语共同为官方语言)。在以上七十多个国家中,使用法语的人数超过两亿[①]。作为一个国际组织,它的使命是促进各国间的文化和技术交流,该组织中的成员都是国家和政府,这些国家、政府在工作和交流中都使用法语。与"Francophonie"相对应的是小写字母"f"开头的"francophonie",该单词主要有两个意义:讲法语的国家或地区;法语推广运动。

一、关于"francophonie"词义的四个层面

"francophonie"在OIF的成立过程中发挥着重要作用,该单词主要涵盖了四个层次的内容:

"francophonie"的第一层涵义是一种作为统计人口的手段。19世纪,法国人勒克吕·奥内西姆[②]对法国和北非产生了浓厚的兴趣,并出

---

* 上海外国语大学法语系教师,博士。
[①] http://www.francophonie.org/Qui-sommes-nous.html.
[②] 勒克吕·奥内西姆(Onésime Reclus, 1837–1916),法国地理学家。

版了不少地图册和研究论文。在此过程中,他发现在统计人口时,一般学者会参照人种、种族、社会经济发展的情况;勒克吕独辟蹊径,想到了采取"语言"这一新的划分手段,具体来说,就是根据人们在家庭和社会交往中使用的语言来统计人口。这位法国著名的地理学家第一次提出了"francophonie"一词,搭建了语言和地理之间的桥梁。对于"讲法语的人"一词的概念,他给出了如下定义:所有那些准备或者看起来准备继续使用或者开始使用我们语言(即法语,笔者注)的人[1]。这个定义在今天仍然被广泛引用。在《天空下最美丽的王国》一书中,勒克吕经过统计指出,在19世纪末,全世界共计有5000万讲法语的人,其中4300万在欧洲,约400万在美洲,200万人分布在非洲。

更重要的是,在经历了法国大革命后,当时的法国被各国推崇,在全世界扮演了"火炬手"的角色。勒克吕敏感地意识到,"francophonie"这个单词完全可以超越语言和地理的界限,成为"文化共享和交流的人类团结的标志和概要"[2]。

"francophonie"的第二个涵义侧重于地理概念[3],该点也被记录在词典中:所有共同使用法语的国家(法语作为唯一语言或者与其他语言共存)[4]。基于这一点,法语国家国际组织奠基人之一利奥波德·塞达尔·桑戈尔[5]曾说过:"我没有发明'讲法语的国家和地区'这一概念,它原本就存在"。所以,桑戈尔致力于增强讲法语人们的凝聚力,将他们团结在一起,共同建设一个"精神领域的"区域。

这一点引出了"francophonie"的第三个涵义,该层次比较抽象,指的是法语区国家人们心中的归属感。法国总统蓬皮杜曾经给出这样的诠释:在经济和政治利益之外,所有使用法语表达的人群通过一种特殊的

---

[1] Reclus Onésime. *France, Algérie et colonies*. Paris: Hachette, 1883, p.422.
[2] Deniau Xavier. *La francophonie*. Paris : PUF, coll. Que sais-je ? 2003, p.13.
[3] 其起源可参见该单词的第一个涵义。
[4] http://www.larousse.fr/dictionnaires/francais/francophonie.
[5] 利奥波德·塞达尔·桑戈尔(Léopold Sédar Senghor, 1906–2001),塞内加尔诗人、政治家、文化理论家,1960年至1980年任塞内加尔首任总统。

纽带——思想的和情感上的纽带——感到彼此团结在一起[①]。正是在这一份"参与感"的感召下,法语区人们建立了形式多样的协会和组织,日后逐渐演变为"法语国家国际组织"。

基于这一点,在《法语国家国际组织的地缘政治研究:一股新的冲击?》一书中,作者雅克·巴拉赋予了"francophonie"第四个涵义:所有在法语区国家和地区开展活动的联盟和协会,不管其性质是国家的还是民间的[②]。

通过阐述以上四种涵义,我们可以看出,仅仅因为共同使用法语,并不可能建立法语国家国际组织。但无论如何,该组织的建立离不开法语的运用,法语的推广活动正是推动OIF成立的主要力量之一。

二、由法语联盟发展至法语国家国际组织

1883年7月21日是一个意义非凡的日子。这一天,最古老也是最有名的法语协会诞生了:圣西蒙(Saint-Simon)历史协会。这座巴黎圣日尔曼大街上的协会就是今日赫赫有名的法语培训中心(Alliance française)的前身。三年之后,它在广州、北京、天津和上海建立了免费学校,共有20名会员。

建立之时,协会主要目的是推动法语在殖民地以及海外的发展,众多杰出人物为之献计献策(如法国化学家路易·巴斯德)。另外,当时的法国还经历着1870年战争的惨痛,协会也应时呐喊"法国应该重新打上世界强国的烙印",源源不断的捐赠和遗赠涌向法语培训中心(1884年协会改名为法语培训中心)。1904年,中心在法国和海外分别建立了150个和450个活动点,秘书长自豪地宣布:在我们国界线以外,我们渗入了每一

---

① Deniau Xavier. *La francophonie*. Paris : PUF, coll. Que sais-je? 2003, p.20.
② Barrat Jaques, Moisei Claudia. *Géopolitique de la Francophonie, un nouveau souffle?* Paris: Etudes de la Documentation française, 2004, p.15.

个地区，使之受益①。戴高乐将军曾这样定义法语培训中心："这是在全世界，有关法国的一种表达方式"②。

"法语属于所有运用这门语言的人，不仅仅只属于法国人"③，密特朗总统的这一思想与法语培训中心的理念深度契合，中心从不固步自封，而是不断勇于开拓：今天，它已更名为"法语联盟"（Fondation Alliance française），超越国境，走向世界。法语联盟身负三大使命：在法国和世界各地向所有公众提供法语课程、传播法国文化和法语区相关的各领域文化、促进文化多样性的同时，推广各种文化④。

法语联盟的诞生（1883年）拉开了各地推广法语的序幕。20年后，一个名为"非宗教团体"（la Mission laïque）的协会宣告成立。正如它名字所述，协会活动不带有任何宗教色彩，有着清晰的任务目标：在法国国外推广法国语言和文化。相比仅提供法语课程的法语培训中心，"非宗教团体"的特点在于开创了完整的教学体系。1906年，首座非宗教学校落成，之后又陆续建立了高中和各类培训机构，甚至还设立了小学。学生并非全部来自于法语区国家，但协会秉持双文化教学的宗旨，坚持两种文化、三门语言的教学（英语和法语为必修语言）。该协会得到了政府的鼎力支持，包括普安卡雷⑤等法国前总统都曾领导过协会的工作。今天，该协会在40多个国家管理着109所教学机构，学生共计40000名⑥。

除以上两个组织以外，类似的协会层出不穷，它们都以推广法语和法国文化为光荣使命。虽然在规模上比不上法语培训中心，在与政府的合作程度上比"非宗教团体"略逊一筹，但它们对法语的发展也起到了不可忽视的推波助澜作用，例如法语文化和推广国际联盟（1906年）、法语作家国际协会（1937年）、以色列世界联合会（1860年）等等。其实，除了在

---

① Tetu Michel. *Qu'est-ce que la francophonie?* Paris: Hachette-Edicef, 1997, p.196.
② 同上，p.197.
③ 参见密特朗总统讲话（1983年），http://www.fondation-alliancefr.org/?cat=538.
④ 同上。
⑤ 雷蒙·普安卡雷（1860–1934），1913年至1920年担任法国总统。
⑥ http://www.diplomatie.gouv.fr/fr/enjeux-internationaux/cooperation-educative-enseignement/politique-scolaire/article/le-reseau-de-la-mission-laique.

法国本地,还有很多推广法语的运动在世界各国蓬勃发展。

首先,在加拿大,法语经常受到英语的威胁,当地人们长期以来一直坚持捍卫法语的地位。"如果说我们想维护自己的语言,这并非为了反对英语……只是因为想继续成为自己。"①1910年9月,第二十一届世界圣体大会在加拿大蒙特利尔举行时,大主教伯恩把美洲描绘成广泛使用英语的土地,意图以天主教的名义在美洲大肆推广盎格鲁—撒克逊语言,此举激起加拿大法语区人们的反感。加拿大法语日报 *Le Devoir* 的创建者亨利·布拉萨在著名的《天主教信仰和法语》演说中,言词激烈地驳斥了大主教:"我们的人数只是一部分,这是事实……我们有权生活下去……我没有说:'让加拿大讲法语的人们占领美洲'。他们无此要求。我们就想对您说:'在教堂里,让我们有立足之地……。'"②

加拿大对法语区国家的贡献不仅在于捍卫法语,在经济、政治领域也起到了重大作用。比如,今天著名的黎世留—桑戈尔俱乐部前身是1926年成立的雅克·卡地亚会社(Ordre de Jacques-Cartier)。在成立之初,会社并没有大张旗鼓,它以教堂为后盾,旨在抵制盎格鲁—撒克逊同济会。其次,在比利时建立的众多协会也是日后OIF成立的基石,比如比利时法语作家协会、比利时瓦隆作家皇家协会等等。其中,最负盛名的莫过于阿尔贝一世筹建的比利时皇家法语语言与文学学院,成员包括30名比利时法语区作家和10名非比利时籍作家,这10名作家或是撰写了优秀的法语作品或是卓越的哲学家,其作品涉及法语和法国文学③。最后,在世界各国,一些非政府组织也不甘示弱,油然而生的法语自豪感让他们不愿意看到英语的强劲风头,他们在各个行业积极行动,以下几个较为著名的组织见证了他们的努力:首先是法语媒体记者国际协会(UIJPLF),其成员几乎都是记者,他们通过自己的工作,利用平面和电视媒体在更大范

---

① Guillot Michel. *Les Entretiens de la Francophonie 2001–2003*. Paris: Alpharès, 2004, p.58.

② Tetu Michel. *Qu'est-ce que la francophonie ?* Paris: Hachette-Edicef, 1997, p.202.

③ http://www.arllfb.be/organisation/academiciens.html.

围内扩大法语影响力;其次,法语教师国际联盟(FIPF)在1969年成立,对传播法语区文学和文化不遗余力;最后,"法语表达和法语思维的权利国际研究会"(IDEF)聚集了一批法学家以及法语区对法律感兴趣的人士,探讨法语区国家共同感兴趣的议题。

从以上描述中可以发现,OIF的成立最初不是源于政府官方行为,而是得益于亲法人士的心血,他们建立的各类协会和持久不懈的努力将法语区人们凝聚在一起。"francophonie"一词不仅强调了对法语区的归属感和为之激发的热情,更为重要的是,它体现了"对法语以及对法语所传播的人文主义价值的忠诚"。①

三、法语国家国际组织建立的推动力量

随着时间的发展,历史的年轮不可避免地触及了法国在海外的殖民地,非洲大批国家的独立也与OIF的建立有密不可分的关系,这是另一股极其重要的推动力量。

很长一段时间,在非洲大地,法国的形象被描绘成"具有运动员的身体,强健的体魄,拥有一身黝黑的青铜色肤色,肌肉发达,在非洲的阳光下闪闪发光。"②而在大部分欧洲人眼中,这些殖民地国家与"未开化"、"缺乏教养"之类的形象词联系在一起;甚至到了18世纪,英国哲学家大卫·休姆还声称"黑人从本质上比白人略逊一筹……③"。这样的偏见在法国也是被广泛传播,并为大家所接受。所以,尽管黑人是殖民地发展的重要因素,1789年的《人权宣言》中对他们以及奴隶只字不提。正如法国殖民地部长阿尔贝·萨罗在1925年宣称的那样:"法国注意到了他们(指落后的种族)的变化,法国会不遗余力去纠正其后

---

① http://www.francophonie.org/FAQ.html.
② Blanchard Pascal, Bancel Nicolas. *Culture post-coloniale 1961–2006: Traces et mémoires coloniales en France*. Paris: Autrement, 2006, p.269.
③ Tetu Michel. *Qu'est-ce que la francophonie?* Paris: Hachette-Edicef, 1997, p.206.

果……"① 在法国人看来,非洲当地人民和原始文明应该接受法国文明和文化的洗礼,从"水深火热"中解脱出来。部分学者们也发出了不同的声音。法国诗人和作家纪尧姆·阿波里耐曾经表示"厌倦这个古旧的社会"。德国人种学家利奥·弗洛贝纽斯则提出了"文化地域"的概念:非洲人,他们从骨子里透出来是有教养(文明开化)的。伴随着这些对非洲的议论,这片大陆正在逐步摆脱西方国家的殖民统治。当时,黑非洲主要由两部分组成:法属西非洲(法语:Afrique occidentale française,简称AOF)和法属赤道非洲(法语:Afrique Equatoriale Francaise,简称AEF)。戴高乐将军组织"自由法国"运动期间,选择了法属赤道非洲为活动根据地(刚果的布拉柴维尔)。1944年,戴高乐将军的讲话已经预兆了非洲大陆的命运:"法国应该帮助(非洲)人们逐渐站立起来,直到他们能在自己的国家管理自己的事务……这就是引导我们行动的目的。"

如果说废除殖民统治是历史不可逆转的潮流,这些非洲国家以何种形式改变现状,着实让戴高乐将军费了一番功夫。毋庸置疑,一切行动的大前提是法国自己的利益不能受到丝毫损害。1946年5月,带有联邦制色彩的首部宪法草案被否决,5个月后,通过全民公决,"法兰西联盟"宣告成立。但是,戴高乐将军觉得它"过于强制、过于专横",因此提议建立一个结构更灵活的机构。最终,在非洲举行投票后(7470000人投赞成票,1120000人投反对票②),一个新的组织——法兰西共同体——被载入了1958年宪法。共同体不仅包括法国,还有七个法属西非洲和四个法属赤道非洲国家。从此,这些原法国殖民地拥有了独立自治的政府,但是外交、防卫、货币、经济政策以及司法权仍由法国掌控。尽管如此,非洲大地呼喊政治解放的声音此起彼伏。1957年,非洲民主联盟(RDA)呼吁法国承认殖民地的独立权;一年后,非洲联合党(PRA)也加入阵营。如果说前者希望殖民地和法国共同建立一个联盟,那么后者更侧重于非洲国家

---

① Tetu Michel. *Qu'est-ce que la francophonie?* Paris: Hachette-Edicef, 1997, p.207.
② Phan Trang, Guillou Michel. *Francophonie et mondialisation, histoire et institutions, des origines à nos jours.* Paris: Belin, 2011, p.119.

之间的联合(当然,一切建立在法国承认这些国家的独立基础之上)。

终究时间抵挡不了历史的发展。20世纪50年代起,非洲国家的独立渐渐成为了时代主题①。1960年成为"非洲独立年",这一年非洲有17个国家先后获得了独立。戴高乐将军也承认,作为曾经的帝国,看着殖民地的独立,感到一丝"怀旧"是"完全正常"的,同时,他也坦白承认,任何政策都不能违背历史的现实。而新兴独立国家在获得独立的同时,也思考着自己未来的发展,大部分国家选择优先与法国开展合作。但是当时的法国生怕招惹"后殖民化"的质疑,与非洲开展合作时总是踌躇不定;相反,一些非洲国家大胆提出了洲际联合、共同与法国合作的想法。1962年,桑戈尔总统在非洲马达加斯加联盟(UAM)大会上提议,在法国和非洲马达加斯加国家之间,签订一揽子多边条约。两个月后,戴高乐将军给出了这样的回复:"我们希望他们(指相关的非洲国家)自己建立组织,使得他们与法国的联系更紧密……更集中。"②

四、结　语

通过戴高乐的表态,法国传递了两个重要信息:一、它意识到了非洲国家的联合带来的好处;二、法国在当时暂时不想插手非洲,不想领导非洲建立新的联合体。在此背景下,非洲各国加强了彼此间的联系。1966年,"非洲—马达加斯加共同组织"(OCAM)建立,它为日后法语国家国际组织的发展打下了坚实基础。当时的尼日尔总统甚至以该组织之名,向戴高乐呈送过一份法语国家组织的草案,其中,法语国家组织被定义为"各国间精神上的共同体,这些民族使用法语,无论是作为他们的母语、官方语言或是日常用语。"最初,法国对此持保留态度,但随着国际形势的发展,法国逐渐改变了自己的态度。1968年3月,"非洲和马达加斯加共

---

① 20世纪50年代,亚洲也有三个原印度支那国家获得独立:越南、老挝和柬埔寨。
② 参见戴高乐将军1962年5月15日的新闻发布会。

同组织"表示，希望在使用法语的国家之间建立一个"文化和技术合作机构"(ACCT)。一年后，在28个法语区政府代表的见证下，机构揭开了神秘的面纱；32个国家作为嘉宾到场，包括了15个"非洲和马达加斯加共同组织"成员国。1970年3月20日，21个政府代表在艰苦卓绝的努力之后，达成了最终的协议。他们成为了新组织的创始国。在新组织内部，法语理所当然成为工作语言，但与之前的法国组织相比，法语不再是"文化和技术合作机构"唯一的工作目的，事实上，机构也重视发展所有成员国的文化和语言。正是在语言和共同的价值基础上，法语国家组织最终找到了立足点。16年后，合作机构陷入困境，在此背景下，1986年2月，法语组织首脑会议举行。时任的法国左派领导人密特朗于当年2月17日至19日邀请了使用法语的国家和地区的首领参加第一次首脑会议（法语中通常称为Sommet）。至此，以首脑会议为标志的法语国家国际组织终于站上了世界的舞台。

第六节

塞内加尔的伊斯兰教导师：权力与制衡

杨淑岚*

作为法属西部非洲的殖民地之一，塞内加尔曾经以"四个地方行政区"①的治理而闻名。自1960年独立以来，塞国是少有的通过选举而实现政权交替的非洲国家，并在法语国家共同体中扮演着重要的角色。然而，在这些标签背后，我们还应看到这首先是一个非洲国家，与萨赫勒②相接，国民多数为穆斯林，并且宗教人士的权力是社会构成的一部分。

本节就宗教权力而展开探究，分析其如何历经几个世纪落地生根，顺应时事发展重组，以及该权力的世俗本质。我们从几个方面来进行思考：首先，关于历史编撰方法的探讨，塞内加尔难道是由殖民势力一手打造的吗？其次，关于宗教权力的性质转变，即从抵制世俗政权到扮演"中间人"调停角色的转变。最后，关注原宗教的文化特性，探析伊斯兰教作为传入宗教，其宗教本土化过程和在社会生活中扮演的角色。

---

* 上海外国语大学在读博士。
① 这四个地方行政区分别是：圣路易（Saint-Louis）、达喀尔（Dakar）、吕菲斯克（Rufisque）和戈雷（Gorée），在法语中合称"四个地方行政区"（Les quatre communes）。
② 与"撒哈拉"（صحراء / Sahara）一词一样，"萨赫勒"（ساحل / Sahel）一词也源于阿拉伯语，意为"边缘"，用来专指撒哈拉沙漠往南，向热带树林过渡的稀树草原带。

一、相接的历史[①]：从西苏丹到法国占领期

塞内加尔作为政治实体，并非由来已久。在非洲帝国林立的时代，这片土地在西非的版图上尚属"边缘"地带，只是到了殖民征服以后，该地区才从政治上、经济上开始重组。到了19世纪，在法国殖民官费德尔伯（Faidherbe, 1818–1889）的系统治理下，塞内加尔鹤立鸡群，成为殖民地"同化模式"的治理范本[②]。

然而，非洲国家并不是像某些推测所认为的那样，是来自外部的、更为强大的实力所锻造的。事实上，非洲国家的历史总是贯穿着内部的活跃势力，不断响应来自周边新局势的挑战。

1. 兴衰交替的帝国和王族的信仰

殖民以前的西苏丹地区历经了三个帝国：加纳（Ghana）、马里（Mali）和桑海（Songhaï）。这些帝国的势力范围随着时间的推移各有变化，但是政治中心都在尼日尔河和塞内加尔河之间。

关于加纳帝国最早的文字记载来自于公元8世纪末塔赫特（Tahert，今位于阿尔及利亚境内）的柏柏尔人[③]。在奥达哥斯特（Aoudaghost，今位于毛里塔尼亚）的市场上，加纳帝国用产自班布克（Bambouk，今位于塞内加尔与马里交界处）的黄金交换柏柏尔人出售的盐和其他商品，由此积聚的

[①] 这一部分撰写的难题在于：如何处理原住民、来自北非的季节游牧民族和殖民者三者之间的关系？被殖民的国家是被动地接受新的政治秩序吗？在阅读了各种版本的非洲历史以后，我们逐渐认识到原住民在历史进程中的重要角色，就像波尔多政治学院的Patrick Quantin老师在教授世界历史时所强调的，既不以西方国家为中心看世界，也不以南方国家为中心看世界，而是关注其连接点。在将各种史料比较之后，我们逐渐形成了将原住民、游牧民族和殖民者作为三种势力，不加以道德审判，而是客观还原其各自的历史角色的撰写方式。
[②] 法国的"同化模式"（l'assimilation）和英国的"合作模式"（l'association）常被用来作为殖民模式的对比，广泛的差异的确存在，但是每个殖民地根据其自身情况和殖民官的个人作风，其治理模式各不相同。费德尔伯的塞内加尔治理模式，虽然被捧为榜样，但是并没有为其他殖民地所效仿。
[③] Sellier, J. *Atlas des peuples d'Afrique*. Paris: La Découverte, 2005, 第90页。

财富使得帝国日渐兴盛,并在近990年时占领奥达哥斯特,达到顶峰。加纳帝国由多个王国组成,其中占统治地位的是索宁凯王国(Soninké),该国允许来自北非的穆斯林商人在帝国内定居,但是王族和平民仍然沉浸在传统的信仰之中。到了1040年左右,加纳帝国的缓慢衰亡与穆拉比德王朝(Almoravides,发源于今日的摩洛哥)的扩张不无关系,后者夺回了奥达哥斯特。在这一时期,穆斯林商人和非洲民众各持自己的文化信仰,共生共存。

索宁凯人的势力随着加纳帝国的逐渐衰弱而日渐式微,最终将霸主地位让与一位曼德人(Mandé)首领:松迪亚塔·凯伊塔(Soundiata Keita),他自封"曼萨"(mansa,最高首领之意)并创立了马里帝国。在他的儿子乌利(Ouli)统治时期(约1255–1270年间),帝国的版图向西扩张,兼并了卓洛夫王国(Dyolof),直达大西洋,又向东延伸,征服了尼日尔河口。值得注意的是,虽然乌利是第一位去麦加朝圣的曼萨,但是曼德百姓大部分仍然保持对祖先的信仰,在这些百姓眼中,曼萨是英雄松迪亚塔的后人[1]。这时的伊斯兰教作为王族的信仰,虽然流于形式,但却是凯伊塔氏族与穆斯林商人结盟的标志。我们还注意到,和加纳帝国类似,马里帝国的繁荣昌盛也依赖于跨撒哈拉贸易,马里帝国用产自布雷(Bouré,今位于几内亚境内)的黄金借道杰内(Djenné,今位于马里境内)向北运往通布图(Tombouctou,今位于马里境内),以换取盐、马匹和其他奢侈品。

1360年,凯伊塔氏族就帝位继承问题发生内讧,曾统领加纳帝国的索宁凯人决定终止进贡,到了1430年,通布图为来自撒哈拉的游牧民族图阿雷格人(Touareg)所破,之后杰内宣布独立,凯伊塔氏族从此失去了对帝国的控制。

此时的桑海王朝(公元8世纪至15世纪)开始崛起[2],他们的领袖阿里·贝尔(Ali Ber)采取对外征战的策略。当时加奥(Gao,今位于马里境内)、通布图和杰内三地的伊斯兰教教士与曼德商人关系密切,后者控

---

[1] Sellier, J. *Atlas des peuples d'Afrique*. Paris: La Découverte, 2005,第91页。
[2] 1260年,马里帝国的曼萨乌利夺取加奥,征服了桑海王国。

制着跨撒哈拉贸易的非洲段,而阿里·贝尔为了表示与他们决裂,宣布皈依哈瓦利吉派①。阿里·贝尔是一位出色的军事领袖,在征服了通布图、杰内、尼日尔三角洲等地之后,创立了桑海帝国。他驾崩后,通布图的教士们公开支持一位信仰正统伊斯兰教的将军,借他来反对阿里·贝尔的儿子巴罗(Baro)。这位将军就是穆罕默德·杜尔(Mohammed Touré),一个索宁凯人的儿子,他最终赢得内战,建立了阿斯基亚王朝(Askya)。

在对非洲帝国的历史做了简要回顾以后,我们提炼出两点:第一,在殖民时代之前,非洲的帝国掌控着黄金贸易,他们和穆斯林商人的贸易网络相连,共同组成了跨撒哈拉贸易链。帝国的实力来自于贸易的繁荣,进而掌控着属地内的各种小王国。第二,伊斯兰教的影响逐渐为政治所用。在加纳帝国时期,穆斯林商人可在帝国内居住。马里帝国时,为了更好地融入贸易网络,帝王宣布皈依伊斯兰教,但在百姓面前仍然突出其作为英雄和魔法师的传统形象,同时,加奥、通布图和杰内三地成为穆斯林教士、文人的聚集地。到了桑海帝国时,教士们参与、策划了颠覆王朝,足见他们的实力和干涉政权构成的意图。

从这段相接的历史中我们可以看到,外部因素(与北方穆斯林商人的贸易、伊斯兰教)转变为了非洲社会的内部活跃势力;后来成为塞内加尔和冈比亚的地方,处在帝国的兴衰交替边缘,那里是卓洛夫王国(Dyolof)、西纳王国(Sine)和萨卢姆王国(Saloum)的天下,这些沿海的边缘王国虽然也向帝国称臣,但终究不像帝国中心的内陆地区那样直接受制于帝国的统治。直到欧洲人到来,形成了新的竞争格局,这个地区的政治版图才出现变化。

---

① 哈瓦利吉派(Le kharidjisme)是伊斯兰教的一个分支,其最早的成员认为先知默罕默德的女婿阿里是哈里发的正统继承人,在隋芬之战(Bataille de Siffin,657年)过后的仲裁中,阿里接受仲裁结果并放弃对哈里发位置的角逐,支持阿里这一决定的为什叶派,另一部分阿里的支持者则不支持阿里的妥协,组成哈瓦利吉派。此外,北非的柏柏尔人为了反抗阿拉伯征服者的统治,于739年爆发起义,宣布皈依哈瓦利吉派,即相当于宗教上的反对派。

2. 伊斯兰教作为底层民众抗议政治统治的形式

法国在西非的活动在1854年出现了转折,这一年,圣路易的44位颇具影响力的商人联名请愿,请愿信中这样写道:"塞内加尔不是一个通商口岸,而是一个真正的、主宰内陆的殖民地。"①

整个18世纪中,欧洲人在非洲的活动仅限于海岸线附近,海岸线与内陆深处的贸易被一系列非洲中间商层层垄断,金矿的直接掌控权属于非洲王国。欧洲的商人为了扩大利润,试图将跨撒哈拉贸易分流至内陆与通商口岸,因此他们借助殖民活动的大背景,积极要求征服非洲内陆。因此,为了利润的最大化,殖民势力试图控制矿藏,控制矿藏必须使各个非洲王国俯首称臣,并且根据自己的利益需要,重组这个地区的贸易活动。费德尔伯就是在这种条件下上任的,他是一名青年工程军官,先后在阿尔及利亚(1842–1847, 1849–1854)和象牙海岸(1853–1854)服役。他上任以后,分两步实施征服计划:先用"堡垒链"②作为策略,控制沿塞内加尔河的贸易,再逐个吞并塞内加尔河和大西洋间的各个王国。

然而,法国殖民者的征服过程只是非洲历史的一部分,如果单从法国殖民者的角度撰写历史,无疑会忽略非洲本土因素在历史上扮演的重要角色,成了没有非洲的非洲历史。基于这种考虑,我们需要对本土因素考察一番,即面对法国殖民者压境,非洲人是如何抵抗的。在法国的第一个征服阶段,费德尔伯试图成为河流贸易的主宰。他在富塔—托罗地区(Fouta-Toro)与图库勒尔人(Toucouleur)和颇尔人(Peul)相遇,这些人自11世纪起就皈依了伊斯兰教③,并且同北非的摩尔人保持联系。

---

① Julien, Ch.-André. (sous la dir.) *Les techniciens de la colonization*. Paris: PUF, 1947, 第81页。

② Julien, Ch.-André. (sous la dir.) 同上,第82页:"(塞内加尔)河,一段段由这类堡垒把守,这样形成的堡垒链构成了法国对广袤的内陆地区的征服战线。"在《非洲》(*L'Afrique*. Volume 1. Larousse. Collection *Beautés du monde*, 1979.)一书中"塞内加尔"一章的第12页,这样写道:"作为通向苏丹地区的金矿、象牙和奴隶的大道,塞内加尔河的每一段都建有干打垒,其中不少堡垒屹立至今。"

③ Coulon, Ch. *Le Marabout et le prince: Islam et pouvoir au Sénégal*. Paris: Éditions A. PEDONE, 1981,第18页。

自18世纪末以来，图库勒尔社会经历了一场托罗贝发起的革命（tooroBe，字面意思为"虔诚的穆斯林们"，单数为toorodo），旨在反抗颇尔人的代尼昂凯王朝(denyanke)，因为该王朝不但不保护自己的臣民，反而为北非的摩尔人在该地区抓捕平民充奴隶的贸易给予方便与庇护。这场托罗多革命(toorodo)是受到压迫的人们和被劫奴地区的人们反抗附敌政权的一场起义，试图从伊斯兰教教义(Sharia)中找出根据来反抗压迫和暴政。革命领袖苏莱曼·巴勒(Souleymane Bâl)革新了伊斯兰教法，提出新的政治模式：选举一个"博学、虔诚、诚实的"首领(almami)[①]，其权力受到限制，并且可以被撤职。值得注意的是，这次革新运动与非洲不信任首领的古老传统紧密相连，因此当选首领一职的总是一个没什么影响力的人，而且由此产生的政权既没有行政机构，也没有常规军队。然而实际上，新政权的基石托罗贝各家族很快构成了一个特权阶层，进而垄断了政治系统，并且将伊斯兰教作为政治合法性的来源。在众多托罗贝领袖中，阿卜杜勒·卡代尔(Abdoul Kader)是第一个也是最后一个掌握领袖实权的人[②]。他过世后，大选举团开始削弱领袖的权力，位于图库勒尔势力边缘的一些氏族揭竿而起，加深了这个地区的分裂程度，进一步削弱了图库勒尔的统治集团。费德尔伯正是利用了氏族间的敌对与矛盾，进而任命了一批亲法国统治的地方领袖。

在这种情况下，涌现了众多民间先知，其中最有影响力的是哈吉·奥马尔(El Hadj Omar)。奥马尔麦加朝圣归来之后，开始在当地传布提贾尼派学说(Tidjaniyya)，这种学说与托罗贝教团所信仰的卡迪里派(Qadiriyya)的等级鲜明和保守倾向[③]不同，显得更为开放，于是提贾尼派

[①] Coulon, Ch. *Le Marabout et le prince: Islam et pouvoir au Sénégal.* Paris: Éditions A. PEDONE, 1981, 第20页, "首领由大选举团(JaggorDe)选举产生，他的权力和独裁的君主没有丝毫共同之处，只要稍有闪失，或者国家发生了危机，首领会被毫不留情地撤职。"

[②] "他同时是国家的精神领袖、军队首领、争议仲裁者和公用事业管理人。" Coulon, Ch. 同上，第23页。

[③] Sellier, J. *Atlas des peuples d'Afrique.* Paris: La Découverte, 2005, 第98页。

就成了反对卡迪里派的革命势力。

哈吉·奥马尔深知非洲本土势力难以抗衡法国殖民势力,所以选择不与法国统治发生直接冲突,为此,他决定带着他的追随者向东迁徙。通过迁徙来"躲避压迫"[1]、远离统治的做法刚好与对领袖的不信任以及抵制外族入侵的需要相契合。其他的"信仰战士"也具有一定影响力,比如蒂耶尔诺·易布拉欣(Tierno Ibrahim)、阿马杜·谢伊古(Amadou Cheikhou)和桑巴·迪亚达马(Samba Diadama)。为了抵御殖民活动,他们试图从伊斯兰教中获取改革的力量,以复兴图库勒尔社会。当法国的统治已经成为定局之后,各种先知(mahdi)领导的起义此起彼伏,分别由阿尔法·穆萨(Alfa Moussa)、阿里·约罗·迪奥普(Ali Yoro Diop)和蒂耶尔诺·拉米纳(Tierno Lamine)发起。需要强调的是,在政治秩序被颠覆的大环境下,民众尤其是年轻人渴望重新掌握他们的命运,所以从某种程度上来说,先知们不完全是自封的,而是在民众的期待中、祈求中诞生的,先知的作用是将民众的企盼化为政治运动。

在征服沃洛夫地区(wolof)的过程中,法国人遇到了当地首领的武装抵抗,首领们战败后,宗教导师们继续作为反对派的高地存在下去。与富塔—托罗地区的武装先知起义不同,沃洛夫的宗教导师们采取的是和平手段,但这并不能全部归结于沃洛夫领袖的战败。沃洛夫的中央权力和军事辅助力量(ceddo)积极参与到向北非贩卖奴隶的交易中。跨撒哈拉贸易[2]的发展只是更加加剧了沃洛夫地区的安全危机。当地的统治阶级保持的本土宗教仪式被一神教视为异教,所谓的军队亦匪亦盗,ceddo一词沦为不虔诚的同义词。与之相比,宗教导师们则是道德上的楷模,领袖们的反对者,抵御压榨的保护人。中央权力的压迫促使农民们纷纷寻求宗教导师们的保护,就此形成了一些避难地,不少反对派的政治骚动由此而来。

---

[1] Coulon, Ch. *Le Marabout et le prince: Islam et pouvoir au Sénégal*. Paris: Éditions A. PEDONE, 1981, 第35页。
[2] 17至18世纪时,沃洛夫地区是主要供给奴隶的地区之一。参见Coulon, Ch. 同上,第60页。

我们注意到，这些带有宗教色彩的抗议活动是民意的延伸。民众希望聚集在一些"道义之士"（samba linguer）身边，当统治阶级不符合这个条件时，民众就向宗教人士靠拢。这样的运动常在巨变时期涌现，比如面对外族的征服或者是奴隶贸易兴起的时候。此外，我们还注意到殖民征服本身并非这些宗教抗议运动的直接原因，这些运动的起因是内部的社会危机；但是，先知运动的层出不穷和其在年轻人中得到的巨大响应印证了非洲人和欧洲人的遭遇所带来的冲击而引发的紧张事态。

二、宗教导师的权力形成和重组

法国征服塞内加尔之后，殖民行政系统的人员编制相当有限，而要治理的区域却非常广袤，并且当地居民分散在各处，殖民当局对于当地文化习俗也甚是陌生，所以无法像在法国本土那样进行有效的管理。在这种情况下，一个稳健的权力格局就需要找到能够协助殖民行政官的当地人，而过去的反对派即宗教导师们居然担任了这个角色。

1. 伊斯兰教与花生种植：宗教导师的权力融入殖民系统

征服、平定计划一旦实现，殖民当局开始整治殖民地。这时的塞内加尔已经不是西非帝国边缘的小王国群，原先非洲帝国的版图淡出历史，取而代之的是各殖民势力归属地的划分图，这些属地被殖民当局视作"物件"来分类、交换，被标上宗主国的颜色，而受统治的非洲人却从地图上"消失"了。

为了驳斥"没有非洲的非洲"的假象，我们试图还原非洲内部书写历史的活跃力量所扮演的角色。在首领战败后，宗教导师们的抵抗活动发生了转变，原因是战败的首领们只能扮演执行官的角色，负责收税和征兵。这两项不受民众欢迎的职能大大折损了当地首领的威信。他们的合法性逐渐消亡，由此产生了政治上的真空。在被殖民统治的民众眼里，宗教导师们成了新的"道义之士"，他们身边聚集形成的小型社群为抗议外来的强加秩序提供了活动空间。和继续自给自足生产模式的富塔—托罗地区不同,沃洛夫地区转而采取另一种农业模式:种植经济作物,把非洲融入到与法国本土的贸易交换活动中。宗教导师带领的社群成了这一经济模式的支柱。借助花生种植业,宗教导师将他们的权力转变成财力,他们分配财富的能力增加了,影响力也因此加强了。在花生种植热中,穆利德派的宗教导师(mourides)提倡劳作是一种宗教美德("劳作式祈祷"[1])。在他们组织的公社中,他们的学生(taalibe)负责种植高粱和花生,其他的教团也竞相模仿。开荒垦地的热潮受到铁路建设的影响,先是在达喀尔—圣路易铁路沿线兴起,之后又蔓延到杰斯(Thiès)—卡耶斯(Kayes,今位于马里境内)铁路沿线。随着时间的推移,塞内加尔的面貌发生了改变:在铁路沿线和重要铁路站附近,逐渐形成了商业化的城市。

这样的变动带来的人口流动加速了传统社会人际关系的分崩离析。在宗教导师领导的社群中,来自不同地区、不同种族、不同社会背景的学徒在共处中需要一种新的社交形式,宗教导师很快成了其中的关键人物,他们的人格魅力成了学徒们彼此团结的动力。宗教导师的威信填补了传统首领留下的政治真空,他们在社群活动中扮演关键的角色,而这一切都远离法国人的直接管制,成了一种抵抗的形式。这些在殖民治理之外的小型社会,对于它们的成员而言,是"社会逃亡"[2]的一种选择。从法国治理者的角度来看,他们对于宗教导师的社群积极投入生产感到非常欣喜,因为这些社群大量雇佣成本极低的学徒工,使得售价能维持在一个极低的水平,进而保障了花生种植产业的利润[3]。在政治层面上,鉴于宗教导师参与到贸易活动中,他们不再是反对势力。此外,宗教导师还对塞内加尔新派精英知识分子的崛起起到了牵制作用。宗教导师的权力就这样转向政治缓冲的功能,起到了疏导反对势力的效果,他们的存在有助于维持殖民秩序的稳定,在花生种植热中,他们为国家的"发展"做

---

[1] Coulon, Ch. *Le Marabout et le prince: Islam et pouvoir au Sénégal.* Paris: Éditions A. PEDONE, 1981, 第167页。
[2] 同上, 第99页。
[3] 同上, 第166页。

出了贡献,保障了殖民者的经济利益。

2. 去殖民化以后的伊斯兰教:宗教导师的权力渗透进政治角逐

在国家独立前夕,以宗教导师为代表的保守派势力受到新派精英的挑战,后者将宗教导师的势力视作封建制度的残留。为了不在政治上被边缘化甚至被排除在政治进程之外,宗教导师们选择了直接干预政治。在1958年9月戴高乐将军发起针对法非共同体的公投之际,保守派与新派间剑拔弩张的气氛达到极致,塞内加尔的未来显得非常不确定。宗教导师们担心作出转变终会不利于他们,就组成了一个政党:保卫第五共和国协会,呼吁投赞成票。法国当局将此视为十分难得的相助手段,戴高乐将军更在达喀尔接见了各位主要宗教导师。之后,各教团的宗教导师呼吁他们的追随者投票赞成。结果在此次公投结果中,赞成票占了大多数,有870362票之多,反对票则为21904票[①]。公投的成功标志了宗教导师开始直接干预政治。在塞内加尔,无论是在城市还是在农村,个人也是宗教社群的成员,受到社群的影响,宗教导师力求稳固他们的影响,他们成为了政治谈判中不可或缺的一方。

面对来自社会主义的挑战,1962年发生桑戈尔(Senghor)和马马杜·迪亚(Mamadou Dia)的权力之争时,宗教导师们选择支持桑戈尔。我们注意到,宗教导师们的选择和两位政治领袖的宗教信仰无关,桑戈尔是基督徒,迪亚是穆斯林,宗教导师们从实际出发,考虑的是意识形态方面的因素,迪亚出局是因为他的社会主义倾向。经过了1958年公投和1962年对决两次考验,宗教导师们的权力在同政权合作中得到加强。在之后的政治角逐中,宗教导师们同政治家联盟,他们向后者提供选票支持,进而成为权力和民众之间的必要环节,扮演了传送带的角色。

---

① Coulon, Ch. *Le Marabout et le prince: Islam et pouvoir au Sénégal*. Paris: Éditions A. PEDONE, 1981,第212页。

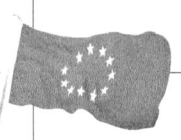

三、结　语

关于伊斯兰教宗教导师在政坛中的角色，必须指出，宗教导师和其他掌权者一样，试图在抗议声纷飞的时期巩固自己的势力，他们作为民间代言人展现在公众眼前，这种抗议活动增强了他们的合法性，巩固了他们对社会的影响力。在"开荒热"中，宗教导师利用个人魅力和影响力，掌控经济命脉。随着时间的推移，宗教导师的权力成了政权和民间的中间人，即使在去殖民化这一变革之后，仍然保持着"传送带"的角色。宗教导师的这种权力和他们干涉世俗事务的表现，恰好反应了宗教人士的世俗局限性。

此外，伊斯兰教并不是一个外部引进的上层建筑。非洲社会并非盲目皈依伊斯兰教，而是汲其所需。抗议式伊斯兰教、逃避式伊斯兰教和无财无势者的伊斯兰教都与非洲古老的不信任领袖的传统相契合。围绕着宗教导师形成的小型社会及其发展为伊斯兰教本土化提供了环境，在宗教导师和学徒的关系中，学徒放弃个人利益追求，由宗教导师根据整个社群的共同利益做出决定。在这个意义上，宗教导师的权力来自于他的学徒们组成的社群。宗教人士的权力渗透到他们的追随者中，在这种互动中，学徒受到来自宗教导师的庇护。追随者接受教规，使得伊斯兰教成为日常生活的一部分。

如果说宗教导师们先后扮演制衡和传送带的角色，那是因为他们是民意的代表，来自民间的权力自下而上地参政，宗教导师们为权力上层和下层的持续对话、谈判提供了可能。

第七节
法国殖民地艺术及其艺术文化政策——以摩洛哥殖民地绘画为例

张 苗*

法国殖民地艺术是指法国艺术家在殖民地滋生和发起的寻求异于法国本土（主要是巴黎）主流艺术的新流派。即使无法形成流派，但至少倾向于为法国艺术增加另一种附加价值。在这里，我们主要研究的是法国殖民时期[①]在其被保护国摩洛哥的殖民地绘画，由此来探究殖民地艺术和文化实践。

一、概念与历史：殖民地艺术和殖民地绘画

首先，我们需要了解一下法国殖民地绘画这一概念，究竟什么是殖民地绘画？它具有以下的具体特点：第一，从采光角度来说，殖民地绘画是一种"野外"绘画；第二，从颜色角度来看，它是一种颜色明快的绘画，它摆脱了法国学院派的绘画传统（主要为暗色系和画室内绘画）；第三，主题性主导着用色，比如摩洛哥的太阳和强烈的颜色对比，这个主题本身就已经决定了用色。事实上，画家和观众已经具备接受明快用色的基础，因为法国19世纪著名画家欧仁·德拉克罗瓦[②]（Eugène

---
* 上海外国语大学法语语言文学博士。
① Georges Hardy. *Nos grands problèmes coloniaux*. Paris: Armand Colin, 1929, p.16.
② 欧仁·德拉克罗瓦（1789–1893），法国著名的浪漫主义画家。

Delacroix)就曾被派往摩洛哥去发掘这个神秘的国家,在丹吉尔(Tanger)和梅克内斯(Meknès)的停留,启迪了他的色彩互补理论,此后,有很多画家追随他的脚步相继而至。德拉克罗瓦的画作里面也有很多明亮的色块,这已经被画家和大众所接受了。还有19世纪后半期兴起的印象派画家的作品,也注重光与色彩的关系,由传统的室内光引入了室外光。因此,这都为殖民地绘画的色彩运用和理论接受奠定了基础。

在1912年至1956年的殖民期间,很多法国画家或是受邀或是追随前人的脚步,纷纷来到摩洛哥,另外一位法国著名画家雅克·马若雷尔(Jacques Majorelle)[①]是最享有盛名的殖民地绘画的代表人物,他更是将摩洛哥艺术融入到自己的创作和生命之中,摩洛哥影响着他一生的绘画创作和生活。他将法国的南锡画派与之融合,形成自己独具一格的新型艺术。而且,他的艺术创作对摩洛哥以及当地新一代艺术家有着深刻的影响,这种影响一直持续至今。1917年,马若雷尔受当时法国驻其被保护国摩洛哥的第一任执政官利奥泰元帅[②](Maréchal Lyautey)的邀请,来到摩洛哥的马拉喀什(Marrakech),他立刻迷恋上了这座风景艳丽、气候宜人的城市,这里的光、色和特色市场,无一不折射出这里生活的香气。他画了很多这个城市的街景和人物画像,如《格拉维(Glaoui)的画像》,并于1918年在卡萨布兰卡(Casablanca)举办了第一次画展,展出了《摩洛哥初印象》、《生活,罕见色彩下的自我呈现》、大幅的村庄及城堡生活画

---

① 雅克·马若雷尔(1886–1992)出生于法国南锡,是法国著名的东方主义画家,大部分时间住在摩洛哥。其父(Louis Majorelle)也是著名画家和高级木器制作家,是南锡画派的创始人之一。
② 利奥泰(1854–1934)是著名的法国政治家、元帅,并于1912年至1925年在摩洛哥建立了法国保护国制度,被誉为"保护国之父"。他也是马若雷尔的父亲的好友,因为他们都是出生于法国南锡,相当于同乡,交往甚密。

——仿效柏柏尔人①艺术的朴实的几何画风,以及运用了新技巧的《金属的突显》,他的画作既有奇特异域感,又兼具记录性。此后,他在法国和摩洛哥都举办了多次画展。自1918年开始,马若雷尔就致力于将法国(或者说欧洲)和摩洛哥两种不同的艺术观念相结合,旨在创造出一种既"土著"又现代的新式装饰艺术。比如他为马拉喀什的拉马穆尼亚饭店(La Mamounia)所制作的各种装饰画和家具,正体现了他的融合性的装饰艺术。

到20世纪30年代,他又走遍了摩洛哥的南部,这给他的创作提供了新的主题源泉,尤其是摩洛哥的村庄和市场,此后还出版了北非城堡画册。从30年代开始,他还时常到阿特拉斯山区或者黑非洲走动,那段时间他的画作中就出现了不少裸体黑人形象,用色也更加丰富,加入了金色和银色。此后,他的作品总是体现出摩洛哥的主题,他的技巧和灵感逐渐转化为现实主义性的构图,趋向于沉思人性的绘画艺术。最终,他还是长住在马拉喀什,那座给予他热情和灵感的城市。马若雷尔在这里买了1.6公顷的棕榈林区,建造了一座简约的摩尔人风格的房子,之后,在有高塔楼的柏柏尔风格的另一座大房子里面建了几个画室。就是在这些画室里面,他开始从事装饰性艺术的创作之路,如精致的摩洛哥皮革设计制作、精细木工制作以及木制家具等等。摩洛哥著名的拉马穆尼亚饭店的顶棚也是他的作品,其设计主题是受到了柏柏尔艺术的启发。1931年,在他第一座房子旁边,又设计建造了另外一栋立体派风格的别墅,还有阿拉伯风格的藤廊。在其住所周边,他还创建了一个繁茂蓬勃的花园,在他后来的画作中,也经常会看到这个花园的风貌。花园里面有来自全世界各地的植物,画家在40年间从未间断对花园的充实和管理,最终使他钟爱

---

① 柏柏尔人是马格里布地区非洲人的祖先,也是摩洛哥最早的居民,曾在历史上兴盛一时。以家庭语言来统计的话,摩洛哥算是马格里布地区柏柏尔人最多的国家,大多居住在摩洛哥南部,大概有890万柏柏尔人(20世纪末),约占总人数的40%–60%,其中有大概一半的人很好地保持了柏柏尔人原有的语言和文化。在摩洛哥,柏柏尔人主要分布在卡萨布兰卡、拉巴特(Rabat)、非斯(Fès)和丹吉尔(Tanger)地区。1912年3月,摩洛哥沦为法国的"保护国",1956年3月取得独立。1957年8月14日,摩洛哥正式更名为摩洛哥王国(Royaume du Maroc)。

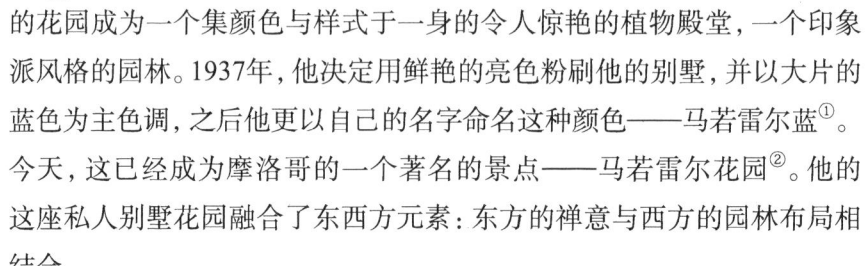

的花园成为一个集颜色与样式于一身的令人惊艳的植物殿堂,一个印象派风格的园林。1937年,他决定用鲜艳的亮色粉刷他的别墅,并以大片的蓝色为主色调,之后他更以自己的名字命名这种颜色——马若雷尔蓝[①]。今天,这已经成为摩洛哥的一个著名的景点——马若雷尔花园[②]。他的这座私人别墅花园融合了东西方元素:东方的禅意与西方的园林布局相结合。

20世纪初的摩洛哥似乎总是在沿袭着西方历史的足迹。在建筑方面,以捷拿古城的建筑艺术为例,伊斯兰式的想象力此时也不排斥模仿欧洲的金光闪闪的教堂和城堡,甚至在小说、神话传说方面亦是如此。

要提到殖民地绘画和殖民地艺术,就不得不提到利奥泰,作为法国驻摩洛哥的第一任执政官,他起到了积极的推动作用,提供了政策性支持。他本人对艺术极为感兴趣,喜欢邀请一些画家、艺术家到摩洛哥,为他们提供政策便利和资金支持,使艺术家在摩洛哥可以专心创作,不至于担忧生活问题。前面所提到的雅克·马若雷尔就是其中之一,也是最著名、最有成就的一位。通过他,我们就能窥探到法国殖民地绘画的概况。事实上,这位被安顿在马拉喀什的法国画家,就是当时引入摩洛哥的所有法国艺术形式的缩影。另外,马若雷尔还引领了一大批法国殖民地画家在摩洛哥兴起和创作,著名的现代艺术家让-加斯东·芒泰尔(Jean-Gston Mantel)就是其中之一。利奥泰作为一名军人兼艺术家,他意识到艺术的力量绝对可以彰显法国的魅力和威望,他在为马若雷尔作品所题的序言中指出:要非常感谢这位了不起的画家,因为"他完美地向摩洛哥展示了法国艺术的魅力,并将其融合于作品之中。"

艺术家们对摩洛哥的城市、人物、风景、建筑等的热爱是新的艺术气息产生的前提,与此同时,这也可能将他们引入误区。比如,马若雷尔的创作是受到了摩洛哥绘画艺术的影响,尤其体现在装饰性的风格上,在

---

① 亦称作钴蓝。
② 该花园深受时尚大师伊夫·圣·洛朗(Yves Saint Laurent)的喜爱,他支持对花园进行了修复,并最终馈赠给了摩洛哥的马拉喀什市。

很多人对其大加赞赏的同时,往往也有某些人不接受这一风格。热内·斯圭亚(René Séguy)在1924年11月份的《法国—摩洛哥》杂志上发表了一篇文章,其中针对马若雷尔的装饰艺术,他指出:"他(马若雷尔)是根据一种单一的、个人的概念,去观察、感受、比较和解读,那是一个他选择的原始的、粗犷的柏柏尔人世界,而将摩尔人的文明置之不理",似乎感觉摩尔人①完全与柏柏尔人对立一样。但笔者认为,事实上并不存在清晰的区分和对立,在摩洛哥,只存在阿拉伯化的柏柏尔人和柏柏尔化的阿拉伯人。面对这种偶尔的非议,马若雷尔毫不退让地表示,他的偏好主题——摩洛哥——是通过绘画的内在性体现出来的,是将艺术家的想象倾注于"摩洛哥主题"之中,他的"现实主义"作品已经转向了个性绘画笔法和综合性的装饰风格。然而,除了他之外,当时其他在摩洛哥的法国画家,很多却陷入了表面的"主题"陷阱,以至于在他们的作品中,只能看到几个固定的绘画主题:异域风景、柏柏尔世界、土著。

殖民地绘画因其强烈的主题性而独树一帜,但也常常因此遭人非议,因为这种主题性可能会导致画家忽略作品本身的纯绘画问题。1925年和1931年,分别在巴黎举办的"装饰艺术展"和"大型殖民地艺术展"标志着殖民地绘画达到了顶峰。然而,无论如何,艺术家所遵循的是造型逻辑和感性逻辑,无论他选取了何种形式,都必须进行自我表达——不管是通过造型艺术、装饰艺术还是抽象艺术。

二、法国殖民地绘画与摩洛哥传统艺术的相互独立和相互影响

为了探讨这一问题,我们首先要明确这两种艺术所属的两种不同的艺术体系:一方面,摩洛哥的传统艺术是一个涉及面较广的统一体,包括建筑师、镶嵌画师、装饰画家和雕刻家,他们共同去完成一件作品,可见,这是一种功能性的艺术,其社会功能性是第一位的;另外,它也不属

---

① 摩尔人是柏柏尔人、阿拉伯人、黑人混合的后裔,是一个包括多种文化的族群。

于造型艺术,因为在摩洛哥的传统艺术中,实用功能比审美功能更重要。由于伊斯兰教认为真主不具备形体,因此禁止将真主形象化,驱逐了一切人物和动物的形象。这使得艺术家们专攻装饰艺术和功能性艺术,从而也成就了他们传统艺术的最显著特色。而另一方面,法国艺术是完全不同的,比如就绘画而言,绝对不是功能性的,而是一种画架式的造型艺术,在抽象艺术出现之前一直属于造型艺术的范畴。对于形象派艺术家来说,主要目的不是在于人和物的表面,而是其蕴含的内容和所体现的深意,通常体现出的是三维意境,比如雕塑是最能直接体现三维性的艺术,而对于绘画而言,观赏者则可由画而想象勾勒出三维意境。

总之,法国艺术是典型的西方艺术,而摩洛哥艺术属于伊斯兰艺术,这是两种完全不同的艺术类型,分属于两种截然不同的视觉世界。但这两种相互独立的艺术体系是否能相互产生影响呢?答案是肯定的。法国的殖民地艺术就是这两大类艺术相互影响的结果。

如果说马若雷尔及其他欧洲艺术家并未能成功渗入摩洛哥传统艺术,但这一过程却对他们自身的艺术产生了持久的影响。由于马若雷尔一直都与摩洛哥当地的艺术家有诸多接触,也对摩洛哥艺术颇为了解,在这个过程中,他自己的画风得以净化和提炼。他于1922年在巴黎展出的题为《椰枣》的作品,就证明他已经摆脱了现实主义的极端性;《装饰性画板》体现了他的笔法和色彩的简化,这为他的绘画开辟了一条新路。在马若雷尔看来,绘画中利用"真实"并不意味着一种结局,"真实"是"梦"和"虚幻"的一个起始点,使作品集形式和色彩布局为一体。在这一点上,他借鉴了伊斯兰艺术家们的路线。这位法国画家的装饰性倾向,源于他对摩洛哥艺术的领悟和融会贯通,源于某种"虚无"——而这种"虚无"存在于被升华的梦境和非现实之中。另外,法国著名野兽派画家亨利·马蒂斯(Henri Matisse)就曾明确表明:"我的灵感总是来自于东方(l'Orient)。"①此后,擅长风景和静物画的法国画家劳拉·杜非(Raouf Dufy,1877–1953)以及其他很多法国画家,都受到了伊斯兰艺术的影响,

---

① 这里的东方主要指的是伊斯兰文化(Orient musulman)。

从中获益颇丰。杜非的作品（包括绘画、挂毯、陶瓷等）特点就是色彩艳丽，而且具有很明显的装饰性。

如果说通过以上的种种分析，我们可以看到摩洛哥传统艺术给法国殖民地绘画所带来的影响，那么，从另一个方面来说，法国殖民地绘画对摩洛哥传统艺术和文化的影响又如何呢？事实上，法国在殖民期间对摩洛哥的文化政策，其根本本身就有捏造之嫌：对假设性的柏柏尔文化和阿拉伯文化进行区分，这本身也只是一种不确定的假设而已。这种无视摩洛哥真实情况的政策，注定是不会成功的。因此，可以说这种政策是源于欧洲干涉力量强制渗入当地土著艺术，也背离了政策的初衷和目的，结果，不但没有保护好摩洛哥传统艺术，反而给其带来了混乱和损害。还是以马若雷尔为例，很多法国人和其他欧洲人都紧随其后，纷纷在摩洛哥设立艺术工作室，他们对"柏柏尔"的绘画主题进行了现代式的仿效，但基本都是错误的风格仿效。比如马若雷尔和曾与他合作过的贝内泽什（Benezech），他们为马拉喀什的各个市场供应自己创作的柏柏尔主题的装饰画，这影响和误导了150多位手工艺者的绘画风格，因为这些手工艺者根本就没弄明白柏柏尔风格到底是什么，就只是复制马若雷尔的作品而已。今天的手工业界也存在这个问题，追根溯源，就是从这个时期开始的。就连贝内泽什自己也混淆了这种风格，他自己也有不少作品，自认为向大家展示了纯正的"柏柏尔"风格的范例，但事实并非如此。

总而言之，我们不难发现，法国或欧洲文化试图渗入阿拉伯—伊斯兰传统内部的做法是失败的，但我们也必须承认，除了以上提到的个别损害性后果之外，法国殖民地绘画也给摩洛哥艺术带来了很多积极的影响。它促使摩洛哥艺术家习惯于在静态的功能性艺术[①]中采用画架式绘画，而在此之前，这对于他们来说是一个完全陌生的概念。此外，这种外来艺术和文化的冲击，在当地唤起了一种新的表现模式，也激发了造型艺术。而长久以来，造型艺术在摩洛哥乃至整个非洲一直处于被压抑的状态，往往被装饰性与技巧性所取代。无论如何，法国殖民地绘画虽然并未

[①] 在非洲传统艺术中，社会功能和实用功能是第一位的，审美功能是第二位的。

撼动摩洛哥艺术的核心传统,但是,它在年轻一代的摩洛哥人中间产生了很大影响,也培养出一批年轻的学徒。卡萨布兰卡的美术学院(Ecole des Beaux-Arts)不仅面向法国人和欧洲人,也接收有潜力和才华的摩洛哥学生。在他们中间,比较知名的有释卡维(Cherkaoui)和格巴维(Ghrbaoui),他们都是在传统装饰性主题的基础上进行抽象化,形成了独特的画风。此外,一些法国画家的工作室也培养了很多摩洛哥画家,比如默罕迈德·本·阿拉(Mohammed Ben Allal)是摩洛哥纯朴风格的画家,他就出自马若雷尔的工作室。

摩洛哥对法国殖民地绘画的某种继承,还体现在卡萨布兰卡和马拉喀什的年度艺术沙龙。这是当时摩洛哥最为著名的精湛艺术作品展,最优秀的画作和艺术作品将会赢得大奖和奖金。在卡萨布兰卡还有"独立艺术家沙龙",每年将会选出最有潜质、最有才华的艺术家。在丹吉尔,设有法国航空联盟、地区性旅游事业联合会[1]和国际出版协会,这些机构会组织竞赛和国际性的展览等活动[2]。

三、探讨殖民地文化艺术政策的实践和实质

作为艺术爱好者的利奥泰,也一直秉承着复兴"柏柏尔艺术"[3]的文化政策——包括柏柏尔地毯、陶瓷和皮革等。总体来看,利奥泰的文化政策是设置摩洛哥的土著艺术监察员,旨在保护当地(柏柏尔人的)传统艺术。

首先,他任命艺术家普罗斯佩尔·里卡尔(Prosper Ricard)为摩洛哥首府拉巴特(Rabat)的美术管理处的负责人。而里卡尔委任其他一些艺术家与他合作管理,主要是提携柏柏尔艺术的典型力作,并大力宣传,试图

---

[1] 这也是源于法国的地区性旅游事业联合会(Syndicat d'Initiatives)。
[2] 不过,随着摩洛哥的独立,很多类似的组织在20世纪60年代初都没落了。
[3] Salima Naji. *Art et architectures berbères du Maroc – Atlas et vallées présahariennes.* Paris: Editions Non Lieu, 2009, p.106.

将其发扬光大,避免这种传统艺术的扭曲或消亡。他还在马拉喀什设立了第一个博物馆——达西赛义德博物馆(Musée Dar Si Saïd)。其次,1915年,在拉巴特和非斯又分别创立了"原住民(指柏柏尔人)艺术检察署",同时,还在卡萨布兰卡配合举办了一场"法国—摩洛哥艺术展"。此后又在巴黎举办了一场,并成立了"原住民艺术产业局"(后改名为"原住民艺术服务处"),主要负责收集关于艺术作品的保护、制作和流通的资料。在马拉喀什设立了"区域艺术服务处",负责人是一位来自卡比利地区(Kabylie)的阿尔及利亚画家[①],与马若雷尔也认识,他的作品曾参与了上面提到的巴黎和卡萨布兰卡的展出。这一艺术服务处的主要任务是:使柏柏尔人的几何风格取代摩尔人的装饰风格。换句话说,其实是想把阿拉伯人的艺术驱逐出高阿特拉斯山地区。此时,法国殖民统治当局眼中看到的不是摩洛哥人,而是柏柏尔人的领导者,可以时不时地利用柏柏尔人来压制法国殖民区的摩洛哥苏丹的反抗,这可算是一个非常有效的方法。

但这里要指出的是,具体到殖民地绘画(或殖民地艺术)方面,利奥泰曾称赞马若雷尔的创作是"彰显法国的魅力和威望",绝不意味着鼓吹殖民主义,也不等于美化宗主国的优越性。尽管在当时也出现过此类现象和问题,但这类艺术家及其作品随着历史的推进很快就被遗忘了,并非主流。所以,从某种程度上来看,殖民地艺术并不是殖民主义的体现,殖民地艺术当时还是坚持了其基本的艺术本质,这是令人庆幸的。

四、结　语

利奥泰所提出的复兴"柏柏尔艺术"的文化政策遭到了质疑。实际上,这种观点是殖民者自己臆测出来的,只执着于想方设法区分柏柏尔

[①] Maâmeri Azouaou。来自卡比利地区的人被称为卡比尔人(Kabyle),是柏柏尔人的一个重要分支。

人和阿拉伯人的文化,这种想法意味着逃避长期以来两者相互融合的现实。尽管也有人认为这种融合并非真正意义上的融合,但这两者之间的区别的根源也是虚无缥缈、似是而非的。虽然柏柏尔人与阿拉伯人之争由来已久,这是毫无疑问的,"当初阿拉伯人是从遥远的东方来到这个'日落之地',人口和当地柏柏尔人相比一定颇有悬殊。摩洛哥的历史就是在柏柏尔人与阿拉伯人的斗争和融合中发展的。"①但在殖民期间,只强调某一族群的艺术和文化的政策必然有分化之嫌,或者也可以说是殖民者一厢情愿地想要通过区分来分而治之,首先就从根源和文化上进行区分(这里我们重点提到的是艺术的区分,实质上就是文化区分),这样,似乎更有利于分化文化、分化族群,进而便于统治。

可以看到,除了在摩洛哥,法国还在阿尔及利亚(柏柏尔人的第二个较大的聚居地:阿尔及利亚的卡比利②地区)也实施了类似的文化政策。后来一直到今天,马格里布地区的柏柏尔人仍然在为保护其传统语言和文化而进行各种斗争③,也不断与阿拉伯人在文化和政治方面进行种种努力,这都与法国殖民地时期的政策的分化作用有很大关系,它在一定程度上鼓励了这种运动,其"保护"和"复兴"柏柏尔文化的实质,被解读为对柏柏尔文化和阿拉伯人的文化分化,分而治之,为现在的柏柏尔文化和阿拉伯文化的对立和抗争埋下了伏笔。"法国殖民当局为了实现分而治之的目的,极力证明柏柏尔人与阿拉伯人之间的差别,声称阿拉伯人和柏柏尔人仅以'伊斯兰教为唯一联系'④,竭力挖掘柏柏尔人和阿拉伯人在历史上的差异,以东方主义的逻辑将柏柏尔人划为西方世界的高贵的

---

① 张信刚:《大中东行纪》,桂林:广西师范大学出版社,2011年,第84页。
② 那里的居民被称为卡比利人,是柏柏尔人的一个重要分支。
③ 2001年,柏柏尔文化皇家研究院(Institut Royal de la Culture Amazighe)在摩洛哥成立,致力于将柏柏尔语规范化,并努力在摩洛哥推广柏柏尔人的语言和文化。(Amazighe是柏柏尔语,意为柏柏尔人的或者柏柏尔人(单数),相当于法语的Berbère。)柏柏尔语现在在摩洛哥是必修语言。
④ [法]佩鲁东:《马格里布通史:从古代到今天的摩洛哥、阿尔及利亚、突尼斯》,上海师范大学《马格里布通史》翻译组译,上海:上海人民出版社,1974年,第2页。

'我们'①,将阿拉伯人划为东方世界的粗鲁的'他们'②。"③

当今,法国也被认为是柏柏尔人文化的海外保护基地。有大概300万柏柏尔人移民到了欧洲,其中大部分都移居法国。20世纪60年代以来,很多柏柏尔人的文化组织和社团就在巴黎成立。如1967年,柏柏尔文化研究与交流学会在法国成立,"学会的创始人是柏柏尔主义运动的'精神教父'穆劳得·马马里(Mouloud Mammeri)……"④,而柏柏尔主义被认为是在法国殖民统治时期所滋生和壮大起来的;次年成立的柏柏尔文化运动(MCB),主张文化多元化,支持柏柏尔人的语言和文化权利,反对全盘阿拉伯化。1972年,在巴黎八大成立了柏柏尔研究社,旨在进行柏柏尔学术和文化方面的研究。"柏柏尔之春"前后也有很多柏柏尔人组织在法国成立,"其中包括巴黎的柏柏尔文化社(ACB)、柏柏尔资料信息研究社(ABRIDA)、鲁贝的手牵手组织(Hand in Hand)、里昂的阿西兰组织(Assiren)等。柏柏尔文化社还在法国各地建立了多个分支机构。"⑤

此外,20世纪90年代至今,法国依然是柏柏尔人的庇护地,"2001年建立的卡比利亚自治运动都将总部设在法国。2010年建立的卡比利亚临时政府也设在法国……尽管没有直接证据表明法国政府给这些组织和人员提供了支持,"⑥但明显能看出,法国政府并没有限制柏柏尔人在法国的各种社团组织和文化研究等活动。这似乎也说明了一定的问题,表明了法国的立场,而这一立场,其历史渊源可以追溯到法国殖民地时期的艺术文化政策与实践。

---

① 法语为nous。
② 法语为eux。
③ 黄慧:"阿尔及利亚卡比尔人问题探析",《西亚非洲》,2012年第1期,第59页。
④ 同上,第54页。
⑤ 同上,第60页。
⑥ 同上,第61页。

# 第六章

瑞士及德国对非洲关系

第一节
瑞士与非洲关系：宗教、文化、经济与政治

陈壮鹰[*]

  瑞士地处欧洲中南部，是一个地域狭小、资源贫乏的内陆国家，周边被德国、法国、奥地利、意大利环绕。然而瑞士经济极其发达，生活水平名列世界前茅，是世界上最富裕的国家之一。瑞士联邦成立于13世纪，自1815年后从未卷入过国际战争，对外实行永久中立，对内采用直接民主制，自2002年起才成为联合国正式会员国。瑞士实行积极外交政策且频繁参与世界各地的重建和平活动；瑞士是红十字国际委员会的发源地且为许多国际性组织总部所在地，如联合国日内瓦办事处。在欧洲区域组织方面，瑞士是欧洲自由贸易联盟的创始国及申根区成员国，与欧盟各国经济、政治往来密切。作为一个自然资源奇缺、国内市场狭小、原材料主要依赖进口、产品主要依赖出口的国

---

[*] 上海外国语大学德语系教授，博士。

家,瑞士非常注重与非洲的宗教、文化、经济、政治交往,这不仅有意识形态上对外输出的考量,而且也有极其现实的经济利益诉求。

一、瑞士对非洲的宗教影响

1. 瑞士在非洲的传教历史

在非洲地区的基督教传教活动是瑞士和非洲关系中极其重要的一面。瑞士传教士的活动遍布除马格里布三国(突尼斯、阿尔及利亚及摩洛哥)以外的非洲地区,并且持续时间长,活动领域广,产生了广泛持久的影响。第一批瑞士传教士于19世纪20年代来到非洲,他们首先从加纳出发,然后进入西非。1831年瑞士新教教徒和巴黎传教会、巴塞尔传教会教士来到南非,并且第一次尝试在埃塞俄比亚驻足。19世纪下半叶瑞士天主教传教会和新教传教会亦开始在黑非洲(莱索托、赞比亚、莫桑比克、马达加斯加、喀麦隆、安哥拉)传播基督教。瑞士传教士尤其在北非和中非地区非常活跃。嘉布遣会修士自1921年起在坦桑尼亚传教,天主教本笃会修士在罗得西亚(今津巴布韦)也很活跃。传教活动最初遇到了巨大困难:恶劣的气候、疾病、不信任甚至个别殖民机构的反对使得传教士们的工作充满艰辛和危险。第一批在加纳的瑞士传教士死亡率高得惊人,直到19世纪中叶几乎一半的欧洲传教士在定居西非后一年之内死亡。除了传教布道活动,传教士也在农村地区创办学校,促进当地教育发展。他们有时会受到指责,被认为是在为殖民统治者开辟道路。然而事实上,传教士开办的学校里也培养了一批殖民统治的反对者,这些反对者后来纷纷成为非洲革命运动及反殖民运动领袖,如莫桑比克解放阵线主席蒙德拉纳。很多类似马克思主义运动的领导人都曾是瑞士传教士的学生。传教士还设立医院和救护队,在加纳和莫桑比克他们致力于农业发展,开展职业技术培训。可可树就是由巴塞尔传教会成员于1858年引入加纳,而且成果显著,加纳于一战爆发前已成为世界上最重要的可可生产国。

2. 瑞士在非洲的传教现状

非洲目前基督教概况

非洲信仰的宗教主要有三种：传统宗教、伊斯兰教和基督教。传统宗教是非洲黑人固有的、有着悠久历史和广泛社会基础的宗教，伊斯兰教和基督教是后来从外界传入非洲的宗教。基督教传教活动自18世纪末兴起后，发展十分迅速。至1830年，已有近150名西方传教士在撒哈拉以南非洲活动；19世纪末，西方各类教会在非洲的工作人员已达8000名之多。参加传教的国家也由英国发展到法国、美国、德国和瑞士等。

根据美国国务院《国际宗教自由报告》(*International Religious Freedom Report*)和美国中央情报局出版的调查报告《世界概况》(*The CIA World Factbook*)等提供的数据，截止到目前21世纪，非洲基督人数接近1亿，分布如下[1]：

地区	总人数	基督徒	基督徒百分比	占基督徒总数百分比
中非	125165000	100161000	80.02%	4.66%
东非	325803000	208168000	63.89%	9.68%
北非	206208000	16629000	9.15%	0.49%
南非	56540000	46120000	81.57%	2.14%
西非	299240000	117162000	39.15%	5.45%
总计	999956000	516240000	62.60%	22.43%

瑞士在非洲主要传教会简介

南非福音教长老会(Evangelical Presbyterian Church in South Africa)。南非福音教长老会，即之前有名的特松加长老会(Tsonga Presbyterian Church)[2]，是瑞士传教会在南非的工作成果，1875年成立于德兰士瓦，随后在德兰士瓦的北部和东部陆续建立起一个传教站点网络。随着采矿业

---

[1] http://en.wikipedia.org/wiki/Christianity_by_country#Africa, 2013年6月访问。
[2] 特松加是南非福音教长老会(EPCSA)的官方语言。

的兴旺发达,很多人开始迁入城镇。南非首都比勒陀利亚、奥兰治自由邦、祖鲁兰等地也开始成立分会。长老会于1962年独立,但仍依赖于瑞士教会的经济资助。教会现有成员48000名,其中牧师46名,长老2320名,共计7个长老会,42个宗教团体,249个布道点。教会承认普世教会的信仰:耶稣是上帝的儿子,是世界的救星。因此教会崇拜一个上帝:圣父、圣灵和圣子。主教会议是教会的最高权力机构,执行委员会贯彻主教会议精神。一些委员会,如教育、卫生、青年、文学、妇女公会和男人公会,协助主教会议开展活动。EPCSA是世界基督教教会联合委员会的成员之一,其活动和工作重点包括福音传播和建立新教堂、提升教会精神、积极参与艾滋病防治、培养传教士和行政人员管理技能、改善教会财务状况。[1]

卢旺达长老会(Presbyterian Church in Rwanda)。20世纪初天主教教士第一次把福音带到卢旺达。1907年德国伯特利传教会(German Bethel Mission)教士和坦桑尼亚人一起成立了这个后来的卢旺达长老会。一战结束后比利时人和瑞士人代替了德国传教士,之后荷兰传教士也加入其中。直到1957年教会活动集中于三个地点:基林德(Kirinda),鲁本盖拉(Rubengera)和雷麦拉(Remera)。1959年教会独立,并使用新名字"卢旺达基督教长老会",确定首要任务是把教会范围扩大到全国。在扩大的过程中,教会又把名字改为长老会,因为教会宣称赞成不同基督教派联合,即泛基督教。由于教会的可信度很大程度上取决于其对不幸、贫穷、饥饿、疾病和无知所做出的应对,因此教会努力在传播圣经和社会投入方面保持平衡,积极参与医院、学校和发展援助项目。在1994年卢旺达种族大屠杀中,卢旺达长老会痛失16名牧师和许多其他成员。教会将工作重点放在对年轻一代的和平教育及种族和解教育上,同时也面临着照顾众多遭受精神创伤的孤儿和寡妇的挑战。教会现有成员300000名,其中牧师81名,布道者56名,有92个教区,16个地方宗教会议,57个管辖区。

---

[1] http://www.oikoumene.org/en/member-churches/regions/africa/south-africa/evangelical-presbyterian-church-in-south-africa.html,2013年6月访问。

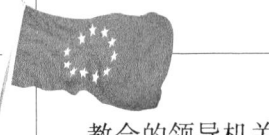

教会的领导机关是一般主教会议,负责所有项目、机构和宗教团体,在教会秘书长的帮助下由主教协调。卢旺达长老会和其在卢旺达、非洲、比利时、瑞士、德国和荷兰的传统伙伴保持着紧密的关系,并在很多基督组织中扮演重要角色。①

莫桑比克长老会(Presbyterian Church of Mozambique)。莫桑比克长老会的历史可以追溯到1882年,当时属于瑞士传教会的南非Valdezia/Spelonken教会派遣约瑟夫·马哈拉姆哈拉到如今的莫桑比克去布道传播福音。瑞士传教会派遣的第一个传教士牧师保罗·贝尔德于1887年抵达莫桑比克。1948年教会承担起自己的财政责任。1962年在教会和瑞士传教会参与的教会代表会议上,莫桑比克长老会的独立性获得官方承认。1963年教会在洛伦索·马克斯(今马普托)召开了一次重要的主教会议,教会组成得到调整,并任命了五名新牧师。1970年教会将所有的传教点变成自己的财产时,教会的独立也变成了现实。但是葡萄牙政府对此并不高兴,在1972至1974年间,教会遭受了来自殖民独裁当局的迫害,许多基督教长老会领袖被监禁。莫桑比克长老会不断发展,独立之前仅存在于莫桑比克南部的两个省份,当时新教教徒多存在于南部地区,中部多为天主教,北部多为伊斯兰教。现在教会在多达十个省份传播福音,基督教徒数目也在不断增加。如今莫桑比克长老会已发展成员24000名,牧师42名,拥有40个教区。教会在传播福音的同时,也做了大量社会工作,如设立医院、开办学校等。教会在人们的文化生活、社会生活、政治生活中都产生了重要影响。莫桑比克解放阵线主席爱德华多·蒙德拉纳也是这个教会的一员。教会不断在尝试通过一种成熟的、依据圣经的宗教信仰寻找在社会中新的基督存在方式。教会的首要任务是通过不同项目培训普通民众、教育青年。

---

① http://www.oikoumene.org/en/member-churches/regions/africa/rwanda/presbyterian-church-in-rwanda.html,2013年6月访问。

3. 瑞士教会在非洲的传教方式

福音传播。福音传播即传播基督信仰的行为，同时也是基督教教义的要求。瑞士传教士到达非洲之后首要目的就是传播福音，让更多的人相信上帝。传福音的内容是以耶稣基督及圣经经文为中心，主要强调救恩的内容，也会涉及原罪和大审判及不信会下地狱等基督教神学内容。基督徒有很多传福音的方法，当中以三福、四律、五色布道法较为普遍及流行。一些教会也会印制一些小册子，发给慕道友或是行人。传福音的方式随时代与社会的转变而有所不同，进入工业化时代前，基督徒大多以到处演讲、发送出版物、创作音乐等方式来传播福音。现代传福音的方式则相当多样化，除了传统方式之外，流行音乐、传媒、营队也常被基督徒运用，以贴近人们的生活，使福音更能被大众了解。如由21传教会（Mission 21，即之前的巴塞尔传教会）在尼日利亚支持的库尔普圣经学院（KBC）是国家承认的最重要的神学院之一。该学院在神学学士学术训练课程中会传授神学基本知识，让学生探讨在尼日利亚社会发展中教会和信仰的角色和作用、贫穷问题和腐败问题，以及艾滋病的传播和国家内部的宗教冲突。

慈善项目。除了传播福音，瑞士传教士组织还参与了大量社会工作，如医疗、教育、农业等领域，具体如下：一方面促进当地社会发展，另一方面取得居民的信任，发展更多的基督教徒。

在医疗尤其是防治艾滋病方面：非洲一些地区医疗条件相当落后，很多地方不少人群患病却得不到治疗。在非洲落户的一些传教组织承担了部分改善非洲医疗条件的责任。如瑞士21传教会在坦桑尼亚的合作教会摩拉维亚教会（MCT, Moravian Church of Tanzania）在坦桑尼亚部分地区设立医院，使得部分交通不便的地区也能得到医疗服务。除了治疗一些严重疾病，教会还会派人进行艾滋病防治的宣传讲解工作，使人们对艾滋病的认识更加正确和清晰。21传教会对此给予财政支持，并派遣医疗专家到当地帮忙。

自2005年以来，瑞士21传教会的合作教会在撒哈拉沙漠以南地区开展了不同的防治艾滋病项目。联合国曾在2000年制定的千年目标中提出,要在2010年让所有的HIV阳性病人得到治疗,但是目前艾滋病仍在蔓延。每年约有180万人死于艾滋病,每天都有7000人新患上艾滋病。非洲南部情况尤其严重,尽管这个地方的人口只有世界人口的十分之一,但是世界上艾滋病患者的三分之二都生活在这里。如今这里大约有2250万艾滋病患者,其中250万为儿童。21传教会的活动项目包括:(1)针对艾滋病进行合适的宣传教育工作;(2)为患者提供具体的帮助和治疗;(3)教育和培训当地的艾滋病工作人员,为患者提供医疗服务;(4)将非洲、亚洲和拉丁美洲合作教会的艾滋项目建立成一个网;(5)支持预防艾滋病蔓延的措施。此外21传教会还致力于提供更多的资源,如获得抗逆转录病毒药物的渠道、发展公平的交易关系、对某些地区免除债务。21传教会在非洲的合作教会包括喀麦隆长老会(PCC, Presbyterian Church in Cameroon)、苏丹长老会(PCOS, Presbyterian Church of Sudan)、坦桑尼亚摩拉维亚教会等等。①

教育:非洲不少国家教育条件也非常落后。虽然有些国家如刚果民主共和国规定人民享有基础教育权利,但是实际上不少地区只能依靠教会倡议或者儿童家长才能成立起学校。21传教会合作教会刚果福音组织(Die Communauté Evangélique du Kwango (CEK))在刚果地区建立了33所小学和23所中学。教会不仅需要建造和维护学校,还要提供学生上课所需桌椅及黑板等设施。此外教会还对当地教师进行培训和继续教育,根据规定对优异学生提供奖学金,以及保证男女有同等权利入学。因此传教组织对改善非洲教育条件做出了很大的贡献。

农业:非洲人民营养不良有一部分原因是由于当地农业水平落后,因而瑞士传教组织还致力于农业可持续发展和传播先进农业知识。教会不仅教授新的农业种植方法,还扩大一些稀有植物的种植、开辟新鱼塘、给家禽注射疫苗等等。此外教会还支持农业剩余产品市场化,让农民通过销售获得收入。一些农业工具的引进如木薯碾磨机大大减轻了妇女的

---

① Tansania, Mbozi und Isoko Medizinischer Dienst. Projekt-Nr: 186.1508 Letzte veränderung, 12-12-2011, mission 21.

劳作负担。

改善妇女地位：在非洲，男人占家庭统治地位。喀麦隆妇女一般承担了家庭的主要责任，还要培养和教育小孩，并为其赚取学费。在刚果，女人的社会地位极低，女孩没有上学的权利，只能在家里做家务。妇女承担大部分农业劳动，并靠卖掉多余农产品获得收入，保障家庭收入。妇女付出的劳动和社会地位不匹配。因此一些合作教会会教当地妇女认字，传授简单文化知识，传授手工技术，宣传平等思想，唤醒妇女自我意识以及男女社会分工、劳动分工意识。

4. 瑞士向非洲传教的意义

宗教是人类历史发展到一定历史阶段出现的一种文化现象，属于社会意识形态。瑞士等西方国家向非洲输入基督教的行为在一定程度上冲击了非洲当地的原始宗教，瑞士文化也随着宗教的传播被非洲人了解和认知。总的来说，瑞士向非洲传播宗教的意义有四点：

宗教意义：毫无疑问，瑞士向非洲传教的本质意义在于扩大基督教在非洲地区的影响，吸收大量基督徒，让更多的人信仰上帝。基督教认为上帝是爱每一个人的，包括罪人和被遗弃的人，它以爱为纽带，将上帝与人类、人类与人类联结起来，让大家彼此相爱。因此在基督教传播影响下，人们的思想也可以得到净化和超脱。同时基督教以自己的教义规范人们的行为，引导当地人们向善。

社会意义：为了使非洲当地人们相信基督教，接受基督教，来自瑞士的传教组织或者相关合作教会投入大量精力参与当地社会建设，取得人们信任，以更好地传播基督教义。教会在社会建设方面做出的贡献，如提供医疗、设立学校、改善基础设施等措施极大改善了当地贫穷的社会条件，给落后地区带来新思想、新技术，造福了当地居民，进而取得了当地民众的认同。

政治意义：基督教传教运动的核心在于传教，其中包括神学思想、组织体系以及外延的社会伦理、政治观念等整体世界性扩展，因此也会深浅不一地影响信徒和非信徒的政治认同。在瑞士向非洲传教的过程中，瑞

士的文化意识包括政治意识也会随之影响非洲。传教运动影响了公共领域的话语和价值观。传教运动能进入公共领域的核心信念是自由和正义,这同时也是西方国家包括瑞士的价值观念。自由是终极追求,也是正义实现的途径。耶稣象征着人类得到救赎、获得自由。[1]因此从这点来说,瑞士国家的自由民主和人权观念在传教过程中被渗透到了非洲文化中。

经济意义:瑞士宗教的发展及其在世界的传播都和国家离不开关系。瑞士各州都对三大传统宗教进行财政资助,资助的方式主要通过税收来进行,也就是将税收的一定比例交给教会,纳税人也可以不缴纳宗教税。有了财政支持,教会才得以存活,才能够在非洲开展这么多的援助项目。而国家对教会的财政支持归根到底是为其经济利益服务的。传教传播的不仅是基督教,同时输送出去的还有瑞士的价值观及良好的国家形象。非洲是瑞士在世界上重要的原材料和能源获取地。与其他国家相比,非洲国家人民更乐于和国家形象良好的瑞士保持经济贸易往来。这对瑞士国家及瑞士企业是十分有利的。

二、瑞士与非洲的文化交流

瑞士与非洲最初的文化交流是通过瑞士派到非洲的传教士、发展援助工作者以及人类学学者建立的。虽然瑞士没有参与到西方国家对非洲大陆的殖民行动中,但是在18世纪的摩洛哥以及19世纪初的埃及,瑞士统治集团都在不同的领域有所出现。在西方国家对非洲进行掠夺侵略以及奴隶买卖中,瑞士也都有参与。据瑞士历史百科全书记载,1828年,巴塞尔传教会(Basler Mission)在今加纳地区开始传教,期间反对奴隶买卖,希望保护原住民。这应该是瑞士人道主义思想在非洲最初的传播与影响。从19世纪中期开始,一些好奇的科学家、学者开始对这片土地产生

---

[1] 涂怡超:"当代基督宗教传教运动与认同政治",《世界经济与政治》,2011年09期,第46页。

兴趣，在西方工业化初期，许多商人也和这些冒险的学者一起来到非洲。在这些最早进入非洲大陆的人中，有一小部分传教士在南非东部传播西方现代科学的研究方法，他们在德兰士瓦、莫桑比克搜集非洲植物和昆虫并用拉丁语分类，其中传教士亨利·尤诺德在1896年已确定了500多种植物，并绘制非洲地图。在语言方面，瑞士人并没有像其他殖民国家那样完全忽视原住民的语言并实行同化，而是为当地方言"Gwamba"建立正字法和拼写标准。在人类学方面，尤诺德和他的同事编纂民族志，分析聪加人的传统生活准则并对其宗族道德准则进行记载。此时正是其他西方国家对非洲大举入侵和占领的时期，传统非洲黑人文明受到致命威胁。殖民当局大多无视非洲传统文化（包括语言、宗教和生活方式等），许多国家甚至推行形式不同的同化政策，企图以宗主国文化取代殖民地的黑人文化。瑞士虽无殖民地，但是也并未置身事外，主要通过教会实行了文化输出。可是我们确实能从上述例子中看出，在非洲遭受殖民统治时期，瑞士在现代科学以及民族学上起到了一定的积极作用，并且将先进的科学研究方法引入了非洲。

当代瑞士与非洲之间的文化互动主要以政府属下的瑞士文化基金会、瑞士发展合作署以及一些非官方机构赞助、支持的艺术活动、文化展示、艺术家交流为主，形式多样，传统与现代兼顾，以期通过文化软实力的输出来展示瑞士良好的国家形象、人文素质、社会经济成就，从而为瑞士在非洲的政治、外交和经济利益创造有利的国际环境。

瑞士文化基金会。谈及瑞士文化的全球推广，有一个机构扮演着举足轻重的角色——瑞士文化基金会（PRO HELVETIA）。基金会成立于1939年，与瑞士外交部共同负责瑞士在海外的文化活动。其支持的文化交流活动分为两大类：基金会组织自身发起的项目以及非基金会组织发起的项目。基金会宗旨是在世界各国传播瑞士本国舞蹈、音乐、戏剧、文学等文化艺术。截至2012年，瑞士基金会在全球共有12个联络处，这种在目标国当地设立联络处的方式使得基金会运转更为有效。各国联络处的工作人员基本上都由当地人构成，这使得联络处与当地的交流与沟通极

为方便。基金会也经常与瑞士发展合作署(SDC，德文DEZA)一起合作，共同支持瑞士与其他国家开展文化交流。瑞士文化基金会在非洲设有两个联络处，即开罗联络处和开普敦联络处，2012年开普敦联络处被迁至约翰内斯堡。

瑞士文化基金会开普敦联络处（现约翰内斯堡联络处）。1998年，在非洲种族隔离制度取消后不久，瑞士文化基金会就在开普敦建立了它的第一个联系办公室并提供每年60万瑞士法郎的文化交流资金。另有29万瑞郎由瑞士发展合作署提供给基金会使用，以便其在非洲南部开展文化活动。截至2008年，瑞士文化基金会十年内在开普敦联络处共资助了500个项目，450位参与文化艺术活动交流的艺术家得到了基金会的赞助。

瑞士文化基金会开普敦联络处负责瑞士与南非、莫桑比克、津巴布韦、博茨瓦纳、纳米比亚、安哥拉、赞比亚以及马达加斯加等国的文化交流，主要项目集中在南非。截至2008年，基金会在视觉艺术、音乐、文学尤其是舞蹈方面大力促进瑞士本国文化与非洲南部文化间的交流活动。每年开普敦联络处所支持的项目达到50至60个，且每年都有6至7位艺术家通过基金会的赞助从瑞士到南非，同时也有6至7位南非艺术家到瑞士进行演出。交流的形式多种多样，主要有舞蹈、音乐、书展、电影和戏剧等几个方面。在最初的十年期间，瑞士一系列重要的舞蹈家都曾到南非进行交流演出，如Gilles Jobin, Anna Huber, Metzger/Zimmermann/De Perrot，还有一些嘻哈音乐及爵士音乐者(如Greis, Lucas Niggli)也通过这些项目到南非进行演出。而开普敦的书展以及于2009年举办的"不期而遇"南非国际纪录片电影节(Encounters Dokumentarfilm-Festival)则为基金会驻开普敦联络处赢得了许多潜在的合作伙伴。2004年在瑞士首都伯尔尼举办的以"Sharp!Sharp!"为主题的南非艺术节将瑞士与南非的文化交流活动推向高潮。基金会的"艺术家驻留项目"(Artist-in-Residence-Program)为艺术家的工作、逗留、生活体验提供帮助。截至2008年，开普敦联络处已经帮助超过80位来自瑞士的艺术家在非洲南部获得工作和体验机会。同时，开普敦联络处为非洲文化领域内专业组织的构建做出了积极贡献,并在瑞士发展合作署的委托下,推动地区间的文化交流。

2012年2月1日,开普敦联络处迁至约翰内斯堡的布拉姆夫泰恩,从非洲南部的边缘移到了中心位置,这使得瑞士文化基金会在非洲南部能够更好地开展文化交流。联络处的迁址使得项目的交流不仅仅局限于南非,而是更多地放在莫桑比克和津巴布韦,并加强与博茨瓦纳、赞比亚、纳米比亚、马达加斯加、坦桑尼亚、莱索托、斯威士兰、马拉维和安哥拉的文化交流。另外,约翰内斯堡联络处也与在比勒陀利亚的瑞士发展合作署办事处达成协议,扩大其工作范围,对非洲南部各国之间的文化交流进行支持。在2011到2013年期间,瑞士文化基金会驻约翰内斯堡联络处支持的国内文化交流活动着眼于:(1)南非与津巴布韦之间的合作关系;(2)非洲南部各国与莫桑比亚之间的合作交流;(3)一小部分基金仍然保留用于支持这些区域内的艺术活动。现在通过瑞士文化基金会从瑞士到非洲或者从非洲到瑞士的艺术家一共有27位,其中视觉艺术类有12位,音乐类有10位,电影类有2位。而两地间交流的合作机构中视觉艺术类有8个,音乐类7个,表演类3个,文学类1个。在这些机构中,有六个机构属于南部非洲,包括Greatmore Studios, Blank projects, Insaka等。

瑞士文化基金会开罗联络处。瑞士文化基金会开罗联络处是瑞士文化基金会在国外建立的第一个联络处,其建立时间为1988年。开罗联络处主要负责瑞士与阿拉伯国家之间的文化交流,其范围不仅仅在非洲,也包括亚洲许多国家,如巴勒斯坦、叙利亚、土耳其等。此联络处所支持的文化活动也是丰富多样,由于笔者找到的资料和数据有限,不能给出一个全貌,只能将个别类型进行举例说明。从2010到2012年的艺术家申请驻留项目来看,80%的艺术家都是视觉艺术家,由此可见瑞士视觉艺术家的活跃程度。而与其他组织机构合作支持的项目还包括11月底在本哈(Benha)和Menia(美尼亚)上演的戏剧"La Preuve Du Contraire",此剧由瑞士作家Olivier Chiacchiari创作,被译为阿拉伯语由埃及剧团演出。各种项目还包括将现代艺术介绍到阿拉伯国家,如与Al Gezira艺术中心合作的将瑞士知名艺术家乌苏拉·毕曼(Ursula Biemann)的三部电影作品介

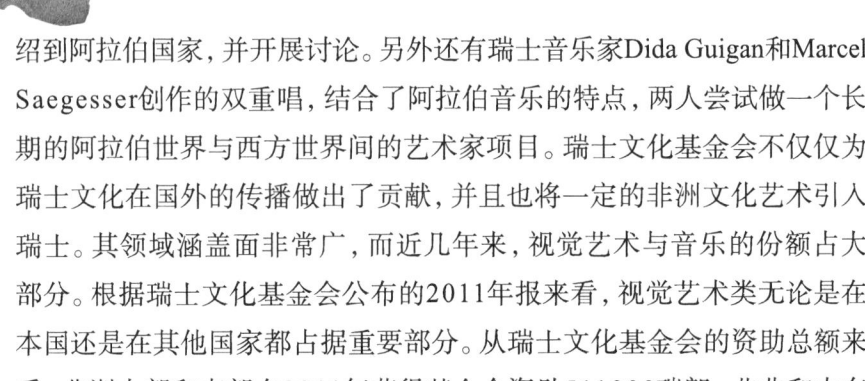

绍到阿拉伯国家，并开展讨论。另外还有瑞士音乐家Dida Guigan和Marcel Saegesser创作的双重唱，结合了阿拉伯音乐的特点，两人尝试做一个长期的阿拉伯世界与西方世界间的艺术家项目。瑞士文化基金会不仅仅为瑞士文化在国外的传播做出了贡献，并且也将一定的非洲文化艺术引入瑞士。其领域涵盖面非常广，而近几年来，视觉艺术与音乐的份额占大部分。根据瑞士文化基金会公布的2011年报来看，视觉艺术类无论是在本国还是在其他国家都占据重要部分。从瑞士文化基金会的资助总额来看，非洲中部和南部在2011年获得基金会资助511000瑞郎，北非和中东共获得433000瑞郎，分别占金额总数的2.1%和1.8%，占除欧洲外的基金会对外国投入的8.2%和7.0%。从数据上来看，瑞士对非洲地区上的总投入并不算太多。

瑞士发展合作署。瑞士发展合作署(英：Swiss Agency for Development and Cooperation SAD; 德：Direktion für Entwicklung und Zusammenarbeit DEZA)一方面隶属瑞士外交部，另一方面也是同其他联邦机构一起、在亚、非、拉以及东欧和独联体众多欠发达国家和地区实施发展合作的整体协调和人道救助项目(简称SDC项目)的机构。其主要工作是加强瑞士与其他国家在经济政治上的交流合作，不过也为很多文化组织者或者基金会提供资金，如瑞士文化基金会、南部文化基金会(PRO HELVETIA, SÜD KULTUR FOND)等。其在非洲的运作根据官网上所显示分为四大部分：北非(包括利比亚、摩洛哥、突尼斯和埃及)，西非(包括贝宁、布基纳法索、利比里亚、马里、尼日尔)，非洲东部及中部，南非和非洲南部。这里讨论的主要是其在意识形态上的文化输出。

从意识形态上来说，瑞士向非洲输出的两种主要的意识形态是：(1)民主思想，(2)人道主义。民主思想则必定和参与非洲国家的政治变革相关。2011年初，瑞士对北非的政治剧变迅速作出反应，并意识到安全、移民以及经济利益都是建立在稳定的民主基础上。瑞士发展合作署与瑞士外交部其他部门十分关注非洲各国国内的民主选举，并资助选举工具，向国际观察员队伍派遣瑞士专家。其人道主义的体现多种多样，人道主义救援和对抗贫困是主要的两个方面。在利比亚爆发冲突以后,将近一百万人逃到突尼斯和埃及。事出几天之内,发展署的人道主义救援部门及时派遣救援队伍为难民提供了食物和必需品。人道主义还体现在瑞士发展署致力减轻贝宁、布基纳法索、马里、尼日尔以及南部非洲国家的贫困问题。

至于在这两种意识形态传输的背后隐藏着瑞士政府怎样的利益目的,我们只能作一个揣测。以国家形式发起的人道主义都不是绝对意义上的人道主义,任何以官方机构为发出者的资助与援助一定都是希望在国际政治经济斗争中获取利益的。而国家形象的塑造,输出与本国意识形态相符的一些形式与思想,以期在其他国家塑造一种良好形象,不仅可以营造出有利于本国发展的国际环境,而且有利于本国在政治、经济等其他直接利益上与他国的沟通交流。瑞士在非洲设立文化基金会联络处以及提供一系列的人道援助,不仅为瑞士树立了一个良好的国家形象,增强了非洲民众对瑞士国家的认同度,而且也形成了许多无形的纽带,使得瑞士在非洲的其他经济合作能更好地展开。国家软实力的输出已经成为许多国家一个无形却强有力的外交手段,这也是中国现在讨论比较多的一个话题。

非官方组织。在瑞士与非洲的文化交流中,也有一些非官方组织起着重要而不可替代的作用,如托马斯·凯瑟尔文化生产机构(Thomas Kayser Kultur produktion)。这些非官方的文化艺术交流组织将许多来自非洲的文化艺术介绍到瑞士,比如建立相关专门学习非洲文化艺术的学习机构,来传播非洲舞蹈、音乐、乐器(非洲鼓)或者非洲语言。这样的学校在瑞士就有4所。而以非洲为主题的博物馆有11个,展现传统非洲艺术、手工艺以及现代非洲艺术的画廊有8个。许多国际音乐节也会吸引到众多来自非洲的音乐家。这些非官方组织统计起来有一定的困难,其中一部分也会与瑞士文化基金会取得联系并且开展合作。

自18世纪瑞士与非洲出现最初的交流以来,瑞士与非洲就一直没有停止过联系,尤其是近年来与非洲的文化交流比较积极,不仅向非洲

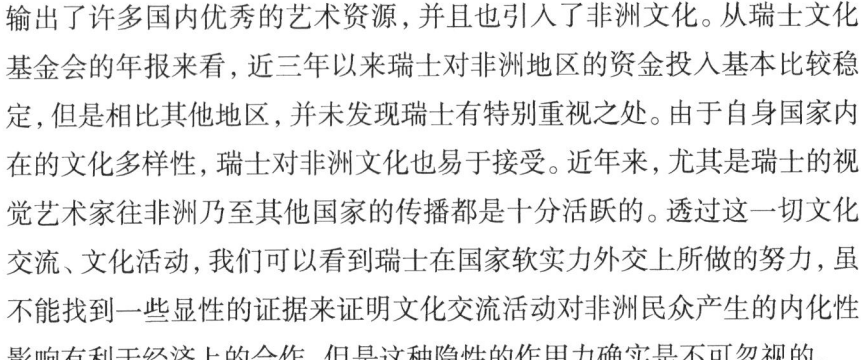

输出了许多国内优秀的艺术资源,并且也引入了非洲文化。从瑞士文化基金会的年报来看,近三年以来瑞士对非洲地区的资金投入基本比较稳定,但是相比其他地区,并未发现瑞士有特别重视之处。由于自身国家内在的文化多样性,瑞士对非洲文化也易于接受。近年来,尤其是瑞士的视觉艺术家往非洲乃至其他国家的传播都是十分活跃的。透过这一切文化交流、文化活动,我们可以看到瑞士在国家软实力外交上所做的努力,虽不能找到一些显性的证据来证明文化交流活动对非洲民众产生的内化性影响有利于经济上的合作,但是这种隐性的作用力确实是不可忽视的。

三、瑞士与非洲的经济关系

瑞士在世界上一直努力树立它的人道主义国家和中立形象,通过官方及各种组织对非洲的援助,瑞士正在不断巩固及深化这种形象。那么这究竟是瑞士的真正面目,还是只是经济利益驱使下的表象?下面我们将从三个方面深入剖析瑞士与非洲的经济关系:瑞士对非洲的经济援助、瑞士与非洲的贸易以及瑞士在南非种族隔离期间扮演的经济角色。

瑞士对非洲的援助。首先我们不能忽略的是瑞士官方及瑞士的非政府援助组织在非洲所做的贡献。无论他们的目的是什么,这些项目确实在一定程度上帮助了非洲人民。瑞士在国际援助方面可以说是经验丰富,也构建起了相对健全的体系,对非援助专家们在各种援非项目中做出了巨大贡献。瑞士对非洲的大部分援助项目旨在减少贫穷与疾病。非洲是一个长期受到各种瘟疫和贫穷折磨的地方,瑞士对非洲进行了药物、技术、资金等方面的资助。例如,瑞士致力于帮助非洲抗击疟疾,为此瑞士诺华公司(Novartis AG),即全球抗疟疾首选药方蒿甲醚(Coartem)的发明者,接受了世界卫生组织及其他非政府组织的要求,将蒿甲醚以成本价格销售给发展中国家。除此以外,由于蚊子是导致疟疾的罪魁祸首,瑞士热带研究所还投入了一个项目,旨在劝服35万坦桑尼亚西南部的居民使用蚊帐。成果是，1997年到2000年之间，六万五千多顶蚊帐被卖了出去，儿童死亡率下降了四分之一。

类似的项目还有瑞士在莫桑比克北部开展的饮用水项目、瑞士对坦桑尼亚卫生部门的支持等等。瑞士在对抗贫穷、疾病方面对非洲的援助是大规模的，遍及西非、东非和南非。我们不可否认，瑞士在这些方面对非洲的帮助是巨大的。

瑞士与非洲的贸易。瑞士对非洲的援助是一方面，另一方面是以经济利益为目标的贸易往来。瑞士与北非地区的埃及、阿尔及利亚等国贸易往来较为频繁，主要向北非地区输出医疗设备、药品、机械设备、高档钟表，从上述地区进口能源、食品、纺织原材料。随着北非经济的迅速发展，近十年来，瑞士与上述地区的贸易总额翻了三倍。以2012年为例，瑞士与埃及之间的贸易总额达到7亿瑞士法郎，与利比亚的贸易总额达到1亿瑞士法郎。由于近年北非多个国家政局动荡，利比亚、突尼斯、埃及先后发生政权更迭，瑞士与上述国家之间的贸易也出现一定波幅，但相信能很快恢复到原有水平，甚至继续增加。瑞士与西非、东非、南部非洲地区的贸易结构大致和北非地区相近。由于上述地区经济比较落后，政治结构不稳定，因此瑞士主要以贸易为主，直接投资并不活跃。瑞士与地处西非的尼日利亚之间的贸易是一个例外。尼日利亚是非洲地区最大的石油和天然气出产国，因此瑞士非常重视与尼日利亚的经贸关系。两国间2011年的贸易总额达到6亿瑞士法郎，仅次于埃及。在贸易结构中，瑞士进口额的98.5%是用在石油天然气进口上，尼日利亚主要从瑞士进口医药品、机械设备、化妆品、奢侈消费品。两国间的贸易逆差达到2亿瑞士法郎，也就是说，瑞士从尼日利亚进口了大量的原油和天然气。另外，瑞士在尼日利亚的直接投资也较多，基本上投资于石油、天然气开发领域。综上所述，瑞士将非洲地区看作能源、原材料的供应地和本国产品（主要是高附加值产品）的销售市场。

瑞士与南非经贸关系。瑞士在非洲最主要的贸易伙伴是南非,两国2011年的贸易总额达到21亿瑞士法郎。瑞士与南非的经济关系在种族隔离实施以前就已经保持了很久,在种族隔离期间两国间的经济往来并未中断。瑞士主要从南非进口钻石、农产品和重要原材料。1986到1989年之间,瑞士从南非的进口额每年都成倍增长,这些都要归功于占总进口量76%的钻石进口。1963年到1998年之间,瑞士出口南非的物品主要有:机器、机械仪器、电子设备、化学产品、光学和医疗仪器、精密装置与钟表。20世纪80年代,特别是1985年秋天开始,美国、日本和西欧各国鉴于南非当局实施的种族隔离政策遭到国际舆论的强烈反对,陆续宣布对南非实行经济制裁。由于国际上对南非的经济制裁,瑞士对南非的出口没有持续增长。相反,从1981年起,瑞士对南非的出口不断减少,除了1984年是个例外。从1988年到1990年,瑞士对南非出口量有轻微增长,从1992年到1995年又重新开始稳定增长。这个势头一直保持到1996年,其后瑞士对南非出口量又开始减少。每年瑞士对南非的出口量减少或者增加都取决于瑞士的传统出口产品,首先是机器、化学药品和仪器,这些占了大约总出口量的90%。瑞士与南非的经济贸易往来主要集中在五个领域:黄金、钻石、战争材料、核材料与电脑以及石油等资源。

与南非的黄金贸易并不在联合国经济制裁的范围之内,南非金币除外。1984年到1986年之间,瑞士方面的数据显示瑞士从南非的黄金进口量在增加。建立在瑞士三大银行非正式协商基础上的苏黎世黄金总库在其成立之年以及1984至1986年从南非进口了大量黄金。可以肯定的是,即使在经济制裁期间,瑞士也是南非黄金一个重要的销售市场。至于南非金币的出口情况,随着1986年经济制裁的宣布,瑞士对南非金币的进口量大幅下降。钱币铸造是南非出口黄金的一个重要方式,比如说1978年大约三分之一的南非黄金是用于金币铸造。直到这一年南非金币占领了世界金币市场的91%。但是由于后来其他国家发行本国的金币与南非金币竞争,瑞士从制裁开始年1986年起减少了对南非金币的进口。钻石进口同样也不属于国际经济制裁的范围。1987年瑞士从南非进口的钻石量尤其多,但是从1992年开始瑞士从南非进口的钻石数量急剧下降,具体原因尚无法确定。与瑞士的钻石总进口量相比，南非出口瑞士的钻石只占很小一部分，平均低于2%。但是瑞士出口南非钻石价值在1993年到1997年之间从400万瑞士法郎增加到1亿多瑞士法郎。可能的原因是，瑞士大量退回了南非让其代销的钻石。

1963年12月起瑞士禁止对南非出口战争材料，1994年随着联合国取消对南非的武器禁运令，瑞士也于同年取消了对南非出口战争材料的禁令。但是瑞士与联合国的武器禁运令所覆盖的范围并不完全一致。联合国1977年签署的禁运令决议包括武器、弹药、军事运输工具、准军事的警察装备和这些设备的生产许可证，而生产许可证却不在瑞士的禁运令里面。在武器禁运期间，瑞士向南非的私人和射击协会出口了少量的轻武器和弹药，同样出口的还有民事用途的炸药和化学材料，1983年的最高交易额达约30万瑞士法郎。美国对此指责说，瑞士避开了联合国对南非的武器禁运令。不得不提的一个事件是，瑞士还向南非售卖了60架PC-7飞机，由于联合国禁止瑞士向南非出口此类飞机，瑞士方面决定给飞机出口的批准加上条件，即这些飞机被改装成无法进行事后武器装备的飞机。最终瑞士于1994年向南非交货。

核材料的出口也属于联合国制裁的范围，瑞士从1978年开始未批准过对南非的核材料出口。在这之前，核材料的出口并不在国家管辖之内，所以没有相关数据的说明。对南非军队和警察的电脑出口也被制裁，1987到1991年间出口到南非的瑞士制造的电脑年交易额在约638000瑞士法郎到1655000瑞士法郎之间波动。石油及石油产品因为也属于制裁范围，所以没有贸易数据表明瑞士对南非出口了石油。石煤是南非除了黄金和钻石最重要的出口产品。瑞士进口的石煤对南非来讲只占其产量的很小一部分，但瑞士在1987年到1991年间80%以上的石煤都是从南非进口的，基本上用于满足瑞士本国需求。

从瑞士与南非的各方面贸易来看，进口以黄金、钻石等矿产和原材料为主，出口主要是生产资料、武器等高科技产品，贸易基本上都遵循国际制裁的制约，但是瑞士在这方面做得并不到位，经常绕过国际制裁与南非进行贸易，特别是在南非实行种族隔离期间。国家之间的贸易本没

有是非对错之分,但是瑞士在政治上树立本国的人道主义国家形象,贸易方面却有时在经济利益的驱使下不顾人道主义,做了一些所谓的不道德交易。

瑞士除了与南非的贸易以外,双方的经济关系还包括资本流通、投资、债务问题和发展合作。尽管资本流通并不在国际制裁的范围内,但由于国内政治变动以及维护本国国际形象的需要,瑞士从1974年起就开始限制对南非的资本输出。瑞士曾设定资本出口的最高限额,但是这个最高限额对瑞士对南非的资本出口并没有太大的影响。一些形式的资本出口在最高限额调整以后可以不受限制地进行。瑞士的资本出口最高限额是限制与南非的资本往来的第一项国际性措施。南非对瑞士没有国家之间的债务,只有私人债务。瑞士的五大银行是南非的第五大债主。关于南非对瑞士债权人的债务总数并没有详细确切的数据。

最后要提到的是瑞士与南非之间的发展合作。1980年,瑞士发展合作署(DEZA)与经济合作与发展组织的其他国家先后向南非受歧视的、被种族隔离体系排挤的人们给予了经济和政治上的支持。瑞士为南非非白人知识精英人数的增长做出了贡献。今天的南部非洲发展共同体(SADC)的成员国大多反对种族隔离,它们在南非种族隔离期间和种族隔离废止之后都从与瑞士大量的技术合作、瑞士的资金支持、慈善援助和瑞士的相关经济措施和免除债务措施中获益。在1979年到1998年这段时间中,瑞士向南部非洲发展共同体国家提供了价值12370亿瑞士法郎的发展合作、慈善援助和经济援助。

在与南非的经济关系中,我们不可否认,瑞士并不是完全清白的,许多人质疑瑞士在南非种族隔离政策中助纣为虐,在此我们将深入探讨一下瑞士经济究竟应不应该对南非的种族隔离负一定的责任。瑞士的反种族隔离运动在20世纪80年代末的时候批评说,作为世界金融中心的瑞士从70年代起在四个方面对南非来说越来越重要:第一,瑞士是黄金和钻石贸易的中转站;第二,瑞士对种族隔离国家和国有企业提供资助;第三,瑞士与南非银行开展短期交易;第四,瑞士在种族隔离政权政治经济危急的情况下给予帮助,例如在1960年的南非沙佩维尔大屠杀之后、在

第六章　瑞士及德国对非洲关系

索维托起义之后、在美国银行1985年停止对南非贷款和西方主要政府对南非发起制裁以后，瑞士银行都对南非提供了以黄金为抵押的贷款。在南非种族隔离的不同阶段中，瑞士所占的外国对南非的直接与非直接投资的比例有着显著的变化。根据粗略的统计，从南非前总统博塔实行"改革总战略"（totale Strategie）时期一直到1990年开始的谈判初期，瑞士对南非的重要性不断增加。

说到瑞士经济和南非国家与南非国有集团的关系，就不得不提及双方的长期交易。长期投资比短期投资更能体现投资者对一个国家或政府未来的信任度。1989年，当种族隔离国家陷入大危机的时候，南非欠下瑞士投资者的长期债务占其对外债务的15%，此比例比短期长期投资加起来还要高一些。南非种族隔离政权（中央政府和地方行政机关）对瑞士的长期债务1984年约占对外债务的25%，1989年占23%，2001年占1%。我们把瑞士在南非的投资发展情况跟美国作比较就会发现，瑞士在南非实行"改革总战略"和"同化性统治"的种族隔离期间扮演了不同寻常的角色。1984年南非对美国的长期债务占对外债务的比例不到11%，1989年只有8%，而到了2001年却有28%，南非从1991年开始取消种族隔离政策。通过对瑞士和美国的比较，我们可以得出结论，瑞士银行在种族隔离国家中扮演着非常重要的角色，特别是在"改革总战略"和"同化性统治"期间。

瑞士对南非的直接投资占外国对南非直接投资的比例从1962年的3.6%一直增长到1993年的11.2%，1996年又下降到7.1%，到2001年只占了1.8%。但是2001年的这个比例太低，是误导性的数据，因为南非的一些大集团在90年代末把总部从南非的约翰内斯堡搬到了伦敦，这些集团的南非企业在数据上都被列入外国直接投资，所以1991年总的外国直接投资量跟1990年相比增长了3.5倍，瑞士所占的比例因此显得很小。即使如此，跟德国相比，瑞士在南非的直接投资的重要程度也从1993年开始下降。2001年的数据也告诉我们，自从南非步入民主进程，瑞士银行和企业跟南非的贸易关系变得相对无关紧要。这就更加证明了瑞士在南非实行种族隔离政策期间与南非当局的密切关系。

373

通过以上的分析,我们基本上可以肯定,瑞士在经济方面确实帮助了南非种族隔离政权的运转存续,其重要性与南非经济在国际环境中的艰难性成正比关系,即南非种族隔离政权遭受的国际贸易制裁越严厉、经济运转越困难,瑞士作为金融、产品转口中立国的经济意义就越重要,其介入南非经济的程度和占外资比例就越高;而当种族隔离政权垮台,世界各国取消对南非经济制裁后,南非金融界、企业界的国际合作对象大大增加,瑞士此时的转口中立国地位的重要性就大大降低,于是瑞士经济对南非的影响也相应减弱。

瑞士虽然是一个民主中立国家,但它对非洲的援助、资金支持等归根结底还是为了在非洲政府和人民那里博得一个好名声,塑造瑞士乐善好施、民主人道的正面形象,根本目的是为了扩大瑞士产品在非洲市场的份额,同时从非洲获取能源和原材料。如今第三世界国家中非洲的原材料可以说是相对丰富的,瑞士从非洲进口大量原材料,出口的却是一些所谓的高科技产品。这些高科技产品是可以被复制和无限生产的物品,并且跟原材料进口额相比,这些高科技产品的出口附加值明显更高,这其实是一种文明的原材料掠夺形式。瑞士所做的一切根本上是出于经济利益考虑,这本无可厚非,但是如果违背了国际上普遍认同的人道主义原则,那么这种经济利益就带有灰色色彩。瑞士从非洲攫取的经济利益有相当一部分是灰色的,但是这对瑞士在国际上的形象却没有太大的损害,这个现象确实值得我们深思。

四、瑞士与非洲的政治关系(以南非为重点)

由于瑞士在国际政治中秉承永久中立政策,因此其对非洲的外交策略和政治诉求不带有很强的殖民侵略性。从历史上看,瑞士联邦在中世纪及18、19世纪属于经济、政治、军事实力都非常孱弱的欧洲小国,德、奥、法、意等欧洲列强环伺周边,虎视眈眈,瑞士当时的主要政治目标是在复杂多变的欧洲政治风云中生存下来,既保持与周边国家的紧密联系,又保持一定距离,捍卫自己的独立而不被列强吞并。瑞士与欧洲大陆以外地区的交往主要由传教士、冒险商人、移民来完成,尤其是传教士在瑞士对非关系中占据着重要历史地位,本节开篇对此已有详述。

真正意义上瑞士在政治层面开始重视非洲还是在进入20世纪以后,尤其是第二次世界大战结束后。瑞士的非洲外交政策中心任务是在平等互利、公平正义的基础上发展国与国之间的关系,促进瑞士产品出口、确保原材料进口、捍卫瑞士金融及经贸地位,通过官方和非官方的众多发展援助组织在非洲展开活动,推进非洲大陆的民主政治建设和人道主义思想传播,推动非洲当地经济发展,协助当地提高教育、卫生、疾病预防水平,减少贫困现象。瑞士外交政策的服务对象则是本国人民和本国企业,为瑞士企业进入非洲市场创造良好的外部环境。

20世纪50年代后,非洲大陆反殖民运动风起云涌,一大批非洲国家先后获得独立,如坦桑尼亚、刚果、赞比亚等。瑞士政府都很快承认独立后的民族政府并与之建交,瑞士企业和商人也随之进入这些国家。瑞士政府与许多非洲国家签署双边贸易协定、税收优惠协定,一方面有利于非洲产品(主要是原材料、黄金、钻石)进入瑞士市场或通过瑞士进行转口贸易,另一方面也为瑞士产品进入对方国家打通渠道。瑞士政府执行中立政策,它不介入非洲各方冲突,不参与冲突,不支持冲突中的任何一方,将自己的角色严格限定为国际调停者。它为冲突各方提供和平谈判的场所,比如苏丹与人民自由运动阵线之间的谈判。瑞士日内瓦是联合国欧洲总部、国际红十字会总部所在地,也是美、苏核裁军谈判会议地。同时,它亦代理冲突中的各方事务和利益。

瑞士的非洲政策中将非洲划分为撒哈拉沙漠以北地区和以南地区。以北地区主要指埃及、摩洛哥、突尼斯、阿尔及利亚等北非国家,传统上按宗教习俗和经济发达程度将上述国家与阿拉伯国家合并对待。撒哈拉沙漠以南地区则包括东非、西非、中非以及除南非以外的南部非洲国家。北非地区是非洲的经济发达区域,社会生产力及民众购买力较强,瑞士政府对上述地区主要是采取政治上保持接触、经济上积极交往的策略。瑞士与上述国家经贸往来密切,埃及、阿尔及利亚分列瑞士与非洲贸易伙伴的第二和第三位。瑞士与上述国家分别签署有自由贸易协定、航空往来协定、避免双重征税协定等经贸协议，并主要从上述地区进口能源、食品、纺织品，向其出口药品、机器设备、医疗器械。非洲撒哈拉沙漠以南地区是传统的经济不发达区域、政治构架落后、民主机制薄弱、种族冲突、政权更迭频繁，瑞士政府在上述区域主要是采取扶贫策略，通过政府下属发展合作署以及其他人道援助组织向当地提供医疗、教育、农业技术、市政社区建设等方面的援助和指导，另外，通过帮助当地建设广播、新闻媒体来提高非洲人民的文化水平以及促进信息交流，间接地输入民主政治概念。

南非由于其特殊历史及发达经济，在瑞士的非洲政策中占据十分特殊的地位，同时南非也是瑞士在非洲最大的贸易伙伴。瑞士对南非政策是在冷战的大背景下制定和发展的。它试图一方面对南非的种族隔离政策进行道德谴责，对南非实行军备武器禁售，另一面又要避免对南非实行经济制裁。直到20世纪80年代中期，瑞士的南非政策并未招致非议。1985年起，大部分西方国家都对非洲采取了一系列的经济制裁，这是符合大多数南非黑人公民的要求的。除经济制裁外，南非亦被排除在一系列国际文化、体育活动外，但瑞士并未参与文化、体育项目制裁，因此受到国际社会的谴责。

在国际社会压力下，瑞士制定南非政策时，采取了一些措施以满足国际社会的制裁要求，如规定资本出口的最高限额，对贸易进行数据监控以及规范军用物资出口批准流程。瑞士与南非之间的政治、经贸关系是其非洲政策中的重点。对瑞士而言，南非是其在非洲最重要的生产资料、高科技产品、化工、医药产品销售市场，也是其从非洲进口原材料的重要来源地，其中包括黄金和钻石。对南非而言，瑞士的作用在种族隔离政权期间和种族隔离政权垮台后有所不同。种族隔离政权期间，由于受到全世界的经济、政治、军事制裁，瑞士凭借独特的中立国地位，成为南非在西方最重要的贸易伙伴和代理人，瑞士银行业对南非种族主义政权在国际贷款、资金往来方面的支持至关重要，瑞士作为转口贸易大国，对南非原材料和黄金、钻石的出口贸易也不可或缺，瑞士成为南非最大的直接投资国之一。而种族隔离政权倒台后,国际贸易和武器禁运取消,南非的国际生存环境迅速改善,英、美、法、德等西方国家纷纷进入南非市场,南非企业和金融业与外界直接进行贸易往来与合作,瑞士金融业和企业的重要性迅速衰减,于是瑞士与南非的贸易额、金融贷款占比、直接投资额占比均在90年代中后期下滑。这一点与东西方冷战期间,瑞士政府与金融企业界在东西两大阵营之间的居间中介地位十分类似。瑞士是新中国成立后第一个承认中华人民共和国的西方国家,中国和东方社会主义国家向西方购买的许多被禁运生产资料、机器设备都是通过瑞士转口,瑞士货币——瑞士法郎也是当时东西方阵营贸易结算使用的国际结算货币。二战期间,瑞士虽然捍卫了自己的国家独立,但近年来揭示的历史资料表明,瑞士之所以没有被纳粹德国占领,一方面是依靠其全民皆兵的武装中立政策,另一方面也是因为希特勒看中瑞士的中立国及转口贸易国优势,利用瑞士从其他国家获取资金、战争原材料并向外界出口战争掠夺物资,比如死于集中营的犹太人的黄金。该事件曾在20世纪90年代掀起轩然大波,让全世界都侧目瑞士在中立外衣下的所作所为,迫使瑞士政府、企业界和人民反思自己的道德责任。

近年来瑞士继续加强与非洲的关系,除了政府层面的互访和双边协定更新、签订外,主要通过各个机构在非洲进行各种发展援助项目,特别是在推动民主过渡、推动经济发展、保护移民及弱势群体以及卫生安全、疾病预防方面做了许多工作。下面列举近年瑞士政府在这四个方面所做的一些工作。

推动民主过程。瑞士发展合作署在突尼斯支持一个名为"燕子基金会"的项目,目的在于支持国有突尼斯地方电台"Radio Gafsa"向专业的公共信息平台转变,听众预计达1400000人。瑞士帮助开发一档新的互动性广播节目,这档节目主要关注青少年和妇女权益。除此之外,瑞士还帮助培养9名当地的新闻和广播记者,促进"Radio Gafsa"向互动平台转变,首先集中报道2011年10月23日进行的突尼斯大选。瑞士还帮助突尼斯为那次大选做好充分准备,以保障大选顺利进行。选举开始前,瑞士派出两

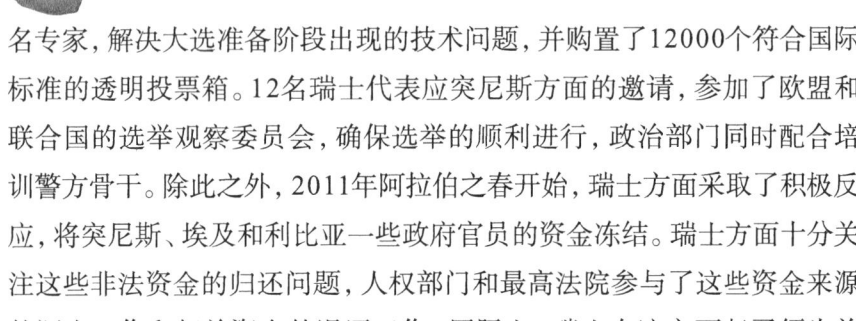

名专家,解决大选准备阶段出现的技术问题,并购置了12000个符合国际标准的透明投票箱。12名瑞士代表应突尼斯方面的邀请,参加了欧盟和联合国的选举观察委员会,确保选举的顺利进行,政治部门同时配合培训警方骨干。除此之外,2011年阿拉伯之春开始,瑞士方面采取了积极反应,将突尼斯、埃及和利比亚一些政府官员的资金冻结。瑞士方面十分关注这些非法资金的归还问题,人权部门和最高法院参与了这些资金来源的调查工作和相关资金的退还工作。国际上,瑞士在这方面起了领头羊的作用,在过去的15年间,瑞士共归还17亿瑞士法郎。

推动经济发展。World Fish项目致力于为埃及的渔业创造一万个岗位。为了提高效益,该项目建议养殖效益更好的鱼类,对水资源进行高效利用。瑞士发展合作署为此项目提供了418万瑞士法郎。埃及上百年来生产和出口药用及香料植物产品,这个产业的出口总额达到1亿美元,相当于埃及加工食品出口额的10%。该产业大概有14万名直接雇员,因此受到埃及政府重视。SECO项目的宗旨是通过建立品质安全系统,优化产品种类,提高生产率,降低损失,将生产加工技术现代化,以使这个产业重新焕发生机。该项目于2011年夏天开始,历时四年。

保护移民和弱势群体。2011年春,利比亚动荡局势造成逃离利比亚的14万名主要来自亚洲和非洲其他国家的客籍劳工,滞留在利比亚与突尼斯、埃及、阿尔及利亚的边境地区,无法在国家政府的帮助下回国。瑞士以联邦移民署和发展合作署两个机构为代表,资助国际救援行动,并派出专家,帮助难民尽快返乡。除此之外,瑞士每天都在埃及和突尼斯边境地区开展人道主义救援。在瑞士直接经济帮助下,短短几天内有约3600人顺利返回家乡,大约2%的难民办置了护照和身份证。若没有这些国际救援,在利比亚邻国非法滞留的难民就会试图前往欧洲。而摩洛哥一直是撒哈拉以南地区难民的中转地,由于欧洲严格的边境管理,摩洛哥更是成了许多难民的目的地。据估计,摩洛哥大约有10000至15000名来自非洲最穷国家的移民。Caritas(天主教慈善联合会)长久以来致力于为难民提供心理辅导、生活最低保障，促进移民的社会融入。除此之外，Caritas还为移民孩子提供接受教育的机会。在北非行动项目2011-2016框架下，瑞士致力于保护弱势移民，帮助制定移民政策和相关法律。

卫生安全和疾病预防。瑞士主要通过支持地方的非政府组织和疾病防治的政府机构，制定合理的合作计划，帮助非洲国家抗击艾滋病、疟疾、霍乱等疾病，重点是青少年和高危人群。艾滋病的预防重点在津巴布韦，那里有上百万的孩子因父母被艾滋夺走生命而成为艾滋孤儿。瑞士的人道主义救援项目为偏远地区的病毒携带者提供治疗，并培养相关的医护人员。津巴布韦的贫穷地区经常遭受霍乱的侵袭，2008年8月到2009年2月间，共90000多人感染，大约4000人死于霍乱。瑞士的人道主义救援向联合国儿童基金会和国际移民组织派出专家，主要任务是测试饮用水，采取必要措施，抑制疾病的传播。

五、结　语

当代瑞士与非洲的关系总体上可以归纳为宗教、文化、经济与政治四个方面。在向非洲传播宗教的过程中，瑞士不仅仅注重宗教本身的意义，更具有一定的社会、政治及经济意义的考量。在传播基督教福音的同时，通过医疗、教育以及农业方面的项目促进非洲国家的社会发展并推动自由民主与人权观念在非洲的传播。在文化方面，瑞士与非洲之间的文化互动主要以政府属下的瑞士文化基金会、瑞士发展合作属以及一些非官方机构为主体，通过赞助等方式支持艺术活动的开展与文化的展示。形式上以艺术家交流为主，传统与现代兼顾，以期通过文化软实力的输出来展示瑞士良好的国家形象、人文素质、社会经济成就，从而为瑞士在非洲的政治、外交和经济利益创造有利的国际环境。在经济上，瑞士充分发挥其中立国的优势以及历史上非传统侵略者的角色，积极开展同非洲国家的经济交往，从而解决本身资源稀缺、市场狭小、原材料依赖进

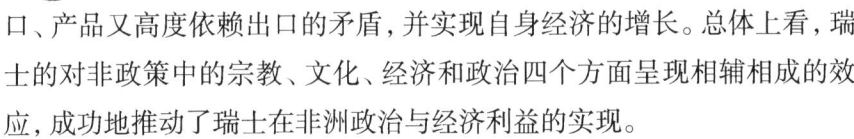

口、产品又高度依赖出口的矛盾,并实现自身经济的增长。总体上看,瑞士的对非政策中的宗教、文化、经济和政治四个方面呈现相辅相成的效应,成功地推动了瑞士在非洲政治与经济利益的实现。

第二节
德国在非洲殖民扩张的历史沿革(近代至第一次世界大战)

胡 凯[*]

随着资本主义的持续发展,欧洲列强越来越急切地寻找新的原料产地和销售市场。而蕴藏丰富自然资源、拥有大量廉价劳动力和市场潜力的非洲大陆理所当然地成为了列强觊觎的目标。尽管崛起较晚,德意志帝国仍然积极参与了帝国主义非洲殖民的角逐。本节以德意志帝国在非洲的殖民行动为研究对象,梳理德国直至1918年第一次世界大战结束在非洲殖民扩张的历史沿革。

一、早期的商贸活动与殖民准备

地理大发现和资本主义的兴起与发展犹如两具强有力的助推器,推动着欧洲殖民主义的车轮滚滚向前。从1498年达·伽马抵达果阿开始,受利益和好奇心驱使的欧洲列强纷纷加入殖民圈地的浪潮,依仗其科技和经济优势重新编绘世界政治地图。葡萄牙、西班牙、英国、荷兰、法国先后纵横七海,建立起一个个殖民帝国。而被视为最后的无主之地的非洲,自然成为列强争夺的焦点。

---

[*] 上海外国语大学德语系教授,博士。

在争夺非洲殖民地的激烈竞争中，德意志长期以来始终只能扮演无足轻重的陪衬角色。与英、法等国不同，德意志迟迟未能建立统一的民族国家。不仅如此，三十年战争、七年战争等纷争不约而同地选择地处欧陆中心的德意志兰作为主要战场。战火的洗劫、长期的分裂与内耗严重地削弱了德意志诸邦的力量，导致其无法为殖民扩张提供必要的国力支撑。况且与英国、荷兰、西班牙等老牌殖民强国相比，德意志孱弱的海军根本无力为其海外征服保驾护航。所以，当欧洲列强随着新航路的开辟频频在世界各地升起自己的旗帜之际，德意志在建立海外殖民地方面却毫无建树。

当然，德意志人并不甘愿被潮流所淘汰，况且海外通商的巨大经济利益也令他们垂涎不已。大选帝侯弗里德里希·威廉就是热衷于发展海外贸易的君主之一。奉行重商主义的他希望其治下的勃兰登堡—普鲁士能成为像荷兰一样的商业翘楚。早在1651年，他就曾筹划建立东亚商业公司但未获成功。1681年，受大选帝侯委派的探险船队抵达西非几内亚湾并与若干土著部落达成协议，获得其商品的独家经营权并获准在当地建立武装通商据点。次年，弗里德里希·威廉授意成立"几内亚海岸商业公司"，后更名为"勃兰登堡—非洲商业公司"。尽管其三十多年的经营活动并未取得太多值得称道的业绩，但该公司却一度垄断了勃兰登堡—普鲁士与西非的黄金、象牙交易和奴隶贸易。1722年，哈布斯堡王朝的皇帝查理六世批准建立奥属荷兰皇家帝国公司，允许其以帝国的名义与亚非诸国通商。① 除此之外，汉堡和不来梅的商人成为德意志海外商业殖民活动的中坚力量。在诸多奔赴非洲的德意志贸易公司之中，沃尔曼商行尤为活跃。以烈性酒出口为支柱，沃尔曼商行在西非海岸线建立起了大批商站，逐步发展成当时德意志在西非最大的商业公司。商行的负责人阿道夫·沃尔曼是非洲殖民扩张的积极鼓吹者，他曾多次敦促德意志帝国介入非洲事务并为从事非洲贸易的德意志商人提供保护。然而从总体

---

① [奥]格尔德·卡明斯基，埃尔泽·翁特里德：《奥中友谊史》，包克伦等译，北京：世界知识出版社，1986年，第1—3页。

上看，鉴于英国在全球殖民贸易方面难以撼动的巨大优势，在很长一段历史时期内，缺乏母邦武力与财政有力支持的德意志商人只能在英国庞大的殖民贸易网中谋求发展。①它们往往依附于英国与亚非之间的贸易往来，对母邦海外贸易的发展反而贡献甚悭，更谈不上对德意志殖民扩张的影响了。②

在殖民准备过程中，传教士和科考探险家所起的作用同样不容忽视。在传教方面，分别成立于1828年和1836年的莱茵传教会和北德意志传教会在非洲的表现尤为活跃。前者于1829年在开普殖民地建立起第一个传教基地，由此积极向北布道。北德意志传教会则于1847年涉足西非，并从1851年起以"不来梅传教会"之名在几内亚湾沿岸的今多哥、贝宁、尼日利亚等地宣扬上帝的福音。他们的传教活动以及与之相联系的探路、勘察与经营等诸多举措，成为日后德国在西南非和西非取得殖民地的重要铺垫。在探险和科学考察方面，不得不提及1873年4月在柏林筹建的德国赤道非洲研究协会。该协会曾派遣多批探险者和旅行家前往非洲。至于探索非洲的目的，该协会在其成立宣言中已经说得十分明确："一方面有助于科学，另一方面有助于商业和工业。"③

1871年1月18日，德意志帝国在凡尔赛宫镜厅宣告成立。然而，德国商人在海外的境遇并没有因为帝国的建立而得到根本改善。在帝国外交政策的掌舵人俾斯麦看来，殖民扩张造成的问题远远大于它为工商业发展所带来的利益。④鉴于普鲁士及德意志帝国不利的地理位置，为避免在战争中多面受敌，俾斯麦坚持其"大陆政策"，通过灵活的外交手段为自身构建有利的外部环境。普法战争以后，其主要内容则变为遏制

---

① U. Stöpel. "Der Freundschafts-, Handels- und Schifffahrtsvertrag der Hansestädte mit Sansibar 1859–61". *Wissenschaftliche Zeitschrift der Karl-Marx-Universität Leipzig, Gesellschafts- und sprachwissenschaftliche Reihe*, 4. Jg. 1954/55, H.1/2, p.96.
② Helmut Stoecker (Hrsg.). *Drang nach Afrika – Die koloniale Expansionspolitik und Herrschaft des deutschen Imperialismus in Afrika von den Anfängen bis zum Ende des zweiten Weltkriegs*. Berlin: Akademie-Verlag, 1977, pp.9-11.
③ 同上，p.14.
④ 同上，p.13.

法国,防止其为《法兰克福条约》的屈辱复仇。为此,俾斯麦积极联络其他列强,着力发展与奥匈帝国和俄国的联盟,并小心与英国周旋,精心构织法国包围网,以达到孤立和打压法国的目的。所以,俾斯麦对海外扩张始终采取谨慎的态度。毕竟德意志帝国是殖民俱乐部的迟到者,如果俾斯麦积极推行具有侵略性的扩张政策,必然会侵犯到殖民列强的既得利益,令其对德国产生敌意。因此,俾斯麦在1868年1月9日写给战争与海军部长罗恩的书信中就明确表示:"在其他国家声索主权的地区——无论其是否有理——建立殖民地的尝试最终会导致各种超乎预期的矛盾冲突。"① 其后,俾斯麦在公开场合多次强调德国毫无觊觎海外殖民地的野心,甚至宣称:"只要我仍是帝国宰相,我们就不会奉行殖民政策。"② 由于德国政府对殖民扩张始终持保留态度,在非洲经营的德国商人不得不向英、法等国寻求庇护。因而在与英、法等国商人的竞争和与当地土著的交涉中,德国商人往往处于劣势。为此,他们热切地鼓动德国政府为其在非洲的商业活动提供军事支持。在1883年7月向德国政府递交的呈文中,汉堡商会指出:"德意志帝国的子民在海外竟然要仰仗他国的好意和同情,指望那种朝不保夕的支持,这种情况不再符合德意志帝国的地位。只有当德国人总能依赖他们自己的国家提供的可靠而有效的保护,他们才能在其他欧洲国民和当地土著面前站稳脚跟。"③ 虽然殖民狂热者的宣传攻势无法改变俾斯麦"欧陆优先"的既定方针,却也不是毫无效用。出于外交与内政的需要,俾斯麦终于正面回应德国商行的请求,从而拉开了德意志帝国非洲殖民的序幕。

---

① A. Zimmermann. *Geschichte der deutschen Kolonialpolitik*. Berlin. Verlag Ernst Mittler& Sohn, 1914, p.7.

② H. von Poschinger (Hrsg.). *Fürst Bismarck und die Parlamentarier*. Breslau: Trewendt-Verlag, 1896, Bd.3, p.54.

③ Bericht der Handelskammer zu Hamburg (am 6. Juli 1883), Reichstagprotokolle, Band 91. Aktenstück 41: Togogebiet und Biafra-Bai, Verhandlungen des Deutschen Reichstags, http://www.reichstagsprotokolle.de/Blatt3_k6_bsb00018453_00122.html, 2012. 6 .6.

二、德属非洲殖民地的取得

进入19世纪80年代,俾斯麦的铁腕统治不得不面对更为棘手的经济与社会问题。德意志帝国未能幸免始于1873年、席卷整个资本主义世界的经济萧条。生产相对过剩所造成的国民收入的下降以及失业人数的攀升导致社会矛盾日趋尖锐。1879年起实行的保护性关税虽然能阻止成本低廉的进口商品抢占德国市场,却无法解决德国工业对原材料、能源和销售市场的需求问题。而对于急于赢得1884年议会选举的俾斯麦而言,迎合与日俱增的殖民扩张声浪无疑是他可以用来转移民众视线、缓解国内紧张局势和拉拢政党势力的一张王牌。况且当时的法国政府将主要精力集中于海外殖民扩张,非但无意与德国启衅,而且还因埃及问题与德国海外扩张的最主要对手英国交恶。由于在埃及和中亚的军事行动令英法、英俄关系陷入僵局,英国不仅无暇阻止德国的殖民扩张,甚至不得不屈就寻求德国的外交支持。俾斯麦对此种变化了如指掌,精于计算的他深知如何对列强之间的摩擦火上浇油,以图最大限度地利用这一契机为德国容克资产阶级谋求利益。[①]

"旗帜跟随商贸"是俾斯麦奉行的殖民方针,其实质是以商贾为先导,由商行与当地原住民签署通商与保护协议,而后由德国政府授予其"保护证书",将该土地置于德意志帝国的保护之下。这种不需要大规模军事行动的处理方式既符合德国海军实力平平的特点,又不至于因出兵海外、开支过大而招致帝国议会的反对,也不会因为过于张扬而令德国与其他殖民列强频生龃龉。所以,德意志商人经营日久的非洲自然是德国扩张的首要目标。为此,非洲研究专家古斯塔夫·纳赫蒂加尔于1884年3月被德国政府任命为德意志西非问题全权代表。5月19日,俾斯麦授权纳赫蒂加尔前往西南非和西非,与当地头领签订通商保护条约,并给予在那里从事经营活动的德商以直接保护。被俾斯麦锁定的目标包

---

① Kurt Büttner. *Die Anfänge der deutschen Kolonialpolitik in Ostafrika*. Berlin: Akademie-Verlag, 1959, pp.26-27.

括西南非的安格腊—佩昆纳地区、沃尔曼等商行经营的比亚法拉海湾（今邦尼湾）尼日尔三角洲及加蓬之间的海岸地区，以及小波波（今多哥的阿内霍）。①而由不来梅烟草商阿道夫·吕德里茨投资的安格腊—佩昆纳地区则成为俾斯麦扩张行动的第一站。1883年5月，吕德里茨与部落酋长约瑟夫·弗里德里克签订协议，在安格腊—佩昆纳地区购得一块土地，并向德国政府请求保护。当时，考虑到该地块毗邻英属殖民地，不愿暴露其在非洲野心的俾斯麦并未立即答应吕德里茨的请求。在对英国要弄了一套缓兵之计以后，俾斯麦于1884年4月24日突然致电德国驻开普敦领事，令其将吕德里茨取得的土地置于德意志帝国的保护之下，以免其被其他殖民国家收入囊中。这一天被视为德国无殖民地历史的终结。而威廉一世皇帝也为德意志殖民帝国的诞生老泪纵横，称自己在百年以后终于"可以正视大选帝侯了"。②当然，英国不会轻易放弃这块靠近其传统势力范围的土地。但是，俾斯麦巧妙地利用法理上的漏洞，阻止了英国及开普殖民地当局对"吕德里茨领地"的权利要求。同年8月7日，德国在吕德里茨湾福格尔桑要塞举行了正式的升旗仪式，进一步确认了对该地区的占领。自此，德意志帝国的旗帜开始在德属西南非殖民地飘扬。一再声明对非洲毫无觊觎之心的俾斯麦的骤然发难令英国震惊。虽然英国政府迅疾作出反应，但仍然无法阻止德国进军非洲的步伐。7月5日，纳赫蒂加尔与多哥当地土著签订保护条约，将多哥部分地区置于德意志帝国的保护之下。7月10日，纳赫蒂加尔抵达喀麦隆的杜阿拉，并与当地主要部落的首领们签订保护条约。14日，德意志帝国的旗帜飘扬在杜阿拉，该地区被宣布为德国的保护领。而五天后才赶到、同样想将喀麦隆占为己有的英国领事却只能望旗兴叹。

---

① Erlass an den kaiserlichen Generalkonsul Dr. Nachtigal (am 19. Mai 1884), Reichstagprotokolle Band 91. Aktenstück 41: Togogebiet und Biafra-Bai, Verhandlungen des Deutschen Reichstags, http://www.reichstagsprotokolle.de/Blatt3_k6_bsb00018453_00132.html, 2012. 6. 6.
② 邢来顺："论德国殖民帝国的建立"，《华中师范大学学报（哲社版）》，1996年第3期，第101页。

1884年11月5日至1885年2月26日,在俾斯麦的召集与主持下,英、法、德、意等14国在柏林召开会议,史称"柏林西非会议",德国方面则称之为"刚果会议"。尽管会议的主要议题是解决刚果河口争端,但事实上与非洲殖民相关的各种问题均成为与会各国争执与讨价还价的内容——当然是在没有非洲代表莅会的情况下。作为东道主,长于外交博弈的俾斯麦致力于使德国在非洲新属地的权益得到列强的认可。在《柏林会议总议定书》的各项条款中,第6章确定的"有效占领"原则对德国有着重要意义。《总议定书》第34款规定:"今后,如某国欲占据非洲大陆沿岸某地区或将某地区置于其保护之下,而该地区在该国现有辖区之外或该国至今未拥有相应辖区,则该国在行动时应向《总议定书》的签署各国递交声明,以便后者能在必要时提出申诉。"①该条款令《总议定书》成为一纸动员令,它毫不掩饰地鼓动与会各国——尤其是像德国这样的后起殖民国家——迅速抢占那些尚未被公开宣示占有权的土地,也为德国对多哥、喀麦隆和德属西南非的占领提供了法理依据。

俾斯麦对"有效占领"原则的利用可谓神速。在会议结束的第二天,即2月27日,他就将"保护证书"颁给卡尔·彼得斯的"德意志殖民协会",随后将后者在东非取得的土地置于德意志帝国的保护之下。彼得斯是"德意志殖民协会"(以后的"德意志——东非协会")的奠基人之一,也是创建德属东非殖民地的功臣。他于1884年11月抵达桑给巴尔并由此深入东非腹地。在那里,彼得斯使用引诱、欺骗等种种手段,让当地部落首领在他们无法理解的协议上画上十字,以示愿意接受德国的保护。起初,俾斯麦并不支持彼得斯的冒险行为,甚至对彼得斯带回的12份粗糙的协议不屑一顾。但他随即意识到彼得斯的行动能增加其与英国谈判的筹码,并在与英国争夺东非的竞争中掌握先机。②尽管英国在非洲的殖民力

---

① General-Akte der Berliner Konferenz, Kapitel VI, Artikel 34, Stenographische Berichte über die Verhandlungen des Reichstages, 7. Band, Aktenstück 290, http://www.reichstagsprotokolle.de/Blatt3_k6_bsb00018455_00338.html, 2012. 6. 6.

② Kurt Büttner. *Die Anfänge der deutschen Kolonialpolitik in Ostafrika*. Berlin: Akademie-Verlag, 1959, pp.51-56.

量远非德国可比,但当俾斯麦于1885年3月宣布德属东非殖民地成立时,陷于外交困境的英国只能坐视德国的扩张。[①]

俾斯麦大张旗鼓的殖民扩张仅仅持续了一年左右。到1885年下半年,欧洲及国际形势风云突变。英法、英俄的和解以及被俾斯麦视为盟友的俄、奥之间的矛盾令德国外交政策的腾挪空间急剧压缩。更重要的是,法国政府的更迭令德法之间的关系重新趋于紧张。所以,俾斯麦不得不重返其"大陆政策"的轨道,暂时搁置殖民扩张计划。尽管如此,德国于1884至1885年间在非洲的所得最终发展成为总面积达270余万平方公里的殖民地,其面积约为德意志帝国本土面积的五倍。虽然在总量上无法与老牌殖民国家相提并论,但就效率而言,德意志殖民帝国建立的高效性依然令诸列强刮目相看。

三、德属非洲殖民地的统治及其经济价值

取得西南非、东非和位于西非的喀麦隆及多哥这四块殖民地以后,德国方面不仅积极地在当地发展种植园经济以满足德国本土的需求,并希望以此为桥头堡,实现其向非洲中部扩张的野心。在殖民地的管理方面,作为德意志帝国的全权代表,总督与其幕僚掌控着当地的一切。有关帝国对殖民地事务的介入,俾斯麦一直是持保留态度的,他希望殖民团体自行承担殖民地经营与管理的责任,"国家不应直接卷入个人在海外的殖民事务"。俾斯麦想"通过这一管理形式减少甚至免除国家对殖民地的财政负担,同时尽可能避免在殖民地问题上直接与其他大国,特别是与英法等欧洲大国发生冲突"。[②]显然,俾斯麦的想法与德国商人的期望背道而驰。德国商人并不愿意承担殖民地开发建设与行政管理的高额费

---

① 参考陈从阳:"俾斯麦非洲殖民原因探析",《清华大学学报(哲学社会科学版)》,2005年第5期,第130页。
② 李乐曾:"胶州湾在德国'世界政策'中的地位与作用",《历史教学问题》,2000年第6期,第6页。

用。事实上，尽管随着殖民地经济的发展和收入的增加，德国在非洲几处领地的独立性与自主性得到了提升，但德国政府提供的补贴仍然——至少对于殖民地军备的维持而言——至关重要。显然，帝国政府不愿也不能将殖民地的安全维护交给商人和贸易公司打理，这不仅是因为殖民地是德国作为"世界帝国"的荣誉标签，也是因为殖民地的运作需要以帝国的实力为后盾。值得注意的是，到1914年，专门用于非洲殖民地驻军的政府拨款仍达到两千万马克。[1]

庞大的殖民地军费开支并非毫无必要。德国商人在非洲的殖民活动不仅破坏了当地原有的生活秩序，而且其对非洲原住民的剥削与奴役也令殖民者与被殖民者之间的矛盾冲突日益尖锐。从德国在非洲建立起殖民统治开始，反抗与镇压的循环就从未停息过。而在1904至1907年间德属非洲殖民地各处爆发的起义更令德国殖民当局疲于应对。其中，1905至1906年的"马及马及"（意为"符水"）起义是规模最大、组织最严密的反殖民武装斗争，它将德属非洲殖民地的反抗运动推向了高潮。这场爆发于1905年7月30日的抗争席卷了近20万平方公里的土地，沉重地打击了德国在东非的殖民统治。虽然起义最终被镇压，但德国殖民当局经此一役，不得不考虑改变其在非洲的殖民管理政策以缓和与当地土著之间的矛盾。

在种族主义思想的影响下，德国殖民当局采取了血腥的灭绝政策残酷地镇压起义与反抗，并大肆屠杀当地原住民。1911年的人口统计数据显示，德属西南非殖民地的Herero部落人口数从最初的80000余骤减到15130，Nama部落人口数则从20000余降低到9781。[2]而在镇压"马及马及"起义及其后的报复行动中被屠戮的非洲人口在10万以上。[3]德国殖

---

[1] *Die deutschen Kolonien in Wort und Bild (Nachdruck der Ausgabe „Das deutsche Kolonialbuch")*. Zwenkau: Offizin Andersen Nexö Leizip GmbH, 2006, p.108.

[2] *Reprot on the Natives of South West Africa and Their Treatment by Germany*. London: His Majesty's Stationary Office, 1918, p.35.

[3] Helmut Stoecker (Hrsg.). *Drang nach Afrika – Die koloniale Expansionspolitik und Herrschaft des deutschen Imperialismus in Afrika von den Anfängen bis zum Ende des zweiten Weltkriegs*. Berlin: Akademie-Verlag, 1977, p.92.

民当局的残暴对当地人口发展的影响无疑是灾难性的。

考察德属非洲殖民地的经济价值,必然会面对两组意义相反的数据。一方面,随着种植园经济和进出口贸易的发展,以关税和税收为主体的殖民地收入有了大幅增加。1904年,德属东非、多哥、喀麦隆和德属西南非的收入分别为5938000、1570000、2418000和2088000马克。到1914年,这四块殖民地的收入攀升到16478000、3503000、11306000和23299000马克,增幅最大的超过了10倍。[1]但另一方面,直到第一次世界大战爆发,德属非洲殖民地对宗主国经济的价值与贡献度却始终保持在比较低的水平。在德国外贸总额中,德国与其海外殖民地之间的贸易所占的比重微乎其微。1896年,德国从所有德属殖民地的进口总额仅占德国外贸总进口额的0.09%,出口仅占0.195%。到1904年,德国与德属殖民地之间的贸易额依然不足德国外贸总额的0.5%。这种情况直到一战爆发也未发生根本改变。尽管德国对来自非洲的商品颇有需求,但其主要来源并非本国殖民地。以1912、1913年两年为例,德国从其四块非洲殖民地进口的商品价值甚至不到德国从全非洲输入货物价值的十分之一。[2]

与德属非洲殖民地对宗主国经济低贡献度相对的还有德国政府对殖民地的巨额投入。据官方统计,从德意志殖民帝国的建立至1914年第一次世界大战爆发,德国政府向各殖民地提供的种种补贴总计高达6.46亿马克,国家提供的贷款尚未计算在内。其中,2.78亿马克拨给德属西南非,1.22亿马克拨给东非殖民地,拨给喀麦隆和多哥的金额分别为4800万和350万马克。这笔资金多用于各殖民地的行政管理开支、基础设施和军事设施建设以及维持当地的卫戍部队。如遇特殊事件,政府还须追加投入,比如镇压1904年至1907年西南非殖民地爆发的起义就用去了约4亿马克。因此,不少学者认为殖民行动给德国财政及德国纳税人造成的经济

---

[1] *Die deutschen Kolonien in Wort und Bild (Nachdruck der Ausgabe „Das deutsche Kolonialbuch")*. Zwenkau: Offizin Andersen Nexö Leizip GmbH, 2006, p.108.

[2] Helmut Stoecker (Hrsg.), *Drang nach Afrika – Die koloniale Expansionspolitik und Herrschaft des deutschen Imperialismus in Afrika von den Anfängen bis zum Ende des zweiten Weltkriegs*. Berlin: Akademie-Verlag, 1977, p.155.

负担其实远不止官方的统计数据。有经济学家估计,从1884年至1914年,德国政府对殖民地的投入不会低于20亿马克。①

事实上,真正从殖民地经济中获益的是那些进军非洲的商行以及为殖民地开发、航运以及矿业发展融资并收取高额回报的大银行。它们不仅能从经营活动中直接赚取利润,还能享受政府为鼓励殖民开发而提供的各项经济补偿与补贴,而在很大程度上将经营风险转交帝国政府承担。而对于志在建立"世界殖民帝国"的德国而言,非洲殖民地不仅是进一步向非洲大陆中心扩张的桥头堡,也是其积累殖民地开发经验、探索殖民地管理模式的试验田。②德国政府谋求长远,因而能承受暂时的高投入、低回报。只是自信满满的德国政府并未预料到,在第一次世界大战以后它便早早地失去了所有的海外殖民地,"世界帝国"的梦想也只能沦为泡影。

四、德国争夺世界霸权的失败和非洲殖民地的失去

19世纪90年代,基本完成工业革命的德国跻身现代工业国的行列,而且德国的大工业对世界市场的需求与依赖性不断增加。经过多年的积累、发展以及政府的扶植,德国的工业生产与贸易均实现了较大的飞跃,飞速发展的电气工业和化工业成为德国领跑世界的新工业门类,其商船船队拥有量居世界第二位,仅次于英国。到1910年,德国工业生产占世界工业生产的比重为16%,超越英国成为仅次于美国的欧洲工业翘楚。在外贸方面,德国在世界贸易中所占的比重在1913年达到了13%,落后英国两个百分点,位居世界第二。③

---

① Helmut Stoecker (Hrsg.). *Drang nach Afrika – Die koloniale Expansionspolitik und Herrschaft des deutschen Imperialismus in Afrika von den Anfängen bis zum Ende des zweiten Weltkriegs*. Berlin: Akademie-Verlag, 1977, p.158.
② 同上,pp.157-159.
③ 参考丁建宏:《德国通史》,上海:上海社会科学院出版社,2002年,第272-273页。

随着国力的提升，德国国内要求争取与自身实力相符的国际地位的呼声愈来愈高。伴随着种族优越论和生存空间学说的炒作，极端民族主义情绪逐渐在德国蔓延，泛德意志协会、德意志殖民协会等支持与鼓吹民族主义的组织与团体纷纷成立，成为德国对外扩张的重要推手。与此同时，威廉二世成为德意志帝国的皇帝以后，德国的对外方针也发生了本质改变。威廉二世不仅抛弃了辅佐他近三十年的俾斯麦，也抛弃了他坚持的"大陆政策"。从90年代中期起，威廉二世所追求的争夺世界霸权的"世界政策"成为德国政界的主导，从而促使德国走上了积极、张扬的扩张之路。而饱受诟病的殖民短板自然成为最受关注的突破口。值得关注的是德国政要愈来愈狂放的强权与争霸言论，以及德国竭力寻找乃至创造扩张机会的行动。

广袤的非洲自然在德国窥伺的"阳光下的地盘"之列。1884至1885年间德国在非洲的所得已然不少，但仍心有不甘。德国的不满足不仅因为俾斯麦和卡普里维为相期间的保守政策影响了其在非洲的殖民扩张，从而导致德国在非洲的殖民地面积远小于英国与法国，而且也因为德国在非洲的四块殖民地彼此割裂，在战略上处于十分不利的地位。所以，德国先后于1905年和1911年两次挑起摩洛哥危机，直接挑战法国在摩洛哥暨非洲的影响力并叫板协约国集团。同时，德国试图将其被分割在非洲东西两侧的殖民地连为一体，并竭力鼓吹建立"德意志的中非"。为此，它不仅积极推动横亘非洲大陆的铁路建设计划，而且通过外交手段贯彻其重新划分中非殖民地的企图，锋芒直指葡萄牙和比利时的殖民地以及法属刚果地区。结合了工业界和银行界的贪欲，德国对非洲中部的觊觎使建立"德意志的中非"成为第一次世界大战中德国战争目标的组成部分。一战爆发后数月间，德国军队进展神速，速胜论调在国内蔓延，乐观主义者纷纷开始考虑战胜后的处置问题。1914年9月18日，德意志殖民协会主席梅克伦堡公爵在写给殖民国务秘书索尔夫的备忘录中阐述了在非洲中部建立庞大完整的殖民帝国的建议。按照他的设想，通过战争，德国在中非建立的殖民帝国应大致涵盖北纬20度线到德属西南非之间的广大地区，从而吞并原属于法国、比利时和葡萄牙的大片属地。①而在他之前，索尔夫已在8月28日的呈文中详尽地论证了迫使葡萄牙割让莫桑比克北部、比利时割让刚果以及法国割让法属赤道非洲大部分领土的必要性。德国政府则将索尔夫的意见视为与协约国集团缔结和平协定的条件之一。②

尽管德国人信心满满，但是战争的车轮并未按照他们的意愿运转。在这场帝国主义列强争夺世界霸权的战争中，德国不仅无法通过欧洲战场的胜利来夺取其垂涎的非洲中部，而且甚至无力守护其在非洲现有的殖民地。由于协约国的海上封锁，德国无法为其在非洲的殖民地提供有效的补给。因此，殖民当局只能依靠少量的卫戍部队、少数亲德的当地部族以及部分雇佣军来抵挡协约国的进攻。1914年8月26日，多哥在几乎未做实质性抵抗的情况下向英法联军投降。喀麦隆的零星抵抗坚持到1916年2月。在德属西南非，当地德军在1915年7月9日放下武器。只有在德属东非且战且退的德军坚持到了战争结束，直到1918年11月14日才投降。但在此之前，德属东非殖民地的绝大部分都已经在协约国的控制之下。

五、结　语

第一次世界大战是德意志帝国争夺世界霸权的一场豪赌。但最终，德国却不得不吞下战败的苦果。在海外殖民地方面，德国输得一干二净。根据《凡尔赛条约》，德意志帝国在战前的海外殖民地悉数落入战胜国手中。西非的多哥和喀麦隆归法国所有，德属东非被英国和比利时瓜分，而西南非则被英国收入囊中。殖民地的剥夺和战胜国对德国其他苛刻的处置在倍感屈辱的德国人心中埋下了复仇的种子，并在纳粹党的鼓噪下生根发芽，最终将欧洲乃至世界拖入自我毁灭的战乱之中。

---

① Helmut Stoecker (Hrsg.). *Drang nach Afrika – Die koloniale Expansionspolitik und Herrschaft des deutschen Imperialismus in Afrika von den Anfängen bis zum Ende des zweiten Weltkriegs*. Berlin: Akademie-Verlag, 1977, pp.230-232.

② 同上，pp.232-233.

第三节

俾斯麦殖民政策的转变与德属非洲殖民地

胡 凯[*]

作为19、20世纪世界强国俱乐部无可争议的成员,德意志帝国的国力与军事实力是任何其他势力不敢小觑的。然而唯有在海外殖民扩张方面,德国却远远落后于英、法等老牌殖民帝国。即便如此,德国却在19世纪80年代中叶短短一年多的时间里,以迅捷高效的行动攫取了大片非洲殖民地,令其他帝国主义国家为之侧目。本节聚焦于1884至1885年间德国在非洲的"闪电扩张",并分析德国在此期间的内政、外交战略和殖民政策走向。

一、德意志帝国保守殖民政策的由来

德意志人并非没有殖民野心。早在17世纪,勃兰登堡——普鲁士的统治者大选帝侯弗里德里希·威廉就曾致力于发展与亚洲和非洲的商贸关系。而汉萨同盟成员汉堡及不来梅的商人则成为德意志海外贸易的中坚。19世纪60年代初,普鲁士政府还派遣以艾林波为首的使团前往东亚,与日本、中国签订了通商条约。然而,德意志人的海外行动似乎止步于此。长期的政治分裂以及海军力量的缺乏令德意志无法像英、法、葡、西等国那样,依靠军事征服在海外攫取大片领地。即使是商贸关系的拓展,

---

[*] 上海外国语大学德语系教授,博士。

缺乏国家支持的德意志商人往往也因为不得不依赖他国殖民政府的保护而丧失行动的独立性。

1871年统一的民族国家的建立使德意志帝国跻身强国之林。但在殖民扩张方面，德国却秉持着与其国际地位并不相符的保守与谨慎。德国海外殖民地的空白一般被归因于俾斯麦"欧洲优先"的外交政策。作为老练的政治家和外交家，俾斯麦不但是德意志帝国的重要奠基者，也是操控国政近30年的帝国掌舵人。即使在帝国成立之初弥漫全国的狂热之中，俾斯麦对欧洲纷繁复杂的局势依然不乏洞见。对于德国这个依靠战争手段崛起的新贵，欧洲列强毕竟缺乏信任，并且对其进一步扩张严加防范。而德国的问题在于："德意志帝国处于中心和无屏障的地理位置，国防线伸向四面八方，反德联盟很容易形成。"[①]所以，俾斯麦一再提醒国人高悬于头顶的达摩克利斯之剑："我们至少有三条会遭到进攻的战线，而法国只有一条东部的国界，俄国只有在西部的边界上有遭到进攻的可能。此外，鉴于世界历史的发展、我们的地理位置以及德意志民族的内部联结与其他民族相比也许相当松散这一特点，我们比任何一个别的民族更易遭到别人联合对付的危险。"[②]有鉴于此，俾斯麦在外交方面竭力奉行"大陆政策"，积极奔走于欧洲各国之间以促成欧洲的均势，借此来规避可能的战争风险。在俾斯麦看来，德国最危险的敌人莫过于在普法战争中惨败、孜孜以求复仇的近邻法国。为此，俾斯麦竭力发展与俄国和奥匈帝国的睦邻友好关系，小心翼翼地与英国周旋，以达到削弱和孤立法国的目的。正如俾斯麦在1872年给德国驻法国大使的信中所写的："我们需要与法国相安无事，并防止法国在企图破坏和平时找到盟友。只要法国缺少盟友，它对我们就没有危险。只要欧洲的大君主国联合在一起，就没

---

① 俾斯麦：《思考与回忆》，山西大学外语系译，北京：东方出版社，2007年，第453页。

② Lothar Gall. *Bismarck, Die großen Reden*. Berlin: Siedler Verag, 1986, p.339. 另参考陈晓春："俾斯麦和德国的早期殖民地扩张"，《史学月刊》，1993年第5期，第91页。

有一个共和国能对它们构成威胁。"①

对俾斯麦而言,维持欧洲的现状与和平关乎德意志帝国的核心利益。相形之下,海外殖民扩张在其心目中的地位不可同日而语。而如果殖民行动有可能危及他倾力构织的联盟体系,那他自然会毫不犹豫地将其搁置。正因为俾斯麦不愿德国因殖民地问题与列强起龃龉,从而影响欧洲各国之间脆弱的均衡并令德国陷入四面受敌的危险境地,所以他对海外殖民地的争夺始终有所保留。在1873年6月2日呈递给德皇的报告中,俾斯麦表达了对殖民扩张负面影响的忧虑:"执行此种(不在欧洲以外攫取土地的)政策的原因在于:我们确信,如果同时需要保卫海外领地,我们的舰队在战争时期完成其最重要任务的能力只能打对折;我们也确信,攫取殖民地会令与我们交好的海上强国怀疑我们维护和平的信念。简言之,此种扩张对德国而言绝不是强盛之源,而将成为削弱之始。"②他还解释道:"我们越是避免介入与我们无直接关系的争执,对于激发并利用我们的虚荣心的任何企图越是冷漠置之,那么我们的威望和我国的安全就越能持久。……如果德国在与自身利益无关的那些有争议的东方问题上比那些有密切利益的其他国家更早采取有倾向的立场,那它即使在今天也是干了一桩大蠢事。……同样,如果德国善于克制,那么它在未来的东方问题的争执中,就能利用它是在东方问题上利害关系最小的国家这种有利地位。德国不干预的时间愈长,它就愈能可靠地利用,虽然这种有利地位只有在享有较为持久的和平的情况下才能存在。"③此外,俾斯麦也不看好殖民地可能带来的经济效益。他认为:"所谓殖民地对母国商贸及工业的好处在很大程度上是建立在幻想的基础之上。因为英国和

---

① Siegfried Rost. *Nationalstaaten und Weltmächte*. Frankfurt, Berlin, Bonn: Diesterweg-Verlag, o. J., p.94.

② Akten aus dem Deutschen Zentralarchiv Potsdam, Reichsamt des Innern, Bd. 5266, Bl. 15. In: Manfred Nussbaum. *Vom „Kolonialenthusiasmus" zur Kolonialpolitik der Monopole – Zur deutschen Kolonialpolitik unter Bismarck, Caprivi, Hohenlohe*. Berlin: Akademie-Verlag, 1962, p.21.

③ 俾斯麦:《思考与回忆》,山西大学外语系译,北京:东方出版社,2007年,第451–452页。

法国的经验表明,建立、支撑与维持殖民地所带来的费用往往远高于母国能从殖民地得到的利益。"①这些考量都决定了俾斯麦谨慎处理殖民地问题的政策导向。

二、19世纪80年代中期德国的国内形势

对于新生的德意志帝国而言,统一的民族国家的建立和法国的巨额战争赔款既是强心针,又是麻醉剂。对经济走势的乐观预计带来了生产投入的大幅攀升和生产规模的急速扩大,并导致对原材料和能源需求的激增及产品过剩。而从1873年开始席卷资本主义世界的经济萧条却令德国所面临的经济问题更趋尖锐。与此同时,性价比更高的进口商品却在蚕食德国本土产品的市场份额。俾斯麦政府从1879年起实行保护性关税政策,通过国家干预确保本国产品的销售,同时维持国内产品的高价。但这意味着实际收入已经缩水的德国国民必须承担由此造成的价格差,从而导致社会矛盾加剧。况且当各国纷纷实行保护关税之后,德国产品的出口同样受到了阻碍,国内生产商开拓海外市场的要求也更为热切。

正是在这种背景下,海外殖民扩张成为德国国内津津乐道的热门话题。1879年,莱茵传教会弗里德里希·法布里撰写的《德国需要殖民地吗?》一书问世。在书中,法布里明确指出:"每一个强大的国家实体在其繁荣期都需要扩展领地。它不仅能在那里安置其过剩的劳动力,而且由当地向母国的回流能令它回收其生产成果,并通过新的输出,在活跃的交互作用中提高其产能。没有哪个逆此种扩张原则的国家能实现长久的强盛与富裕。"②该书的出版激起了德国社会关于殖民地问题的大讨论。

---

① Helmut Stoecker (Hrsg.). *Drang nach Afrika – Die koloniale Expansionspolitik und Herrschaft des dentschen Imperialismus in Afrika von den Anfängen bis zum Ende des zweiten Weltkriegs.* Berlin: Akademie-Verlag, 1977, p.13.

② Friedrich Fabri. *Bedarf Deutschland der Kolonien?: eine politisch-ökonomische Betrachtung.* Gotha, 1879, p.13.

80年代初,"西德意志殖民与出口联合会"、"德意志殖民协会"等旨在推进海外扩张的组织相继成立。而在德国官方,《萨摩亚草案》可以被视为俾斯麦政府对殖民问题的一次试水。萨摩亚位于南太平洋,从19世纪50年代中后期起,来自汉堡的高德弗罗伊商行便在此经营,它拥有大片种植园并曾一度包揽了该岛及相邻岛屿的贸易。1878年,由于投机失败,该公司的股权与种植园面临被抵押给英国银行的困境。1880年4月14日,俾斯麦政府向帝国议会递交了《萨摩亚草案》。这份由大银行家与财阀炮制的文件拟采用国家干预的形式,成立新的公司来接管破产的高德弗罗伊商行在南太平洋诸岛的经营项目。为此,国家将提供长达20年的担保,确保参与其中的投资者每年获得至多4.5%的分红。有学者认为,这种由政府直接介入的做法是德国政府积极的殖民政策诞生的标志。[1]尽管由于左翼势力和自由贸易者的反对,该草案在4月29日的议会表决中以128票对112票被否决,但此事对有关殖民政策的社会讨论与出版热潮进一步推波助澜,并为日后德国殖民扩张的实施提供了舆论准备。

追逐海外经济利益的德国商人是殖民政策坚定的拥趸与鼓动者。1883年7月,汉堡商会向帝国政府递交报告,积极游说政府在西非几内亚湾沿岸建立贸易殖民地。报告指出:"统计数据显示,德国与西非的贸易如此重要且发展形势令人欣喜。如果它的发展受到外部因素的阻碍甚至发生倒退,那将是极其遗憾的。"然而事实上,缺乏帝国武力支持的德国商人在与他国商行的竞争中始终处于劣势。在英、法、葡等国势力范围内经营的汉堡与不来梅商行得不到与宗主国国民相同的待遇,甚至不得不屈从当地土著的漫天要价,缴纳高额税金,因为"(非洲的)部落首领们对德国保护其属民的力量与意志一无所知,所以才胆敢在德国人面前肆无忌惮,极尽压榨之能事"。所以,商会在呈文中提出了包括在西非建立贸易殖民地、派遣军舰和筹建海军基地等在内的八条建议,因为"为了让身在异国的德国人在其他欧洲人和当地土著面前不落下风,国家向他们提

---

[1] Percy Ernst Schramm. *Deutschland und Übersee*. Braunschweig: Verlag Westermann, 1950, p.359.

供可靠而有效的保护是必不可少的。"而且,西非殖民地的建立不仅有利于发展商贸和航运,其对几乎所有工业部门及整个德国产业界的裨益亦不可小觑。①而不莱梅商人吕德里茨更是手持与西南非安格腊—佩昆纳地区部落酋长约瑟夫·弗里德里克签订的购买土地协议,直截了当地要求德国政府给予保护。

  此时的俾斯麦正面临着诸多棘手的问题,与天主教的文化斗争陷入僵局,经济的停滞和社会矛盾的激化增加了爆发"赤色革命"的危险。此外,支持俾斯麦的保守党、民族自由党及帝国党在1881年的议会选举中失利沦为少数派,俾斯麦失去了对议会的控制。为了在1884年的大选中阻止强大的左翼联盟的出现,俾斯麦必须继续巩固与民族自由党和保守党的联盟,并积极拉拢代表天主教的中央党,同时对奉行激进自由主义的德意志自由党以及社会民主党实施压制。而殖民主义似乎是可以一揽子解决以上诸多问题的良方。推行积极的殖民扩张政策符合工业界和银行界的诉求,还能转移国民的注意力以缓和紧张的社会局势。更重要的是,对于俾斯麦甚为关注的选情而言,此举既可迎合民族自由党和中央党对殖民地问题的态度以达到团结和示好的目的,又可给反对殖民扩张的左翼和德意志自由党冠以"缺乏民族感情"的罪名加以打击。还必须考虑的是,殖民扩张是皇储弗里德里希三世和德意志自由党重要的政见分歧所在。而弗里德里希三世则被普遍视为有亲英倾向的自由党的幕后支持者。俾斯麦与这位皇储的互动远没有与风烛残年的威廉一世那么顺利。在回忆录里,俾斯麦虽未直接诟病弗里德里希三世,但还是对其妻英国公主维多利亚颇有微词,称"她对她的祖国所怀抱的那种自然的与生俱来的热烈感情从一开始就表现为竭力使普鲁士—德意志对于在欧洲结成各种集团的重大影响之作用有利于她的祖国,而她从未有过一刻不认为英国是她的祖国",而且"她对她的丈夫的影响一直很大,并且与时俱

---

① Bericht der Handelskammer zu Hamburg(am 6. Juli 1883), Reichstagprotokolle Band 91. Aktenstück 41: Togogebiet und Biafra-Bai, Verhandlungen des Deutschen Reichstags, http://www.reichstagsprotokolle.de/Blatt3_k6_bsb00018453_00125.html, 2012. 6. 6.

增"①。对于弗里德里希三世继位后与自由党联手构建英式内阁从而抛弃自己的可能性,俾斯麦不无忧虑。而殖民扩张不仅能离间弗里德里希三世与自由党,而且如果德国因为殖民扩张与英国起龃龉,则正好可给继位后的弗里德里希三世执行亲英政策制造障碍。②紧迫的局势和殖民主义可能带来的多重收益构成了俾斯麦与殖民主义者合作的基础,由此也催生了德意志殖民帝国的建立。

三、德国争夺非洲殖民地的国际环境

在国内政局的起伏愈来愈凸显殖民政策必要性的同时,19世纪80年代初欧洲及世界局势的变化——尤其是法德关系的缓和以及英国因与法、俄启衅而被孤立——也为俾斯麦的海外扩张创造了良好的客观条件。

对于法国,俾斯麦采取的始终是安抚、遏制与孤立相结合的策略,目的是限制其寻衅之力,瓦解其复仇之心。普法战争之后,俾斯麦未挟战胜之威夺占法国在东方的殖民地,即出于不过度刺激法国的考虑。③而在构织法国包围网的同时,俾斯麦还刻意怂恿法国进行海外扩张,以减轻其在欧洲本土对德国的威胁。如在1878年,俾斯麦曾向法国驻德大使圣华莲透露:"某些德国探险家敦促我,……在红江的沿岸建立我们的商业殖民基地。……我请你以完全友好和私人的形式询问瓦定敦部长,他们的政府是否有意利用它与安南所订的条约并履行其有关东京的各条款,或是它不管这个国家,放弃在东京建立保护地的企图,放弃红江

---

① 俾斯麦:《思考与回忆》,山西大学外语系译,北京:东方出版社,2007年,第482页。
② 参考孙炳辉:"俾斯麦西南非洲殖民刍议",《历史教学问题》,1986第1期,第7页。
③ 参考马丁·福格特编:《德国史》,下册,辛达谟译,台北:国立编译馆,2000年,第915页。

的安全及警察工作。他们的答复将决定我们的行动。"①俾斯麦此举并非泄露德国海外扩张的欲望,其目的是借此刺激法国,促使法国加快海外殖民节奏,将更多的人力、物力、财力用于欧洲以外的军事行动。在中法战争期间,俾斯麦不但回绝了中方的调停请求,而且向法国承诺,德国政府将严守中立,不干预其在远东的行动②,甚至阻挠向清政府交付已经竣工的北洋舰队舰艇,无不出于转嫁危机的考虑。而从19世纪70年代后期起,法德之间的关系有所改善。尤其在1880至1885年茹尔·费里两度秉政期间,俾斯麦公开表示支持费里政府热衷的海外殖民扩张政策,并告知法国政府,"只要法国不将目光转向斯特拉斯堡或麦茨,德国支持它吞并北非、西非和东非等一切可以得到的地方"。③法德关系的缓和是俾斯麦将注意力由欧洲转向海外并实施殖民政策的必要前提。

相对于法德之间的接近,被视为德国海外扩张最大对手的英国却处境不佳。在中东,埃及问题成为英、法两国龃龉的导火索。埃及地处欧、亚、非三洲交界,收苏伊士运河航运之利,战略位置极其重要,因此也是列强窥伺的焦点。到19世纪下半叶,埃及的国政与经济依然把持在法国和英国手中。1881年9月,埃及爆发旨在摆脱英法控制、争取独立的起义。英国借机出兵埃及,并于1882年9月攻陷首都开罗,埃及沦为英国的殖民地。英国的武装干涉令同样垂涎埃及的法国深感不满,导致英法之间的矛盾加剧。在中亚,英、俄两国本就有利益冲突。70年代末,英国入侵阿富汗,并将双方均垂涎的阿富汗沦为英属殖民地。而俄国迅即反应并陈兵边境,英、俄剑拔弩张,战争大有一触即发

---

① 《上院议员圣华莲致外长杜克列》(1882年11月20日)转引自季平子:《从鸦片战争到甲午战争——1839年至1895年间的中国对外关系史》,上海:华东师范大学出版社,1998年,第489—490页。

② Hohenlohe-Schillingsfürst, Fürst Chlodwig zu. *Denkwürdigkeiten*, II, p. 348, hg. v. F. Curtius, Stuttgart u. Leipzig, 1907. In: Helmut Stoecker. *Deutschland und China im 19. Jahrhundert – Das Eindringen des deutschen Kapitalismus*. Berlin: Akademie-Verlag, 1958, p.155.

③ W. H. 道森:《1867–1914年的德意志帝国》,纽约,1919年,Vol.2,第111–113页。转引自邢来顺:"论德国殖民帝国的建立",《华中师范大学学报(哲学社会科学版)》,1996年第3期,第100页。

之势。由于德国在两地并无直接利益,俾斯麦不仅可以借英国无暇顾及之际迫使其默许德国的殖民扩张,而且还能借此打击国内的亲英势力。所以,俾斯麦积极介入英法、英俄争端,挑拨其关系。他在给德国驻英大使的函件中写道:"埃及对我们而言根本就无所谓,它不过是工具而已,用来瓦解英国对我们殖民扩张的阻碍。"① 而且,他不无挑衅地在英国的传统势力范围内攫取殖民地。如在西南非问题上,俾斯麦无视英国政府发出的傲慢声明:"尽管女王陛下的政府未对整片地区提出主权要求,……但若其他国家主张对葡萄牙控制区最南端和开普殖民地边界之间地区的主权与司法权,女王陛下的政府会视其为对(英国)合法权益的损害"②,于1884年4月24日宣布建立德属西南非保护领,并进一步染指西非和东非,甚至联合法国等国在柏林西非会议上阻止英国与葡萄牙控制刚果河河口的企图。而被与法国和俄国的矛盾极大地压缩了外交回旋空间的英国政府则不得不承认:"为了取得德国在埃及和亚洲的支持,英国必须在桑给巴尔和加罗林群岛等地与德国合作。"③ 为避免德国倒向法、俄一方,英国政府只能无奈地坐视德国在非洲和南太平洋攫取他们也觊觎了许久的殖民地。

四、战略调整以及德国殖民扩张行动的终止

从1884年到1885年,德国在短短一年多的时间里将自己的旗帜插到了西南非、西非(多哥与喀麦隆)、东非和新几内亚的土地上,并作为东道主召集欧美诸国举行旨在建立非洲殖民新秩序的柏林西非会议(德方称

---

① Kurt Büttner. *Die Anfänge der deutschen Kolonialpolitik in Ostafrika*. Berlin: Akademie-Verlag, 1959, p.27.
② 125 Jahre Berliner Afrika-Konferenz: Erinnern, Aufarbeiten, Wiedergutmachen, http://www.berliner-afrika-konferenz.de/hintergrund, 2012.7.13.
③ 陈从阳:"俾斯麦非洲殖民原因探析",《清华大学学报(哲学社会科学版)》,2005年第5期,第130页。

之为刚果会议),实现了从零殖民地国家到殖民俱乐部重要成员的质的飞跃。所以在柏林西非会议召开前夕,威廉皇帝不无自豪地称:"现在,德国也被视为殖民国家并有能力建议在柏林召开会议。在这个旨在为这片广袤的土地(指非洲)确立未来统治基础的重要会议上,人们也要来听取我们国家的意见了。"[1]

相对于以往在殖民问题上的审慎,俾斯麦政府在1884至1885年间的海外扩张效率极高。但必须指出的是,这并不代表俾斯麦执政方针的改弦更张。在俾斯麦的政策与战略体系中,殖民问题从来就不是他思考的重点。然而需要注意的是,尽管俾斯麦一再表示不合时宜的海外殖民扩张有损德意志帝国的利益,但是对于殖民主义的宣传攻势,他却从未严令禁止,虽然凭借他的权势与地位,这不过是件轻而易举的事。[2]事实上,俾斯麦并不是殖民主义顽固的反对者。他支持扩大海外贸易,但反对建立海外殖民地,因为精于计算的他认为此举不符合德国的根本利益。[3]但这种反对也并不是绝对的,他在19世纪70年代已经向非洲和南洋派遣了领事,将此视为他进一步实施殖民行动的准备并不过分。在实用主义的俾斯麦手中,殖民政策不过是服务于德意志帝国核心利益的一张牌而已,何时打出、以何种方式打出都要视德国的内政及外交形势而定。即使在1884至1885年间,殖民扩张也从未成为俾斯麦决策的出发点,而是他用来左右内政和平衡外交的筹码与工具。俾斯麦曾表示:"所有殖民事务

---

[1] Kaiser Wilhelm I. an den König von Portugal, 19.10.1884, in: R. Robinson. "The Conference in Berlin and the Future in Africa, 1884–85", S. Förster, W. Mommsen.& R. Robinson (Hrsg.) *Bismarck, Europe, and Africa: The Berlin Africa Conference 1884/85 and the Onset of Partition*. Oxford, 1988, p.9, http://www.berliner-afrika-konferenz.de/hintergrund, 2012.7.13.
[2] Manfred Nussbaum. *Vom „Kolonialenthusiasmus" zur Kolonialpolitik der Monopole*, p.21.
[3] 参考陈晓春:"俾斯麦和德国的早期殖民地扩张",《史学月刊》,1993年第5期,第92–93页。

都是骗局,但是我们需要它帮助选举。"① 所以,俾斯麦并未倾全力参与殖民角逐,而是奉行"旗帜跟随商贸"的原则,采用为从当地土著手中获取土地的德国商贾颁发"保护证书"这种无需大规模军事行动的方式建立海外保护领。而且在殖民地的管理模式上,他也反对帝国政府的直接介入,而主张主要由在当地经营的商贾与资本家来实施管理并承担相应费用。因为殖民扩张只是助选的手段而已,如果因为经费等问题被议会反对派抓住把柄,那就本末倒置、得不偿失了。② 如俾斯麦所预计的,海外殖民地的获得不仅提升了德意志帝国以及俾斯麦政府的威望,而且对1884年10月的议会选举不无影响。在此次选举中,俾斯麦所依赖的保守党和民族自由党在议会中的议席数较1881年均有所增加,分别为78席和51席,而他着力压制的德意志自由党仅获得74个议席。虽然俾斯麦未能夺回对议会的控制权,但他所担心的左翼联盟成为议会多数派的局面毕竟没有出现。③ 而在外交方面,俾斯麦在非洲攫取的土地多为英属非洲殖民地的邻近地区,这是出于打压英国并借机巩固法德之间友好关系的目的。因此有学者认为,德国殖民地是流产的法德缓和的偶然副产品。④ 这也解释了德国殖民扩张行动持续不久即告终止的原因。首先,中法战争中法国的受挫导致温和的费理内阁在1885年3月下台。法国重新将视线从海外转回到欧陆,法德之间的关系也逐渐趋于紧张。其次,曾经一度陷于孤立的英国则因为与法国和俄国矛盾的暂时平息而得以摆脱困境。相反,东鲁米利亚危机的爆发却使俾斯麦倚重的德、俄、奥三皇同盟面临新

---

① 参考陈从阳:"国外关于俾斯麦海外殖民原因研究撮要",《商丘师范学院学报》,2005年第4期,第55页;邢来顺:"论德国殖民帝国的建立",《华中师范大学学报(哲学社会科学版)》,1996年第3期,第99–100页。

② Helmut Stoecker (Hrsg.). *Drang nach Afrika – Die koloniale Expansionspolitik und Herrschaft des deutschen Imperialismus in Afrika von den Anfängen bis zum Ende des zweiten Weltkriegs*. Berlin: Akademie-Verlag, 1977, p.54.

③ 参考陈从阳:"俾斯麦非洲殖民原因探析",《清华大学学报(哲学社会科学版)》,2005年第5期,第130页。

④ A.Taylor. *Germany's First Bid for Colonies*. London, 1938, pp.1-7. 转引自陈从阳: "国外关于俾斯麦海外殖民原因研究撮要",《商丘师范学院学报》,2005年第4期,第54页。

的挑战。继续殖民扩张不但无法达到离间英国与其他列强的目的,反而会令英法、英俄更为接近甚至形成针对德国的利益同盟。所以,俾斯麦适时调整外交重心,重新回归谨慎持重的殖民路线。

五、结　语

综观俾斯麦秉政的全过程,他的执政方针从未偏离"大陆政策"。在1884至1885年间,俾斯麦在非洲和南洋落子,但其外交战略的着眼点却依然在欧洲。正如1888年12月初他对记者兼非洲研究专家欧根·沃尔夫所说的:"如果我派一个普鲁士的军官深入非洲,之后我可能不得不再派许多人去把他救出来。这会让我们走得太远。英国人的势力范围一直延伸到尼罗河的源头。对我而言,这份风险太大了。您的非洲地图很美,但是我的非洲地图在这里,在欧洲。这里是俄国,这里是法国,而我们在中间,这就是我的非洲地图。"[①]因此,1884至1885年间俾斯麦对海外扩张态度的改变以及非洲殖民地的取得并非其整体战略转向的结果,而只不过是俾斯麦因势利导上演的战术变奏。

[①] Gisela Graichen & Horst Gründe. *Deutsche Kolonien – Traum und Trauma*. Berlin: Verlag Ullstein Hardcover, 2005, p.92. 参考陈从阳:"俾斯麦非洲殖民原因探析",《清华大学学报(哲学社会科学版)》,2005年第5期,第130页。

第四节

德国与非洲合作的机制保障及优先领域

王志强*

纵观联邦德国对非洲合作发展历程,人们不难确定,德国对非洲合作在理念、方式和政策方面发生了重大的变化。在20世纪80年代,德国对非合作以单向输出的发展援助政策为主,以维护和平、消除大规模贫困和保障人权为目标。90年代后,德国在原有的发展援助目标基础上逐渐关注环境保护和可持续发展,德国经济合作和发展部在1994年和1998年先后制定了两个《与次撒哈拉非洲各国发展合作纲要》。[1]21世纪以来,随着非洲快速发展和其国际政治地位不断加强,德国加大了对非投入和对非援助,2010年德国对非发展援助达到120亿美元,继美国、英国和法国后成为世界第四大双边援助提供国。[2]在德国援助的26个非洲国家中,24个是撒哈拉以南的非洲国家。[3]面对非洲的快速发展,德国进一步拓展了对非发展援助的领域,促进民主进程、公民社会与公共管理、教育、卫生医疗、食品安全、环境政策、经济的可持续发展以及能源安全被确定为德国对非援助的重点。在此期间,德国由单向输出型发展援助方式转向发展援助与平等合作并举的新型对非合作方式,提出了与之相适应的对非合作新理念、新领域、新政策和新机制。2011年出台了《德国和

---

* 上海外国语大学德语系教授,博士,博士生导师。
[1] 周弘:《对外援助与国际关系》,北京:中国社会科学院出版社,2002年,第312页。
[2] BMZ. *Referat 414 - Geber im Vergleich 2010*. Berlin: BMZ, 2011.
[3] BMZ. *Medienbuch Entwicklungspolitik 2008/2009*. Paderborn: Bonifatius GmbH, 2008, S. 347.

非洲：联邦政府对非洲政策方案》。①作为德国对非合作框架文件，2011德国对非洲政策方案为在国家层面协调德国对非合作提供了政策保障。

基于德国对非合作发展这一特点，本节以德国对非合作新机制和新领域为研究对象，从德国对非合作新政策的出台背景、实施机制和其优先领域三个方面，阐述当代德国非洲政策和对非合作的新特点。

一、德国对非洲新政策出台的背景

德国对非洲政策既强调历史连续性，又不断进行自我调整，应对快速变化的世界格局。德国对非洲新政策出台具有其特有的背景。这里特别受到关注的是：21世纪以来非洲的快速崛起、非洲在国际社会影响力的提升、非洲拥有的丰富资源以及新兴国家与非洲国家不断深化的多层面合作。

21世纪以来，非洲进入快速发展轨道。非洲快速崛起使非洲大陆不断融入全球经济，并影响世界经济的发展。54个国家的非洲大陆参与全球化进程，这将影响未来世界的政治格局。在此期间，为进一步融入国际社会，非洲积极参与全球治理进程，推进非洲一体化，建立了包括整个非洲大陆的非洲联盟和非洲地区性组织（西非国家经济共同体、南部非洲发展共同体和东非共同体）。非洲一体化机制促进了非洲的融合，提升了非洲对国际社会的影响力，为非洲经济社会发展提供了极为重要的机构保障。

在欧盟层面，面对非洲经济社会快速变化和其国际地位快速提升，欧盟极为重视与非洲合作。作为欧盟近邻，非洲大陆经济社会发展和由此所导致的问题也会波及和影响欧洲大陆。基于欧洲自身经济社会发展

---

① Deutschland und Afrika: Konzept der Bundesregierung. http://www.auswaertiges-amt.de/cae/servlet/contentblob/581096/publicationFile/155321/110615-Afrika-Konzept-download.pdf.

和自身安全考虑,欧盟积极主动推出对非洲合作的新模式,建立欧非合作的新机制。在这方面,欧盟与非洲的合作已远远超过发展援助的范畴。2007年欧非首脑会议在里斯本举行,双方共同提出了联合战略,为欧非关系发展奠定了新的发展基础。价值观、利益观和目标定位构成了欧盟对非政策的框架,在此框架下制定的欧盟对非洲政策对成员国德国也有十分重要的指导意义。

从全球层面来看,非洲联盟在国际社会的地位越来越重要。新兴国家的崛起,中国、印度等国家进入非洲,不断扩大其在非洲的政治和经济影响力,这也使西方发达国家感到其在非洲的地位和影响力受到挑战。在此背景下,非洲越来越引起包括德国在内的西方国家关注。

加强与非洲大陆的合作,符合德国和非洲合作国家的利益。经济上,作为欧盟成员国,德国是非洲大陆最大的贸易伙伴之一,其产品因其特有的质量而受到非洲人民的青睐。非洲经济快速发展为德国与非洲经济合作提供了前所未有的机遇。政治上,非洲国家被看做是德国重要的合作伙伴。在维护国际和平安全、解决全球气候变化、人口迁移和粮食安全等全球性问题方面,德国需要与非洲国家进行多层面的合作,通过与非洲在国际、国家、地区层面的合作,促进非洲和全球的和平安全,推进非洲经济社会的可持续发展。

面对非洲合作发展的这一新需求新认知,联邦政府在近年启动了德国对非政策修订工作,通过跨部门、跨机构、跨领域协同方式,在国家层面制定了德国非洲政策新方案,其主要目的是,在国际层面和多边层面面对非洲议题时,让德国采取更为一致的行动,用同一个声音说话。

二、德国实施非洲政策的机制

为进一步推进德国在国际、多边、欧盟、国家间层面对非洲合作,德国对现有的对非政策和对非合作方式进行了反思和修正,推出了适应新形势的德国对非合作新政策和新机制。在这方面,德国对非洲合作的机制涉及国家、欧盟和国际这三个层面。

在国家层面,德国发展援助已经形成了较为完善的组织机构体系和行之有效的运行机制。为在国家层面有效地实施德国对非洲政策,促进对非合作,在此期间,联邦德国出台了较为统一的对非洲政策新方案。在德国非洲政策方案制定上,联邦政府要求联邦各部协同磋商,在国家层面进行机制整合,采取更为一致的行动,加强外交和安全政策,促进德国对非洲的农业、贸易、环境、教育和研究等领域的合作。在联邦政府这一要求下,2010年,联邦各部(13个联邦部:联邦外交部、联邦内政部、联邦司法部、联邦经济和技术部、联邦劳工和社会部、联邦粮食农业和消费保障部、联邦国防部、联邦家庭老人妇青部、联邦卫生部、联邦交通建筑和城市发展部、联邦环境自然保护和核电安全部、联邦教育和研究部以及联邦经济合作和发展部)、联邦议院党团、经济协会、教会、工会对德国非洲政策进行了全面的磋商,在跨部门、跨领域协同推进下在国家层面确定了德国对非合作政策和机制保障体系。[①]在这方面,联邦外交部负责统筹协调,在国际组织框架内,代表德国实施德国非洲政策,其他联邦部协同实施德国非洲政策方案。在对非洲政策上,联邦政府要求联邦各部采取更为一致的行动,重视协同机制,确定切实可行的目标,建立德国对非洲合作领域的具体工作组机制。

为之,联邦政府要求联邦各部设立半年制部际交流会机制。在这种部际交流机制下,联邦各部每半年对正在非洲实施的项目进行交流,将相关信息进行梳理和汇总,通过这一部际信息系统化途径,更为有效地促进德国对非洲合作。在这方面,德国重视对对非洲政策的有效性和投入效率性进行跟踪监测。通过对设定的目标和投入方式有效性进行分析,及时调整和设定对非合作领域和目标,在此基础上不断提高德国发展援助政策措施的可预测性。在测定结果表明不能实现设定目标,或所

---

① Deutschland und Afrika: Konzept der Bundesregierung, S.1-65, V. Deutsche Afrikapolitik – mit einer Stimme, S.59-60, http://www.auswaertiges-amt.de/cae/servlet/contentblob/581096/publicationFile/155321/110615-Afrika-Konzept-download.pdf.

采取的手段不再适合现在的利益追求时,对在相关领域的行动和目标进行适度调整。定期对发展合作的实行情况进行检查,对效果较好的项目给予鼓励,这在很多方面可以减少项目及方案之间的不协调性。这种对目标和投入方式的阶段性连续性测定方式,可以在机制上保障德国非洲政策和德国对非洲合作项目的有效性和实效性。

在地区层面,欧盟对非合作机制也构成了德国对非洲政策实施机制的重要部分。德国的非洲政策是欧洲对非政策的重要组成部分,与欧盟非洲战略较为一致。2005年通过的《欧盟非洲战略》确定了对非战略的重要方面,如:保障非洲和平与安全、促进良好政府治理、扩大贸易和投资、促进非洲区域一体化、实现非洲社会和经济发展。在德国的推动下,欧盟确定了欧盟—非洲战略四个目标:发展和深化政治关系;推动和平安全和可持续发展;共同应对世界挑战;加强欧非民间团体之间的合作。2007年欧非里斯本峰会进一步明确了欧非联合战略和欧非合作框架原则。在这方面,欧盟《里斯本协议》巩固了欧盟的外交和安全政策。作为欧洲睦邻政策重要国家,位于地中海的摩洛哥、突尼斯、埃及和阿尔及利亚等北非国家成为地中海联盟成员国。北约—地中海对话机制的建立也将促进北约与非盟、北约与非洲邻国的合作。在欧盟和北约机制框架下,联邦政府积极参与对非政策制定,在欧盟委员会制定欧洲对非政策方面,德国发挥了重要作用,有着重要的影响力。

在国际层面,德国对非政策实施和对非合作涉及众多的多边机制。在联合国框架内,德国非洲政策的重点是和平与安全、保护人权和国际法、可持续发展、人道主义援助、教育和研究。基于联合国2000年通过的千年发展目标,德国制定了对非发展政策,与非洲国家一起推动联合国改革。在G8/G20多边机制框架内,联邦政府积极改善与非洲的合作。在2000年的八国首脑会议上,非洲被列为单个会议主题,为推动非洲的发展,八国政府首脑任命了非洲代表,其任务是为八国政府首脑在非洲政策方面提供咨询和支持。2002年加拿大卡那那斯基斯峰会提出了非洲行动计划和与非洲发展新型伙伴关系的改革倡议。随后的多次八国峰会,如2007年德国海利根达姆峰会,进一步加强了G8与非洲的伙伴关系。除

G8多边机制外,在"二十国机制"内,像德国一样,南非成为20国集团成员国,并发挥着重要的作用。其他国际多边论坛,在全球性挑战问题,如气候变化和世界范围内的危机预防方面,需要与54个非洲国家进行密切合作,定期进行协商。这不仅符合德国的利益,也符合非洲和国际社会的利益。

三、德国与非洲合作的优先领域

如2011德国对非政策方案所示,不同于以往的德国对非政策,这一政策方案和由此奠定的对非合作框架原则、合作方式和合作领域都有新变化。从章节内容看,2011德国非洲政策方案由六大部分构成:一是非洲和德国——平等伙伴关系,二是普世价值和德国利益,三是实施德国非洲政策的领域和途径,四是国际框架下的德国非洲政策,包括欧盟、国际层面的非洲政策和多边论坛,五是德国在非洲政策上用一个声音说话,六是展望:德国作为非洲的伙伴。德国对非政策依然遵循对外政策强调"以价值为方向,以利益为主导"的框架原则[1],秉承欧盟提出的具有独特性和普适性的价值与原则。从2012年德国联邦政府发布的政策文件来看,德国对外政策的基本原则的几个维度依然是自由与人权、民主与法治、和平与安全、富裕和可持续发展、可承载的双边关系以及有效的多边主义的定位。[2]除传统领域外,德国与非洲的合作优先领域主要有:和平与安全、社会自由与善治、平等与公平、可持续发展。

---

[1] „Deutsche Außenpolitik ist werteorientiert und interessengeleitet", Auswärtiges Amt, „Schwerpunkte deutscher Außenpolitik", http://www.auswaertiges-amt.de, 访问日期:2013年7月26日。

[2] Deutscher Bundestag. *Unterrichtung durch die Bundesregierung, Drucksache* 17/8600, 8.2.2012.

积极的和平政策

如同欧盟对非合作和对非关系,和平与安全构成了德国对非合作的核心领域之一。在这方面,维护世界和平和安全也是德国基本法奠定的德国宪法使命,"在统一的欧洲内为世界和平服务"[1]。和平与安全构成德国外交政策的法律基础和基本方针,决定了德国外交总体方向,如同前联邦外长韦斯特韦勒于2010年10月在德国对外政策学会会议上所指出的那样,"德国外交政策是和平政策,德国外交政策更多关注安全;德国的安全利益与欧洲安全紧密相关,同美国的跨大西洋关系紧密相连"。[2] 可持续性和平是欧盟及德国核心价值理念,德国认识到,非洲的安全和稳定不仅仅是非洲的问题,还直接关系到其周边邻国,尤其是对包括德国在内的欧盟将产生直接影响。为之,德国非洲政策新方案提出了多项行动计划[3]。

德国在对非政策上落实欧盟的可持续性和平的观念,通过广泛的发展援助政策和对冲突区域发展的支持,应对产生冲突的结构性原因。在这方面,德国认为,健康、教育、基础建设等领域的滞后发展是导致不公平性的根源,并带来多层面的社会冲突和社会动荡,因而主张通过对非洲国家经济社会发展的支持,在源头消除给非洲国家带来不公正和社会冲突的诸种根源,维护和促进非洲和平和安全。另外,德国还积极参与联合国框架内非洲地区冲突的预防与维和行动,履行维护地区和平安全的义务。

---

[1] Grundgesetz für die Bundesrepublik Deutschland, hg. von der Bundeszentrale für politische Bildung, Bonn 1998, S.12.

[2] Grundsatzrede von Bundesaußenminister Westerwelle bei der Deutschen Gesellschaft für Auswärtige Politik, 21.10.2010, http://www.auswaertiges-amt.de/DE/Aussenpolitik/AktuelleArtikel/101021.

[3] Deutschland und Afrika: KonzeptderBundesregierung. S.1-65,hier.S.17-24, http://www.auswaertiges-amt.de/cae/servlet/contentblob/581096/publicationFile/155321/110615-Afrika-Konzept-download.pdf.

社会自由与善治

如同西方其他国家,在对非合作中,德国政府强调自由和由此奠定的政治价值,主张将自由限定于社会合法性的维度内,使之与民主、法治和人权并行实施。在这一政治价值取向下,德国企望通过与非洲合作和在经济社会发展方面给予支持的方式,促进非洲大陆、非洲地区和非洲国家面向自由的社会转型发展,提高非洲国家文明程度,促进非洲国家的善治程度。具体而言,在人权政策方面,德国要求制止在非洲一些地区发生的种族屠杀等反人类罪行,要求非洲国家遵守国际难民准则,反对妇女歧视、性暴力等侵犯人权的行为,废除死刑,实施善治(良好的政府管理)。为之,联邦政府要求非洲国家地方政府推出以自我责任、公民联系为主的良好的财政政府管理,进行财政改革,加强国家财政税收第三方监督力度,履行政府工作汇报义务,实施公共管理部门行为责任制。在推进非洲国家法治国家建设方面,德国愿意在对非合作框架内提供警察咨询,改革安全部门,并为独立司法、法官和律师培训提供多层面多方式的资助和支持。德国主张通过对人权和法治国家建设的支持,重建非洲家园,稳定非洲国家制度,加强法律保障和国家能力,促进非洲大陆公民社会和地方民主的建设。在这方面,德国认为,非洲大陆在一些地区和国家面临的危机与冲突,如部族冲突、经济和资源争夺、高犯罪率、宗教冲突,在很大程度上应归咎于"非善治管理"、低效管理或管理缺位。面对一些非洲地区的政治不稳定、经济停滞和艾滋病等挑战,德国主张通过与非洲国家的伙伴关系合作方式,促进非洲国家向"善治"管理的转型,在此基础上逐渐解决非洲国家面临的不公正和社会冲突问题。

在对非合作方面,德国十分重视非洲国家开放社会的建设,通过同非洲合作,促进与非洲在文化和媒体方面的交流。为之,联邦政府为歌德学院、伙伴学校、德国学术交流中心、洪堡基金会、德国考古学院和德国之声等德国文化交流机构提供相应的资助。如借助基金会的资助,德国驻非洲使馆在非洲启动和实施了文化合作项目;德国之声互动学习节目、非洲记者培训和教育文化合作等项目也推进了非洲公民社会的建设。面对北非剧变,联邦政府提出建立"转型伙伴关系",通过发展合作

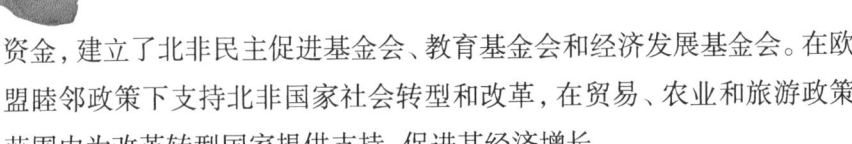

资金,建立了北非民主促进基金会、教育基金会和经济发展基金会。在欧盟睦邻政策下支持北非国家社会转型和改革,在贸易、农业和旅游政策范围内为改革转型国家提供支持,促进其经济增长。

推进社会平等与公平

不同于积极和平政策,平等与公平既是德国对非政策重要领域,又是德国对非合作重要原则。如同德国基本法第一条所确定的那样,联邦政府把人权看做是"人类社会和平和正义的基础"。平等与公平是针对性别、种族、宗教信仰、残障、年龄、性取向歧视行为而提出的重要原则。任何群体和个人不能因其性别、种族、宗教信仰、残障、年龄、性取向而受到歧视。基于平等和公平这一特性,在对非合作中,德国关注非洲国家妇女儿童命运,要求非洲国家政府推出积极有效的政策,保障非洲妇女儿童基本教育权利,提高其受教育程度,促进非洲国家经济社会可持续和平发展,敦促非洲国家以平等方式推进妇女参与民主和公民社会的建设进程,促进男女平等,建立民主公正的社会秩序。为之,德国政府支持打击有组织的跨国犯罪活动,支持实施和执行联合国旨在保护妇女儿童的相关决议,如2000年联合国巴勒莫决议、打击跨境组织犯罪补充协议、关于预防、打击和惩罚人口贩卖尤其是妇女和儿童贩卖的补充决议、联合国安理会"关于妇女、和平、安全"第1325决议等。

在这方面,教育领域成为德国对非发展援助的重点。德国尤其重视对非洲妇女儿童接受基础教育的支持,通过相应的资助项目,提高妇女儿童的受教育程度,缓解和改变目前在许多非洲地区存在的妇女儿童教育缺失问题。到目前为止,在非洲只有少数人具有阅读和书写能力,非洲文盲率是世界上最高的。次撒哈拉非洲有近29%的男人和46%的妇女缺乏阅读和书写能力。缺乏受过良好教育的精英也阻碍和影响人们对非洲的投资。为改变这一状况,德国计划加强对学校、大学和研究机构建设的支持,改善非洲大陆可持续发展所需的人才基础,在欧盟、OECD、G8等地区和国际多边机制下协同促进非洲教育发展。

除教育滞后发展、妇女儿童受教育程度低下外,非洲一些地区还存在着有悖于德国主张的平等和公正的社会贫困。在反贫困方面，非洲在实现千年发展目标(至2015年，在世界范围内的贫困和饥饿减少50%)上虽然已取得了非常大的成就，但依然面临很大的压力，还需进一步加快发展进程，尤其是农业。虽然农业是非洲核心经济部门，农业人口占总人口的60%，但农业仅占非洲国内生产总值的17%。在次撒哈拉非洲饥饿人口的比例达到30%，其重要原因是低下的农业生产力。另外，非洲南部的一些国家有近五分之一的人口感染艾滋病。2008年次撒哈拉非洲出生死亡率高达144‰，撒哈拉以南地区有近40%的人口没有足够的饮用水供应，70%的人没有卫生设施。艾滋病、结核病、疟疾和其他疾病、不完善的卫生体系致使非洲人寿命严重缩减、儿童和孕妇死亡率升高以及贫困化加剧，这在很大程度上严重阻碍非洲国家平等和公正发展。

面对非洲大陆如此严重的贫困化，作为非洲重要的伙伴国家，德国十分重视非洲去贫困化的发展，通过具体项目，有针对性地支持非洲发展教育，完善卫生设施，促进非洲国家平等公正的经济社会发展。例如，2003年以来，联邦政府支持欧洲同撒哈拉以南地区和国家，共同推出艾滋病、疟疾、结核病治疗方法和预防合作研究行动倡议，扩大对产品研发合作的资助，为因贫困不能治疗的患者提供必需的医药，支持非洲地区性机构提供价格合理的治疗艾滋病、结核病和疟疾的药物。对德国而言，卫生、医疗、疾病预防、水资源、科学和研究是推动非洲经济和社会发展的决定性领域和发展力量。为之，德国支持非洲大陆在这方面的发展计划和项目，促进非洲去贫困化进程，在此基础上推进非洲社会平等和公正发展。

可持续发展

德国十分重视可持续发展，可持续发展构成德国模式重要的特征。①

---

① 参见：戴启秀：德国模式解读——建构对社会和生态负责任的经济秩序，上海：同济大学出版社，2008年；戴启秀、王志强：德国："绿色文明的国度"，《国外环保概览》(沈国明主编)，成都：四川人民出版社，2002年，第101–140页。

可持续发展体现在德国对内和对外的环境政策和环保科技水平中,其内涵包括三个方面:战略上,主张有利于生活质量与环境保护和谐的可持续发展;科技上,主张进行有利于可持续发展的生态创新;政策上,主张生态、社会、经济三位一体的和谐发展,在经济发展和生态危机之间找寻平衡点。由此奠定的可持续发展理念被充分纳入德国对外贸易、环境、外交政策中,使之在超越国家之外的更大范围内得以推广和实践。可持续发展也成为德国对非政策和对非合作极为重要的优先领域。对德国而言,尤为重要的是可持续能源技术在非洲推广、能源的可持续开发、非洲森林保护和气候保护等。

在与非洲合作中,出于自身经济发展的需要,德国重视与非洲在能源领域的合作。而非洲国家为加快其能源开发,也越来越需要德国能源领域技术和知识,特别是可持续能源技术。自2008年石油价格达到历史最高位以来,一些非洲国家需要德国在可再生能源技术、能源可持续开发和可再生能源利用方面给予咨询和帮助,并进一步发展与德国和欧盟的能源伙伴关系。德国也致力于改善同非洲的能源合作关系,在担任欧盟主席国时,提出了欧非能源伙伴关系设想。2007年里斯本第二次非欧峰会决定将能源伙伴关系视为新型欧非共同战略的一个部分,制定了最高目标:进一步改善欧非能支付的、可靠的气候友好型能源保障,在欧盟和非盟支持下,至2020年双方实现使用可再生能源。为之,德国承诺提供10亿欧元,改善能源保障,扩大可再生能源供应,促进地区电力市场发展。

除能源可持续开发,保护森林是德国推进非洲可持续发展的第二重要方面。在国家层面、区域层面和国际层面德国支持非洲国家大力保护非洲森林,支持经济和生活需求互相兼容、给百姓带来额外收入的可持续森林经营方式,通过资助,帮助非洲国家实施可持续森林经营方案,支持世界范围内的森林保护。重建森林、种植森林、可持续林区经营和森林保护被纳入REDD计划中(重新森林化和森林降低温室气体排放计划)。鉴于世界范围内20%的温室气体是由森林破坏造成的这一认知,重新森林化和森林降低温室气体排放计划要求至2030年在世界范围内停止森林破坏。在这方面,REDD计划的实施对气候保护也起到了十分重要的作用。2007年，德国倡议推出和实施FCPF（Forest Carbon Partnership Facility）森林伙伴计划，其目的是降低和减少森林破坏和森林砍伐造成的温室气体排放增加。

近年来气候保护在德国发展援助政策中的地位日趋重要。为了使其与在发展中国家气候保护方面的投入达到平衡，德国用于国际气候保护领域的资金将增加至少三倍。①德国不仅致力于非洲气候保护和适应气候变化的行动，而且也支持旨在缓慢气候变化和适应气候变化的国际方案，并在气候保护与发展协调性问题方面在国际层面发挥越来越重要的领导性角色。

四、结　语

德国新一届政府也十分重视对非洲政策。2013年11月27日，德国联盟党和社民党共同发布了新一届政府的《联合执政协议》②。《联合执政协议》确定了德国未来四年的外交政策、欧洲政策和在国际社会的基本政策。在对非洲政策方面，协议认为：1. 面对非洲在世界地位的不断上升，非洲应更多承担自我责任，要"依靠自我力量解决地区问题"③；2. 扩大德国与非洲的合作领域，德国新政府"支持旨在加强亚地区和地区间合作的各种努力"④；3. 发展与非洲的平等合作伙伴关系；4. 关注和推进非洲伙伴国家治理，"将善治放在我们对非洲政策的中心位置"⑤；5. 继

---

① Deutsche Welthungerhilfe e.V., Die Wirklichkeit der Entwicklungshilfe (Siebzehnter Bericht 2009)-Eine kritische Bestandsaufnahme der deutschen Entwicklungspolitik, Kurs auf Kopenhagen, Entwicklungspolitische Anforderungen an die deutsche Klimafinanzierung, Meckenheim: DCM, 2009, S.7.
② Koalitionsvertrag zwischen CDU, CSU und SPD. "Deutschlands Zukunft gestalten", 27.11.2013, pp. 1-185.
③ 同上，hier S. 173.
④ 同上。
⑤ 同上。

续支持非洲在非洲联盟框架内建构安全机构和安全机制；6. 在联合国和欧盟框架内参加维和行动；7. 通过战略伙伴关系，"积极推进欧洲以外地区的安全与和平"，非洲联盟在地区安全方面承担更多义务，发挥更大的作用；8. 继续实施已启动的转型伙伴关系，积极推进转型国家民主和社会多元化建设，促进转型进程，要求转型国家"保障公民基本权和自由权包括宗教自由权以及自由媒体和新闻的存在"。[①] 在这方面，德国关注"在北非、近东和中东的基督教徒和其他宗教教徒和少数民族的情况"，"支持宗教自由已得到实施的多元社会发展"；[②] 9. 继续对非洲实施发展援助政策，特别是次撒哈拉非洲。

德国新政府的对非洲政策为进一步实施2011年德国非洲政策方案奠定了指导原则，提供了政治框架。2011年出台的德国非洲政策方案[③]是德国对非政策文件，为在国家层面协调德国对非合作提供了政策保障。此外，德国非常关注北非地区，在其2011年9月通过的"全球化时代下的对外文化教育政策"方案中，要求加大对北非国家转型支持的力度，在2012年和2013年财政年度预算中，拨款5000万欧元额外经费，"用于支持北非和近东地区转型伙伴国家"。[④] 为进一步推进德国在国际、多边、欧盟、国家间层面对非洲合作，德国对现有的对非政策和对非合作方式进行了反思和修正，推出了符合新形势的德国对非合作新政策和新机制。

---

① Koalitionsvertrag zwischen CDU, CSU und SPD, "Deutschlands Zukunft gestalten", 27.11.2013, pp.1-185, hier S. 173.

② 同上，hier S. 172.

③ Deutschland und Afrika: Konzept der Bundesregierung. http://www.auswaertiges-amt.de/cae/servlet/contentblob/581096/publicationFile/155321/110615-Afrika-Konzept-download.pdf.

④ Auswärtiges Amt. Auswärtige Kultur- und Bildungspolitik in Zeiten der Globalisierung: Partner gewinnen, Werte vermitteln, Interessen vertreten, September 2011, S.5.

第五节
德国当代非洲政策解读

戴启秀*

从新千年开始,非洲经济年均增长率接近6%。这一超过全球增长率平均水平的数据,使非洲在国际社会的地位越来越重要。非洲的快速发展也越来越引起德国的关注。德国与非洲关系的悠久历史可追溯到殖民时期,如德国与纳米比亚、坦桑尼亚、卢旺达、布隆迪、喀麦隆和多哥等非洲国家的关系。非洲国家独立后,德国继续支持这些国家。今天,德国与所有的54个非洲国家都建立了外交关系。[①]2011年德国出台了国家层面的《德国和非洲:联邦政府对非洲政策方案》,这成为德国对非洲关系的框架性指导文件。

一、从分散的对非援助发展到外交政策的重要组成部分

2009年德国大选后,在欧盟对非关系框架内,联邦政府决定重新修订迄今为止以发展援助为主的非洲政策。为改变德国对非洲政策较为分散的现状,联邦政府通过联邦各部、联邦州、社会组织间的共同讨论这一跨部门、跨领域、全方面、立体式的政策制定方式,形成了超越各层面、统一到联邦国家层面的德国对非洲政策。在德国外交部主导下,2011年

---

* 上海外国语大学国际关系与公共事务学院研究员,欧盟研究中心执行副主任。
① 德国政府官方文件:《德国和非洲:联邦政府对非洲政策方案》. Deutschland und Afrika: Konzept der Bundesregierung. S.1-65, hier.S.8. http://www.auswaertiges-amt. de/cae/servlet/contentblob/581096/publicationFile/155321/110615-Afrika-Konzept-download.pdf.

初联邦各部参与起草工作，完成德国非洲政策方案编写。2011年6月15日联邦内阁会议通过了对非洲政策方案，即《德国和非洲：联邦政府对非洲政策方案》。在继承以发展援助输出性为主的德国非洲政策基础上，这一框架性文件将对非政策由单向输出性发展援助拓展至政治、经济、文化、能源、生态等领域，在国家层面确定了联邦政府在非洲的目标体系和共同行动领域，并在全球、地区和国家层面寻找共同应对挑战的解决方案。

在国际层面(联合国、欧盟、八国峰会、二十国集团峰会、北约、世贸组织、国际金融组织)和多边关系涉及非洲事务和非洲议题方面，德国改变以往德国对非政策的分散性特点，实行统一的对非洲政策，在对非洲关系上用同一声音说话。这一变化对德国对非合作和对非关系发展具有重要的战略意义。

从欧盟地区层面来看，近年来，欧盟一直不断积极调整其对非政策，推动双方从援助与被援助的依附关系向更加平等的战略伙伴关系转变。2005年12月欧盟委员会通过了"欧盟对非洲新战略"，提出至2015年在欧盟与非盟之间就安全与发展两大领域建立"战略伙伴关系"。2007年12月9日欧盟与31个撒哈拉以南非洲国家签署了战略合作文件。文件涉及欧盟向非洲国家提供总额为80亿欧元的援助款，期限为2008年至2013年。[1] 2007年第二届欧盟非洲峰会又提出建立双边战略伙伴关系，并以和平与安全、民主政府和人权作为非洲政治、经济和社会发展的前提。[2] 欧盟对非政策也影响其成员国的对非政策。

从国家层面来看，德国对非洲政策方案一方面阐述了德国对非洲政策框架原则，另一方面阐述了德国非洲政策的宏观目标和实现这些目标的措施及未来行动领域。

---

[1] 参见欧盟委员会文件：Mitteilung der Kommission an das Europäische Parlament und den Rat - Von Kairo nach Lissabon – Die strategische Partnerschaft zwischen der EU und Afrika [KOM(2007) 357 endgültig – nicht im Amtsblatt veröffentlicht].

[2] Siegmar Schmidt. „Afrikapolitik", in: Weidenfeld&Wessels (Hrsg). Jahrbuch der Europaeischen Integration 2008. Baden-Baden: Nomos, 2009, S.263.

二、德国对非洲政策框架原则

德国当代对非洲政策主要是基于价值取向和对国家利益的追求。这是德国在对非洲大陆的客观实际评估基础上确定的两大核心原则,其关系是:以价值观为基础,以利益为导向。

价值取向和利益追求成为德国当代对非政策的核心

在发展与非洲关系方面,同其他西方国家一样,德国特别强调西方特有的价值观,通过与非洲的合作,促进西方价值观在非洲国家的传播和实施。不同于以往的德国对非洲发展援助政策,2011年出台的德国对非洲政策方案首次将追求利益目标放在与价值取向同等重要的地位,并将以人权为核心的价值取向和利益追求看做是德国对非洲政策的核心原则。2013年2月28日,德国外交政策协会思想库负责人、德国外交政策协会研究所所长埃贝哈德·桑德施耐德教授(Eberhard Sandschneider)在德国《时代周报》强调,德国的价值和利益不能分割。[1]但如何协调价值和利益之间的关系,是德国对外政策的主要目标冲突,也是德国国内专家和政治家辩论的焦点之一。一方面,随着经济全球化的深入,经济的增长对国际市场的依赖程度加深,经济利益成为德国当代对外政策制定的核心要素和指导方针;另一方面,西方的价值观和意识形态,特别是人权问题成为德国与非西方国家价值冲突和争议的焦点。[2]

在这一价值取向下,德国非洲政策尤为关注法治国家、民主和人权、市场经济等。与以往表述不同的是,西方也许吸取了与非洲打交道的教训,"人权"二字提得少,而更多提到"良政"这一表述,在"良政"的名义

---

[1] Eberhard Sandschneider. Debatte zur deutschen Außenpolitik: Raus aus der Moralekke! In: Die Zeit, vom 28. Februar 2013. https://dgap.org/de/think-tank/publikationen/weitere-publikationen/debatte-zur-deutschen-au%C3%9Fenpolitik-raus-aus-der. (2013年7月2日访问)。

[2] Wolfgang Reinicke. Entwicklungspolitik. In: *Internationale Politik* Nr.1 2010, S.98-103, S.99.

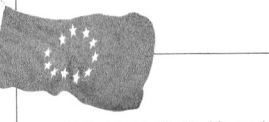

下实现其价值目标。在具体实施领域,德国提出了多项行动计划[1]。

平等关系作为当代合作方式

在方法上提出建立"伙伴关系"和"平等伙伴关系",改变传统对非政策的单向发展援助方式,是德国对非洲政策做出的重要调整之一。历史上,殖民者不会为非洲当地的经济发展做长远规划,而是把他们及其后代置于"强制性的、不平等的国际分工和世界经济秩序中"。[2]当代,从提出"民主与经援挂钩"政策,到将经援变为伙伴关系,并以历史关系联系为基础,在各方面积极拓展合作,打破传统合作模式,将德国与非洲的关系定位为新型"伙伴关系",使具体援助与合作相结合,这成为德国对非洲政策的新特点和新定位,其目的在于缓解存在于西方与非洲的殖民历史遗留的痕迹,促进西方包括德国与非洲关系的平等发展。这一定位也是德国对非洲关系近十年来重新审视和评估的结果。从"伙伴关系"、"平等伙伴关系"到"真正的伙伴关系"表述的细微变化也反映了德国对非关系不断发展和对非政策不断调整的过程。在2001年出台的"对撒哈拉以南的非洲外交战略"文件中,德国首次表示以"平等伙伴关系"发展德国对非洲合作关系。2007年,作为欧盟轮值主席,默克尔总理在欧盟峰会上也表示将欧盟与非洲关系确定为真正的伙伴关系。这里将非洲视为"平等伙伴关系"和"真正的伙伴关系",这不仅是德国延续其近十年来的对非关系的发展,也是非洲自身发展和非洲在国际社会地位提升和影响力扩大的结果。面对这样具有发展活力和有重要政治影响力的地区和大陆,德国和欧洲更加意识到,只有将非洲视为"平等伙伴关系",才能真正有效地建立德国/欧洲与非洲的合作关系,并应对共同面临的地区层面和全球层面的和平安全、经济发展、全球变化和能源保障等问题。

---

[1] Vgl. Deutschland und Afrika: Konzept der Bundesregierung. (PDF) S.27-28.
[2] 郑家馨:《殖民主义史非洲卷》,北京:北京大学出版社,1999年,第494页。

合作中加强非洲自我责任

随着非洲在地缘政治和经济中的影响力上升,非洲在德国外交政策中的地位明显上升。在平等伙伴关系的基础上,在对非洲的援助政策方面,德国强调非洲也应该承担对自身发展的责任,本着"非洲的责任由非洲承担"的原则,提高受援者的创新与自身成长能力。另外,世界正变得更加复杂,超越了以国家为中心的体系,跨越国界和超越国家的新行为体正在不断涌现,并成为国际关系的新纽带。相比传统的国家间冲突趋势,合作在不断加强。共同巩固和平和安全,是德国的基本认知之一。

三、德国对非洲政策目标及其行动领域

根据联合国新千年发展目标和欧盟对非洲战略以及德国的国家利益,德国重新界定了对非政策的优先领域和目标体系。在追求价值取向和利益取向的前提下,德国对非洲政策直面非洲国家和社会的现实,确定了与国家利益相关的、具有同等地位的目标体系,在此基础上拓展了原来以发展援助为主的德国与非洲合作领域,使德国对非洲政策由单一性、单向性转向多领域、多层次的新型合作方式。为之提出的行动领域主要有:和平与安全、经济、气候与环境、能源与原料、以知识为基础的可持续发展等。

和平与安全。"德国外交政策是和平政策,德国外交政策更多关注安全;德国的安全利益与欧洲安全紧密相关。"[1]从和平与安全目标的战略认知框架角度看,扩大后的欧盟拥有新的边境和邻国。作为邻居,非洲与欧盟有着不可分割的关系。德国认识到,非洲的安全和稳定不仅仅是非

---

[1] Grundsatzrede von Bundesaußenminister Westerwelle bei der Deutschen Gesellschaft für Auswärtige Politik, 21.10.2010, http://www.auswaertiges-amt.de/DE/Aussenpolitik/AktuelleArtikel/101021-.

洲的问题,也直接关系到其周边地区的安全,尤其是对包括德国在内的欧盟将产生直接影响。同时,面对来自非洲的移民压力,德国内政政策制定者也开始关注对非洲政策,这在很大程度上推动了德国对非洲援助政策的调整。非洲的和平与安全直接和间接影响到欧洲的社会和政治安全,如一些非洲国家的内战、国家制度的崩溃、恐怖主义、环境破坏、海盗、有组织犯罪、跨国毒品交易以及移民、难民流动等都会影响到地处欧洲中部的德国。基于这一认知,德国重视非洲和平与安全建设,将促进非洲地区和平与安全、解决非洲地区存在的有悖于欧洲社会标准和政治标准的种种问题确定为德国对非洲政策的目标之一。

德国意识到,极端贫困与极端恐怖活动有着内在逻辑联系,尤其是那些处在全球化边缘的国家,成了宗教极端主义渗透和孳生恐怖活动的有利空间。因而,反贫困与反恐之间存在因果联系。另外,德国对非洲援助政策的调整也是基于欧盟与非洲关系现实的考虑。欧盟和非洲国家不仅有着历史联系,而且也存在现实利益关系。作为曾经的非洲国家的殖民宗主国,法国、英国和西班牙对非洲的援助和投资关系仍然十分密切,欧盟国家在对非问题上比较容易形成共识。①目前,欧盟已经初步达成在非洲推行共同外交和防务政策这一共识。德国认为,在欧盟框架内的一致行动通常会增强对非洲政策的有效性,这种协调方式不仅符合欧洲的利益,也符合德国的利益。

除此之外,全球性问题还包括由冲突所激化和引起的不发达状况和对能源资源依赖等。2011年以来,面对非洲许多地区出现的武装冲突、政治冲突、种族冲突、边境冲突和脆弱的国家制度,德国支持非洲和平安全建设,将非洲和平安全确定为其非洲政策中的重要领域,其重点是预防冲突。"非武力的危机预防、冲突解决和和平稳定计划"成为联邦政府对非政策共同行动的基础。②为之,在组织和管理以及建立非洲大陆冲突预

---

① 陈乐民、周弘:《欧洲文明扩张史》,上海:东方出版中心,1999年,第272–279页。
② Vgl. Deutschland und Afrika: Konzept der Bundesregierung (PDF). S.20.

警机制方面,德国政府给非洲联盟和平安全部门提供了很大的资助。一些非洲地区组织也得到了德国政府相应的资助,如西非经济共同体、东非共同体、东北部非洲国家发展国家机构、南部非洲发展共同体等。德国支持非洲国家打击和预防恐怖主义,帮助非洲国家建立安全保障体系,强化国家机构,消除恐怖主义意识形态形成的基础。德国认为,国际社会须认真审视这些问题的由来。在这方面,经济全球化不仅带来巨大的财富,也加剧了贫富分化和差距迅速扩大,这在很多方面成为产生恐怖主义和极端组织的土壤。为之,反恐既要治标,又要治本,尤其是治本,要消除穷国和富国之间的鸿沟。在控制小型武器、清除在非洲的易爆战争残余武器和排除地雷方面,德国还提供了有效合作和帮助。

为推进非洲和平与安全,德国提出了多项行动计划[①]:第一,建构以非洲联盟、地区性组织以及地区协调机制为主的非洲和平安全架构。建立早期预警机制,扩大资助。通过联邦政府各部间的协调行动,加强德国非洲政策和平安全行动的有效性和透明性,促进联邦外交部和联邦合作发展部与非盟的政治对话,允许联邦国防部介入和平和安全领域。第二,在联合国、欧盟框架内促进非洲危机预防和冲突解决。在这一前提下,支持并积极参与针对非洲的欧盟共同安全和防卫政策的制定。第三,加强后冲突国家的和平,支持和促进后冲突国家的重建和发展。第四,采取有效措施控制和减少军备,防止大规模杀伤性武器扩散。在欧盟框架内,为控制微型武器、排除地雷项目提供资助。第五,通过军事政治手段维护非洲民主发展,提供人道主义援助。第六,反对非洲招募儿童兵。[②]

经济。在对非发展上,德国注重发展安全观,以发展促进稳定与安全。在安全与发展的两者关系中,发展是安全的手段,而安全是发展的目的。在这一发展安全观下,德国重视对非经济合作。从经济利益角度看,非洲虽然仍是世界上最为贫困和落后的地区,但非洲丰富的自然资源对

---

① Vgl. Deutschland und Afrika: Konzept der Bundesregierung (PDF). S.21-24.
② 同上。

西方援助国家无疑是非常具有吸引力的。通过对非援助项目,援助国可获得资源优先开发机会。对非洲的发展援助可以给德国这一工业强国带来丰厚的经济效益。从长远来看,拥有庞大人口的非洲在未来会成为重要的新兴消费市场。目前,"非洲拥有很强购买力的中产阶级在三亿人左右。虽然非洲对全球经济贡献率约为2%,但鉴于经济快速增长,非洲经济对全球经济贡献呈上升趋势"[①]。为此,德国支持非洲区域一体化和在多哈回合谈判框架下进行的世贸谈判,特别是为促进世贸自由化所作的努力,支持德国经济参与非洲的经济发展进程,为德国企业和公司出口提供贷款担保和投资补充协议,促进德国公司在非洲的发展。德国对非贸易很大一部分份额集中于南非、埃及、尼日利亚、突尼斯和阿尔及利亚五个非洲国家,600多个公司在非洲有分公司,雇佣员工达到14.6万。[②]为推进德国和非洲国家的经济合作和经济交往,德国将进一步放宽贸易和投资限制,完善私有经济发展的框架前提,促进非洲私有经济发展,这不仅有利于非洲内部经济和外部经济,而且也有利于以出口为主的德国经济发展。

德国政府支持非洲伙伴国家的可持续经济发展计划。为之,德国政府确定了以下行动领域:第一,加强对非洲经济一体化的资助。支持地区基础设施项目,为非洲地区组织在建设关税联盟和自由贸易区方面提供专业政策咨询,支持欧盟同非洲国家进行关于建立符合世贸规定的地区经济合作伙伴关系的谈判,促进南南经济合作。第二,改善非洲私有经济发展框架条件。通过双边协商,支持非洲以国际劳工组织的标准为导向的非洲市场改革。第三,为出口提供信用担保,促进德国企业在非洲的经济活动。第四,促进环境友好型可持续农业经济发展。支持欧盟实施关于"对武器之外所有产品开放"的行动计划,为发展落后的非洲国家给予零关税和无配额的市场准入。支持非洲国家改善有利于气候的粮食生产技术。第五,通过出口可再生能源开发技术,支持德国中小企业在非洲的

---

① Vgl. Deutschland und Afrika: Konzept der Bundesregierung (PDF). S.29.
② 同上,S.31.

市场开拓。

气候与环境。许多非洲地区面临严重的气候风险，如北非沙漠化的加剧和非洲之角的干旱会导致生物多样性的消失，[①]非洲中部地区存在粮食生产下降和疾病扩散的危险，非洲西岸易发生洪灾。在非洲，环境问题和温室气体排放不断加剧，气候变化会危及非洲的安全和稳定。过去几年，在沙漠治理、水、垃圾和化学品管理、可持续能源供应、生物多样性保护等方面非洲面临着日趋严重的挑战。气候变化威胁粮食安全，增加健康问题风险，这将会直接威胁到非洲经济社会可持续发展。另外，非洲拥有的丰富森林为非洲经济社会发展提供了重要的原材料，并为全球气候保护做出了贡献。从生态保护角度看，保留非洲生物多样性，可持续地开发非洲森林，这也符合德国的利益。

德国乃至欧洲都认识到要加大对非洲可持续农业和环境保护的支持力度，如：促进非洲可持续农业发展，保护森林和可持续经营，有效地推进非洲水资源、河流和垃圾管理，支持可再生能源开发。在国家、区域和国际层面，德国支持提高非洲国家对气候保护和气候变化的行动能力，尤其是在保护非洲森林、降低森林砍伐和减少或阻止对森林的破坏性使用、维护生物多样性方面。

为之，德国政府确定了以下行动领域：第一，维护非洲生态环境。在国际层面，德国政府扩大其对非洲大陆生活区域的保护范围，承诺在2012年提供5亿欧元资助，并从2013年起，每年计划拨款5亿欧元用于森林和其他生态体系的保护。第二，在2010至2012年，为发展中国家气候保护提供13亿欧元，并确保大部分资金投向非洲国家。第三，支持非洲气候保护计划。例如，支持可持续农田耕作方式、开展应对水供应危机的环境友好型技术开发、进行对气候变化有影响的数据收集和完善、减少气候变化带来的安全威胁。第四，在非洲实施利用太阳能计划。通过地中海地区联盟，支持北非地区太阳能计划，为北非和欧盟共同研发和使用可再

[①] 托尼·慧勒等：《非洲》，三联书店，2008年，第52页。

生能源发展提供框架前提。至2020年,将推出一批能生产20万兆瓦电流的能源计划项目。第五,促进非洲水资源可持续管理。水对非洲的和平与安全,对非洲的发展,尤其是农业和卫生状况的改善有着十分重要的意义。第六,引入泛非洲环保标志。在非洲联盟主导下在所有的非洲国家使用这一环境标志。

能源与原料。对德国和欧洲而言,非洲大陆拥有丰富的矿藏,对德国和欧洲的发展具有十分重要的资源保障意义。非洲大陆拥有丰富的石油、天然气、铁矿石和高科技产品生产不可缺少的钨等稀有矿藏,目前全球13%的矿藏在非洲,非洲天然气资源占世界天然气生产的6%,尼日利亚是世界第六大天然气资源国家。作为发达的工业大国,德国资源缺乏。为保障其工业发展和经济可持续发展,德国重视与非洲发展能源和原料伙伴关系,通过共同实施能源战略,确保德国能源和原料的供应。目前,德国原油进口中有18%来自非洲,尼日利亚和阿尔及利亚是最重要的来源国。在德国石煤进口中,有30%来自南非。在德国金属和非金属矿产的进口中,南非共和国占据首位。为保障从非洲获得能源和原料供应,德国致力于改善同非洲的能源合作关系。其目标是,到2020年,在欧盟和非盟委员会的支持下实现以下具体措施:扩大能源结构,提高能源效率,使用可再生能源和推进能源贸易。在这方面,德国承诺提供10亿欧元,用于改善能源保障,扩大可再生能源供应,促进地区电力市场发展等。

为之,德国政府确定了多项行动计划:第一,在能源和原料伙伴关系下,支持德国能源和原料企业扩大在非洲的经济活动,改善德国的能源和原料供应,进一步推进非洲基础设施现代化。第二,支持在非洲建立更为有效的新型能源体系,为可再生能源和低排放战略制定提供资助,支持去中心化能源生产,在人口稀少、太阳照射时间长、生物能程度高的非洲地区建立新型能源体系。第三,支持同北非国家(主要是摩洛哥和突尼斯)建立双边能源伙伴关系,支持德国、欧盟和北非企业共同开发和利用北非沙漠地区的太阳能和风能,为地方提供电力,并在未来将电力出口到欧盟。第四,通过实行无附加条件的贷款支持非洲国家原料供应。通过长期供应合同,确保德国的原料利益。

　　以知识为基础的可持续发展。在过去几十年的发展援助政策实施中,德国意识到,发展源于社会内部,发展合作也要兼顾伙伴国家的社会制度和政治制度。德国政府对非洲政策将非洲自救能力、个人潜在能力、妇女特殊作用、非洲伙伴自我责任和发展取向放在优先考虑的地位,支持非洲以知识为基础的可持续发展,支持非洲既具有广泛效益的、又有益于经济社会可持续发展的经济增长方式。德国对非合作也由传统发展援助逐渐转向包括经济、教育、研究和文化等领域的新型合作方式。为推进非洲以知识为基础的可持续发展,德国在以下十个方面对非洲提供支持:1.健康卫生。德国政府把对非洲的卫生及水资源支出项目视为重中之重。为之,德国加大对非洲伙伴国家在建立完善的卫生体系方面的资助,确保贫困居民长期享受医疗卫生权利,资助专业力量培训,加强保险制度和卫生财政管理,支持非洲建立疾病研究网络系统,在超国家层面建立健康信息网络体系和具有公正和效率的卫生体系。2.保障水资源供应和促进水利建设。面对人口增长和气候变化给非洲带来的日益加剧的影响,德国加大了在水领域和卫生领域合作的力度,至2015年让撒哈拉以南地区的3000万非洲人民都拥有水供应系统和卫生设施。德国是非洲最大的水供应和废水处理双边合作伙伴,每年为非洲水领域提供近亿欧元的资金。在埃及、贝宁、布隆迪、刚果民主共和国、马里、摩洛哥、赞比亚、南苏丹、坦桑尼亚、突尼斯和乌干达等非洲国家,水供应和废水处理是德国对非洲发展援助的重要领域,有近80%的德国援助资金流入这一领域,其重点是水利系统、饮用水基本供应和废水处理。3.建立气候变化研究中心。德国同15个非洲国家一起,在非洲西部和非洲南部建立气候变化和土地管理中心,加强非洲科学家鉴定能力,缓解气候变化对人的生态环境和经济生活基础的影响。4.农村发展和粮食安全。在保障地方粮食安全的情况下,德国政府支持非盟提出的非洲农业战略投资措施,认同对粮食保障的国际义务,促进农业生产同地区市场和全球市场融合发展。5.增加非洲教育措施,支持非

洲教育尤其是基础教育。在2009年的基础上，至2013年，德国将对非洲教育资助提高至两倍，并在非洲扩大教育合作伙伴国家。6. 加强与未来非洲精英的交流。通过高校合作和奖学金生交流方式，扩大同非洲的学术交流。通过"去德国—去非洲"交流项目，促进德非青年交流，特别是重视高层次的教育和研究。推进现代化大学、具有国际水准的职业教育和继续教育体系建设和以问题为导向的合作研究。7. 建立非洲国家职业教育体系。完善非洲职业培训质量，使之满足德国企业对非洲专业人才的需求。8. 在战略性研究领域实施具有地区和超地区影响力的重点项目，支持致力于可持续问题解决和应对全球性挑战的研究。9. 通过联邦政府资助，建立西非地区一体化研究中心，同西非重要伙伴国家一起，共同提出解决一体化遇到的难题，促进西非地区一体化。10. 重视德国发展政策的结果和影响，积极参与全球层面的发展援助的建构过程。

四、结　语

德国的对非政策既强调历史连续性，又不断进行自我调整以应对快速变化的世界格局。进入21世纪后，美国、欧盟、日本与中国在非洲的能源竞争越来越激烈。应该说，能源是全球性战略性产业，因其关系到各国经济的发展而受到各国特别的关注。另外，全球气候变暖已成为全球政治议题。德国试图通过将"环保外交"打造成一种新的普世价值和国际政治话语途径，提高其在国际舞台上的政治影响力。德国对非政策的延续和调整也反映了这一趋势。